現代日印関係入門

堀本武功——[編]

東京大学出版会

Introduction to Contemporary Japan-India Relations

Takenori HORIMOTO, Editor

University of Tokyo Press, 2017
ISBN 978-4-13-033081-7

目　次

第III部 転換の二〇〇〇年代

第V部　今後の展望

〔本書の日本語表記について〕
人名・地名の表記は『新版 南アジアを知る事典』（平凡社、二〇一二年）に基づくほか、原音・外務省用例にもよった。ただし、日本で通例的に頻用される表記も使用した［ガンディー（原語的にはガーンディー）、モディ（モーディー）、パキスタン（パーキスターン）、ムンバイ（ムンバイー）など］。

序論　現代アジアにおける日印関係

堀本武功

一　本書のねらい

現代のインドは大きな変貌を遂げつつある。経済成長も著しく、中国の次はインドという世界的な評価が定着している。これにともなって国際政治におけるインドのプレゼンスも高まっている。日本でも現代インドを扱った図書も多くなってきた。しかし、現代の日印関係に焦点を絞った図書となると、両国の関係緊密化にもかかわらず、いまだにほとんど存在しないのが実情である。本書のねらいは、現代日印関係史の検討を通してこの空白を埋めることにある。

日本とインドとの関係は長い歴史をもっている。日本人は、古くから仏教の開祖であるお釈迦様が生まれた地域として、印度や天竺という名前でインドに親しみを感じてきた。両国関係史としては、今や、古典的な研究書ともいえる『日本とインド　交流の歴史』〔山崎・高橋編　一九九三〕が、仏教の日本伝来から明治時代、戦中期、一九八〇年代までの戦後期の両国関係を詳しく検討している。いうなれば、冷戦期までの両国関係史である。同年にはインドでも日本研究者が両国関係史〔Murthy 1993〕を刊行している。

ところが、一九九〇年代以降の二国間関係史については、残念ながら日本語の研究書は見当たらない。日本ではアメリカや中国に関する報道や解説記事がほぼ毎日のように紙面に掲載され、日米関係や日中関係の図書も多数刊行されている。しかし、今や日本にとって重要なパートナーとなったインドについては、経済関係の解説書が若干存在するのみである。その結果、「日本人にとっては、右にアメリカ、左に中国という大きな山があって、その向こうがほとんど見えない」〔竹村・榊原 二〇〇五、一三頁〕といわれる状況に陥りやすい。こうした状況に対応するには、冷戦終結後の四半世紀における日印両国の関係史をたどり、今後を展望する作業が必要であろう。

日本とインドの間に正式な国交が始まったのは、日印平和条約が成立した一九五二年のことである。ただ、日印貿易は一九四八年から始められており、この時から起算すれば、日印関係は二〇一七年に七〇年目を迎えることになる。日印関係がその後順調な発展を遂げたとはいい難い。当初の蜜月時代を除けば、一九八〇年代末までの四〇年にわたる両国関係は、ごく普通の友好的な二国間関係にとどまっていた。日印関係も、アメリカとソ連の対立を基調とする冷戦期の影響を色濃く受けていた。日本が日米同盟と自由経済政策を掲げる一方、インドは非同盟などの外交政策と閉鎖的な経済政策をとっていたからである。

冷戦が終結した一九九〇年代初め以降、日印関係は徐々に変貌を遂げ、現在のアジアでは最も緊密な二国間関係の一つと見られるに至った。きっかけとなったのは冷戦終結であるが、それだけで全てが説明されるわけではない。日印ともに新たな対外関係を構築する必要に迫られていたという事情があったからである。とくに経済面ではこの傾向が強かった。日本は一九九〇年代初め頃から「バブル崩壊」とか「平成不況」といわれる時代に入り、二〇〇〇年代（二〇〇〇―〇九年）に入ってようやく苦境から抜け出しつつあり、そのためにも市場や投資先などの新しい国々との経済関係の構築を必要としていた。一方、インドは一九九一年に従来の閉鎖的な経済政策から脱却し、経済自由化政策に踏み切ったが、経済の自由化には、自国ではまかなえない資本や技術を提供し、貿易相手となる国が必要だった。つまり、日印ともに相互のニーズにふさわしい相手国となりうる要素を備えていたことになる。とはいえ、両国間の関係が一挙に緊密化に向かったわけではない。一九九〇年代はいわば日印関係の「模索期」だったといえる。しかし、二〇〇〇年代に入ると、新たな日印関係の構築が本格化するようになる。その環境要因となったのがアジア情勢の変貌だった。アジアはＧＤＰ（国内総生産）の世界の地域・国別シェアでは二〇〇五年に二七・〇％を占めるまでに至り（二〇〇六年版通商白書）、「二一世紀はアジアの世紀」といわれるほどになるが、これを牽引したのが中国だった。中国は二〇一〇年には日本を追い越し世界第二位に躍り出た。経済規模の拡大にともなって国防力を増大させ、国防支出でもアメリカに次いで世界第二位を占めるようになり、東アジアと東南アジアだけでなく、積極的にインド洋進出を進めた。このようなアジア情勢の変化を受けて、中国の東と西の隣国である日印両国の接近傾向が顕著となり、二〇〇〇年代は両国関係が緊密化する「転換期」となった。

二〇一〇年代になると、中国の台頭はアメリカに強い警戒感を抱かせるまでになり、日印関係も「飛躍期」を迎えることになる。アメリカはアジアへのリバランス政策を進め、インド太平洋構想をかかげ、日印だけでなく、オーストラリアなどとも連携して地域の安定化を図ろうとしてきたのである。中国、アメリカ、日本、インドの動きは、ＡＳＥＡＮ（東南アジア諸国連合）諸国にも影響を与えずにはおかない。本書の結論を先取りすることになるが、日印関係の緊密化は、中国の台頭などのアジアの地域構造の変容を受けて展開されてきたといってよいのである。アメリカのトランプ政権にとってもこの構造変容への対応がアジア外交のカギを握る。

二　全体の構成

本書は執筆者の専門的な知見と長年にわたる研究に基づきつつも、平易でわかりやすい現代日印関係史に関する

「高度な入門書」を目指している。その構成は、まず、第Ⅰ部「日印関係の七〇年」は戦後日印関係を鳥瞰する通史であり、一九九〇年代までとそれ以降における両国関係の位置関係を明らかにする。次いで、第Ⅱ部「模索の一九九〇年代」、第Ⅲ部「転換の二〇〇〇年代」、第Ⅳ部「飛躍の二〇一〇年代」、第Ⅴ部「今後の展望」で組み立てられており、巻末には現代日印関係史の文献案内を加えた。各章の参照文献も巻末にまとめて掲載されている。以下、各論文の要旨を紹介する。

［第Ⅰ部　日印関係の七〇年］

第1章「一九九〇年代を転換期とする政治関係」（堀本武功）は、過去約七〇年間、日印各々の外交にとって国際環境をどう評価して対応するのかが課題だったのであり、その評価と対応が日印関係に大きな影響を与えてきた点をふまえて検討を進めている。まず、冷戦期にあっては、日本が日米同盟、インドが非同盟と印ソ同盟という対外政策に加え、経済でも自由主義体制の日本と閉鎖的経済体制のインドという体制のずれもあり、日印関係が単なる友好関係にとどまっていたことが指摘されている。次いで冷戦終結後の一九九〇年代以降には、インドが経済開放政策に着手し、印米関係の好転と相まって、日印関係が徐々に進展したが、核問題が両国関係の改善に大きな障壁となった状況が描かれている。二〇〇〇年代以降になると、急成長するインド市場への日本の関心に加え、台頭した中国の存在が日印関係の緊密化を促進させる原動力となった構造を解析している。今や日印関係がアジア全体に関わりをもつ二国間関係に変貌したと指摘し、今後の両国関係の持続性を展望している。

第2章「日印経済関係の軌跡」（石上悦朗）はインド独立後の日印経済関係について、日本の経済・産業発展、企業活動およびODA（政府開発援助）などの展開過程を跡づけるとともに、インドの経済開発戦略および産業政策と突き合わせながら検討を行っている。両国の経済関係はさしあたり二つの要因でダイナミックには発展していないという。一つは日本が一九七〇年代以降、NIEs、ASEAN諸国および中国などと東アジアを生活圏とする投資・企業活動によりこの地域で堅固でかつ域内で拡張するネットワークを作り、インドはその対岸にあったことに加え、二つ目はインドの外資政策および産業政策が長い間規制色が強くかつハード面インフラの構築も遅れたという事情である。インドは今世紀に入りＩＣＴ（情報通信技術）サービスの世界的拠点として発展してきたが、この動きには日本は対応しきれておらず、日印の政治経済の絆というべきものがあるとすれば日本からのＯＤＡであろうという。近年、日本政府はＯＤＡに良質のインフラ供与をうたっているが、そこに原発輸出を入れることには強い疑念を呈しているという。

［第II部　模索の一九九〇年代］

第3章「インド経済のダイナミズムと日印関係」（マドゥチャンダ・ゴーシュ／笠井亮平訳）は、一九九〇年代における日印経済関係の動向を分析する。基本的な視点は、インドが九〇年代初めに経済自由化政策に着手したものの、日印経済関係が停滞を続け、なぜ進展しなかったのかを検証している。インドの経済自由化は東アジアと東南アジアの成功例をみならおうとする政策であり、ルック・イースト政策もその一環であったという。一九八〇年代にはスズキ自動車のように日本からの対印投資による成功例があったが、日本のアジア太平洋に対する直接投資総額に占めるインドなど南アジアの比率は六％にとどまっていた。直接投資の低い伸びとは対称的に日本の対印ＯＤＡは徐々に増大し、運輸・電力・ガス・灌漑・環境などへの援助が実施された。日印には多くの相互補完性があるが、一九九〇年代にあっては貿易投資分野では小規模なまま、両国経済関係は「援助提供国と受取国」という状態にとどまったという。

第4章「インド外交における日本の周縁化」（伊藤融）は、日印関係にとって一九九〇年代がなぜ失われた一〇年になったかを日印の内外事情に焦点を当てつつ、次のように分析している。インドにとって、一九九〇年代は激動の一〇年であった。湾岸危機・戦争を機にインドは経済自由化に踏み切った。世界では冷戦構造が崩壊し、インドがそれまで唯一の頼みの綱としてきたソ連も消滅する。そうしたなか、ラーオ国民会議派政権は、「ルック・イースト」を掲げ、冷戦期には疎遠であった「アジア太平洋」諸国との関係強化を目指した。ここには当然日本も含まれていた。しかし当時の日本側の関心は決して高くなく、一九九〇年代のルック・イースト政策は実質上、対ＡＳＥＡＮとして展開していった。その後の統一戦線政権による「グジュラール・ドクトリン」では、南アジア近隣国との関係改善に力点が置かれたが、ＮＰＴ（核不拡散条約）とＣＴＢＴ（包括的核実験禁止条約）への署名を求める日本との溝は深いままであった。そしてその溝を決定的なものにしたのが、インド人民党のヴァジパイ政権による核実験・核保有宣言であった。同政権は対日関係を改善し、協力を引き出すことよりも、安全保障に対する危機感のなか、「強いインド」を誇示することで国内の政治的支持を動員する道を選んだ。こうした結果、一九九〇年代の日印関係は「失われた一〇年」となったと指摘している。

［第Ⅲ部　転換の二〇〇〇年代］

第5章「日印と同盟・提携関係を結ぶアメリカ」（サトゥ・リマイエ／溜和敏訳）は、アメリカでは従来あまり注目を集めてこなかった日印関係が、中国の台頭をはじめとするアジア太平洋の地政学的環境の流動化のなかで、次第に関心を集めるようになったことを明らかにしている。アメリカでは特に保守派が、アジア太平洋におけるバランス・オブ・パワーを維持して、アメリカ主導の国際秩序を確かにするための方途として、日印関係の発展を歓迎している。また、アメリカが地域における同盟国とパートナーのネットワークを構築して、安全保障の管理や人道支援・災害救援といった公共財を提供するためのリスクと責任を共有するという目的に、日印関係の緊密化が資すると考えられている。アメリカとしては、日米印三カ国による閣僚協議の枠組みや、マラバール海軍共同演習などの防衛分野での協力を強化することにより、日印関係になくてはならない役割を演じようと考えている。三カ国協力の進展にとっては、国内の政治的調整と、対中関係の慎重な管理、そして三国それぞれの優先事項と官僚機構の制約のなかでやりくりする手腕がポイントになる。こうした分析に基づいて、日印関係と日米印関係の進展が、アジアで姿を現しつつある地政学的構造の重要な要素になりそうだと論じている。

第6章「台頭する中国と日印関係」（三船恵美）は、軍事的に台頭し、海洋で膨張する中国を背景とする日印関係の変化と発展について論じている。中ソ和解や冷戦終結によって「北の脅威」から解放された中国は、海洋権益の擁護をうたい始め、近海防衛を重視する戦略を展開した。とはいえ、一九九〇年代の日印関係は、中国への脅威認識を日印間で「共有」することもなかった。しかし、二〇〇〇年代半ばになると、「台頭する中国」への牽制策としての日印両国の協力は、二国間ならびに多国間枠組みにおいて安全保障を軸に関係を発展させていったのであり、日印関係は「日本がインドを経済的に支援する二国間関係」から「中国を牽制するためにパートナーシップ構築を目指す二国間関係・多国間関係」へ発展していったという。その背景には日本がインドを台頭する中国を牽制する戦略的手段に利用しようとしたことと、インドがそのような状況のなかで中国に対する「牽制手段」としての自国の戦略的価値を利用して、インドの国際的な地位を自ら向上させていく手段にしたことにあると指摘している。

第7章「戦略的パートナーシップの形成と拡大」（伊豆山真理）は、日印パートナーシップが、二〇〇〇年代になぜ「グローバル」志向からスタートし、「地域化」と同時に「戦略化」したのかを検討する。二〇〇一年の九・一一、二〇〇三年のイラク戦争に遭遇した日本とインドは、アメリカが圧倒的なパワーをもった単極世界においてどう生きるか、単独主義（ユニラテラリズム）をどう制御し多国間協調に導くのか、テロのような国際社会全体に対する挑戦に対応するために、自らはどのような役割を果たすのか、とりわけ軍事力をどう活用するのか、という三つの問いに直面したという。その結果、日印共通の苦悩と政策転換が、「グローバルな課題」における協力の素地を準備し、日印パートナーシップの「戦略化」「地域化」は、中国の台頭とアメリカの相対的衰退によるパワー・バランスの変化によってもたらされたと分析している。東アジア・サミットの枠組みをめぐる攻防は、「制度的バランシング」の好例であり、東アジア・サミット以降、中国を念頭に置いた日印間の「価値の共有」が強調され、二〇〇七年には、日米印三カ国による海上共同訓練が行われるなど、ハブ・スポーク・システムの外縁にインドがネットワーク化される方向に進展していると指摘している。

第8章「インド進出日系企業からみた日印経済関係」（佐藤隆広）は、近年、日本企業はインドを最も有望な事業展開国としてみなすようになり、日本企業のインドへの進出が目覚ましいことに着目する。そこで、この章は、インド進出日系企業に注目して日印経済関係を考察する。具体的には、二〇〇〇年代以降の日印経済関係の起点として核実験を理由とする日本政府によるインドへの経済措置の解除（二〇〇一年）に求め、日印包括的経済連携協定（CEPA）とデリー・ムンバイ産業大動脈構想（DMIC）がその後の関係強化に大きな貢献をしていることを指摘している。さらに、日本からインドへの対外直接投資が二〇〇〇年代後半から急増していることを明らかにしたあと、筆者が実施したインド進出日系企業に対するアンケート調査を利用して、インド進出日系企業の現況とそれらが直面しているビジネス上の障害を検討している。最後に、対外直接投資の成功例としてマルチ・スズキを、失敗例として第一三共を取り上げ、日系企業によるインドでの事業活動の一端を紹介している。

［第Ⅳ部　飛躍の二〇一〇年代］

第9章「インド経済の台頭と日印関係の新局面」（小島眞）は、モディ政権成立後のインド経済の新たな方向性を提示したうえで、日印経済関係はいかなる展開を示しているのか、貿易、直接投資（FDI）、ITアウトソーシング、さらにはインフラ開発の分野での最新動向を分析し、あわせてアジア新時代における両国関係の展望と課題について検討している。日印貿易は二〇一一年に日印の包括的経済連携協定（CEPA）が発効したものの、依然として停滞気味であり、水平貿易の拡大が望まれるという。日本の対印FDIは〇七年頃より拡大傾向を示し、インドは製造業企業の有望事業展開先の第一位にランクされているものの、投資環境、両国間の企業文化のすれ違いに課題が残されている。他方、デリー・メトロやデリー・ムンバイ産業大動脈、さらには新幹線導入決定にみられるように、日本はインドのインフラ開発に大きくコミットしており、これには戦略的グローバル・パートナーシップの形成が大きく貢献しているとこの章は指摘している。

第10章「核問題をめぐる対立から協力への転回」（溜和敏）は、核兵器不拡散や民生用原子力協力などの核問題をめぐる日印関係について、一九九〇年代から二〇一六年までの動向を論じている。一九九〇年代前半には核不拡散の国際レジームをめぐる立場の相違から溝を深め、さらに一九九八年の核実験とそれにともなう経済措置によって両国関係は著しく悪化した。二〇〇〇年代、日本は核問題を棚上げして、戦略的関係の構築を優先させることにより、結果的にはインドの核兵器保有を黙認するに至った。そしてアメリカなど各国が相次いでインドとの原子力協定の締結に踏み切ると、二〇一〇年からは日本とインドの原子力協力協定の締結に向けた交渉が開始され、二〇一六年に協定が結ばれた。このように、冷戦終結後の核問題をめぐる日印関係では、対立から協力への大転回がみられたという。こうした展開を整理するとともに、日本政府がどのような方針で臨み、どのような理由から政策を転換したのかを明らかにしている。

第11章「インド太平洋時代における日印関係」（プルネンドラ・ジェイン／笠井亮平訳）では、日印が二〇一〇年代に入って緊密な関係に飛躍しつつあるなか、インド太平洋ではどのように協力しようとしているかを検討している。従来、日本がアジア太平洋、インドがインド洋を主眼として各々の海洋政策を進めてきたが、二〇一〇年代に入って、中国が積極的な海洋進出を図り、アメリカがアジア・リバランス政策をもってこれに対処しようとしており、こうした状況から生み出されたインド太平洋という新たな戦略的な地域概念を背景に、日本はアメリカの相対的な機能低下を補うためにインドやオーストラリアとの協力関係、インドは近隣諸国政策に加え、そのアクト・イースト政策を展開するために日米豪との協力関係をそれぞれ構築しつつあるという。日本のインド太平洋認識、日印関係におけるインド太平洋の意義、両国関係を緊密化させる要因、多国間化する日印関係を検討し、最後に日印がインド太平洋をめぐってどのような協力関係を構築しようとしているかを探っている。

［第Ⅴ部　今後の展望］

第12章「日印関係の展望とアジアにおける役割」（ラジェスワリ・ピライ・ラジャゴパラン／溜和敏訳）は、インド側の観点から日印関係の今後の課題と展望を示している。日印関係は過去一〇年間に大幅に改善してきたが、依然として課題や制約も残されているという認識が示される。まず日印関係の現状が検討されたうえで、日印関係の緊密化を促している要因として、中国の台頭、アジアの不安定化、北朝鮮の問題、中国とパキスタンの連合、経済貿易協力、海洋安全保障の六点を指摘している。次いで、日印関係が擁する潜在性の全面的実現を妨げかねない制約や課題として、核問題、地理、国内からの反対という三点を指摘している。これらの課題をふまえると、両国は平時の協力に基づいて、相手国の能力強化に協力する方法をみいだす必要があるという。最後に、日印関係の将来について分析を行い、パートナーシップのために重要な三つの領域を指摘している。

第13章「権力移行期の世界と日印関係の創造的可能性」（竹中千春）は、アジア太平洋地域における権力交替、あるいは権力移行がまず論じられる。超大国アメリカの覇権に対して中国の台頭が著しく、しかもロシアはウクライナやシリアで軍事的な挑戦を繰り返している。また、東アジアでは北朝鮮による核・ミサイル開発の動向が深く懸念されている。こうした状況のなかで、蜜月時代を迎えたとされる日本とインドの二国間関係の進展を、どのように評価し、より大きなコンテクストの中で位置づけられるのかとの問いを設定している。具体的には、一九九〇年代以降のポスト冷戦の余波、二〇〇〇年代の新興大国の成長、二〇一〇年代のパワーポリティクスに注目しつつ、日印関係を包み込むインド太平洋の「海の国際政治」とユーラシアの「陸の国際政治」を考察し、そうした条件の下で日印の結びつきを促進する要因と阻害する要因について検討している。最後に、両国の協力強化が、広域アジアやグローバルな政治経済の展開に、どのような積極的貢献となるか、その可能性を展望している。

第Ⅰ部　日印関係の七〇年

［一九八〇年代までの主な出来事］

一九四七年　インド分離独立
一九四八年　日印貿易再開
一九五二年　サンフランシスコ平和条約。日印平和条約締結
一九五七年　日印文化協定締結
一九五八年　日印通商条約締結、第一次円借款開始
一九八一年　マルチ・ウドヨグ（現マルチ・スズキ・インディア）設立。翌年、鈴木自動車（現スズキ）と合弁
一九八六年　日本、インドにとって最大の援助供与国に
一九八〇年代末　冷戦終結

インドが分離独立を果たした次の年、日本とインドの貿易が再開され、日本と独立インドの関係が実質的に始まった。両国は一九五二年に平和条約を結び、国交を正式に開始した。一九五〇年代までは両国間で貿易が盛んに行われたが、次第に希薄化した。そして冷戦という国際政治構造において、一方で日本がアメリカと同盟を結び、他方でインドがアメリカ・ソ連のいずれにも与しない非同盟政策を掲げた。その結果、両国は長らく友好的ではあるが疎遠な関係となった。一九八〇年代にはスズキとの合弁でマルチ・ウドヨグが自動車生産を開始するなど、次代への胎動も見られたが、日印関係が新たな段階を迎えるには冷戦の終結を待たねばならなかった。

第1章　一九九〇年代を転換期とする政治関係

堀本武功

一　日印の第二蜜月期

日本とインド（日印）は終戦から七年後（一九五二年）の国交樹立以降、蜜月期ともいえる親密な関係を結んだが、それもあまり長続きしなかった。当時、米ソ対立を基調とする冷戦が進展中であり、アメリカとの関係を重視する日本と米ソいずれにも与しないインドとの両国の立ち位置の相違が日印関係にも影を落としていたからである。

しかし、冷戦が終結して一九九〇年代に入ると、徐々に関係改善が進むようになった。両国の関係は、一九九八年のインド核実験で一時冷却化したものの、二〇〇〇年代（二〇〇〇―〇九年）以降、加速度的に緊密化した。今や日本とインドは、アジアのＧＤＰ（国内総生産）では、首位の中国に次ぐ、第二位と第三位の位置を占める。現在の日印関係は、かつての日印蜜月期とは比較にならないほどの広がりと深さをもつ第二の蜜月期に変化しているといってもよい。

変化の主因は、二一世紀に入って変貌を遂げつつあるアジア情勢のなかで、両国の認識・利害・目的がほぼ符合していることにある。単純化すれば、経済と安全保障でお互いが「都合のよい相手国」となり、パートナーとして不可欠な存在になったのである。

本章は、現代日印関係史の全体的な見取り図を示すことを目的としている。まず、一九八〇年代までの日印関係を概観する。次いで、両国関係の大きな転換点となった一九九〇年代の推移をやや詳しく検討するとともに二〇〇〇年代以降における関係緊密化のプロセスを描く。あわせて関係の緊密化がなぜ進展したのかを検討し、最後に両国が今後も緊密な関係を保持するか否かも検討してみたい。

二　友好関係にとどまった冷戦期の日印関係

終戦後に正式な国交を樹立した日印の関係は、終戦後から一九八〇年代までと一九九〇年代以降という二つの時期に区分できる。前者の時代は米ソ対立を基調とする冷戦期であり、後者の時代は冷戦終焉と中国の台頭という時期にあたる。日印ともその外交政策を取り巻く国際環境にどう対応させるかが課題となり、その結果が日印関係のあり方に大きな影響を与えてきたのである。

1　一九五〇年代から八〇年代――両国間のずれ

インドは一九四七年に英領インドから独立していたが、当時の日本は連合国の占領下にあったため、国交関係はなかった。しかし、翌一九四八年には、第二次世界大戦によって途絶えていた日印貿易が再開されている（本書第2章）。一九五一年に日本との戦争終結を協議するサンフランシスコ講和会議が開催されたが、ネルー首相率いるインド政府はこれに参加せず、翌一九五二年に独自に日印平和条約を締結した。インドが講和会議を欠席したのは、米軍主体の駐留軍が主権回復後の日本に残留することなどに反対だったからである。ただし、インドが平和条約で全ての対日請求権を放棄するなど友好的な姿勢を示した一方、日本側はインドの善意を強調し、その後の東南アジア賠償を有利に進めようとする計算ずくであったという〔Sato 2005〕。たしかに当時の日本はインドに親近感を抱いていた。第二次世界大戦期に展開された日本軍とインド国民軍との協力の記憶が残り、さらに、戦後は、主要戦争犯罪人を裁いた東京裁判でインド人のパル判事が日本無罪論を展開して、敗戦に打ちのめされた日本人を元気づけたからである。いわば、最初の日印蜜月期である〔堀本 二〇〇七、一〇三―一〇五頁〕。

国際社会に復帰した日本はアジア外交を重視し、岸信介が一九五七年に戦後初めて日本の首相として東南アジア歴訪を実施した際、行程にはインド、パキスタン、セイロン（現スリランカ）が組み込まれていた。池田勇人首相が一九六一年に東南アジア歴訪を実施した際にも、印パを訪問していた。その頃、インドを含む南アジアは東南アジアの一部と認識されており、ここでいうアジアの一部だったからである。

しかし、一九六〇年代半ば頃から、日本の対印関心が徐々に低下していった。当時、ベトナム戦争が激化しており、民族解放運動と共産主義の結びつきに危機感を抱いたアメリカは、共産化の原因が貧困にあるとみて、アジア地域の「貧困と闘う」ことを外交上の目的に掲げた。一九六六年には日米を中心としてアジア開発銀行、翌年には東南アジア諸国連合（ＡＳＥＡＮ）が設立された。両組織とも共産主義に対抗するために設置されたものといってよく、社会主義型社会の建設をめざしていたインドはこれらの組織との親和性をもたなかった。

一九六〇年代から本格的な高度経済成長期に入っていた日本は、一九七三年にオイルショックに襲われる。石油価格高騰に対処するため、日本外交の重点は中東産油国に移り、東南アジアと中東に挟まれた南アジアは、外務省高官が一九八四年に指摘したように、日本外交の「エアポケット」〔外務省高官 一九八四〕となった。

以後、南アジアの大国であるインドとの関係も低調なものとなる。日印関係は、日本の戦後復興を支えた鉄鋼業にインド産鉄鉱石が貢献するなどの経緯もあったが、概して友好的な関係にとどまった。その背景には日印両国の外交経済体制におけるずれがあった。外交面では、日本が日米同盟を主軸とする外交を進めたのに対して、インドは非同盟（独立―一九六〇年代）、続いて「印ソ友好協力条約」（一九七一年八月調印）で始まる印ソ同盟（一九七〇―八〇年代）の外交路線だったため（堀本 二〇一二、三九―四〇頁）、両国の路線が交わることはなかった。経済面でも、日本の自由経済体制に対してインドが閉鎖的経済体制をとっていたため、緊密な経済関係を築くのは困難であった（第3章）。

2　一九八〇年代――変化の予兆

こうした状況に変化の兆しが見え始めたのが一九八〇年代である。中曽根康弘首相が一九八四年、池田首相以来二三年ぶりとなる訪印を果たした。中曽根訪印は「今日に至る日印関係の起点」との評価すらある（佐藤 一九九三、一七六頁）。また、一九六九年に初訪日したインディラ・ガンディー首相も一九八二年に再訪日した。インディラ暗殺を受けて一九八四年に首相に就いたラジーヴ・ガンディー（インディラの長男）も一九八五年と八八年の二度にわたって訪日している。一九八〇年代には、インドで外資規制の緩和、鈴木自動車（のちのスズキ自動車）によるインドでの四輪車製造開始（一九八三年一二月）、日本の対印円借款の増額など、日印双方が新しい二国間関係の構築に向けて胎動を始めていたのである（第2章）。両国関係の改善は、経済が政治よりも先行していたといえる。

三　冷戦後における日印関係改善の始動

その後、日印関係が大きく動き出す契機となったのは、一九八〇年末に始まる冷戦の終結だった（溜 二〇一五a、二七七―二八一頁）。端的にいえば、過去六十余年に及ぶ日印関係の歴史のなかで、一九九〇年代に入って初めて、本格的な二国間関係を指向する動きが開始されたのである。一九九〇年代は日印関係の転換期だった（第4章）。

1　一進一退の両国関係――日本の対印支援と核問題（一九九〇年代）

この動きを象徴した出来事は、海部俊樹首相が一九九〇年四月―五月に実施した南アジア歴訪（インド、バングラデシュ、パキスタン、スリランカ）であった。ただ、この時点でインドが日本の新たな動きに共鳴していたわけではない。インドは一九六〇年代初め頃から外交の力点をアジアからインド人出稼ぎ労働者が多かった中東に移していたために対日関心も低く、海部首相が連邦議会で演説した際、出席議員が少なく、議場を埋めるため、急きょ議会事務局スタッフを狩り出したという経緯もあったとインド誌（一九九〇年六月一五日付 *India Today*）などが報じている。

しかし、インドが日本に対してプラスのイメージをもつ出来事も一九九一年に起きている。日本の対印緊急外貨融資である。同年四月には、湾岸危機の影響もあり、インドの外貨準備高は一一億ドルにまで落ち込んだが、インドが緊急支援を要請した各国のなかでこれに応じたのは日本だけだった。欧米諸国がアジア諸国の経済危機を等閑視したなか、アジア重視の観点からインド支援を訴える外務省の働きかけに応じて動いたのが、インドを重視した桜内義雄衆議院議長（一九九〇―九三年）だった[1]。当時、インド財務相だったマンモーハン・シンは、二〇〇四年の首相就任後もたびたび日本の緊急支援に謝意を表明している。

一方、インド側では、一九九一年に政権の座に就いた国民会議派のラーオ首相が日印国交成立四〇周年にあたる一九九二年に訪日したが、両国間の関心のずれが際立った。日本は首相訪日をＮＰＴ（核不拡散条約）未加盟国インドの加入による世界的な核の不拡散体制強化の好機と位置づけていた。これに対してインドは一九九一年から開始した経済自由化政策のため日本からの直接投資増大を実現させようとしていた。インドは、経済自由化政策とともに一九九三年にルック・イースト政策――ハイダール元インド外務次官（一九九五―九七年）によれば、ルック・イーストは、ラーオ首相が同年に初訪韓に明確な意義づけを与えるために掲げられており〔Haidar 2012: 53〕――投資・貿易・科学技術などの面で日本にかける期待は大きかった〔詳しくは第3章〕。

総じて見れば、日本は、冷戦後の旧「自由主義国」のなかでは、早くから対印関係改善に乗り出していた国であった。アメリカのクリントン大統領は一九九八年二月に訪印を予定していたが、インドの第一二次総選挙があったために延期され、結局、同年五月のインド核実験で中止にいたっている〔Talbott 2004: 45〕。

しかし、せっかく早期に開始された政策的なイニシアティブだったが、その後の関係改善には、一九九〇年代を通じて、核問題が最大の阻害要因として立ちはだかった。インドは一九九六年に成立したＣＴＢＴ〔包括的核実験禁止条約〕にも加盟しなかったうえ、一九七四年に次いで一九九八年には二回目の核実験を実施し、日本人の間でインドへの嫌悪感が強まった。被爆経験をもつ日本からみれば、インドがなぜ世界的な核拡散防止の流れに逆らうのかが理解できなかったが、逆にインド側は、アメリカの核の傘に守られた日本が自立的な防衛実現を目指すインドの核実験を非難するのか、なぜ、中国の核実験を非難しないのか——日本は一九九五年五月と八月の中国核実験に対して核実験の停止が明らかとならない限り、緊急的・人道的性格のものを除き無償資金援助協力を停止することを決定〔外務省一九九六〕——が理解されず、双方に大きな認識ギャップが存在していた〔第10章〕。日本は、核実験を受けて、ただちに対印ＯＤＡ〔政府開発援助〕の新規供与の停止措置をとった。

核実験は、日本の対外政策の根幹をなした非核政策に照らしてとうてい容認できない出来事であり、日本外交におけるインドの位置づけはとたんに奈落の底まで低落した。対印認識は冷戦期並みに逆戻りしたといってもよい。筆者は、一九八〇年代中頃に外務省関係者から半ば冗談のように「同省アジア局における関心事は、一位中国、二位韓国、三位東南アジアで、四位がなく、五位南アジア」という逸話を聞き、南アジアに対する日本外交の関心の低さを痛感した記憶がある。

インド側の事情も同様だった。インドは一九九〇年代後半以降、経済的に台頭する気配を見せ、その台頭ぶりは世

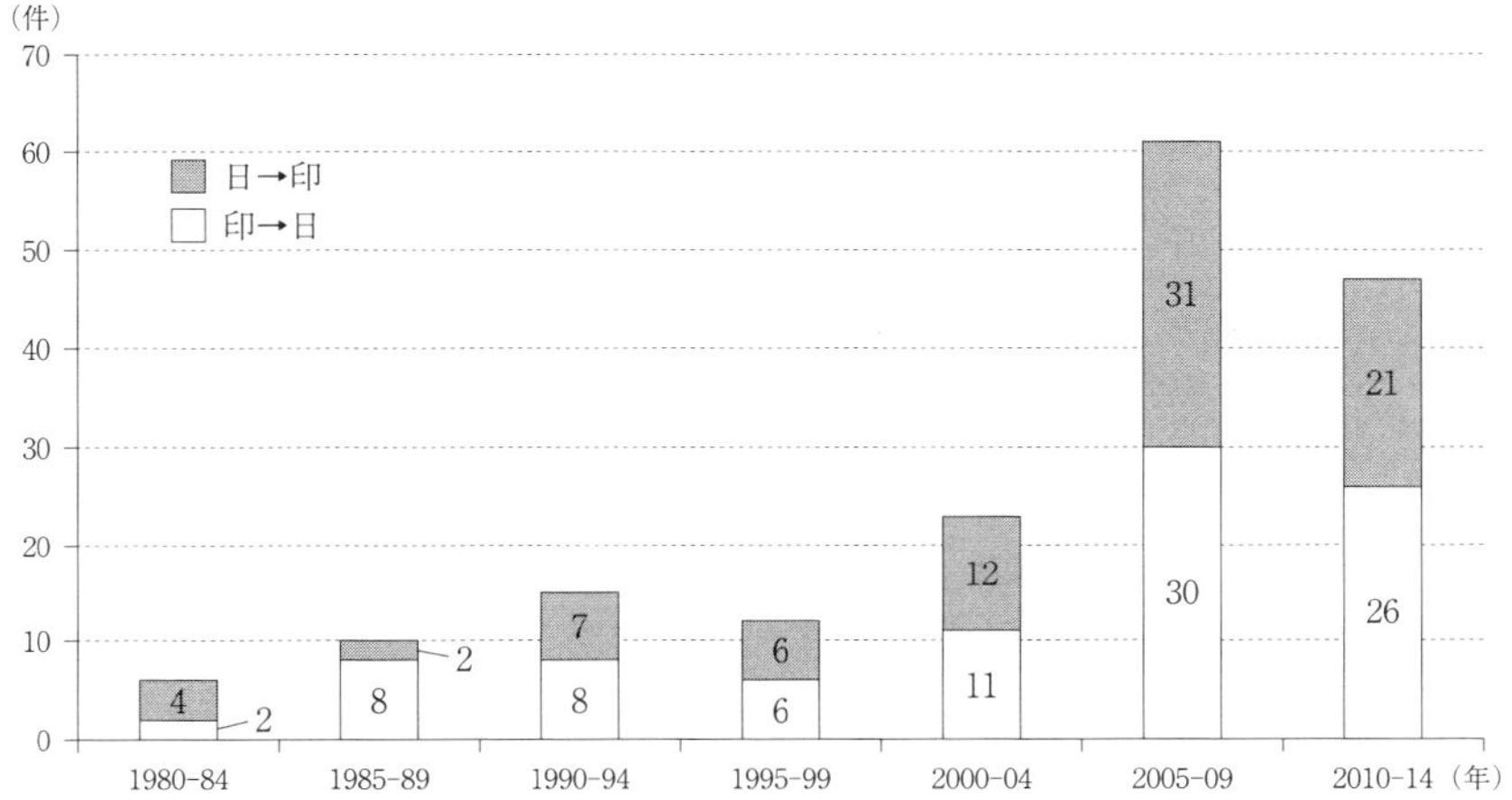

図１　日印要人往来 1980-2014 年

注）外務省ウェブサイト「インド基礎データ」(http://www.mofa.go.jp/mofaj/area/india/data.html) の主要要人往来に基づき，筆者作成．要人とは，大統領や首相のほか，閣僚およびそれに準ずる者を指す．

界的な注目を集めるようになった。そうなると、インドは日本に頼らずともすむという雰囲気がインド外交には垣間みえた。たとえば、日本のインド研究者が二〇〇一年に行ったインドにおける対日観の面談調査で、インド紙記者は「インド外務省において重要な国は、アメリカ、英国、パキスタン、中国、ロシア、次いでフランス、ドイツと続き、日本はその下にある」という見方を示した〔近藤 二〇〇一、一三二頁〕。

2　日印関係緊密化の進展（二〇〇〇年代）

日印関係は、一九九〇年代の模索期を経て、二〇〇〇年代以降に本格化した。この頃から対印関係の強化を中核とする日本の対印外交が姿を現すようになった。

そのきっかけとなったのは、二〇〇〇年八月の森喜朗首相の訪印と合意された「日印グローバル・パートナーシップ」の構築であった。両国外務省もこれを両国関係の転換点と特記している。シン首相が訪日した際、二〇〇六年一二月一五日に出された両国共同声明は、「両首脳は、近年の特筆すべき日印関係の発展を想起し、二〇〇〇年の森喜朗総理の訪印に際してグローバル・パートナーシップの構築に合意したこと」と記述した

表1　2001年以降における日印関係の主な出来事（2000年以降）

（2000年代）	
2000年　8月	森首相訪印（日印グローバル・パートナーシップ構築に合意）
2003年度	インドが中国を抜いて円借款の最大受取国
2005年　4月	小泉首相訪印（以後，両国首相が隔年に相手国を訪問開始）
2006年12月	シン首相訪日（日印戦略的グローバル・パートナーシップの構築宣言）
2007年　3月	日印外相間戦略対話開始
8月	インド連邦議会での安倍首相演説「二つの海の交わり」
9月	印米海上共同訓練（マラバール）に海自参加（9年，14-16年）．日本，正式メンバー国（15年）
2008年10月	日印安全保障協力に関する共同宣言
2009年　4月	日米印海上共同訓練（佐世保から沖縄東方に通ずる海域）
11月	日印防衛担当相の相互訪問開始
（2010年代）	
2010年　7月	第1回日印外務・防衛次官級対話・外務次官級政務協議を開催
2011年　8月	日印CEPA（包括的経済連携協定）発効
12月	日米印局長級協議第1回会合．第6回（2016年6月）
2012年　4月	第1回日印閣僚級経済対話
6月	第1回日印共同訓練（横須賀沖）
2013年11月	天皇皇后訪印（—12月）
2014年　1月	安倍首相訪印（共和国記念日主賓）
8月	モディ首相訪日（日印特別戦略的パートナーシップを宣言）（—9月）
2015年　6月	第1回日豪印外務次官会議
9月	第1回日米印外相会合
12月	安倍首相訪印（日印ヴィジョン2025で特別戦略的グローバル・パートナーシップ世界とインド太平洋地域の平和と繁栄のための協働）[1]
2016年　2月	第2回日豪印外務次官会議

注1）　この訪印では，日本の原発輸出を可能にする原子力協定締結に原則合意しているが，日本では反対論も強い〔福永 2016〕．

〔外務省 二〇〇六b〕。その後もインド外務省は日印関係について「二一世紀初頭、日印は両国関係を質的に新しいレベルに移行させる決意を行った」とし、森訪印とグローバル・パートナーシップの重要性を強調している〔Ministry of External Affairs 2012: 29〕。

両国関係の緊密化傾向を明確に物語っているのが、日印間の要人往来数である。図1が示すように要人往来は、二〇〇〇年代に入ると、急増した。

要人往来と表裏一体となって、経済関係——両国間貿易や対印直接投資——も二〇〇〇年代中頃以降、緊密化が進んだ（第8章）。核実験で停止された円借款も二〇〇一年一〇月から再開されるとともに段階的に増額され、二〇〇三年度からは中国を超えて、インドが一躍トップに躍り出た。二〇〇五年度の総額は一五五五億円で二位のインドネシア（九三〇億円）を大幅に上回った。円借款は、今や、デリー市民の足として不可欠な交通手段となったデリー・メトロの建設にも使われた。

経済関係にとどまらず、アジアの国際政治でも両国間の協力があらわになっている。典型例が二〇〇五年一二月に初めて開催されたEAS（東アジア首脳会議）である。EAS構成国としては、ASEAN一〇カ国に加え、日中韓を主張する中国と六カ国（日中韓印豪ニュージーランド）を主張する日本との対立があったが、ASEAN側の思惑も加わって、全一六カ国（その後、米ロも参加）となった。二〇〇五年四月の小泉純一郎首相訪印時に出された両国共同声明は、「日本側はインドのEAS入り支持の決定を伝え、インド側は日本の支持に謝意を表明した」と記述されている。

3　日印関係の飛躍（二〇一〇年代）

このように一九九〇年代に始まった日印関係好転の細流は、二〇〇〇年代に入ると小川となり、二〇一〇年代には大河のような勢いを見せている。事実、日印間では、重要な宣言・取り決め、対話・協議が陸続している（表1）。

四　日印関係の緊密化要因

1　日印間の親和性とインド外交における日本

こうした状況は、両国間の高い相互ニーズを反映したものであろうが、やや掘り下げてみると、日本側の対外的な事情もある。日米同盟を外交の根幹に置く日本から現代のアメリカを見たとき、同国の経済力に軍事力などを加えた

表 2　インド外交マトリックス

レベル	現在の志向（†），将来の志向（⇀），対応措置
グローバル （全世界）	†米欧日が主導する国際秩序の多極化 ⇀世界の大国として国際秩序形成能力の獲得と富国強兵大国の実現 ［対応政策］ ―多極化で中ロ等と協力（BRICS 首脳会議，SCO＝上海協力機構） ―国連安保理入り，核能力の保持．経済力・防衛力の増強 ―外交インフラ力の強化（戦略的パートナーシップ，戦略的自律性の強調）
リージョナル （インド太平洋）	†インド太平洋における比較優位の確立とプレゼンス確保 ⇀インド太平洋における大国 ［対応政策］ ―アクト・イースト政策の政治経済的展開 ―日米豪と協力，中国の真珠の首飾り，一帯一路と中パ連合に対抗 ―インド洋沿岸地域協力の推進
サブリージョナル （南アジア）	†南アジアにおける覇権の確立 ⇀覇権保持 ［対応政策］ ―中国・パキスタンの連携に対抗 ―南アジアにおける経済統合の実現

注）〔堀本 2015b：13〕より．一部修正．

ナショナル・パワーが相対的に減退しており、アメリカだけに依拠することへの懸念がある。その文脈でいえば、インド（やオーストラリア）との緊密な関係はアメリカを補完する意味をもつことになるのである〔堀本 二〇一三b〕。

インドの場合、全体的に見れば、対日経済関係はインドが経済開発を進めるうえで必要な投資・貿易・技術をもたらすだけでなく、アジア太平洋への橋頭堡としての役割を日本に期待できるというメリットがある。

インドのルック・イースト政策は、一九九五年にASEAN対話国、翌九六年にARF（ASEAN地域フォーラム）メンバー入りが実現し、二〇一〇年一月にはASEAN・インド貿易投資協定が発効した。東南アジアに対する目標が実現した以上、その帰結として東アジアが次の目標となっても不思議ではない。日印間では、二〇一一年八月にはCEPA（包括的経済連携協定）を発効させた。二〇一四年五月に発足したモディ政権のスワラージ外相は、同年八月二六日、東アジア・東南アジア駐在インド大使会議で、単にインド以東を見る（ルック）だけでなく、行動（アクト）するよう要請した。これ以降、インドはそのアジア政策を

「アクト・イースト」政策と称するようになった（第7章）。

日印間には、歴史的な負の遺産が少なく、経済的な補完関係〔Mukherjee & Yazaki eds. 2016: 10-20, 71-79〕が存在するのであり、約六〇〇〇キロメートルの距離もあり危険性の少ない「安全パイ」なのである。要するに両国間の親和性が高い。したがって、インド外務省年次報告（二〇一一―一二年）が日印関係を「高レベルの相互信頼と信用を享受しており、先例のないほどの相互訪問によって特徴づけられる」〔Ministry of External Affairs 2011: 29〕と位置づけているのもうなずける。

ただ、インドはしたたかな国である。自国の不充分なナショナル・パワーの観点からすれば、当分の間、日本を不可欠なパートナーと位置づけているのかもしれない。インドは自国の戦略観と国益というプリズムから外交を展開する「アジアのフランス」なのである。

モディ政権が発足した当時、オーストラリアのインド専門家サンディ・ゴードン（オーストラリア国立大学）は、モディ政権が、中国とは経済面と国境問題で最良の取引を行いつつ、対中警戒対応のために日米と組み、「漁夫の利を占める」というインド外交の古典的なアプローチを用いる可能性もあると予測した〔Gordon 2014〕。この予測は現実化しているように思われる。

インド外交は一九九〇年代の模索期を経て二〇〇〇年代頃から徐々にその全体像が浮上しつつある。特にモディ政権誕生後には一層顕著になっている。この全体像を図表化したのが表2である。

インド外交は階層的な三レベル（グローバル、リージョナル、サブリージョナル）で展開されているが、グローバルなレベルまでを想定した大国（や大国化）外交を進めている国では、中国とともにインドの動きが顕著である〔堀本 二〇一六〕。要するに、富国強兵大国をめざしている〔堀本 二〇一〇、二三―三一頁〕。しかし、ナショナル・パワーではいまだ米中に及ばず、当面、リージョナルとサブリージョナルが中核的な外交領域となっており、前者では日本が最重要な意味合いをもつことになる。

2　日印関係の緊密化と印米関係の好転

日印関係の緊密化には、印米関係の好転も大きく作用している（第5章）。独立後のインド外交はアメリカをどう位置づけて対米関係を進めるかが最大の課題であり、インド外交史は対米関係史だったと表現しても過言ではない。

冷戦期にあっては、日米同盟と印ソ同盟が日印間の関係性に影響を与え、関係改善を妨げていた。しかし、冷戦後のインドは、対米関係の改善に着手した〔堀本 二〇一二、四八―四九頁〕。まず、一九九〇年代前半に国民会議派・ラーオ政権がアメリカ重視路線に着手した。ラーオ政権が着手した経済自由化政策には、アメリカの市場・技術・資本が不可欠だったのである。

アメリカ重視路線は、一九九八年に政権の座に就いたインド人民党でも引き継がれた。同党が設置した閣僚で構成された対米関係検討グループは、その報告書において、冷戦終焉で期待された世界の多極化が実現しなかったのであり、「政治・経済・軍事・技術の分野におけるアメリカの優越性は、以前よりもより明白である」と分析したうえで、アメリカとの関与が政治・経済などで多大の利益をもたらす一方では、敵対的なアメリカとの関係は重大なマイナス効果をもたらすと指摘した〔Group of Ministers 2001b: 7〕。

アメリカもインドが示す対米志向の強さに呼応した〔堀本 二〇〇六〕。二〇〇〇年三月には、クリントンが米大統領として二二年ぶりに訪印した。次いで就任したブッシュ政権は前政権の対印路線を発展的に継承し、二〇〇四年に両国間で戦略的パートナーシップを確立するとともに二〇〇五年以降、NPT非加盟国には認められない原子力関係のハードとソフトをインドに提供する政策を推進した。オバマ政権（二〇〇九―一七年）もインドとの緊密化を進め、インドもこれに応えた。オバマ大統領は二度にわたって訪印し（現職大統領としては初めて）、モディ首相も四度訪米している。両首脳の相互訪問は両国関係の緊密化を雄弁に物語っており、経済・安全保障などの協力関係が進展した〔清田 二〇一六〕。

印米関係の改善が日印関係の好転にプラスに作動したのは事実であるが、日印の関係性に問題も残っていた。すなわち、アメリカの位置づけであり、同盟関係堅持の日本と、戦略的な視点で対米関係をとらえるインドでは、とかくずれが生じやすいという問題であった。アメリカのアジア問題専門家サトゥ・リマイエは、日本が冷戦期にはアメリカの対印政策を受けて自前の対印関係を構築できず、インドが日本をアメリカの代理人として位置づけ(2)、冷戦後には印米関係の好転で対印政策を進めやすくなったものの、インドが日本を自主的な行動主体と見ていないことが制約条件である、と指摘した〔Limaye 2006: 226〕。主体性に欠けるという点には説得力がある。二〇〇〇年八月の森首相訪印に際しては、アメリカに事前に根回しして、その了解を得たという〔森・平林 二〇〇七〕。クリントン大統領がすでに同年三月に訪印した後での話であった。

3 日印関係と中国要因

それにもかかわらず、日印関係が二〇〇〇年代に入って急速に緊密化しているのは、なぜか。結論から先に言えば、「中国要因」、要するに両国にとって「台頭する中国」への対処が関係性の問題を払拭させるほどまでに共通の最大課題として浮上したからにほかならない(第6章)。中核的な課題は、日本にとってのチャイナ・リスクと日印が共有した関与と警戒政策である。

チャイナ・リスクのきっかけは、二〇〇四―〇五年に中国全土で起きた反日暴動であった。まず、二〇〇四年には重慶で開催されたサッカー・アジアカップの試合では、日本人の選手と観客に対する反日感情を剝き出しにした観客の行動が目立った。次いで、翌年には成都、北京、上海などで日系店舗に対する大規模な反日暴動が発生した。「チャイナ・リスク」の顕在化である。二〇〇四年には日本の対中貿易（香港を含む）が二二兆円となり、対米貿易を上回って中国が日本の最大の貿易相手国となっていた。反日デモを契機に、投資集中リスクの分散と今後の高い成長と大市場規模に対する期待から、ベトナムやインドへの直接投資拡大の動きが出始めた〔堤 二〇〇五〕のである。

日本の経済多角化路線は、危険分散と経済的台頭がインド重視の決定的な契機となったのである。二〇〇三年度には、それまで円借款の最大受取国だった中国からインドに切り替えられた。インドから見ても、日本の対印関心の高まりは歓迎すべき変化だった。ラーオ首相が繰り返し強調したように「アジア太平洋は、インドが世界市場に跳躍するための足がかり」となるからである。

たしかに日印関係の緊密化には経済要因が強力な起因となっていが、台頭する中国に対する安全保障政策という意味合いも大きかった。日印両国が着手した関係緊密化は一定の明確な政策方針のもとに開始されたものではない。インドの場合も、その外交が「長期的な戦略的政策枠組みをもたないままケースバイケースで外交問題に対処しており……この場当たり的な性格がインド外交の特徴」〔Pant 2009〕と酷評されていた。

しかし、二〇〇〇年代以降、相互のニーズ――経済と安全保障――が徐々に合致したことから両国の関係緊密化が始まったともいえるだろう。対中政策の観点から見れば、両国とも経済では関与（エンゲージメント）を図り、安全保障では警戒対応（ヘッジング）をとるという点で平仄が合ってきたのである。関与と警戒対応の両面政策――二〇一〇年代に入って両語の使用が減るようになったが――は、アメリカや中国周辺国の国々が濃淡の差はあれ採用してきた対中政策の基調である。世界的に見ても、警戒対応は、中国の台頭やこれにともなう中国脅威論が二〇〇〇年代中頃から浮上しつつあった頃から喧伝されるようになっている。

日本でも同様であり、『平成一八年版防衛白書』は、アジア太平洋地域の多くの国が経済成長を背景にして、国防費の増額や新装備の導入など軍事力の拡充を図っており、「特に、今日、政治的・経済的に地域の大国として重要な影響力をもつ中国は、軍事面においても、各国がその動向に注目する存在となっている」〔防衛庁 二〇〇六、三頁〕と警戒感を示した。

インド防衛省の二〇〇五─〇六年次報告も、一〇年間以上の二桁台の防衛費増大と印中国境地帯のインフラ整備をともなった中国の軍事近代化は、引き続き注視する必要があり、「中パの緊密な防衛交流と核ミサイル協力は懸念を抱かせ続けている」〔Ministry of Defence 2006: 10〕と中国の防衛力増大に懸念を示している。

わが国の対中警戒対応は詳言を要しないと思われるが、インドの場合、根強い対中警戒観が底流にあることに留意しておく必要がある。かつて一九五〇年代には印中平和共存が唱えられ、インドでは「印中は兄弟」のかけ声さえ流布した。しかし、一九六二年の印中国境紛争以降、関係が悪化したうえ、その頃からインドを不倶戴天の敵と見なすパキスタンと中国の関係緊密化が進み、インドの神経を逆なでし続けた結果、冷たい印中関係が固定化したのである。

その後、一九九三年に国境平和維持協定が締結され、徐々に印中の関係改善が進んだ。この協定は端的にいえば国境問題の棚上げと経済関係の改善を主眼とする。改善の効果は徐々に現れ、二〇〇〇年代以降の中国は、インドの貿易相手国としてトップスリーの一角を常時占めている。しかし、棚上げされた両国間の国境地帯では、小規模衝突が頻発し、両国が軍備増強を進めているほか、中国の「真珠の首飾り」作戦に象徴されるインド洋進出にインドが神経を尖らせている。二〇一〇年代にはこれに中国の一帯一路戦略が加わる〔三船 二〇一六、第三章〕。インドは、中国が進めるインド洋進出やパキスタンなど南アジア諸国との関係強化を自国の包囲網形成と認識しているのである。

一方、中国も同じようにインドによる包囲認識を抱いている〔Garver & Wang 2010: 258〕。中国は一九九〇年代初めに対印関係の改善に乗り出した。当初、中国の対印観は「注意を怠らない」国程度のスタンスであったが、インドの核実験を経て、アメリカの第二期クリントン政権（一九九七─二〇〇一年）がインドとの関係緊密化を指向し、二〇〇〇年にクリントンが訪印するに及んで、「重大な関心を寄せる」国に認識を改めたという印象を受ける。中国にとって対米関係は「対外戦略の根本的規定要因」だからである〔高木 二〇〇七、一六頁〕。中国の対印認識の変化には、インド洋に対する強い戦略的な関心〔Gordon 2012: 4〕があったほか、インドを中国包囲網陣営に入らせないという思惑もあったと見られる。

印中の二国間関係は、双方が右手で経済的に握手し、左手で戦闘準備をしている状態にあるといってよい。インドは、二〇一四年に発足した中国主導のアジアインフラ投資銀行にもただちに加盟した。とはいえ、インドには対中不信が根強い。印中関係は「アンビバレントな関係」なのである〔堀本 二〇一五b、第二章〕。

対中警戒感をもつインドが同様の認識をもつ日本との戦略関係を構築しようとしていることになる。たとえば、二〇一一年一〇月に東京で開催され、筆者も出席した「海洋安全保障協力に関する日印対話」で、あるインド側参加者は、インドが主要国のなかで最弱国であり、対中戦略的格差の拡大ゆえに、中国との均衡をとるためにパートナーが必要であることを痛感していると率直に述べている。このパートナーが日本だというわけである。

こうした事情を如実に物語る事例が二〇一二年六月に実施された相模湾沖での初の日印合同軍事演習であった。合同演習にただちに反応を示したのが中国である。二〇一二年六月一一日付『人民網日本語版』は、日本の論評を引用し「日本側には今回の軍事演習を通じてインドとの関係を強化することで、軍事力を強化し続ける中国を牽制する狙い」があり、インド側では、対日協力がそのルック・イースト戦略に合致する一方、インド艦船が演習後に中国を友好訪問して日中に一定のバランスを維持しようとしていると報じた。

五　二国間関係を越える日印安全保障関係と持続する日印関係

日印協力の深化がインドのルック・イーストに合致するとの報道は的を射た指摘である。当初のルック・イーストは、インド以東諸国との経済的な関係強化に眼目が置かれていた。しかし、二〇〇〇年代中頃からは幅広い戦略的な狙いが加味されるようになった。逆に見れば、中国が南アジアで展開するインド包囲網に対する対抗措置の色彩が強い。

インドの対応は日本にとって望むところであった。そうなると、日印関係は単なる二国間関係を越えて広域的な多国間関係における日印関係に変貌したことを意味する。安全保障分野ではこの傾向が際立っている。経済でも広域化の動きが見られるものの、現在のところ、ODA、貿易、投資などの分野で緊密化しており、おおむね二国間のテーマを中心としている（第9章）。

つまり、経済を日印関係の一半とすれば、もう一半に安全保障が浮上したのである。こうした変貌を最も端的に示した動きが「四カ国枠組み」、すなわち、二〇〇〇年代中頃から開始された米日豪印による協力体制である（堀本 二〇一二、五八―六〇頁）。四カ国枠組みが具体化された典型例は、二〇〇七年九月にベンガル湾で米日豪印シンガポールが実施した大規模合同海軍演習であった。その主旨はインド洋湾岸国への協力で軍事的ネットワークを拡大する中国の抑制にあった。しかし、四カ国枠組みは、推進者（安倍首相、ハワード首相、ブッシュ大統領）の退陣と中国からの強い反発から立ち消えとなった。

ただ、注目すべきは、四カ国枠組みがその後二国間関係――印米、印豪、日印の防衛・安全保障関連協定や宣言――に姿を変えて継続されていることである。加えて、日米豪閣僚級戦略対話が二〇〇六年の第一回以降、二〇一六年に第六回が開催されており、二〇一五年六月には第一回日米印外相会議も開催されている。また、インドと日本との間では、二〇〇五年の小泉首相訪印以降、毎年、両国首相が交互に相手国を訪問している。日本はインド以外にこの種の首脳協議を実施した例がなく、インドにとってもロシアに次いで二番目の例である。

中国が展開する西太平洋やインド洋への海洋進出に強い懸念を抱くインドから見れば、オバマ政権が進めた戦略

――日本も同調するアジア・リバランスと「インド太平洋」――は、自国の「アクト・イースト」政策と共鳴しやすい政策なのである〔Jain & Horimoto 2016〕（第11章）。

このように現代の日印関係の緊密化は、三段跳びのように、ホップ（一九九〇年代）、ステップ（二〇〇〇年代）を経て、現在、ジャンプ（二〇一〇年代）の段階に差しかかっていると見てもよかろう。前国民会議派政権を率いたシン首相のメディア・アドバイザーだったバールーは、シン政権の内幕を描いたベストセラー『偶発的な首相』（二〇一四年）で、第二期国民会議派政権（二〇〇九―一四年）の唯一最大の外交成果は、日印関係の緊密化であったと指摘している〔Baru 2014: 170, 275〕。

果たして今後も日印の緊密な関係が持続されるのか。結論から言えば、二つの要因から持続されるであろう。第一には、中国が現在の対外路線を継続する可能性が高いからである。現在の習近平政府は、「中華民族の偉大なる復興」を実現するため、富強大国化への国家建設プロジェクトを進めている〔三船 二〇一六、三一頁〕。緊密な日印関係は、相互補完的な日印経済関係に加え、中国の台頭が大きな環境要因となった以上、中国要因が簡単に消滅するとは考えにくい。

防衛支出（二〇一五年）で見ても〔Perlo-Freeman et al. 2016〕、中国の二一五〇億米ドル（推定）に対して、インドの五一三億米ドルに日本の四〇九億米ドルだけでは釣り合わず、アメリカの五九六〇億米ドルを加えてはじめて中国を上回り、バランスがとれることになる。今や日印安全保障協力の必要性が叫ばれるに至っている〔長尾 二〇一五b〕。

第二には、中パ関係がある。中パは、一九六〇年代以降の両国共同声明などで、両国関係がいかなる国際的な天候にも左右されない「全天候型友好関係」であると強調してきた。インドの中国専門家と面談すると、しばしば、中国の格言「一山不要二虎」――意訳すれば、アジア秩序では中国だけが大国であればよい――を引用し、邪魔なインドは南アジアに押し込めたいと見ることになる。そのためには、カシュミール問題に加え、パキスタン情報機関・原理主義勢力による対印テロによって、印パ関係が敵対的な状態を続けることが望ましい。米下院外交委員長のロイスは、パキスタンがテロリストの避難所となっており、同国情報機関が好ましいと見なすテロリスト・グループを支援している結果、「アフガニスタンを不安定化させ、隣国インドの脅威になっている」と発言している〔U.S. House of Representatives 2015〕。インドはこの状況に対処するため強力な友好国を必要とし、ロシアと日本がこれに該当する。日本にとってもアメリカ以外には強力な友好国がなく、インドはありがたい存在であろう。

つまり、安倍・モディ両首脳の個人的な関係――二国間の外交関係には首脳同士の関係が重要な意味合いをもつが――を越えた構造的な要因が向こう一〇―二〇年間ほどは続くだろうと予想される。

しかし、インドは、本音では対中警戒対応の意図を日本と共有しているとしても、表向き中国と事を構えるような枠組みに安易に与することはない。今後のインドの外交方針を示す文書として、二〇一二年二月に公表された「第二非同盟」と題する、当時「準公式」とも位置づけられた報告書がある〔Khilnani et al. 2012; 堀本 二〇一二〕。国民会議派政権時代に作成されたが、その基調は現モディ政権でも継承されている。報告書の要点は、対米同盟はインドの戦略的自律性にも寄与し、国内発展にも資することからも魅力的だが、中国の反応を考慮すべきであり、アメリカを同盟国とするよりも友国の地位にとどめるほうが得策だということにある。

印米同盟がありえない以上、日印同盟的な方向性〔櫻井編 二〇一二、二二頁〕も考えにくい。ましてや、H・ホワイト（オーストラリア国立大学）が提示する米中二国を主軸とする平和維持体制「アジア協調（Concert of Asia）」――ウィーン体制に基づく欧州協調体制の考え方をアジアに適用〔White 2012: 125-151〕――には、日印とも同調しまい。

このように展望できるとすれば、二一世紀に入ってパワー・シフトが起きつつあるアジアで緊密な日印関係をどのように活用すべきであろうか。日印関係の展望については本書の第12章と第13章が詳論しているので、ごく手短に筆者の考え方を提示してみたい。

要するに、日印関係を「アジアの公共財」として位置づける視角である〔Horimoto & Varma eds. 2013: 35-36〕。日米同盟はかつてアジアの安定性を維持する公共財といわれることもあったが、両国の関係性が対等とはいいがたく、アジアで広く認知されていたわけではない。一方、今や、日印は対等な関係にあり、アジアの大国である。そこで、日印がその関係性をアジアの繁栄・安定など全体的な利益のために活用されることが望ましい。インドにとってもこの方向を拒否する理由は見当たるまい。

日印関係には、二〇〇六年に格上げされた「戦略的グローバル・パートナーシップ」がある。このパートナーシップは両国の利益だけでなく、まさにグローバルな利益に活用されるべきであろう〔平林 二〇一二〕。そろそろ、日印とも、アジア全体を視野に入れた政策ビジョンを提示すべき時期に差しかかっているように見える。

具体的には、中国にどう向き合うかであろう。その基本は「中国をいかに国際社会のルールを遵守した行動をとらせるように誘導できるか」〔小島 二〇一二〕である。シン首相も、二〇一二年一一月一四日、翌日からの訪日（延期）を前に日本のメディアに対して「日本とインドは、中国の平和的台頭がアジアの安全保障と繁栄に資するような方法で起きることを確保するように協働しなければならない」と語っている。

その方法の一つは、東アジア共同体の創設を目指す東アジア首脳会議（ＥＡＳ）の活性化であろう。ＥＡＳはＡＳＥＡＮと日中印豪米ロなどを含む一八カ国で構成されており、広域的なアジアの枠組みづくりにはふさわしいメカニズムであるし、日印が協力して東アジア共同体の創設に注力すべきである。加えて、貿易・投資の自由化を目指す「東アジア包括的経済連携」（ＲＣＥＰ）の構築を加速させることも重要である。トランプ政権が環太平洋連携協定（ＴＰＰ）への不参加を明らかにしていることもあり、ＲＣＥＰは今後のアジアに重要な意味合いをもっている。

中国は二〇一二年の第一八回党大会以降、「富国強軍」を掲げ、国防力増強に邁進している〔三船 二〇一六、七六頁〕。中国の動きに呼応する形で日印も防衛態勢の強化を図り、両国安全保障関係の緊密化を進めている。このような状況では、今のうちに地域的なアーキテクチャー（枠組み・構造）を構築しない限り、将来的な構築の可能性はきわめて低くなると危惧される。

（1）桜内はインドの戦略的な重要性に着目し、日印関係改善に視するため、日印協会会長（一九七七―二〇〇二年）を長年務めており、党三役と蔵相に働きかけて実現されたという（当時の日印関係者からのヒアリング）。

（2）長年にわたってインドビジネスに携わってきた専門家は「インドにとって日本との外交関係は、あくまでアメリカとの外交関係強化の延長線上でしかない」と鋭く指摘している〔島田 二〇〇六、一六四―一六五頁〕。

（補記）本章は〔堀本 二〇一五b、第三章「緊密化する日印関係と今後の課題」〕を次掲の論文を参照して大幅に加筆して作成した〔堀本 二〇一六、Horimoto, 2016a, 2016b, 2016c, 2016d, Jain & Horimoto 2016〕。

第2章　日印経済関係の軌跡

石上悦朗

一　東アジア経済のなかの日本と遠ざかるインド

前章では主に日印政治関係を中心に見てきたが、本章は第二次世界大戦後における日本とインドの経済交流の歩みを概観し、両国の経済関係の発展に向けた課題を明らかにする。このテーマについての代表的な先行研究〔山崎・高橋編 一九九三〕で議論された内容は現在の文脈でも傾聴に値するところが多い。

筆者が本章においてとくに留意した点は、両国間の経済関係を、差し当たりは日本の戦後における経済・産業発展のアジアとの関わりから照射することである。現代のグローバル経済において、アジアとくに東アジア地域は世界経済の成長センターといわれるにふさわしいプレゼンスを誇る。東アジアがこのような発展を遂げるにあたっては、日本が少なからざる役割を果たしている。日本は諸外国とともに一九七〇、八〇年代におけるアジアNICs・NIEsと、つづいてASEAN諸国などを東アジアにおける組み立て型産業中心の生産ネットワークに組み込み、東アジアを舞台とした分業構造を構築した。一九九〇年代にはこのネットワークに産業発展著しい中国が加わり、より緊密な分業システムが出来上がり、この分業システムは新世紀に入っても進化を遂げ、東アジア経済圏と呼ぶにふさわし

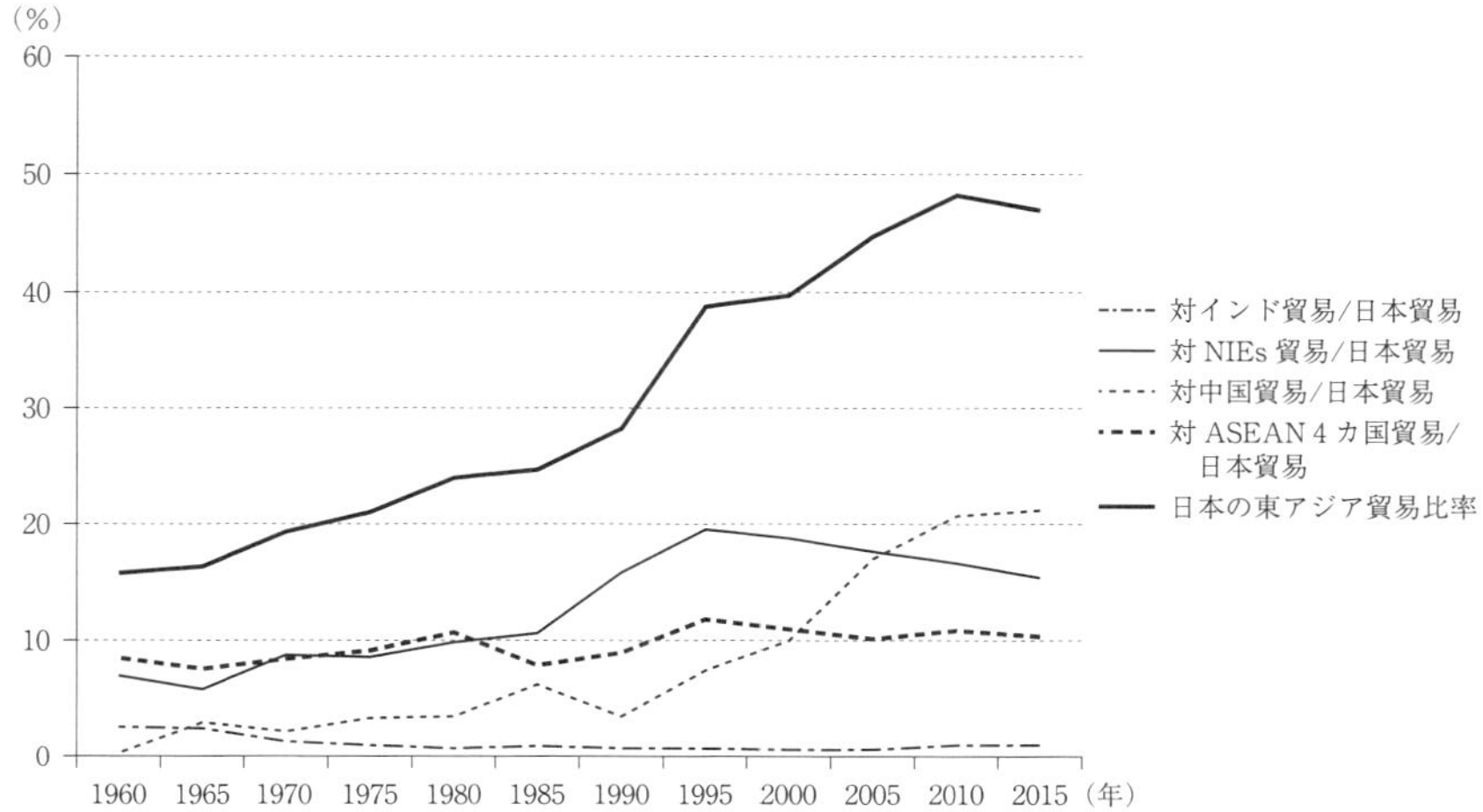

図1　日本の対インドおよび東アジア貿易の推移（国・地域別シェア）

注）NIES は韓国，シンガポール，台湾および香港．ASEAN4 カ国はタイ，インドネシア，フィリピンおよびマレーシア．IMF, Direction of Trade より筆者作成．

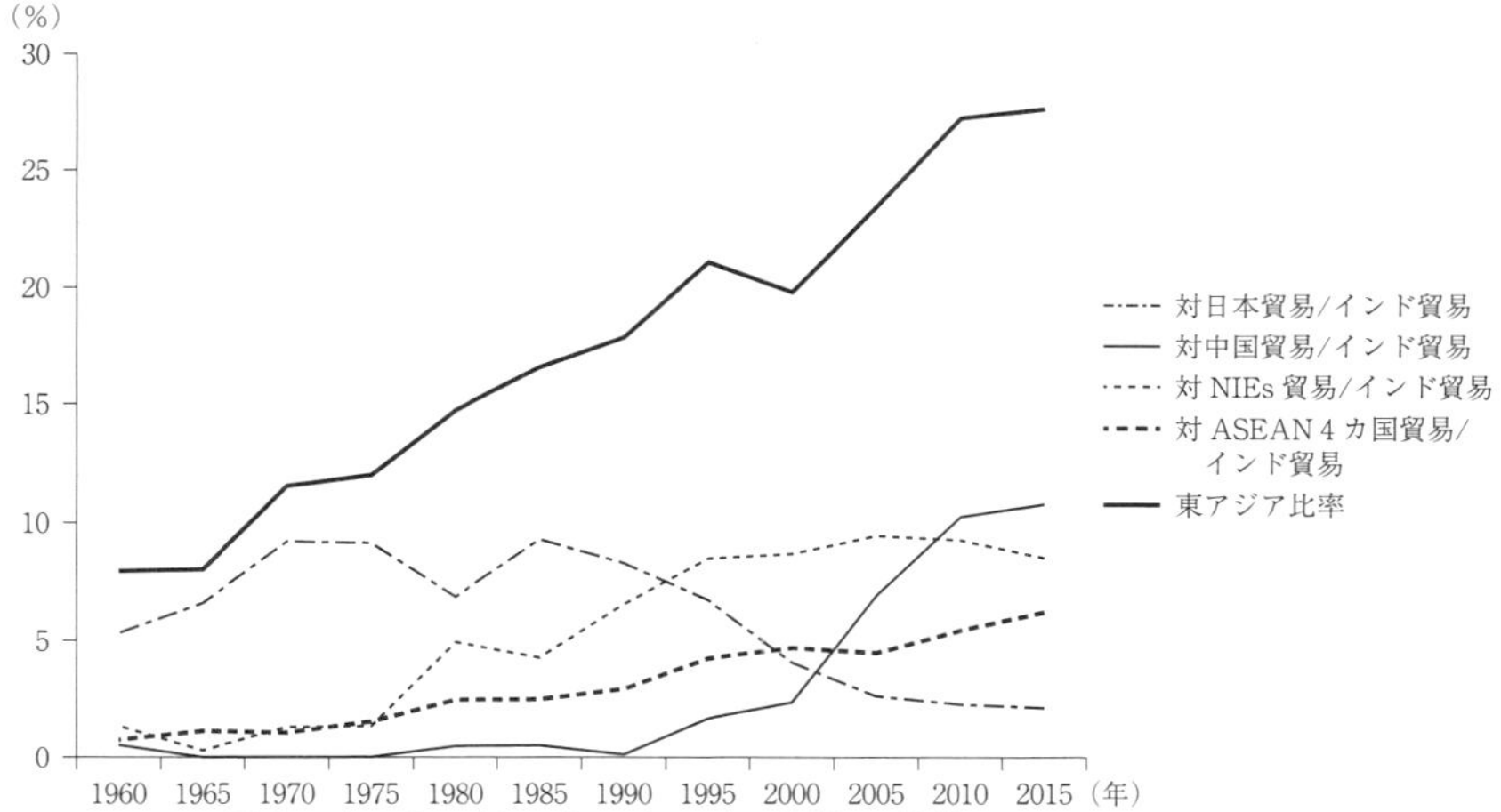

図2　インドの対日本，東アジア貿易の推移（国・地域別シェア）

注）図1と同じ．

いプレゼンスを誇っている。日本はこの経済圏に積極的にかかわったが、インドはまさに対岸にあったといえる。日本からはこの地域への旺盛な企業進出、すなわち直接投資が重要な役割を演じ、政府の公的援助も側面支援を行った。インドはこのネットワークから「外された」というのではなく、実体としてはインドの産業発展の在り方と産業政策はこれにかかわれなかった、ということである。図1と図2を見ると、近年における日本企業の進出ブームをよそに、日印貿易関係に関する限りはまったく「経冷」と言わざるをえない状況である。これらの表ではカバーしていないが、一九五〇年代の日印貿易は日本から見たシェアで輸出が三―四%、輸入は三%ほどであった。したがって、貿易関係は戦後長期にわたって停滞し漸減基調であった。近年、対インド輸出においてわずかに増大傾向が確認できる。日本はいわば経済大国なので、日本側からの数字がこのように小さくなることはありがちなことかもしれないが、最近四半世紀の間にインド側から見ても輸出入ともに二%程度と萎んでしまっている。アジアというスケールで見ると、日本は見ての通り、東アジアとの貿易比率を半世紀前より三倍化し、ほぼ五割のレベルに引き上げてきた。他方、インドから見ると、日本ほどではないにせよ、とくに中国とNIEs（韓国、香港、台湾、シンガポール）の各国・地域を通じて東アジアとの貿易比率を二七%台まで高めてきた。こうしてみると、日印貿易の停滞ぶりがいやがうえにも目立つ。繰り返しになるが、本章では、この点について両国のアジアとの関わりにおいて検討したい。

近年、日本企業は旺盛にインドに進出している。実際、日系企業数は二〇〇八年一〇月の五五〇企業、八三八拠点から、二〇一五年一〇月には一二二九企業、四四一四拠点へと急増している（在インド日本国大使館・ジェトロ 二〇一六）。一九七〇年代以降つづくNICs、ASEANへの投資ブームが周回遅れで再現しているがごとくである。しかし、日本の製造業が東アジアで構築した、いわばフルセットの製造業の拠点をインドでも同じように再現することは、日本側の体力を考慮すればなおさら考えにくい。以下では戦後における両国経済交流の軌跡を跡づけながら、新時代に向けた両国の経済関係を展望したい(1)。

二　一九八〇年代までの経済関係

1　一九七〇年代まで

第二次世界大戦によって途絶えていた日印貿易は一九四八年に再開された。当初は日本が綿花や鉄鉱石を輸入し、人絹糸・織物、スフ織物、生糸などの繊維品を輸入するという綿・繊維を基軸とした戦前型の貿易パターンであった。一九五〇年代に入るとインドの鉄鉱石資源が日本の最大の関心事になった。すなわち、日本は戦後復興のために鉄鋼と石炭の増産を目指した傾斜生産方式（一九四六―四八年）を経て、高度経済成長をにらんだ時期であり、「産業のコメ」に転化する鉄鉱石の安定供給源をインドに求めたのである。一九五一年には戦後日本初の海外投資のケースとなったゴア（当時ポルトガル領）での鉄鉱山開発が始まった。さらに、一九五八年から始まる第一次円借款以来、ルールケラ（キルブル鉄鉱山）およびバイラディラ鉄鉱山の開発が援助案件となった。鉄鉱山開発プロジェクトは日本側が延べ払い信用を与える見返りとして、インド側は鉄鉱石の長期安定供給を日本に約した。このような動きを受け、一九五六年には対印輸入において初めて鉄鉱石（シェア三二％）が首位となり、これに綿花、綿紡くず、鉄くず、マンガン鉱、塩などがつづいた〔通商産業省　一九五八〕。当時、第一位の鉄鉱石輸入国はマラヤであったが、インドとポルトガル領インドからの鉄鉱石輸入は合計すると金額ベースでこれを上回るようになった。

一九五六年にはジャワーハルラール・ネルー首相のリーダーシップの下、国家主導の重化学工業化に着手した第二次五カ年計画が開始された。重化学工業化の中心プロジェクトとして世界の注目を集めたのが、ビライ、ルールケラ、ドゥルガプールそして少し遅れてボカロの国営四製鉄所建設であった。これらは、援助競争が生みの親でもあり、順にソ連、西ドイツ、イギリスおよびソ連の援助で建設がすすめられた。国営企業は製鉄所のみにとどまらず、重電機、重機、工作機械、通信、肥料、石油・天然ガスなど重要な産業をカバーし、ネルーはこれらを「管制高地」(2)を形成するものとして重視した。電力は州政府・州電力公社を中心とし国営火力公社が補うかたちですすめられ、インドの重化学工業化戦略は工場建設と操業のために大量の鉄鋼と資本財需要とこれらを資金的に支援する対外援助需要を作り出した。つまり、ここに日本からインドへの鉄鋼・資本財輸出の機会が生まれた。一九五六年の対印輸出は鉄鋼(シェア四四%)、機械類(三三%)の重化学工業品が二大品目をなし、これに人絹糸・織物などの繊維品(九%)がつづく。機械類は繊維機械、車両部品、蒸気機関車、電気機械などである。繊維機械は民間企業向けである。日本の対アジア輸出において重化学工業品が繊維品を中心とした軽工業品を上回るのは一九五九年であり、日本の対印輸出が鉄鋼・機械類にいち早く特化したことが際立つ。こうして、日印貿易は一九五〇年代後半には鉄鉱石・一次産品を輸入し、鉄鋼・機械類を輸出するという構造に変化した。日印貿易は従前は綿花輸入―繊維品輸出というやはり垂直貿易型であったが、いまや鉄を中心とした構造、つまり「綿から鉄へ」〔山崎・高橋編 一九九三、一八六頁〕と変貌を遂げたのである。なお、機械類の品目から推量できるように、日本の輸出品は国営重工業企業向けの機械設備は少ない。機械設備類は、国営製鉄所の建設にもかかわったイギリス、ドイツ、ソ連さらにアメリカ、スイスなどから調達されている。

インドの第二次・第三次五カ年計画は計画段階から海外援助を原資構成に組み込んだものであるうえに、天候不順によって農業生産が不調の年には食料輸入増による外貨制約が厳しくなるという資金上のアキレス腱をかかえていた。実際、外貨制約による輸入計画の遅延、輸入規模縮小などが頻発し、こうした際には日本側からは輸出減となった(たとえば、一九五八、五九年)。インドは国内の企業活動に対して新規事業開始・能力拡張などに関して政府の許認可を必須とするライセンス制度を一九五一年以来導入している。また、重要物資の流通および価格については政府が統制するシステムをとった。これらはいずれも戦時統制経済の遺産であるが、外貨制約問題をかかえるインドでは外国貿易ももちろん統制下にあった。政府から輸入ライセンスの発給を受けなければ、必要な原材料、部品などの調達はままならなかった。かかる状況で円借款と繊維機械などへの延べ払い信用は対印輸出において大きな役割を果たした。すなわち、一九六三年から六五年には輸出総額の約半分が円借款と延べ払い信用によるものであった〔山崎・高橋編一九九三、一九一頁〕。この枠組みはインド進出日系合弁企業（一九六六年三月までに三三件、一〇四五万ドルの投資）にも適用された。通商産業省の文書は次のように述べている。

わが国から進出した合弁企業はその大半がわが国から部品、原材料を供給することを前提として設立されたのに、インドの外貨事情から部品、原材料の輸入ライセンスが取得できず、十分な操業が行われていないという状態であるので、インドへのわが国からの新規企業進出はきわめて消極的である。こうした事情から現地合弁企業を援助するため、第四次円借款、第五次円借款で合弁企業用部品、原材料の買付枠を設けている。なお、第五次円借款では一部技術提携工場にも適用範囲をひろげている〔通商産業省　一九六六、二一六頁〕。

インドの重化学工業化を推進してきた計画経済は、一九六二年の中印国境紛争につづき一九六五年の印パ紛争による国防支出増に加え、一九六五・六六年の数十年に一度といわれる未曾有の干ばつによって生じた大規模な食糧輸入などによる外貨事情の悪化のために、いったん休止することを余儀なくされた。食糧制約と外貨制約というインドがかかえているボトルネックが一挙に顕在化したのである。工業部門は、一九六一―六五年度に九・〇％の成長率を達成したが、一九六六年度から一九八〇年度までの各五年間は順に三・七％、三・六％、四・八％と停滞した。まさに「工業停滞」というべき状況が七〇年代までつづいた。これは鉄鋼、機械類などを輸出する日本に大きな打撃となり、対印輸出は大きく減速した（図1参照）。輸出品目では鉄鋼と機械類が中心であるが、一九七〇年代後半には化学品（肥料、プラスチック）および繊維品などの軽工業品も主要品目の一角を構成した。他方、対印輸入は七〇年代後半には増勢の状況を呈した。輸入品目に大きな変化があった。エビと加工ダイヤモンドが鉄鉱石につづく主要品目として頭角を現し、これらが対印輸入御三家となった。三品目は一九八〇年代以降も御三家でありつづける。インド南西部ケララの海岸でとれるプーバランと呼ばれるエビが一九七一年に商品化された日清カップヌードルの具材として用いられたことはよく知られている。ただし、インド産輸入エビは漸次養殖ブラックタイガー（冷凍）が主力となる。ダイヤモンドは比較的廉価の宝飾品向けの小粒ダイヤモンドである。(3)

この時期には日本の対世界貿易が急拡大したのとは対照的に、日印貿易は日本側からみて、とくに輸入のシェア一％を割り込むところまで落ち込んだ（図1）。インドからみると輸出ではシェア一〇％程度を占め、輸入のそれは五―八％と日本側より高い数値である。一九七〇年代半ば（一九七四年三月末）における日本の対インド直接投資残高は投資国中第七位の四億二〇〇〇万ルピー（シェア二・一％）にとどまった（ジェトロ　一九八一、二八七頁）。このように貿易を中心とした日印関係は一九六〇年代後半以降、停滞基調であるが、日本の対東南アジア関係は変貌を遂げた。それは一九七〇年代初頭からの製造業を中心とした直接投資、企業進出が旺盛に行われたことである。象徴的な出来事は一九七四年一月、田中角栄首相がアセアン諸国を歴訪した際、バンコクおよびジャカルタで発生した学生たちによる反日・反日貨の激しい街頭行動である。この出来事を意識して翌年の『通商白書』は日本企業のオーバープレゼンス（過剰状態）について検討を加え、インドネシア、マレーシア、シンガポール、韓国等では日本の投資額が当該国の総固定資本形成の七―一〇％を占める規模にまでウェイトを高めていること、また、当該地域への海外投資増加のスピードが速いことなどを挙げている（通商産業省　一九七五）。一九五四年のビルマとの賠償協定を嚆矢とした日本と東南アジアとの経済協力は、民間直接投資とも連携し、よりコミットメントした経済協力として進展してきた。この地域ではインドとは対照的に工業化と製品輸出が拡大し、同白書一九七九年版は中進工業国（いわゆるＮＩＣｓ、新興工業国（後にＮＩＥｓ））の躍進という一節を置いた（通商産業省　一九七九）。『東洋経済　海外進出企業総覧』によれば、一九八〇年までの日本企業の進出件数はＮＩＣｓ合計で一〇五四件、タイ・フィリピン・インドネシア・マレーシアのASEAN4で六九四件であったのに対して、インドは二八件にすぎなかった〔東洋経済新報社 一九九〇、一六頁〕。

このようにインドが企業進出しにくい国になったのは、以下の国内事情もある。すなわち、一九六〇年代後半から七〇年代前半のインドはインディラ・ガンディー政権の商業銀行の国有化（一九六九年）、制限的商慣行法（同）さらに外国為替規制法の制定による外資持分原則四〇％上限などの統制色の濃い政策により、ビジネス環境は閉塞的であった。

2　ラジーヴ・ガンディー政権と部分的自由化政策

非常事態後の選挙で敗北し下野していたインディラが一九八〇年一月の総選挙で復活すると、まるで手のひらを返したように諸規制を緩和する政策を相次いで打ち出してきた。第二次石油ショックによる石油価格の大幅な引き上げと国内の深刻なインフレ、そして貿易収支の大幅な逆超と外貨準備に苦慮するという八方ふさがりのなかで、インディラ政権は、輸出振興に役立つような高度な技術や機械設備、原材料はその輸入を大幅に認めるという、いわば拡大均衡政策をとり、輸出に貢献する企業の進出は外資法の弾力的運用を含め前向きに対処しようとした〔ジェトロ 一九八二〕。また、外貨準備の急減を反映して、技術提携に加え外国企業の資本参加も歓迎するという姿勢への転換が見られた〔同〕。(4)

かかる状況下、一九八二年にはスズキ（当時は鈴木自動車工業）による国営マルチ・ウドヨグとの乗用車合弁事業が成立した。記念すべきマルチ・スズキ（当初出資比率二六％）の誕生である。この時期の日本自動車産業は二度の石油ショックを経て、燃費のよい省エネ技術を開発し、米欧市場での乗用車販売においてシェアを急拡大し、やがて貿易摩擦の激化により現地生産へと向かい始めていた。現地生産は東南アジアでも行われていたが、インドでの乗用車生産はそれまで現地の二社のほぼ独占状態であった。国民車というべきアンバサダーを生産するヒンドスタン・モーターズと通称フィアットを生産するプレミア自動車である。当時（一九八〇年）の生産台数インド全体で四万六〇〇〇台ほどであった。筆者は一九八一年一月にヒンドスタン・モーターズ社のコルカタ近郊の工場を訪問した。当時の生産はせいぜい日産七〇―八〇台程度と推量され、内製率が高い工場には「ライン」と呼ぶべきものではなく人力で搬送して作業場をつなぐという表現が当たると思われた。「モダン・タイムズ」以前の作業風景であった。インドの工場は品質、効率・燃費、大量生産・生産性そしてデザインなど世界の自動車産業の趨勢とはかけ離れた世界であった。

マルチ・ウドヨグはもともとインディラ首相の次男サンジャイが一九七〇年代後半に国民車構想を唱えたところに淵源がある。ところがサンジャイはグルガオンに工場を建設しつつあるさなかに自ら操縦する飛行機事故で不幸な死を遂げる。インディラはこれを国営企業として引き受け、そのパートナーに選ばれたのがスズキであった。日本国内ではビッグスリーの後塵を拝するスズキのインド事業にかける思いは並々ならぬものがあったが、解決すべき課題も多々あった。品質がよくしかも低廉な部品（サポーティング）産業のネットワークの構築、近代的な生産・人事管理の実現、アフターマーケットを含むサービス体制の構築と全国展開などである。スズキにともない進出した日系部品メーカーの協力も得て、マルチは主力モデル、マルチ八〇〇を主力として政府との約束である五年間で生産台数一〇万台の目標を達成し、操業開始後一〇年の一九九三年までに年産五〇万台を超えるにいたった（馬場 二〇一一、山崎 一九八八）。スズキはＴＶＳグループと合弁で二輪車にも進出した。この時期は、スズキに少し遅れて、トヨタ自動車（トラック）、本田技研工業（二輪、四輪、小型発電機・汎用エンジン）、日産自動車（トラック）および三菱自工（トラック）など主要な自動車メーカーがインド財閥系グループと合弁を組むことによって進出を果たした。

インディラ・ガンディー首相と、同首相の暗殺（一九八四年一〇月）という不幸の後を受け、国民会議派を率いた長男のラジーヴ・ガンディー政権の下で電子産業政策でも自由化が進んだ。ただし、自由化は必ずしも一気に進んだわけではなく、ライセンス制度による規制と折に触れ出てくる国内産業保護という振り子現象をともないながら進展した。たとえば、一九八二年に開催されたアジア競技大会に合わせてインドではカラーテレビ放送が開始され、インディラ政権は輸入部品キットによるテレビ組み立てを認めたが、翌年には「自立的カラーテレビ産業の育成」として国内大企業優遇へと政策変更があった。ラジーヴ政権は電子産業の自由化政策を大きく進めた。外資と外国技術を積極的に導入する政策へと舵を切った。インドの電子産業は、研究開発部門では国防関連が政府機関で遂行され、産業用電子機器中心で民生用と電子部品が立ち遅れていた〔絵所 一九八八〕。三洋電機がBPL India社と合弁でVTR生産に参入し（一九八七年、出資比率四〇％）、松下電器は一九八八年に電気炊飯器の合弁企業を立ち上げた。東芝と三菱商事は一九八六年にウッタル・プラデーシュ州電子公社（UPTRON）とカラーテレビブラウン管生産の合弁を設立した。

外資との資本技術提携は一九八五年に一〇二四件と過去最高を記録したが、翌八六年九五八件と少し減り、その後は八八年九六二件を除き、八七年八五三件、八九年六〇五件と低下傾向にあった。そのうち日本の件数は八五年一〇八件（内、資本提携一五件）、八九年六二件（同一一件）であった。日本の八五年の対印投資一五件の内訳は自動車部品六件、電気機器三件、機械類・化学品各二件、エレクトロニクス・セメント各一件である。一九八五年のプラザ合意以降の急激な円高を契機とした東アジアへの投資ラッシュ的状況とは対照的に、インドへの企業進出はさほど活況を見せなかった。その理由は、ラジーヴ政権の下でも国内産業保護の観点から資本財の輸入関税が引き上げられるなど自由化に逆行する対応がとられたこと、さらに総じて、「インフラ、繁雑な許認可手続き、厳しい現地調達比率の規制など、インドの投資関環境が外資にとって十分満足のいく水準でないこと」〔ジェトロ 一九八八、一五六―一五七頁〕に求められる。

一九八〇年代の日印貿易は日本とインド双方のシェアから見て大きな変化はない。日本の対インド貿易は対世界・アジア貿易と比較すると変わらず停滞基調でありシェア一％を割り込んだままである。日本の輸出品は七〇年代と比較すると、一九八八年の場合、重化学品が八六％と圧倒的比重であるが鉄鋼は低減し（一四％）、代わって機械機器類がシェアを高めている（六一％）。機械機器類の構成は電気機械、輸送機械、原動機などである。他方、輸入は同年、七〇年代後半と同様の構成、つまり鉄鉱石（金属原料）・エビ・ダイヤモンドの御三家（三品目で七二％）が主要品目であった〔通商産業省 一九八九〕。ダイヤモンドは加工製品であるが、原材料のダイヤモンド原石がコストに占める割合が高いためにインドにとり輸出純所得はさほど大きくない。なお、八〇年代後半には輸入品目の中に鉱物性燃料（石油製品）が次第に頭角を現し、八七年のシェア六・九％、八八年二・六％であった。

さて、一九五八年に始まった対印円借款は漸次拡大し、インドは一九八九年度までの累計でインドネシア（シェア一七・七％）に次いで第二位の受け入れ国（一兆四七〇億円、同、一〇・二％）となっていた。円借款の承諾分野別構成は「七〇年代は輸入代替戦略の反映として商品借款（国内工業への資本財・中間財の供給）の比率が高いのに対し、一九八〇年代初頭は『緑の革命』への政策シフトを反映し、鉱工業、すなわちボンベイ・ハイのガス開発と関連肥料工場プロジェクトが増加する。これが一息つくと電力関係の比率が増大してくる」という推移をたどった〔林 一九九七、七九頁〕。東南アジア諸国や一部の国では日本の「円借款が電力、港湾、道路の整備などインフラ整備を中心に活用されており、民間活動の活性化または外国資本導入の受け皿づくりに直接貢献している」〔永松 一九九二〕との評価もある。だが、インドは一九九一年時点で八億四六〇〇万人の人口を擁する大国であり、一人当たりのODA受取額でみると近隣の国と比較しても格段に小さく、円借款からビジネス活動の活性化さらに直接投資の誘引というシナリオにはただちにはなりにくい国である。

インド国内でビジネス機会が限られ諸規制でビジネス環境が窮屈であるというのはインド人にも同様であり、ヒンドゥージャ・グループ（一九七九年）や鉄鋼のラクシュミ・ミタルはともにロンドンに活動拠点を設けインドを出た（一九九四年）。また、「頭脳流出」の大きな流れが確認できる。医師やＩＩＴ（インド工科大学）卒業生がさらなる教育・研究そして就業の機会を求めて、かなり大量に海外、とくにアメリカに出ているのである。カドリアの研究によれば、サンプル調査の時期は異なるが、ＩＩＴボンベイで卒業後海外に出た者三一％（一九七三—七七年）、ＩＩＴマドラス二五—二八％（一九六四—八七年）、ＩＩＴデリー二三％（一九八〇—九〇年）そして全インド医科大学（AIIMS）五六％（一九五六—八〇年）にも及ぶ〔Khadria 1999: 112〕。一九五〇年代以降におけるかかる知識労働者・専門職層の米欧への移動（永住するものも少なくない）により高学歴、高所得の在外インド人（ＮＲＩ）が次第に厚みを増し、彼らはインド本国への送金主体あるいはＩＣＴ（情報通信技術）サービスを中心としたビジネスの仲介役として存在感を高めてゆくのである。

三　経済自由化と短いブーム——一九九〇年代

一九九〇年代の日印経済関係は、インド政府が一九九一年に一九八〇年代より踏み込んだ経済自由化政策を導入したことにより対印直接投資では拡大基調にあったが、一九九八年のインド核実験とこれに対する経済制裁（日本政府は経済措置と呼称）により貿易が縮小し、直接投資も影響を受けるなど一進一退を示した。

一九八九年から九一年にかけて、インド政治経済はきわめて不安定であった。すなわち、Ｖ・Ｐ・シン政権とチャンドラ・シェーカル政権がともに短命で崩壊し、九一年六月にナラシンハ・ラーオ政権が誕生したときインドは未曾有の経済危機に直面していた。九〇年八月のイラクによるクウェート侵攻そして翌年二月に開始された湾岸戦争の影響で中東への出稼ぎ労働者の送金が激減することなどにより外貨準備がみるみる減少し、ラーオ政権誕生のころは年間輸入額のわずか二週間分にあたる一二億ドルを割り、デフォルト（債務不履行）も懸念される状況であった。また、八〇年代後半のラジーヴ政権以来の積極財政により財政赤字がＧＤＰ比約八％、卸売物価も一二％と高い水準であった。八五―九〇年に五・八％という、インドとしては高いＧＤＰ成長率を達成したつけであった。

湾岸戦争によって外貨危機が深刻化した一因は、インドとソ連との外交・経済関係にも求められる。インドは一九七一年の印ソ平和友好条約により、ハードカレンシー（ドルが代表的）を用いないルピー・ルーブル貿易取引を拡大してきた。貿易、とくに輸出相手国としてのソ連の地位は高まり、一九八五年にはインド輸出の二割を占めるまでになった。インドの対ソ連貿易はインド側の出超が常態化した。この二国にイラクが加わり、「ソ連製武器弾薬のイラクに対する輸出、イラク石油の対印輸出」という三角貿易が成立していた。国連安全保障理事会が採択した決議により湾岸戦争中にイラクへの経済制裁が課されたため、インドはイラク石油に代わる石油供給をハードカレンシーで求めなければならなかった。すでに崩壊過程に入っていた対ソ連ルーブル債権は何の役にも立たなかったのである〔小林 二〇一三、七頁〕。

このときの外貨危機に対して日本政府はその救済策の一環として迅速な対応を行った。(5) 当時インド大使であった小林俊二は次のように述べている。

この危急の事態にあって、デフォルトを回避させるうえに貴重な役割を果たしたのは、わが国が供与した三億ドルの緊急借款とアジア開発銀行による一・五億ドルの協調融資であった。本来であればインド政府は、ＩＭＦに緊急借款を求めるべきところであったが、コングレス党が前政権に暫定予算の編成しか認めていなかったために、財政赤字に関するコンディショナリティ(6)を満たすことができず、直ちにＩＭＦの支援を仰ぐことができなかったのである。円借款については、日本側の供与決定に基づき、交換公文の署名がラーオ政権の発足前に完了していた。政権発足後、筆者がシン財務相（現首相）を表敬訪問したとき、財務相は両手で筆者の手を握り、涙を浮かべて日本の援助に謝意を表した〔小林 二〇一三、七―八頁〕。

ラーオ政権はＩＭＦ（国際通貨基金）の融資や世銀の緊急構造調整借款を受け、経済自由化措置を盛り込んだ新経済政策を矢継ぎ早に繰り出した。すなわち、同政権は財政健全化の第一歩として総需要管理型の引き締め予算を提示する一方、九一年七月にはルピーの切り下げ（対ドル二三%）を行い、引き続き貿易政策、さらに業種規制や産業ライセンス（許認可）制度の原則的廃止、大企業と外資（三四業種について五一%出資可）に対する規制の緩和さらに貿易の自由化（ライセンスなどによる数量規制の原則廃止など）を盛り込んだ政策を発表した。その後も産業分野の追加措置や修正などが行われてきた。国際的には経済自由化政策と評価される新政策を、世銀などの国際機関の構造調整政策受け入れに過敏に反応する国内の左翼政党に配慮してか、インド政府は新経済政策を呼び、ほどなく経済改革と称するようになった。新政策に盛り込まれた一連の自由化政策は「インド・モデル[7]からの決別を意味する自由化」〔絵所一九九四、三三六頁〕であり、インド経済の大きな転換点であった。

一九九一年以降の経済自由化政策は、ほかの途上国で通例見られる構造調整政策と比較すると、公企業改革、金融・保険制度改革、州政府が主に経営する電力公社の経営と電力料金改革、企業清算にかかわる改革、複雑な税制の改革などにおいて手をつけなかったり控えめな措置を導入しており、総じて漸進的にすすめるという政府の意向を反映したものとなっている。また、それまでライセンス制度や高い関税などでいわば保護された国内市場で活動してきた民間企業や産業団体からは急激な自由化による外国企業との競争の激化への懸念が表明されることもあった。

自由化政策に対する日本の反応を貿易や投資の数字で見よう。対印輸出は一九八〇年代に漸増し、一九八九年に一八・七億ドルであったが、一九九〇年以降はインドの輸入制限政策もあり一九九三年には一三・八億ドルに落ち込んだ。九四年以降増勢に転じ、九五年には二三・三億ドルと初めて二〇億ドル台に乗せた。他方、対印輸入は一九八九年に二一・四億ドルと初めて二〇億ドル台に乗せたが、その後は一五億—一六億ドルほどに落ち込み、二〇億ドル台を回復するのは一九九五年である。このように貿易では日印貿易は停滞気味であり、インド側からみて対日シェアは低下していった（図2）。日本側からみると低空飛行がつづいた（図1）。貿易品目であるが、核実験前年の一九九七年の対印輸出では八〇年代同様、機械機器（五六％）、化学品（一四％）および鉄鋼（一〇％）などを主とした重化学工業品が中心である。対印輸入はエビ（一三％）、鉄鉱石（一五％）およびダイヤモンド（一七％）の御三家（五五％）のほか繊維製品（一二％）などである。対印輸入の製品品目第一位のダイヤモンドを含め製品比率は四二％にとどまった。食料品と原料品の一次産品系が主流という垂直貿易の構造である。対印貿易を日本のアジア（ここではインドを含むアジア全体）貿易の品目構成と比較すると輸出では機械機器（六五％）、金属品（一〇％）、化学品（一〇％）であり、対印輸出と顕著な違いはない。しかし、輸入品目では機械機器（二九％）、繊維製品（一四％）、その他製品（二四％）など製品が七〇％を占める水平貿易の構造が明瞭である〔通商産業省　一九九八、二三三―三一九頁〕。

一九九一年の経済自由化政策によりインドへの直接投資は大きく伸びた。九一年以降、電力・石油精製分野（九三年）さらには通信サービス（九四年）などが外資に開放され投資に弾みがついた。投資国としては最大のアメリカにつづきイギリス、モーリシャス（インドとの二重課税防止条約締結）、ドイツ、日本さらにはＮＲＩなどが有力であるが、年次によってはタイ、マレーシア、韓国などのＡＳＥＡＮ、ＮＩＥｓ諸国が上位に顔を出す。インド全体として、一九九一年からの累計認可額は一九九八年には五〇〇億ドルの大台に達した。タイの投資は在タイＮＲＩによるものであり、エビ養殖からホテル、通信、電気機器などへ多角化している。アジアからの投資では大規模かつ日本と競合する分野にかなり集中しているという点で韓国が注目される。韓国は一九九六年二月の金泳三大統領の訪印時に二〇〇〇年までに三〇億ドルの投資を行うと発表し、その後、現代自動車、三星（サムスン）電子の通信機器、ＬＧ電子の家電製品などで大型投資がつづいた。自動車産業では日系以外でＧＭ、メルセデス・ベンツ、フォード、フィアットおよびスコダなど米欧の主要メーカーが九〇年代半ば以降に進出を決め、大競争の時代に入った〔ジェトロ　白書各年版〕。

次に、日本からの投資の動向を見る。直接投資は停滞基調の貿易とは異なり、一九九一年以降飛躍的に拡大した。

表1　インドのテレビ市場シェア
（1993年6月—94年5月）

	シェア	提携先
BPL	26.6%	三洋電機
オニダ	17.7%	日本ビクター
ビデオコン	16.7%	東芝
フィリップス	8.1%	フィリップス
オプトニカ	6.9%	シャープ
その他	24.0%	

注）『日経産業新聞』1995年9月12日より．

日本の直接投資（認可額）は一九九〇年の五〇〇〇万ルピーから九一年には五億二七〇〇万ルピーと一〇倍に増大し、さらに九二年に六一億ルピーと飛躍し、九五年には一五一億ルピー、九六年一四九億ルピー、九七年には一九一億ルピー（五億二五〇〇万ドル）と安定して増大を見せた。

しかしながら、日本の直接投資は核実験のあった九八年には、異なるデータソースであるが、四億五三〇〇万ドルであったのに対し、経済制裁の影響で九九年二億六四〇〇万ドル、二〇〇〇年一億七四〇〇万ドル、〇一年一億五二〇〇万ドル、〇二年一億四九〇〇万ドル、〇三年一億二四〇〇万ドルと落ち込んだ（同）。核実験と経済制裁が日本の対印投資に冷や水をかけることとなった。諸外国の対印投資（直接投資が認可額）も二〇〇〇年までピークの九七年の水準を下回ったままであった。インドの外資政策は、設立後の外資系企業への優遇措置がなくかつ小売業種を外資開放リストに含めていないなど、ＡＳＥＡＮ諸国や中国のそれと比較すると見劣りしたことは否めない（『日経金融新聞』二〇〇一年八月一〇日付）。

一九九一年以降の日本の対印直接投資と企業活動には以下のような特徴が見られる。まず、日本からの投資の主要な分野である輸送機器では、既存進出企業の規模拡大およびサポーティング産業の進出などで活動を拡大している。自由化以前に進出した先発企業で業界をリードするマルチ社ではスズキが九二年に増資し出資比率を五〇％に引き上げ折半出資の合弁とした。同様の事例は旭硝子（建築用板ガラス生産、五一％）、松下電器産業の既進出企業でも確認できる。他方、日系自動車メーカーはとくに商用車・トラックでは苦戦を強いられた。トヨタ自動車の合弁企業ＤＣＭトヨタは九四年に韓国の大宇グループの資本参加（五一％）で同グループ傘下となり（ＤＣＭ大宇）、日産自動車は九四年に現地パートナーであるマヒンドラ＆マヒンドラに事業会社を吸収された。しかし、九〇年代半ば以降、米欧韓メーカーと競うように、本田技研工業（ホンダ・シエル・カーズ、九五年）、トヨタ自動車（トヨタ・キルロスカ・モーター、九七年）など日本の主要メーカーが合弁で進出した。同じ時期にはいったんインドから撤退した日系企業のインド事業再開の事例もある。日本航空、ＮＥＣ（電話交換機）、富士通（電話交換機、光通信機器）、松下電器産業（電池産業は継続、同ブランド家電で再参入）そしてソニー（一〇〇％出資、カラーテレビ）などである。

日本の家電メーカーは九〇年代にインド市場の本格的開拓を目指した。九〇年代前半のテレビ市場を例にとると、ＢＰＬ―三洋電機、オニダ―日本ビクター、ビデオコン―東芝という日本企業が提携したインドメーカー大手三社が市場の六割を占め、これに六〇年以上の歴史を誇り事実上のインドメーカーであるフィリップスと、シャープが提携するオプトニカがつづく（表1）。一〇〇％出資で設立したソニー・インディアや現地の電機メーカーと技術提携した松下電器産業はパナソニックブランドで委託生産を開始した。九〇年代後半にはさらに、韓国のサムスン、ＬＧ、大宇なども参入した。九八年にはこれらの外資系メーカーがカラーテレビ市場で三五％までシェアを高めた（『日経産業新聞』一九九五年九月一二日、九八年九月四日付）。印、日、韓の来るべき大合戦の前哨戦が始まっていたのだが、インドの核実験と日本による経済制裁が行われたのはまさにこのタイミングであった。

一九九八年一一月の第二九回日印経済合同委員会では五月の核実験後初の大型経済ミッションが訪印し、日本側は「対印投資の最大の阻害要因はインフラの未整備であるとし、国家レベルでのマスタープランづくりの必要性を強調した。一方、インド側からは、道路、港湾、発電プロジェクトなどインフラ開発への日本企業への積極的な参画を期待する意見が出された」（ジェトロ　一九九八、二二一頁）という具合に両国のやり取りには行き違いが見られる。つまり、日本側はインフラ整備への国家の指導性を求めたのに対して、インド側はＯＤＡによるのではなく日本の民間企業がインフラ開発に投資、参画することを求めている。

四　日本企業進出ブームの機運と課題――二〇〇〇年代

二〇〇〇年代におけるインド経済と日印経済関係および在インド日本企業に関しては本書第8章および第9章で詳細に議論される。本節はようやくブームの機運が高まってきた日本の対インド経済関係の特徴と今後に向けた課題を取り上げる。

インド経済は二〇〇三年度から二〇一〇年度まで、二〇〇八年度を除いて、ほぼ八％から一〇％の高成長を実現した。直接投資受入額は二〇〇七年度についに三〇〇億ドル台に達した。「ついに三〇〇億ドル台」と書いたのは、マンモーハン・シン大蔵大臣（当時）が一九九六年二月末に提出した『経済白書』において、アジアNIEs・東アジア諸国などを意識して「インドが今後二〇年間、七―九％の持続的成長を実現するには、海外直接投資を中国並みの年間三百億ドル以上に引き上げなければならない」と提起したその数字がようやく実現したからである〔Ministry of Finance 1996: 15〕。経済自由化からずいぶん時間がかかったが、インドは世界の投資先としても確実にその地歩を固めた。日本からの投資も二〇〇七年以降、顕著に増勢になったが、大型投資があった年は別として二〇億ドル程度にとどまり、対中国およびASEAN向け投資と比べるとかなり見劣りがする。

他方、日印の貿易にはこのような増勢の兆しは引き続き見られない。一九八〇年代にNIEsおよびASEAN諸国との分業構造を進展させた日本は一九九〇年代以降、中国との投資・貿易の関係を強めていく。二〇〇〇年代半ば以降、中国は日本の最大の貿易相手国となった。インドの対アジア貿易においてもこれより遅れて二〇一〇年には対中国貿易シェアが一〇％を超え、中国がアジア最大の貿易相手国となった。そして、日印の貿易といえばインドからみるとこの時期さらに低下を続けて貿易シェア二％台に落ち込み、日本側からはわずか一％程度に低迷したままであった〔図１・２参照〕。

日印貿易のかかる低迷状況は日本の産業の活力の有り様にもその理由の一半が求められる。すなわち、先に、一九九八年のインド核実験に対する経済制裁が家電産業の日本企業のインドでの活動の出鼻を挫く格好になったと述べたが、日本のエレクトロニクス産業本体が一九九〇年代以降その活動にかつての勢いを失ってきたのである。自動車とともに日本がかつて東アジアのみならず世界のリーダーであったエレクトロニクスは一九九〇年以降急速に競争力を失い、ピークの二〇〇〇年の生産額二六兆円から二〇一三年には約一一兆円まで縮小し、同産業の貿易収支は赤字となった。この過程で製品を部品生産・輸出が上回るようになった〔西村 二〇一四〕。二〇〇〇年代初めに見舞われた総合電機メーカーとしての経営危機により、日本がインド家電市場で十分な事業展開を行う前に韓国のＬＧ、サムソンなどにより市場のリーダーシップが掌握された。これとは対照的に、自動車では乗用車部門でマルチ・スズキがこの産業のリーダーとして地歩を固め、四輪・二輪部門で日本メーカーは活発な投資活動を展開している。

また、日本企業のインド進出が東アジア地域と比べて大量化しないことについては納得できる面もある。日本の企業から見るとインドのインフラが現地生産をするには東アジアと比較すると明らかに劣っており、また諸手続等が煩雑であるという現実がある。おまけに、インドの消費者は「品質、デザイン、使い勝手にこだわるばかりか、価格や燃費に対する要求がきわめて強い」〔中島・岩垂編 二〇一二、一〇頁〕のである。したがって、日本企業が進出に躊躇するのも故なしとはしない。つまり、日本が東アジアで構築したような分業構造をそのままインドで構築することは現実的ではない。さらに、チャイナプラスワンを指向する日本企業にとっては、東アジア内でメコン流域地域にベトナムなどのフロンティアが現れ、タイをハブとしたネットワークの拡大というかたちで分業を拡大・深化させるという選択肢をとることも多く、この場合インドは埒外となる。実際、日本ベトナムの貿易関係は近年急拡大している。

したがって、巨大な潜在市場でありかつビジネスパートナーになりうる企業が豊富に存在するインドとの経済交流拡大には、なによりＡＳＥＡＮの枠を超えてインド市場をとらえる日本企業、就中、本社のインド戦略の構築が必須と考える。

小島〔二〇〇七〕は、日本企業がインドの投資環境に対して抱くイメージが必要以上に消極的であり、インドに対する心理的距離感を払しょくできない、と指摘する〔小島 二〇〇七 三二一頁〕。人の活動、交流の活発化による心理的距離感の緩和が何より求められるゆえんである。近年における日本企業のインド進出の活発化は産業部門では、自動車関連が中心であるが、多様な業種へと拡大していることも注目される。インド在留邦人は二〇〇〇年の一九五九人から二〇一四年には八三一三人と四倍以上に増加した〔外務省国際協力局 二〇一六〕。ビジネスとの関係でいえば、在留邦人は一人駐在員であったり、少数の邦人でインド拠点を切り盛りする人も多いことであろう。他方、これに対応する日本在留インド人は同期間、一万六四人から二万六〇八二人へと二・五倍強に増加した。南埜によれば一九九〇年代半ば以降に来日したニューカマーがオールドカマーを上回り、前者のなかではＩＣＴ〔情報通信技術〕技術者が多く、居住地は東京に集中する傾向がある〔南埜 二〇一三〕。ただし、インド人留学生は少ない。法務省在留外国人統計によればインド人留学生は一〇一二人〔二〇一五年一二月末〕にすぎなかった〔法務省 二〇一六〕。しかしながら、ここで強調したいことは、これらの邦人、インド人は必ずしも多いとはいえないが、今後の日印交流の深化に向けた種まく人々に違いないということである。

さて、今後の日印経済交流にかかわって二つの課題を指摘したい。まず、コンピュータソフトウェアを中心としたＩＣＴサービスのアウトソーシング先としてインドとの取引関係が進展しないという点である。日本はＩＣＴサービスを中国やベトナムなどとオフショアリングしていることはよく知られている。これらの場合、日本留学経験者など日本語に堪能な人材をブリッジＳＥ〔システム・エンジニア〕という仲介役を入れることで成立する。米欧のサービス産業のグローバルな展開や製造業にかかわるサービス〔典型的には製品・設計のシミュレーション〕などにおいてはインドが世界のICTサービス拠点として枢要な位置にある。その輸出額は二〇一五年度には一〇〇〇億ドル弱の規模である。インドではTCS、ウィプロ、インフォシスなどのインド系のサービスプロバイダー、IBM、マイクロソフトなど多国籍企業のサービスプロバイダーおよび多国籍企業の自社専用開発拠点の三者が主要なプレーヤーである。

近年、日本企業は製造業の研究開発業務の一部をインドで遂行する動きがみられる〔ジェトロ 二〇一四、石上 二〇一七〕。しかしながら、ICTサービス全般にかかわる業務ではインドとの取引はあまり進展していない。東アジア諸国へのICTサービスアウトソーシングとインドへのそれとの違いは、後者は米欧のいわばグローバル標準のビジネス慣行に則った経験値を豊富にもつ企業と労働者・エンジニアが低廉な課金で良質のサービスを提供し、米欧企業は資源を有効利用することにより競争力を高めうるということであろう。

日本とインドのICTサービスを通じた関係の強化の必要性⑧については、小島〔二〇〇四〕が、とくに金融業――ソフトウェアとグローバル化に最も親和性をもつ業種の一つ――を念頭に置いて説得的な議論を展開した〔小島 二〇〇四〕。さらに、ジェトロ〔二〇〇八〕はインド・オフショアリングの課題として、①英語アレルギーを脱せるか、②優秀な外国人を引き付けられるか、③アメリカ型ビジネススタイルは導入可能か、④人事制度はグローバル対応できているか、⑤自前主義に固執しすぎていないか、などを挙げた〔ジェトロ

表2　日本の対インドODA
（交換公文ベース：億円）

	円借款	無償資金協力	技術協力
1996年	1327.5	34.1	10.5
1997年	1327.3	35.3	13.4
1998年	115.4	4.0	10.2
1999年	0.0	12.9	9.8
2000年	189.3	18.3	9.0
2001年	659.6	14.3	23.3
2002年	1112.4	9.1	20.9
2003年	1250.0	18.4	19.9
2004年	1344.7	29.9	23.8
2005年	1554.6	21.1	17.9
2006年	1848.9	6.0	25.4
2007年	2251.3	4.0	21.1
2008年	2360.5	4.3	24.5
2009年	2182.2	4.7	31.9
2010年	480.2	11.6	22.1
2011年	2898.4	2.8	34.7
2012年	3531.1	1.0	33.0
2013年	3650.6	16.6	43.6
2014年	1186.4	2.2	37.8
累計	45750.6	920.8	536.18*

注）＊このうち，JICAの実績（2013年度までの累計）が434.6億円である．
外務省『政府開発援助（ODA）国別データブック』各年版より筆者作成．

二〇〇八〕。これらの課題は広く日本の企業文化に根差したものであろう。一朝一夕に変えることは難しいが、広い意味でのインド人材とICTサービスのつながりを強めることは、インターネットとデジタル化によりビジネスの態様が大きく変わりつつある現在、日本企業が踏んでおかねばならない手順の一つであろう。この意味でインドと日本双方における、両国での留学生の飛躍的増加などとくに若い人材の交流を進めることが喫緊の課題である。

もう一つの課題はODA〔政府開発援助〕にかかわるものである。端的にいうと第二次安倍政権が進める二〇一五年に原則合意に達した日印原子力協定の次のアジェンダである原発輸出政策とインドとの関係である。

今世紀初頭、経済制裁に至るまでのODAについては第3章が検討している。ODAは一九五八年の第一次円借款以来「経済的には、日印の最大の絆」〔佐藤宏 二〇一二、三〇〇頁〕である。円借款〔有償資金協力〕を中心とした対印ODAは近年規模が徐々に拡大し、有償資金比率はさらに高まっている〔表2〕。円借款が増大しているのは、成功例と取り上げられることの多い「デリー高速輸送システム〔メトロ〕建設計画」および「貨物専用鉄道建設計画〔デリー・ムンバイ産業大動脈〔DMIC〕〕」などの大型のインフラ・プロジェクトが進行しているからである。ところで、対印ODAについては「わが国のODA関係者のなかには、「インドはかわいくない」と思っている人がかなりいる。その理由は「インド人は援助をもらっているのに感謝の念がない」」〔山崎・高橋編 一九九三、二三二頁〕とかつて指摘されたことがある。さらに、近年は「むしろインド側が「選別」する状況」にあるということである〔佐藤宏 二〇一二、三〇二頁〕。政策の力点の置き方として対印ODAについては異なる見方もある。たとえば、日本国際フォーラム政策委員会は『第29政策提言　インドの躍進と日本の対応』〔榊原英資主査〕で、ODAより民間レベルの経済交流が何より重要であり具体的取り組みを推進せよと提言している〔提言1〕。同提言は最後に〔提言10〕、「原子力平和利用における日印協力を推進せよ」と述べて締めくくる〔日本国際フォーラム 二〇〇七〕。

安倍首相は二〇一五年五月に開催された「第二一回国際交流会議　アジアの未来」において「質の高いインフラパ

ートナーシップ」を発表し、向こう五年間で一三兆円規模の「質の高いインフラ投資」をアジア地域に提供するとした〔外務省 二〇一五a〕。ここでは安倍政権の核拡散抑止への消極化する対応の問題点〔福永 二〇一六〕についてはふれないが、日本の原発技術が果たして「質の高い」ものなのかについては大いに問題がある。福島第一原発の事故のみならず、日本が建設した海外の施設が故障等で多額の損害賠償を支払う事態になったことはよく知られるところである〔金子・児玉 二〇一六、一〇七―一一三頁〕。日本の原発技術と原発発電経営が破綻状況を呈している今、この問題のテクニカルな側面を冷厳に見る必要がある、そしてこれが何より優先されるべきであると筆者は考える。自前主義の傾向をもつ日本のＯＤＡが「質の高いインフラ」と原発輸出をいわばセットにして売り込もうとする、前時代的な姿勢については国民的な議論と検証が必要であろう。

（１）独立後のインド経済の推移については〔内藤・中村編 二〇〇六、九・一〇・一一章〕を参照されたい。

（２）管制高地（commanding heights）とはもともと軍事用語であり、戦局を有利に導く眺望がきく重要な場所（一例は日露戦争の二百三高地）を指し、転じて一国の経済を支配する枢要な部門を指す。

（３）ダイヤモンドとケララ産のエビについては〔伊藤編 一九八八〕が詳しい。

（４）外貨準備は一九八〇年三月末の七三・六億ドルから、一九八二年同には四三・九億ドルへと急減した〔Ministry of Finance 2015: A87〕。

（５）一九九一年の緊急支援については佐藤隆広〔二〇一二〕も参考になる。

（６）コンディショナリティとは、発展途上国が債務返済困難時にＩＭＦ（国際通貨基金）に救済融資を仰ぐ際に、ＩＭＦが当該国に対して適切な経済再建計画の策定と実施を担保するために課す条件のことである。

（７）絵所秀紀によれば、「インドモデルとは、プランニング（経済開発計画―引用者）に基づく、公企業を主要な担い手とする、国内市場向けの、輸入代替工業化を目指す開発戦略」を指す〔絵所 一九九四、三一一―三一二頁〕。

（８）グローバルな産業転換の視点から日印のＩＣＴサービス連携の必要性をを説くD'Costa〔2016〕は一読に値する。

第II部　模索の一九九〇年代

［一九九〇年代の主な出来事］

（一九八〇年代末　冷戦終結）
一九九〇年　海部俊樹首相の訪印
一九九一年　インド、経済自由化開始。日本、外貨危機のインドに緊急経済支援
一九九三年頃　インド、ルック・イースト政策開始
一九九五年　核不拡散条約（ＮＰＴ）無期限延長
一九九六年　包括的核実験禁止条約（ＣＴＢＴ）成立
一九九八年　インドによる核実験。日本、経済措置を発動。デリー・メトロ建設開始

一九九〇年代、ポスト冷戦という新時代を迎えると、日印関係にも変化が生じた。湾岸危機の余波を受けてインドが外貨危機に直面すると、インドはついに経済自由化に着手した。日本はインドの求めに応じて緊急経済支援を行い、さらには政府開発援助（ＯＤＡ）を漸増させたが、日本からインドへの投資は伸び悩んだ。政治面では、九〇年代初めには関係強化の動きが見られたが、九〇年代半ばには核問題が両国関係の懸案として浮上し、インドが核実験を行うと日本は経済措置を発動した。こうして両国関係は再び冷え込んだ。しかし皮肉にもこの核実験が契機となり、アメリカがインドとの関係を再構築すると、日本もインドとの関係を見直した。このように、一九九〇年代の日印関係は模索の時代にあった。

第3章　インド経済のダイナミズムと日印関係

マドゥチャンダ・ゴーシュ
（訳／笠井亮平）

一　一九九〇年代における日印経済関係の変容

二一世紀に入り、アジア太平洋における地域的経済ダイナミズムの興隆と新興国の台頭によって、世界経済の中心はアジアへとシフトした。中国とインドが世界最速で経済成長する国として台頭するようになった結果でもある。インドの経済成長は日本をはじめ世界の主要貿易国の関心を引き起こしたし、巨大な市場としてのポテンシャル（潜在力）、高い成長率、技能を備えた人材の層の厚さが世界経済におけるインドの台頭をもたらしたのである。したがって、東アジア・東南アジア地域と経済面での関与を深化させようとするインドの「アクト・イースト」政策は、新たな投資先や市場を求める日本にとっても理に適うものであったといえる。

インドで起きたパラダイム・シフト、すなわち冷戦期の社会主義的で国家統制色の強い政策から一九九〇年代の経済自由化開始への転換は、日本がインド経済に改めて関心を見出した構造的な誘因であろう。日本のインド認識は戦略的な要因によって形成されるようになってきたものの、一九九〇年代以来、日本外交による対印アプローチに影響を及ぼしてきたのは経済面での必要性だった。冷戦の終結によって、インド外交を導いてきた判断基準はすべて取り除かれた。ソ連解体と経済のグローバル化という新たな潮流によって、インド政府はポスト冷戦期の国際システムにおける複雑な構造変動に対応するための新たな外交戦略を構築する必要に迫られたのである。一九九〇年代は、インドが外交と国内経済の両面でかつてない変革を経ていった、きわめて重要な歴史的ターニング・ポイントだったのである。

外交政策の立案においては、政治面が強調されていたそれまでの方針が転換され、経済面に力点が置かれるようになった。経済が強調されるようになったのは、一九九一年までの時点で自国の経済発展は東南アジア諸国が二〇年前に達成したレベルにすら及んでいないことを認識した結果であった。インドの内向きの政策は、一九八〇年代後半までに、不良債権や経常収支の急激な悪化といった深刻な経済危機をもたらした。インドを救済するプロセスで日本は多大な支援を行い、これに対しマンモーハン・シン財務相をはじめとするインドの経済政策当局は深い感謝の念を明らかにしていた。

経済自由化期におけるインドの国力はアジアとグローバルなレベルで増大した。これを受けて日本がインド認識を改めるようになったことは、二〇〇〇年八月の森喜朗首相訪印以来、きわめて明確である。森首相は「日印はグローバル・パートナーである」と宣言することで、インドを重要な戦略的パートナーとして位置づけるための地ならしを行った。対印関係全体の再定義に乗り出した森首相は、急激に変化しつつあるアジア太平洋の地政学的・地経学的環境をふまえ、日印関係は経済、政治、安全保障分野における相互補完性を発揮し、ポスト冷戦期の地域とグローバルな秩序を構築していくなかで共通利益を確保できるような、広範かつ確固たる基盤にもとづくべきであると強調した。森首相は筆者とのインタビューで、台頭するインドが二一世紀のグローバル大国になるとの認識をもったことで上述の宣言を発出するようになり、それにより日印関係の推進に強い追い風が吹くことになった、という見方を示していた。戦略問題研究家のタンメンはパワー・トランジションに関する重要な研究のなかで次のように指摘している。

欧米の戦略研究者からは見過ごされがちだが、インドには大規模な人口と躍動する新興自由市場という、急成長のために不可欠な要素が備わっている。経済的基盤を拡大し、人口増加のペースを緩め、農村から都市への人口移動を成功裏に管理し、政府の能力を向上させることができれば、インドは内発的な成長軌道において急速に発展していく段階を乗り切っていくことができる。一連の問題はどれも手強いものばかりだが、それらは一九世紀後半のアメリカや今日の中国が直面しているものと多くの点で似通ったものである。（中略）インドがこうした課題に対処することができれば、その力は中国やアメリカに匹敵しうる巨大なものになる。今世紀中葉から後半にインドと中国が超大国になるという見通しは決して現実味がないわけではない〔Tammen et al. 2008: 8-9〕。

本章は経済自由化政策の第一フェーズに当たる一九九〇年代における日印経済関係を批判的に分析しようとするものである。改革によってインド経済の潮目が変わりつつあるなか、両国間の経済関係のパターンがいかに変わっていったかという問題を検証していく。本章は以下に示す三つのパートからなる。第二節では、冷戦期における日印関係の歴史的背景について検討する。第三節では、一九九〇年代における日印関係の展開について分析を行い、貿易、投資、日本の対インドODA（政府開発援助）という三つの重要な側面について検討を加える。第四節はインドの対日経済関係におけるODAファクターを検討するとともに、インドの経済改革に対する日本の認識についても分析を行う。最後に、結論を提示する。

二 歴史的背景——冷戦期における経済面の相違点

日印には総じて肯定的な歴史的遺産があるにもかかわらず、本質的な意味で深いレベルの政治的・経済的関係は生まれなかった。冷戦期においては特にそうだった。日印は一九五八年にさまざまな経済協定を結んだものの〔Murthy

1986〕、それらによって両国の経済的つながりが強化されることはなかった。その理由は難しくはない。冷戦期、日印は世界経済に対し正反対のアプローチをとっていたからである。輸出指向型モデルの日本に対し、インドが採用したのは、輸入代替工業化と主要な経済部門の国有化政策による混合経済モデルだった。インドの経済政策は公的セクターへの過度の依存と民間セクターに対する政府の行きすぎた統制によって特徴づけられていた。こうした内向きの政策は成長を阻み、経済の停滞に歯止めがかからなかった。このため、インドは戦後の地域および世界における貿易の拡大という好機をものにすることができなかったのである。「ライセンス・ラージ」（政府による許認可支配）と呼ばれた厳しい規制〔Aghion et al. 2008: 1397〕のもと、インド経済の成長率は平均三・五％にとどまり、「ヒンドゥー成長率⑴」と揶揄された。

インドが経済を資本集約型に転換し、投資しやすい市場にできていなかった状況では、自由な経済環境をもった国を求める日本の投資家にとって、インド経済は魅力的ではなかった。インド政府によって張り巡らせられた高い障壁は、日本からの投資幅を狭め、貿易増加に制約を加えた。社会主義的な経済政策を推進するとの政府の立場は、日印間の貿易関係が深化していく展望はほぼないことを意味していた〔Guha 2007: 215-216〕。また、日本も当時ソ連に近かったインドと緊密な関係を築くことには慎重だった。「非同盟」の立場をとっていたにもかかわらず、ソ連に事実上の接近を図っていったインドに対し、日本は疑いの眼差しを向けていたのである。インドの外交関係者は、日本は地域とグローバルな問題についてアメリカの方針を踏襲し、独自の政治的・外交的姿勢をもたない「衛星国」と見なしていた〔Ghosh 2008: 285〕。こうした相容れない姿勢のもとでは、経済協力を深めていくための政治的意思を大きく欠いてしまい、日印経済関係の発展にマイナスの影響をもたらした。一九六〇年代と一九七〇年代を見ると、二国間貿易は相対的に小規模のままで、微増にとどまった。日本の貿易相手国ランキングでインドは一九六〇年代には一〇番目だったのが七〇年代には三〇位に落ち込んだことからわかるとおり、日本の貿易パートナーとしてのインドの重要性は大きく低下した。一九六〇年代中葉まで、日本にとりインドは鉄鉱石の最大輸入国で、日本の鉄鉱石輸入の二七％を占めていた〔Welfield 1988: 96〕。ところが、日本がオーストラリアやブラジルからの鉄鉱石輸入を急速に増やしていったため、インドは首位の座から陥落した。実質面と象徴面の両方の意味でインドとの経済関係構築に対する日本の無関心は、二国間貿易の停滞を招いた。日本の対外貿易におけるインドのシェアはわずか一％にまで落ち込んだのである。

冷戦が進行していくなかで、日本はインドをはじめとする南アジアよりも、東アジアおよび東南アジアといった近隣地域に注力する傾向があった〔Horimoto 2016a〕。東南アジア諸国との関係重視は、日本は平和主義を堅持し、地域の平和と繁栄に貢献し、ＡＳＥＡＮと対等に接し、インドシナ諸国とより緊密な関係を指向するとした一九七七年の福田ドクトリンに明確に示されている。この時期、日本が自国の利益は「ビルマ止まり」だと認識していたとの指摘もある〔Brewster 2012: 96〕。ドイツ人研究者のウォルフ・メンドルが一九九五年に著した本は『日本のアジア政策（*Japan's Asia Policy*）』と題していたにもかかわらず、「アジア」には「南アジア」を含んでいなかったことも特筆すべきことである〔Mendl 1995〕。

この時期の日印経済関係でおそらく唯一の前向きな出来事は、インドに自動車革命をもたらした一九八〇年代初頭のマルチ・スズキによる合弁事業である。日本のスズキがインドの提携相手、マルチと組む形で自動車セクターにおける合弁事業を開始した際、日本のほかの自動車会社は東南アジアや東アジアといった自国に近い地域の市場に主な関心を向けていたため、インド市場を開拓するには至らなかった。マルチ・スズキによる合弁事業が始まった頃、日印間の政府高官往来も時期を同じくして増加した。一九八四年には中曽根康弘首相が訪印し、これを受けてインドのラジーヴ・ガンディー首相も一九八五年と一九八八年に訪日した。中曽根首相は日印を「アジアにおいて最も重要な二つの民主主義国家」と呼び、関係改善の重要性を繰り返し説いた〔添谷 二〇〇五、一六二―一六三頁〕。しかし、こうした両国の指導者による相互訪問は中身をともなった日印関係の拡大にはつながらず、日本の対印経済関与は総じて関心の低いテーマのままだった。経済政策の相違は、冷戦期の日印経済関係の深化を阻む主要な構造的要因だったのである。

三　一九九〇年代の経済改革と日印経済関係のダイナミクス

一九八〇年代後半までに、インドの国内経済は閉鎖的な経済政策によって麻痺してしまい、財政赤字の拡大と自国通貨の下落が進行するなかで、支配層はただちに外資導入の必要性を認識するようになった。ほかの新興市場との競争に勝ち残るべく、インドは国内の経済環境を投資家から見て魅力的にする方向性に重点を置くようになった。インド政府が海外からの投資に対する見方を変えたことは、ラジーヴ・ガンディー首相が一九八八年四月にニューデリーで開かれたエンジニアリング産業連盟（CEI）[2]の会合で行った演説で指摘した二つの点に集約されていた。第一に、外資はすべて搾取的だという「精神的なカベ」を取り払わなくてはならないという点、第二に、あらゆるレベルで行政手続きを改革しなければならないという点である〔Murthy 1993: 166〕。特記すべきは、インド政府は投資環境を改善すべく、一九八〇年代後半に経済面で重要な諸措置を講じ、日本や西ドイツ、アメリカからの投資誘致に重点が置かれていたことである。具体的には以下のような内容が含まれていた。

一　外資による出資比率は一律四〇％までだったが、高度な技術の移転をもたらすと考えられる場合は、柔軟な比率とする（上限七四％）。
二　外国との業務提携に関し、許認可を行う行政レベルを下げる。
三　技術提供料支払いに適用される税率の適正化。

四　外国企業に支払う各種権利の使用料や技術情報料の送金の簡易化。
五　各種ロイヤルティの使用料引き上げおよび支払い期限を現行の五年から七年に延長する（必要に応じてさらに長期も認める）。
六　日本、西ドイツ、アメリカからの投資を促進すべく、迅速な認可体制を整備する。
七　現行では固定した期間で一律八五―九五％となっている段階的国産化プログラムに関し、柔軟かつ部門別に適用する〔Murthy 1993: 166〕。

一九九〇年代前半はインドの国内経済にとって大きなターニング・ポイントとなった。一九九一年、ナラシンハ・ラーオ政権は、産業政策、貿易政策、金融セクターを対象とする一連の構造改革を断行することで、力強い経済成長の基盤を整備した。インドの経済改革に対する日本の見方は、石川六郎日商会頭率いる経済ミッションが一九九二年の訪印時にインド政府に提出した二一項目からなる要望で示された。そのなかには、輸入関税の引き下げ、輸入ライセンスの緩和、新規合弁案件での資本財輸入に関する規制の撤廃、小規模産業への保護の撤廃といった内容が含まれていた〔Murthy 1993: 167〕。新たに採用された通商政策では、資本財、工業原料、中間財の輸入に関する規制が撤廃された。一九九七年までに、インド商務省は一六二の輸入品目に関する規制も撤廃した。関税率の引き下げも行われた。一例を挙げると、最高税率は一九九一／九二年度に一五〇％だったが、一九九七／九八年度には四〇％となった〔Virmani 2002: 2〕。政府は外資誘致を図るべく、投資済み資本の本国戻しを許可するようになった。輸入ライセンスの発行基準の緩和のほか、外国直接投資やポートフォリオ投資に関する統制も緩和された〔Shetty 2001: 3〕。産業界における規制緩和、関税引き下げ、量的規制の緩和によって、インドの生産品構成に段階的変化がもたらされ、輸出増加にもつながった。大半の産業分野でライセンスが撤廃され、株式取得や合併、業務拡大や多角化に際し事前に承認を取り付けることは不要となった。一言でいえば、国家は民間セクターにより大きな自由を与えるべく、支援を提供する立場に回ることにしたのである。

インド政府が経済の大改革に乗り出したにもかかわらず、日本はなぜ一九九〇年代にインド市場に大規模な投資を行わなかったのだろうか。この問いに対し、安倍晋三元首相は二〇一一年に筆者とのインタビューで、日本企業はこの頃インドが進めた経済政策の変化に対し慎重な見方をしており、事態の推移を注視していたのだと主張していた。さらに安倍は、インドにおけるインフラの状況が大きな障害のひとつだったと指摘していた。大来佐武郎をはじめとする日本の経済政策立案に携わってきたエコノミストは、構造改革導入に向けたインドの取り組みを賞賛し、インドは全面的な自由化ではなく、工業化のさまざまな段階において選択的なアプローチで自由化に取り組んでいくことで利益が得られるとの見通しをもっていた。発展段階にある産業が将来的に世界市場のなかで競争していける潜在力があるとしても、政府からの支援が得られなければ自滅してしまうというのが大来の見解であった。同時に、経営陣が自由に業界の改善に取り組めるようにするべく、政府による過度の介入と統制は撤廃されるべきだとも主張していた［Murthy 1993: 490］。

インドに経済自由化プログラム開始を決断させたファクターのひとつは、東アジアと東南アジア地域のダイナミックな経済に代表される、一九八〇年代と九〇年代におけるアジア太平洋の地経学シナリオの変化であった。これらの地域の活発な経済は、インド外交エリートの認識にきわめて大きな影響を及ぼした。ソ連崩壊によってインドは東欧という巨大な市場を失うことになり、貿易・投資先としてのポテンシャルをもつ新たな地域を探す必要に迫られた。インド外交の重点は、それまでの「ルック・ウェスト」から「ルック・イースト」へとシフトした。アジア太平洋という世界で最速のスピードで成長する市場になんとしてでも足場を築きたいというインドの熱意は、「ルック・イースト政策」の開始という形で反映された。ウォルター・アンダーセンが指摘しているように、「アジア太平洋経済協力（APEC）やASEAN地域フォーラム（ARF）といったアジア太平洋の組織体への加盟や、環インド洋地域協力機構（ＩＯＲ―ＡＲＣ）設置において指導的な役割を担っていくことが新たに追求されるようになった」〔Andersen 2001: 748〕のであり、そこには当然「ルック・イースト」政策も含まれていた。一九九五年にインドはＡＳＥＡＮの対話国となり、九六年にはＡＲＦ（ＡＳＥＡＮ地域フォーラム）に加盟した。インドはＡＳＥＡＮ諸国との緊密な関係構築に注力していったが、東アジアが世界の成長センターとして台頭していたことをふまえれば、日本、韓国、中国と緊密な経済関係を築くことで自国の経済外交における長期目標を達成することができると認識するに至ったことを意味した。こうした認識により、インドは一九九〇年代以降、ルック・イースト政策を通じて日本を含む東アジアと東南アジア諸国との間で、経済的、政治的、戦略的関与を深めていくようになったのである。

当時、日本の外国直接投資額は、インドを含む南アジアが六％にも満たなかったが、香港、インドネシア、韓国、マレーシア、シンガポール、台湾、タイ向けの外国直接投資総額の三七・三％が日本によって占められ、ＡＳＥＡＮ全体として見ても二一・三％に達することは特筆されるべきである〔Murthy 1993: 154〕。富士通や東芝、ソニーといったトップクラスの日本企業がインドでビジネスを展開していたものの、全体としては大規模な投資を行うことには及び腰だった〔Jain 1997: 346〕。南アジアのなかではインドが日本による投資の最大の対象国だったものの、日本の対中投資と比べれば微々たるものにすぎなかった。中国とインドでは、日本の直接投資額にきわめて大きな差が存在したのである（表1参照）。

一九九一年から二〇〇〇年にかけて、日本は対インド投資額ランキングで四位だったものの、シェアの面ではわずか四％でしかなかった（表2参照）。日本の対インド直接投資は自動車セクターに偏っていた。一九九一年から二〇〇五年にかけて、日本からの投資は自動車製造業が六

表1　1990年代における日本の対中国・対インド直接投資
（単位：100万米ドル）

	1991	1992	1993	1994	1995	1996	1997	1998	1999
対中国	579	1070	1691	2565	4478	2510	1987	1076	770
対インド	14	122	35	96	130	219	434	259	208

注）“FDI flow（Based on Notifications and Reports, gross）,” JETRO,〈https://www.jetro.go.jp/ext_images/en/reports/statistics/data/fdi_outward_e.xls〉.

表2　対インド投資上位10カ国およびシェア（1991-2000年）

	シェア（%）
アメリカ	20.4
モーリシャス	11.9
イギリス	6.4
日本	4.0
韓国	3.9
ドイツ	3.4
オーストラリア	2.7
マレーシア	2.3
フランス	2.1
オランダ	1.9

注）SIA（Secretariat of Industrial Assistance）Newsletter, January 2001, p. 1, Department of Industrial Policy and Promotion, Government of India, 〈http://www.dipp.nic.in/English/Archive/newslttr/jan2001/index.htm〉.

〇・四%を占め、電子部品製造業が七・二%、サービス業（金融およびその他）が三・七%、セラミック製造業が二・二%、繊維業が二%という内訳である〔Kojima 2013: 209〕。

経済自由化開始期当時、日本からの投資がインド市場に向かい始めるまでには数年を要した。経団連は、日本の対インド投資に関するボトルネックとして、(1) 未整備なインフラ、(2) 複雑な税制、(3) 労働法、の三つを挙げていた。インドにおける未発達のインフラ、とりわけ交通と電力セクターは日本企業から根本的な障害と見なされていた〔Nippon Keidanren 2006〕。日本がインドへの大規模投資をためらうファクターについて、平林博駐印大使（当時）は一九九八年に「関税に四%の税率が上乗せされたことで外資は「様子見」の姿勢をとるようになり、機関投資家等にいたってはインドから資金を引き揚げようとしているところもいる」とコメントしている〔Hirabayashi 1998〕。興味深いことに、自由化が進んでいたインド経済で投資を成功させていたアメリカ、韓国、シンガポールなどの企業はこうした阻害要因にひるむことはなかった。

一九九〇年代初頭における日印貿易の規模は四〇億米ドル以下にとどまり、九〇年代中葉には若干増加して五〇億米ドルをやや上回ったものの、一九九九年には貿易総額は四七億ドルまでにしか到達しなかった。これとは対照的に、同期間における日本の対中貿易規模は約六六〇億米ドルにまで拡大した〔Envall 2014: 43〕。日本のインド向け輸出品目は、主に機械、車両部品、鉄鋼製品、電子部品に限られていた。インドから日本への輸出品目は、宝石類、海産物、鉄鉱石、綿製品・既製服、石油製品が上位五位を占めていた。一九九〇年代にインドが対日関係を深めるべく努力を積み重ねたにもかかわらず、二国間の貿易と投資が停滞したことを主な要因として、経済関係の発展はきわめて緩慢にしか進まなかった。

四　日印経済関係におけるＯＤＡファクター

日印間の経済関係で唯一拡大したのは、日本からの政府開発援助（ＯＤＡ）だった。日本のＯＤＡ政策は「開発」と「戦略」という二重の目的にもとづいて進められている。開発の観点から見た場合、発展途上国が自国の開発ニーズを満たせるよう手を差し伸べるとともに、援助の提供を通じて東アジア地域と国際社会全体における平和と安定、繁栄の維持に重点が置かれている。一方、戦略の観点は、日本が新たな投資先としての市場になりうる途上国との間で経済的関与を深めていくことに着目している〔Kawai and Takagi 2001: 6〕。日本は一九九一年に世界最大の援助提供国となり、援助提供先となる国と地域を多角化するとともに、国際社会におけるニーズの変化に対応するべく援助の範囲を拡大してきた。一九九〇年代以降、日本はＯＤＡの制度的枠組みの整備に乗り出し、援助案件の優先分野としては、環境、公衆衛生、教育に重点が置かれるようになった。特筆すべきなのは一九九二年にＯＤＡ大綱が決定されたことで、(1)環境への配慮、(2)軍事的用途への使用を回避、(3)被援助国の軍事支出および大量破壊兵器の開発動向への注意、(4)民主化の促進、市場経済、基本的人権の状況への注意、といった原則が設定された。

日本による対印ＯＤＡのねらいには、国際経済に対するインドのコミットメントの強化、アジア地域における建設的なパートナーたるインドの成長支援、南アジアにおいてインドが支配的なプレーヤーであることをふまえ、同地域の安定維持を通じて日本の安全保障環境を強化するための緊密な二国間関係の推進、が含まれていた。日本の対印ＯＤＡには、円借款、無償資金協力、技術協力という三つの種類がある。一九八〇年代中葉まで、日本はインドをはじめとする発展途上国への二国間援助で最大の援助提供国であった。なかでもインドは日本のＯＤＡのなかで重要な被

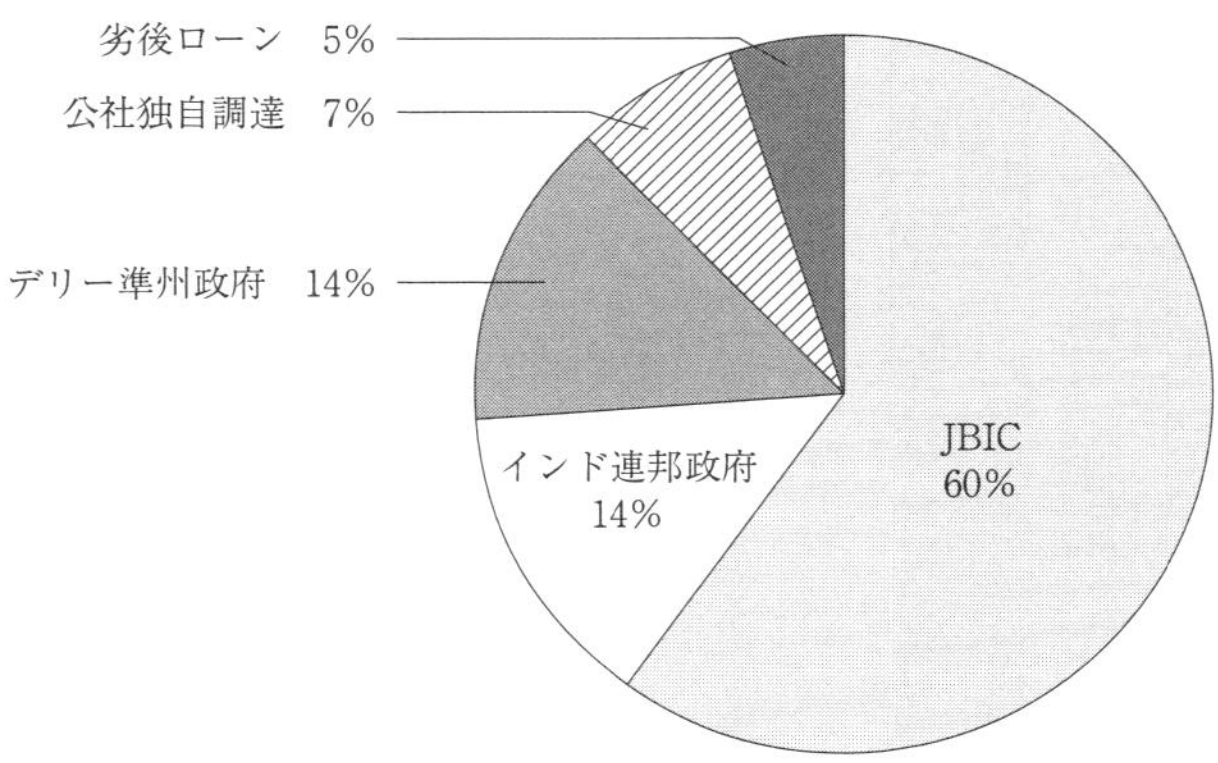

図1　デリー・メトロ建設第I期コスト（1,057.1億ルピー）

注）“Funding”, Delhi Metro Rail Corporation Ltd〈http://www. delhimetrorail. com/funding. aspx〉.

援助国だったのである。一九八六年までに日本はインドにとっての最大の援助提供国となり、金額は二億三〇〇〇万米ドルで、インドのODA受取総額の約二二％を占めた〔Okita 1989: 139〕。

一九九〇年代における日本の対印経済関与は、インドが核実験を行った時期を除き、援助の増大という特徴が見られる。一九九一年にインドが経済自由化政策を開始したのを受けて、日本の対インドODAは増加し始め、交通、電力、ガス、灌漑、環境といったセクターに大きな利益をもたらした。日本がインドを主要なODA受取国と位置づけるようになったのは、善意と相互理解という強固な底流を反映したものだった。なかでも交通セクターは、デリー・メトロに日本から円借款が供与されるようになってからは、突出した重点分野となった。一九九〇年代中葉には、インド首都圏におけるメトロ新設を目的とするデリー・メトロ公社がデリー準州政府とインド政府による共同出資の形で設立された。この案件は、主に日本の国際協力銀行（ＪＢＩＣ）を通じた日本の低利融資による資金提供を受け、二つのフェーズに分けて実施された。

デリー・メトロ建設計画の投資額は、二つのフェーズで二七億米ドルに達した。フェーズＩでは、総資金の六〇％がＪＢＩＣから拠出された。インド連邦政府とデリー準州政府は二八％を株式の買付という形で負担したのに加え、ほぼ五％に相当した土地収用にかかわるコストをカバーするべく、劣後ローンという形で貸付を行った。残る七％は、不動産開発によって公社が独自にまかなったものである（図1）。

表3 1990年代に実施された日本による対インド主要ODA案件

案件名称	セクター	借款契約調印日	借款額（単位：100万円）	インド側実施機関
国道5号線拡幅・改良計画	運輸	1994年1月24日	11,360	道路交通・幹線道路省
シマドリ石炭火力発電所建設事業	エネルギー	1997年2月25日	19,817	国家火力発電公社
デリー高速輸送システム建設計画	運輸	1997年2月25日	14,760	デリー・メトロ公社
グンダール火力発電所建設事業（第I期）	エネルギー	1990年3月27日	13,046	インド・パワーグリッド社
グジャラート州植林開発計画	森林	1996年1月25日	7,046	グジャラート州政府森林局
カルナータカ州総合土地利用管理事業	農業	1991年6月13日	16,050	カルナータカ州政府
ケララ州上下水道整備計画	水	1997年2月25日	11,997	ケーララ水道管理局
アジャンタ・エローラ遺跡保護観光基盤整備計画	その他	1992年1月9日	3,745	観光省
レンガリ灌漑計画	農業	1997年12月12日	7,760	オリッサ州水資源局
アンパラB火力発電所建設計画	エネルギー	1991年1月23日	49,801	ウッタル・プラデーシュ州発電公社
アンパラ送電システム建設事業（第I期）	エネルギー	1991年6月13日	19,318	ウッタル・プラデーシュ州電力公社
インディラ・ガンディー運河地域植林事業	農業	1990年3月27日	84	ラジャスタン州政府インディラ・ガンディー運河事業局
国道2号線拡幅・改良計画	運輸	1992年1月9日	4,855	道路交通・幹線道路省
ヤムナ川流域諸都市下水道整備計画	水	1992年12月21日	17,773	環境森林省国家河川保全局
国道24号線拡幅・改良計画	運輸	1995年2月28日	4,827	道路交通・幹線道路省
コラガート火力発電所石炭有効利用計画（E/S）	エネルギー	1990年3月27日	171	西ベンガル州電力開発公社
ティースタ運河水力発電事業（第II期）	エネルギー	1991年1月23日	6,222	西ベンガル州電力委員会
バクレシュワール火力発電所建設計画	エネルギー	1994年1月24日	27,609	西ベンガル州電力開発公社
バクレシュワール火力発電所3号機増設計画	エネルギー	1995年2月28日	8,659	西ベンガル州電力開発公社
プルリア揚水発電所建設計画	エネルギー	1995年2月28日	20,520	西ベンガル州電力委員会
カルカッタ都市交通施設整備計画	運輸	1997年2月25日	10,679	西ベンガル州政府運輸局
小企業育成計画（iii）	その他	1991年1月23日	30,000	インド小企業開発銀行

注） ODA Loan Projects〈http://www.jica.go.jp/india/english/office/others/c8h0vm00004cesxi-att/brochure_01.pdf〉.

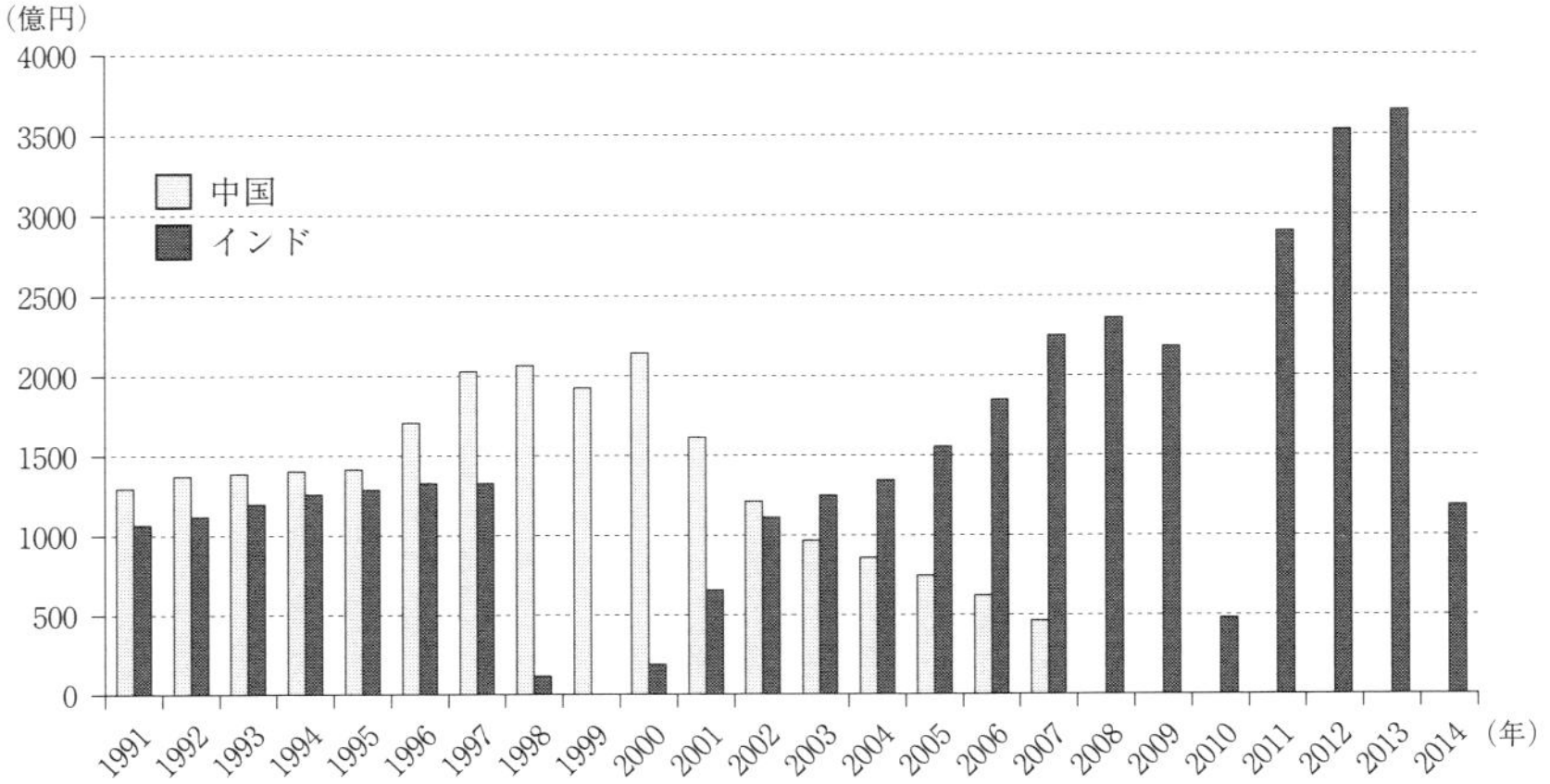

図2　日本による対インド・中国向け円借款額の推移

注）外務省ウェブサイト「ODA（政府開発援助）」（http://www.mofa.go.jp/mofaj/gaiko/oda/shiryo/jisseki/kuni/index.html）内の国別援助実績各年度版にもとづき，筆者作成.

インドのODA受取総額における日本のシェアは、一九九〇年代前半に急増した。一九九〇年、日本からのODAは二〇％以上の伸びを示し、九〇年代中葉にはシェアが三八・三％にまで達した〔Kawai and Takagi 2001〕。表3に示したのは一九九〇年代に始まった日本のODA案件の一部であり、これらはインドに質的な転換をもたらしたのである。

この文脈において特筆すべきなのは、一九九〇年代に中国とインドはいずれも日本のODAの主要な受取国であったが、そこには重要な相違点があったことである。インドの場合、日本は貿易・投資ではなくODAの分野で関与を大きく増大させていったが、中国との経済的関与は貿易、投資、ODAそれぞれに焦点を当てた、包括的かつ規模の大きいものであった。ところが、インドは中国とは異なり、日本の貿易パートナーとしては目立たない存在のままであった。図2は日本による対中国と対インドの円借款供与額をグラフにして比較したものだが、一九九一年から二〇〇一年にかけて、中国は一貫して円借款の主要な受取国で、インド向けの供与額を上回っていた。しかし、日印の経済関係は、一九九八年に大きな試練を迎えることとなった。インドによる核実験を受けて日本は経済制裁（訳注…日本政府は経済措置と呼称）を実施し、図2が示すように、一九九九年には新規円借款の供与を全面的に停止したからある。

1　核実験をめぐる対立がもたらしたODAを通じた二国間経済関係への悪影響

インドによる核実験を受けて、日本は円借款供与の停止、新規無償資金協力案件の凍結、国際金融機関による対インド融資案件の精査、「インド開発フォーラム」の東京開催見送り、技術移転に対する厳格な規制の適用等を実施した。三回にわたる実験後、日本は総額三〇〇〇万米ドル分の無償資金協力をただちに停止し、円借款の一部についても供与を凍結すると迫った。その後インドがさらに二回の実験を行ったため、日本は新規円借款案件の凍結に踏み切り、世界銀行やアジア開発銀行による対インド融資案件に関し「慎重な検討」を行っていく方針を決めた。表4は、一九九〇年代におけるインドの借款受取総額と日本からの拠出分およびそのシェアを示したものである。この表からは、インド向け新規円借款供与の凍結を受けて、インドの借款受取総額における日本のシェアは一九九七／九八年度の二七・〇四%から翌年度の四・六%へと激減したことがわかる。

表4　対インド借款額の推移

年度	総額（100万米ドル）	日本のシェア（%）
1990/91	4236.40	21.6
1991/92	4766.00	20.7
1992/93	4275.70	23.9
1993/94	3717.50	31.4
1994/95	3958.20	31.9
1995/96	3249.80	40.5
1996/97	4000.40	29.9
1997/98	4006.80	27.0
1998/99	1979.20	4.6
1999/00	4091.40	0.0
2000/01	3769.30	20.8

注）Swami P. Saxena and Neha Kapoor, “Official Development Assistance to India with Special Reference to Japan,” BVIMSR’s Journal of Management Research, Vol. 5, Issue 2, October 2013 〈www.bvimsr.com/documents/publication/2013V5N2/04.pdf〉, p. 139.

当時、インドに進出した日系企業の数はわずかだったため、外務省は対インド経済制裁が自国の産業への損失をもたらすことはないと考えていた。『朝日新聞』の有力コラムニスト、船橋洋一は「日本はインドの核実験によって最も大きな衝撃を受けた」のであり、「核拡散防止という特別な責任を担っている」と指摘した（『朝日新聞』一九九八年五月一八日付）。日本は同年五月のG8に

表5　対インド無償資金協力の推移

年度	総額（100万米ドル）	日本の協力額（100万米ドル）	日本のシェア（%）
1990/91	291.0	34.3	11.8
1991/92	364.1	33.5	9.2
1992/93	330.7	20.8	6.3
1993/94	772.7	17.2	2.2
1994/95	343.8	39.4	11.5
1995/96	399.0	61.1	15.3
1996/97	825.6	18.2	2.2
1997/98	566.3	24.6	4.30
1998/99	49.9	32.3	64.7
1999/00	604.4	1.3	0.2
2000/01	206.3	2.2	1.1

注）表4と同じ．

よるバーミンガム・サミット、翌六月のジュネーヴ軍縮会議や国連安全保障理事会といったさまざまな多国間の場でインドの核実験を非難した。ある外務省関係者がコメントしたように、日本は「あらゆる可能な措置」を講じていったのである（『朝日新聞』一九九八年五月一五日付）。

日本による対インド円借款供与凍結が、一九九二年のODA大綱で示された、大量破壊兵器の開発および拡散の動向に注意を払うとの原則にもとづいて行われたことは重要な点である。ODA大綱では、「開発途上国の軍事支出、大量破壊兵器・ミサイルの開発・製造、武器の輸出入などの動向に十分注意を払う」とされている〔外務省 一九九二〕。日本政府はインドの核実験に対し、厳格な方針で臨むことにしたのである。日本は世界で唯一の被爆国であり、核の問題についての世論に配慮する必要がある政府からすれば、核実験を行ったインドとパキスタンに経済制裁を科すことは当然の対応であった。

当時駐印大使を務めていた平林博は、経済「措置」の目的はインドを「罰を与える」というよりは「不満と落胆の意を表明する」ことにあり、将来に向けた関係改善の余地を残すものだったと説明している〔Hirabayashi 1998〕。日本側関係者の多くは、制裁は長期にわたり続くものと考え、それを前提にインドで事業を継続していくうえでの障害を精査しようとした。ただし、日本による制裁にもかかわらず、デリー・メトロ建設計画は中止されなかった。核実験が日本からインドへの無償資金協力に及ぼした影響も際立っている。一九九九年の日本からの無償資金協力と技術協力の金額は、ごくわずかなものでしなかった（表5参照）。核をめぐる対立は、日印間の経済関係に計り知れないダメージをもたらしたものの制裁が長期化することはなく、インド向け円借款は二〇〇〇年に再開されたのである（表4参照）。

2　投資の「尖兵」としてのＯＤＡ

日本が東南アジアの一部の国と中国との間で築いた強力な経済面の関与は、「ＯＤＡ、投資、成長の密接なリンケージ」という、日本の経済外交における重要な一面を表している。日本のＡＳＥＡＮ四カ国（インドネシア、マレーシア、フィリピン、タイ）と中国向けＯＤＡ供与は、民間セクターによる投資先の選定において援助が重要な影響をもたらしたという点で、このリンケージの存在を示している。日本企業は、自らの専門技術と安価な労働力をもつ国を結びつけようと考えたのである。デイヴィッド・アラセは、「ＯＤＡに関する日本の政策決定構造では、民間セクターの存在が一般に考えられている以上に大きな位置を占めている。（中略）官僚による行政指導のもとで、日本ではＯＤＡにおける政府と民間セクターの間で密接な連携体制がいまもなお続いている」と指摘している〔Arase 1994: 171〕。日本は一九九〇年代にインドへ大規模な投資を行うことに乗り気ではなかったものの、インドが日本のＯＤＡの主要な受取国となったことは、日本企業による対インド投資が広がりを見せていく可能性があることを示していた。以上の分析から、インドは一九九一年に大胆な経済改革に着手して以来、多額のＯＤＡという形で日本政府の強力な支援を受けてきたということができる。

五　結　論

冷戦終結にともない、日印間の心理的距離は大きく縮まった。この変化が明確に現れているのは、日本外交におけるインドの重要性の高まりであり、インド外交における日本の重要性についても同様である。ポスト冷戦期の最初の一〇年における日印経済関係を客観的に評価すると、二国間の経済的関与には日本がインドに多額の援助を提供する一方で、貿易や投資は低調だったという非対称な状態が存在したと指摘することができる。日印経済関係における非対称性を招いた主な阻害要因としては、多様な貿易構造の欠如やインド国内における未発達なインフラといった問題があった。

冷戦期においては、日印双方の対外経済政策は大きく異なっていた。しかし、ポスト冷戦期における地域情勢のなかでインドが経済自由化の第一フェーズに着手した結果、日本側が関心をもつようになり、一九九〇年代に一部の日本企業がインドでの活動を開始し、日本のＯＤＡにおいてもインドが最大の受取国となった。とはいうものの、この時期は大半の日本企業がインドに大規模な投資を行うことには「様子見」を決め込んだため、経済自由化期において拡大するインド市場のポテンシャルを活かすには時間を要した。日本の対印直接投資はきわめて小規模にとどまり、インド向け外国直接投資総額に占める割合という点でも同様であった。

本章では、一九九八年のインドによる核実験とこの問題をめぐるその後の対立が、少なくとも二年間にわたり日印間の経済関係に影響を及ぼしたことを示した。核実験から間もなく、日本の対インドＯＤＡ案件には混乱がともなった。しかし、双方が核実験のために日印関係全体が膠着状態に陥ってしまうことは避けるべきであると認識し、両国の指導者がすみやかに関係改善に乗り出し、新たなアプローチによって関与を再開した結果、この対立は短期間で終息したのである。こうした分析から、ＯＤＡは一九九〇年代の日印経済関係において重要なファクターだったとはいえ、日本にとってのインドの重要性は貿易以上に援助によって高まっていったという点で評価が難しい問題であった。インド側から見ても、ＯＤＡに頼りすぎるのは援助提供国への依存を招くという点で長期的には非生産的であった。

一九九〇年代における日印経済関係の非対称性によって、関係の重点をＯＤＡから投資にシフトさせる必要性が明らかになった。日印経済関係における非対称な発展は、包括的な形で発展した一九九〇年代の日中経済関係とは対照的であり、日印経済関係の発展レベルは日中間よりもはるかに低いいままだった。一九九〇年代に日本がインドへの大規模投資に対し慎重なアプローチをとったことで、インド政府は健全な投資環境とインフラの改善こそが日本からの投資誘致において最も重要な要素であることを認識するようになった。外国直接投資はある国が投資を受けることでその分ほかの国への投資が減少するといったゼロサム・ゲームではないが、究極的には投資を獲得するために国同士は競争していかなければならない。一九九〇年代における日本の対中国経済関与は、日本からの援助拡大がインドを日本企業の生産と輸出の拠点に転換していける可能性をもたらすという教訓を示したのである。

インドの対日アプローチの背景には、巨大かつクオリティやブランドを重視する消費者が急増する市場がもつポテンシャル、自由な経済体制、着実かつ高いレベルの経済成長率がある。日印経済関係には、多くの相互補完性がある。すなわち、ハードウェア部門で強みをもつ日本と一九九〇年代以来ソフトウェア産業で急成長してきたインド、成長するインド市場と新たな投資先を追求する日本、熟練工層が厚いインドと人口減少が進行する日本、大規模なインフラ整備やエネルギーのニーズがあるインドと専門的技術をもつ日本などである。こうした経済面の相互補完性があるにもかかわらず、両国は一九九〇年代には強靭で活気に満ちた経済関係を築くことができなかった。これまでに示した要因によって両国間の大規模かつ包括的な経済的関与の発展は阻まれてしまい、経済自由化政策の第一フェーズにおいて、日印経済関係は総じて「援助提供国と受取国」という状態にとどまり、貿易および投資の分野においては小規模な取り組みしか行われなかったのである。

（1）　社会主義的政策のもと、低成長だった当時のインド経済について説明を試みたもので、一九七八年にインド人エコノミスト、ラージクリシュナによって提唱された。

（2）「インド・エンジニアリング協会（ＩＥＡ）」と「インド・エンジニアリング協会（ＥＡＩ）」が一九七四年に合併して発足した「インド・エンジニアリング産業協会（ＡＩＥＩ）」が改称した組織。インド政府の経済自由化政策と足並みを揃える形で、一九九二年には「インド工業連盟（ＣＩＩ）」と再改称された。

第4章　インド外交における日本の周縁化

伊藤　融

一　冷戦後の「失われた一〇年」はなぜ生じたか

前章では、インド経済自由化後の最初の一〇年間の日印経済関係についてみてきた。両国経済には相補性があるにもかかわらず、二国間の貿易・投資関係は停滞していたことが明らかにされた。それでは、インド自身はこの時期、どのように日本を位置づけていたのであろうか。日印関係は、今や、相互に「特別戦略的パートナーシップ」を宣言するまでに至り、政治、経済、安全保障のあらゆる分野で急速に関係が拡大・深化している。こうした展開は、第Ⅲ部で詳述されるように、二〇〇〇年の森喜朗訪印が端緒となり、二〇〇〇年代半ば以降、中国に対する脅威認識が日本、次いでインドにおいても急激に高まるなかで進んだとされる[1]。

もちろん、歴史的にみれば、日印間には双方を近づける正の遺産となりうるもの——岡倉天心とタゴール、ボース、パル判事など——はあっても、日中や日韓の間でしばしば問題となるような、侵略の記憶をめぐる負の遺産は基本的に存在しない。しかしそうした親近感にもかかわらず、第二次世界大戦後のインドと日本の間では政治、経済、安全保障において「疎遠な関係」が長く続いた。その最大の要因とされてきたのが、冷戦構造である[2]。しかし冷戦が終結し、インドが経済自由化に踏み切った一九九〇年代の日印関係は、二〇〇〇年代の急展開と比べるというまでもなく、冷戦期の状況と比較しても、大きな進展がみられたとはいえず、むしろ停滞が続いた。

一九九〇年代の首脳の訪問は、経済自由化以前の一九九〇年四月の海部俊樹首相の訪印、自由化後の一九九二年六月のナラシンハ・ラーオ首相訪日のみであり、その他政府要人の往来も限定的であった。前章で詳述したように、貿易や投資は増えつつはあったものの、その伸びは低調であり、一九九〇年代のうちに、インドにおける日本のプレゼンスは冷戦期よりもむしろ後退した。(3) 安全保障面では、政策上の協議や演習はおろか、人的交流すらほとんどみられなかった。佐藤宏〔二〇一二、三〇一頁〕は、冷戦後の最初の一〇年を日印関係にとって「失われた一〇年」だったとまで評した。

本章では、この冷戦後の、インド経済自由化後の最初の一〇年間のインドの外交政策戦略に焦点を当て、そのなかで日本がどのように位置づけられていたのかを明らかにする。一九九〇年代のインドは、経済・社会の大変革のみならず、政治的にも大きな変動の渦のなかにあった。国民会議派から、地域政党・左翼勢力、そしてインド人民党へと政権交代が相次いだ。以下では、これらの政権が展開した「ルック・イースト政策」「グジュラール・ドクトリン」、そして「核実験・核保有宣言」がいかなる意図のもとに行われ、実際にいかなる政策が展開されたのかを論じ、そのなかでの日本の位置づけを分析する。一九九〇年代のインドにとって、日本は当初、重要なパートナーとみなされつつも、「寿司とサモサ」〔Limaye 1995: 165-184〕の違いに直面して、再び「疎遠な国」へと回帰していったことが明らかにされよう。

二　冷戦期の「疎遠な関係」

インドの初代首相、ジャワーハルラール・ネルーは、独立前から、アジアの連帯に大きな期待を抱き、インドがその中心的な役割を果たすべきだと考えていた。このネルーのアジア観には、日本も含まれていた(4)。ネルーは、独立後、サンフランシスコ講和条約には参加せず、別途、一九五二年六月に対日請求権を放棄して(5)、二国間平和条約を結ぶ道を選択した。その後一九五五年四月には、ネルーらが主導するアジア・アフリカ会議（バンドン会議）が開催され、日本も招かれた。

しかし、冷戦構造が日印関係の大きな障壁となった。吉田茂首相は、サンフランシスコ講和条約とともに、日米安全保障条約に署名し、日本は名実ともに西側陣営に入った。これに対し、ネルー首相は、「非同盟」の立場を掲げた。のみならず、一九六〇年代には非同盟諸国首脳会議を中心とする「非同盟運動（NAM）」を展開し、東西の軍事ブロックに批判的な立場を鮮明にした。この時期のインドにとって、戦火を交えたパキスタンや中国とは異なり、日本は敵ではないものの、外交・安全保障の基本路線でまったく相容れない相手であった(6)。

一九七〇年代には、さらに関係が疎遠となる。中ソ対立と米中接近が進むなかで、ネルーの娘、インディラ・ガンディー首相は、パキスタンと中国に対する安全保障のため、一九七一年八月には印ソ平和友好協力条約を締結した。以降、インドは「非同盟」の看板を掲げつつも、当時の日本の仮想敵であるソ連への傾斜を強めることとなる。東西デタントのなか、NAMは南北問題に重点を移すようになり、インドは途上国のリーダーとして国際舞台で振る舞った。そのため、高度成長を経て先進国の仲間入りを果たした日本とは、利害の対立点が際立つようになった。一九七四年五月にインドが踏み切った最初の地下核爆発実験は、日印の距離をさらに遠ざけた。

一九八〇年代に入ると、少しばかり状況は改善した。経済危機を受けてインドは外資規制を若干緩和し、スズキ自動車などがインドに進出を始めた。しかし前章で詳しくみたように、投資や貿易は、小規模、限定的なものにとどまり、当時の「日印の最大の絆はODA」〔佐藤宏 二〇一二、三〇〇頁〕であることに変わりはなかった。一九八二年にはインディラ・ガンディー首相が訪日し、八四年には中曽根康弘首相が訪印したものの、米ソ新冷戦のなかでは、政治や安全保障の分野で日印が関係を構築できる余地はほとんどなかった。

したがって、一九九〇年代の冷戦構造崩壊は、日印関係の最大の障壁が取り除かれたことを意味する。安全保障面では、ソ連は解体し、日本の主たる仮想敵ではもはやなくなった。他方、インドは後継のロシアと新たな友好協力条約を結んだとはいえ、力の衰えたパートナーに大きな期待を抱くことはできなかった。政治的には、グローバルなイデオロギー対立の時代は終焉し、西側、ならびにインドが保持してきた民主主義が普遍化する。一九九一年七月、インドのラーオ首相は、これまでにない規模の自由化策を発表し、経済面でもインドの社会主義的な体制は放棄された。

これらの内外の変化をふまえれば、インドにとって日本は、アメリカやヨーロッパなどとともに、重要なパートナーとして位置づけられて当然であったかのようにみえる。なるほど、日本に対するアプローチもみられた。しかし、日本側の関心の低さ(7)、日印の思惑の違いを前に、対日関与策は持続的なものにならなかった。その結果、一九九〇年代は「失われた一〇年」となったのである。以下、一九九〇年代のインドがとった三つの外交政策戦略を時系列的に追いながら、インド外交において、日本が周縁化されていった要因を明らかにしていこう。

三　一九九〇年代の外交政策戦略

1　ルック・イースト政策

一九九〇年八月のイラクのクウェート侵攻に始まる湾岸危機・戦争は、インド経済を大混乱に陥れた。インドは中東への出稼ぎ労働者からの送金停止、原油価格の高騰等を前に、国際収支の赤字がかさみ、外貨危機に直面したのである。そうしたなかでの総選挙の結果、一九九一年六月にナラシンハ・ラーオ首相率いる国民会議派政権が発足する。

同政権は、国際通貨基金（ＩＭＦ）や世界銀行の支援を受けて経済危機を乗り越えるべく、マンモーハン・シン蔵相を中心にこれまでにない規模の大胆な構造改革案、すなわち経済自由化策をまとめ、発表した。規制を大幅に緩和し、公営部門の民営化を進め、外資を呼び込むことで経済成長を実現しようという新経済政策は、独立以来続いてきた閉鎖的な社会主義路線を一八〇度転換するものであった。

経済を開放するということは、いうまでもなく、貿易や投資の重要性が増すことを意味する。しかし、一九九一年一二月には、これまでインドにとって政治・安全保障得面のみならず、経済面でも依存してきたソ連が名実ともに消滅し、ラーオ政権は新たなパートナーを探す必要に迫られた〔Dixit 1998: 218〕。その模索が、ルック・イースト政策であった。

ルック・イースト政策がいつ開始されたのかは必ずしも明確ではない。そもそもルック・イースト政策という用語は一九九〇年代半ば以降になるまで、政府首脳の発言や外務省年次報告書にもみられなかった[8]。しかしラーオ政権の実際の外交活動をみると、遅くともソ連解体直後には、そうした政策が展開され始めていたことがうかがえる。

このとき、インド側の射程に日本が含まれていたのは間違いない。堀本〔一九九七、一三〇頁〕は、「インドの「ルック・イースト」政策の主眼点は、日本である」とまで指摘していた。インドの直面した外貨危機にあたって、日本だけが緊急支援に応じたこと[9]が、インド側に高く評価され、パートナーとなりうるとの期待感を抱かせていたのかもしれない。日本が東南アジア諸国の発展に日本が果たした役割をインドにおいても期待する見方もあったであろう〔Pant 2010: 217〕。知識人も、日本に接近すべきだとする論調を展開した[10]。こうしたなかでラーオ政権は、一九九二年三月にソーランキ外相、四月には、シン蔵相を相次いで訪日させた。しかし日本側の関心は低く、インド側からすると、具体的な成果のないまま「手ぶらで」帰国する羽目になった〔Kapur 2009: 321〕。

さらに同年六月には、ラーオ首相自身が訪日し、宮沢喜一首相との首脳会談や日本経済界との懇談が行われた。しかしこれもインド側の期待を裏切るものであった。ラーオ首相は、インドの新経済政策に理解を求め、日本からの援助のみならず、投資拡大への道を開くことを訪日の最優先課題としていた。しかし日本側のこの点での関心は必ずしも高いものではなく、依然としてインドの経済的価値を低く見積もっていた。通産省〔現経産省〕をはじめ、官界は一定の関心を示したものの、民間は慎重なままであった〔Saint-Mézard 2006: 46–48〕。当時の日本企業にとって、インドは自由化したとはいっても、まだ見通せない部分が多く、劣悪なインフラ環境などからも経済進出には、中国や東南アジアと比べ、リスクの高い国とみなされたのである。

　経済関係強化を求めたインド側とは対照的に、日本側がとくに重点を置いたのは、インドの核不拡散条約（ＮＰＴ）署名要請であった。ＮＰＴに対するインドの否定的な立場は明確であったが、ラーオ首相は、日本側の関心に応じ、核問題に関する非公式の二国間対話を開始することにまで合意したという〔Saint-Mézard 2006: 43〕。それでも、日本の経済的関心をインドに引き寄せることには奏功しなかった。このとき、日印の相手方に対する関心は、明らかに食い違っていた。

　ラーオ政権のいわゆるルック・イースト政策は元来、インドのすぐ東に位置する東南アジア各国、ＡＳＥＡＮとの関係にとどまらず、より広く、日本を含むアジア太平洋との関係強化として構想されていた。ルック・イースト政策という用語は用いていないものの、同政策をラーオ首相が表明した演説として知られる一九九四年四月のシンガポール演説は、「アジア太平洋との新しい関係の構築」と題された。ここでは、「アジア太平洋諸国からの投資と協力を可能な限り引き出すこと」が自らの使命であるとし、「アジア太平洋は我々が世界市場に飛躍するための跳躍台になりうる」と期待を示した。ラーオ首相は、アジア太平洋の中核組織としてＡＳＥＡＮに加えてアジア太平洋経済協力（ＡＰＥＣ）に繰り返し言及してもいる〔Rao 1994〕。

　インドはＡＰＥＣ加盟への強い意欲を隠さなかったが、日本やアメリカは否定的な姿勢を変えず、インドは戦略転換を余儀なくされた。結果的に、「インドは広範なアジア太平洋地域を目指すという初期の野心を縮小し、東南アジアに努力を傾注せざるをえなくなった」〔Naidu 2011: 8〕のである。日本に対しては、その後も一九九三年にシン蔵相が再来日し、九五年九月にはプラナーブ・ムカジー外相を送り、経済協力とAPEC加盟などを要請したものの、やはり期待した成果は得られなかった。

こうしてラーオ政権のルック・イースト政策は、その概念が流通し始める頃までには、もっぱらASEANとの関係緊密化へと焦点が移った。まず動きがみられたのは、当時はまだASEAN加盟国ではなかったものの、地政学的にインドにとってASEANへの橋頭堡となりうるミャンマーとの関係構築の模索であった。ミャンマーとは軍政成立以降、ほぼ関係断絶状態が続いてきた。しかし一九九〇年代初めまでに、インドの戦略サークルは、中国が軍政下のミャンマーに接近していることや、インド北東部の反政府勢力対策での協力の必要性などの観点から、そうした政策を転換するよう主張するようになった。そうしたなかで、ラーオ政権は、ミャンマーを自らのルック・イースト政策の要とみなし〔Bhatia 2016: 101〕、一九九二年後半から徐々に接近を始めた(11)。そして九五年四月には軍政樹立以来、初めてミャンマー閣僚（貿易相）の訪印を認めた。以降、ASEANへの積極的なアプローチが本格化する。ラーオ首相は、一九九三年四月にタイを、九四年九月にはその翌年からASEAN加盟することになっていたベトナム、そして上述のルック・イースト政策演説を行ったシンガポールを、九五年八月にはマレーシアを相次いで訪問した。いずれの訪問においても、経済協力を中心とした具体的な合意がみられた。

ASEAN各国との二国間協力のみならず、地域機構としてのASEANとその関連枠組みへの参画にも力が注がれた。それは着実に実を結び、インドは一九九二年一月、部門別パートナー、九五年一二月には対話国の地位を得た。さらに九六年五月には政治・安全保障の協議の場であるASEAN地域フォーラム（ARF）への参画も認められた。

もっとも、一九九〇年代前半の投資や貿易の実態をみると、シンガポールを除きASEANとの関係が飛躍的に拡大したとまでは言いがたい〔佐藤 一九九七、二一四頁〕。それでも、一九八〇年代に対日貿易額の半分ほどにすぎなかったインドの対ASEAN貿易額は、一九九〇年代半ばまでに対日と同水準に達するに至った。投資では、日本はシンガポール一国にすら及ばない程度にとどまっているともみられた。すなわち、日本との貿易や投資がより停滞したままであり、そして何よりも日本が当初のインド側の期待に応えられないなかで、ASEANがより迅速にインドに対し好意的な反応を示したことで、ラーオ政権の始めたルック・イースト政策は、経済を軸にした東南アジア政策と化したのである。

2　グジュラール・ドクトリン

一九九六年五月に行われた総選挙の結果、ラーオ国民会議派政権は退陣し、地域政党や左翼政党の連立によるH・D・デーヴェー・ガウダ統一戦線政府が、会議派の閣外支持を受けて成立した。統一戦線政府の外交政策はもっぱら、I・K・グジュラール外相（のち首相）[12]の手に委ねられた〔Kapur 2009: 332〕。グジュラールのもとでも、経済自由化路線は変わらず、ルック・イースト政策も踏襲された。しかしグジュラール外交の最大の特性は、南アジア近隣外交の重視とそのための新たなアプローチであった。グジュラールは、東アジアの経済的台頭と政治的凝集力の高まりとはまったく対照的なインドを取り巻く南アジアの現実を前に、ASEANから教訓を学んだともいわれる〔Chacko 2012: 161–162〕。

グジュラール外相は、一九九六年九月、「インド統一戦線政府の外交政策目標」と題する演説を行った〔Gujral 1996〕。そのなかでは、まずもって南アジア外交の重要性が強調され、のちに彼のアドバイザー、ババニ・セン・グプタが、「グジュラール・ドクトリン」〔Sen Gupta 1997: 309〕と名づけた近隣外交の基本原則が示された。それは、(1)インドは、パキスタン以外の南アジアの隣国との間では相互主義を求めず、できる限り譲歩する、(2)いかなる国も他国の利益を害するような国内の活動は認めない、(3) いかなる国も他国の内政に干渉しない、(4) 相互の領土保全と主権を尊重する、(5) あらゆる紛争は二国間の交渉により平和的に解決する、という内容であった。その後、演説は、ＡＳＥＡＮ、ＡＰＥＣ、韓国、中国、インド洋諸国、中央アジア諸国との関係に及ぶが、日本との関係については言及されなかった。

実際のところ、統一戦線政府の外交活動と成果は、包括的核実験禁止条約（ＣＴＢＴ）署名の国際的圧力を断固はねつけた――それは日印関係をさらに疎遠にさせた――のを除けば、もっぱら南アジア域内で展開された。グジュラール外相は、一九九六年八月のブータン訪問を皮切りに、九月にバングラデシュ、翌九七年一月にはスリランカを相次いで訪問し、インドの善隣外交を繰り広げて歓迎された。とくにバングラデシュとの間では、一九九六年一二月のシェイク・ハシナ首相訪印時に、三〇年間のガンジス河水配分協定が調印されるという具体的成果があった。バングラデシュ側の長年の要求に対し、まさに相互主義にこだわらずインド側が譲歩したものといえよう。この関係進展のなか、一九九七年一月には今度は、ガウダ首相がバングラデシュを訪問し、双方の国境付近の反政府活動の取り締まり強化などが合意された。

一九八〇年代後半、インドはその圧倒的なパワーを誇示しつつ、スリランカ内戦に介入したものの、結果的に失敗し、反政府勢力のみならず、政府からも不興を買った経緯がある。このスリランカに対しても、グジュラール外相は不介入の方針を明確にするとともに、スリランカからの輸入を容易にすべく、数量規制を廃止するとともに、関税引き下げを発表した。

こうした南アジア重視の善隣外交は、グジュラールが一九九七年四月に首相に就任してからも貫かれた。同年五月にモルディヴで開かれた第九回南アジア地域協力連合（ＳＡＡＲＣ）首脳会議では、二〇〇一年までの南アジア自由貿易圏（ＳＡＦＴＡ）発足が決議された。グジュラール首相はこれを強く支持するとともに、ＳＡＡＲＣが単なる関税・非関税障壁の廃止にとどまらず、投資や人的資源などでの協力を含む南アジア経済共同体へと発展させる必要があるとまで述べ〔Business Standard 1997〕、南アジアにおける域内協力を重視する方針を打ち出した。

グジュラール首相は、このSAARC首脳会議の機会を利用して、それまで南アジアのなかでは唯一、関係改善の見通しが立っていなかったパキスタンのナワーズ・シャリフ首相との個別会談も行った。その結果、首脳間ホットラインを設置することや、カシュミール問題を含む懸案事項について作業部会を設置することなどが合意され、印パ対話の制度化が始まった〔Kapur 2009: 354-355〕。

SAARC首脳会議の翌月、一九九七年六月、グジュラール首相はネパールを訪問し、電力取引や鉄道・病院建設に合意した。さらに、ネパール側に不満の強かった一九五〇年のインド・ネパール条約を見直す協議を開始するとしたほか、ネパールからバングラデシュへの通過便宜供与を即時に認めると発表した。

インドに隣接する南アジアに次いで、南アジアを含むベンガル湾、インド洋沿岸諸国との関係も新展開をみせた。一九九七年三月、南アフリカや、インド、オーストラリアを含む一四カ国からなる「環インド洋地域協力連合（IOR-ARC）」が発足し、同年六月には、「バングラデシュ・インド・スリランカ・タイ経済協力（BIST-EC）」設立が発表され、南アジアのみならず、そのさらに外縁の諸国との多国間地域協力にも、インドは関心を寄せるようになった。ラーオ政権以来のルック・イースト政策としては、ASEANとの間で、対話枠組みとしての「印ASEAN合同協力委員会」が設置され、一九九六年一一月に第一回会合が開催された。

このように、統一戦線政府のグジュラール・ドクトリンにもとづく二年間のインド外交は、ルック・イースト以来のASEANに加え、実態としては、もっぱら南アジアとその外縁としてのベンガル湾・インド洋沿岸にエネルギーが注がれた。他方、この間、インド側からの主要閣僚の訪日はないに等しかった。一九九六年一一月にP・チダンバラム蔵相が日本経済新聞社主催のシンポジウムに出席するために来日し、やはり投資拡大を要請した程度である。他方、日本側からは一九九七年七月に池田行彦外相が日本の外相として一〇年ぶりに訪印したものの、インドのCTBT署名実現を主たる関心とする日本側との隔たりは依然として大きかった。

3　核実験と核保有宣言

議会少数派のガウダ、次いでグジュラールを首班とする統一戦線政府は、二年で幕を閉じ、早期の解散総選挙が実施された。その結果、インド人民党が第一党となり、一九九八年三月、同党を中心としたアタル・ビハーリー・ヴァジパイ連立政権が成立した[16]。ヒンドゥー・ナショナリスト勢力に支えられ、軍事力強化を主張するインド人民党が、初の本格政権を樹立したことでインドの外交・安全保障政策は大きな転換点を迎えた。

インドは、一九七四年の「平和的核爆発」以来、核実験を凍結し、核兵器保有能力は維持するものの核兵器は当面保有しない「核オプション」政策を維持してきた。しかしインド人民党は冷戦後、友好国、ソ連の消滅を受け、核保有に踏み切ることを真剣に検討すべきだと主張していた。政権獲得に至った一九九八年の選挙綱領では、「国の核政策を再評価し、核兵器導入の選択肢を行使する」〔BJP 1998〕と掲げており、核実験・核保有はいわば党の公約であった。選挙後に連立パートナーと締結した政策協定、「統治のための国家的課題」〔Press Information Bureau (India) 1998〕にもまったく同じ文言が盛り込まれた。そして実際に、政権発足からわずか二カ月足らずの一九九八年五月、ヴァジパイ政権は核実験に踏み切り、核保有国となったと宣言したのである。

ヴァジパイ政権の核実験・核保有宣言は、インド人民党の公約と政策協定に従った当然の結果のようにみえる。いくつかの先行研究が指摘しているように、インドを取り巻く地域情勢と国際環境が、政策転換を検討させるほど大きなものであったのはたしかである。元来、インドが核開発を始める動機となった中国の脅威に加え、その中国に支えられたパキスタンも核・ミサイル開発を急速に進展させているとの危機感があった。インド人民党の選挙綱領でも、

「一部隣国の軍拡と軍事的近代化の急進」を深刻に受け止めているとし、「地域における兵器技術の新展開やきわめて先進的な通常兵器システムの導入」を看過できないという認識が示されていた。核をめぐる国際環境の変化も、インドのそれまでの「核オプション」政策の有効性を疑わしいものにさせつつあった。そもそも一九七四年の一度の実験だけで核兵器を作れるかどうかも疑問視されていた。国際的には、一九九五年にＮＰＴの無期限延長が採択され、九六年にはＣＴＢＴが成立した。インドはいずれに対しても、参加を拒絶し続けてきたとはいえ、核開発を規制する国際レジーム形成の潮流は明らかであった。

しかし、そうした認識と危機感が、政権発足直後の決断の引き金となったとは考えがたい。そもそもこの環境変化は突然生じたものではない。インド人民党の選挙綱領でも、こうした懸念を取り除くために、まずは「安全保障、政治、経済に関する脅威を常時分析する国家安全保障評議会を設立」し、同評議会が「安全保障環境を調査分析したインド初の戦略防衛レビューを実施し、適切な提言」を政府に与えるとされていた。政策協定の文書においても、核政策の見直しは、その後に行われるという表現であった。しかし実際には、ヴァジパイ首相が核実験を指令したとされる四月上旬の時点では、国家安全保障評議会はまだ正式に設置されてもいなかったのである。

時期的にみると、四月六日にパキスタンが行った中距離弾道ミサイル、ガウリーの発射実験がヴァジパイ首相の指令につながったという見方が妥当であろう。パキスタンは初めて、インドのほぼ全域を射程に収める核運搬手段の実験に成功したのである。それはたしかにインドに衝撃を与えた。国内メディアは、「安全保障問題に関する政府の信頼性が問われており、国民は現政権が従来の政権と比べて気骨をみせるかどうか注視している」〔Bedi 1998〕などと、政権に対抗策を求める論調を繰り広げた。ヒンドゥーを中心とした「強いインド」を約束して権力を獲得したインド人民党にとっては、発足早々、その「本気度」が問われたのである。加えて、政権基盤の脆弱さも、パキスタンのガウリー実験に対する強硬策を必要とした。当時の政権は、インド人民党を中核としつつも、そのほかに一六もの地域政党、その他無所属議員の協力を得てようやく過半数を確保していた。そのため、発足当初から閣僚人事等で、連立パートナーからの厳しい突き上げを受け続けていた。

ヴァジパイ首相による核実験指令は――構造的には、インドを取り巻く国際環境と安全保障環境の変化を背景にしつつ――、パキスタンのガウリー発射実験への反応として、インド人民党の掲げてきた大国ナショナリズムを証明することで、厳しい国内情勢を打開しようという政治的な意図で行われたものと考えられよう。実際、核実験は世論の圧倒的な支持を受け、これまで政権を担ってきた国民会議派やグジュラール元首相をはじめとする野党勢力ですら、基本的に称賛を与えた。とはいえ、国家安全保障評議会での議論がなされていないことからもわかるように、中国やパキスタンによる脅威の現状と展望、またインドが核実験・核保有した場合の両国の反応、それがインドの安全保障にいかなる影響を及ぼすのか、さらには日本やアメリカなどとの外交関係がどう展開していくのかといった点について、真剣かつ冷静な検討がなされたうえでの決断だったとは言いがたい。すなわち外交・安全保障面での考察・検討よりも、国内政治上の計算が優先されたのである。

核政策に関しては大きな転換を図ったヴァジパイ政権であるが、これまでラーオ政権の開始したルック・イースト政策が、核実験後の対外関係修復に忙殺されたとはいえ、放棄されたわけではなかった〔Saint-Mézard 2006: 387–435〕。ガウダ、グジュラールの各政権で開始されたグジュラール・ドクトリンも、少なくとも一九九九年五月のパキスタンとのカールギル戦争までは維持されたといってよい〔Murthy 1999: 647–651〕。自由化政策については、これまでの政権よりも前向きな姿勢を示していた。しかし、これまでにみたように、日本やアメリカとの関係に配慮して、核実験を思いとどまることはなかった点に留意すべきであろう⑰。

インドの核実験に対しては、不拡散に積極的だったクリントン米政権のみならず、唯一の被爆国としての日本も強い憤りを示した。日本は新規ＯＤＡを凍結し、駐印大使を一時帰国させたばかりか、国連安全保障理事会、主要国首脳会議（G8）など国際舞台の場で、核実験を非難する文言を盛り込むよう働きかけた。[18] これに対し、インドは反発を強めた。インドにとっては、カシュミール問題を国際問題としてもち出そうとした日本の行動と、日本の制裁措置が一九九五年五月に核実験を行った中国に比べて厳しいものであることも不満であったとされる〔ジェイン 二〇〇三、二八二―二八三頁〕。

いずれにせよ、核実験と核保有宣言により、日印関係は、疎遠どころか「奈落の底にまで」〔堀本 二〇一五b、一〇五頁〕転落した。他方で、アメリカは核実験直後から、より現実的に、核保有国となったインドに向き合う道を模索すべく、二国間戦略対話を始めていた〔Talbot 2004〕。ヴァジパイ政権は、ようやく一九九九年一一月になって、印米対話のインド側当事者であるジャスワント・シン外相を訪日させ、日本との間でも対話が始まった。対米関係改善の動きの産物といえよう。しかしODA再開の前提としてCTBT署名を求める日本側との溝はすぐには埋まらなかった。

四　「失われた一〇年」

一九九一年、経済危機を前に自由化を選択し、ソ連の解体にも直面して新たなパートナーを模索していたインドには、政治・外交・安全保障面ではともあれ、少なくとも経済面では、日本は期待しうるパワーであった。ラーオ政権は、たしかにそうした認識のもと、日本に対し、貿易・投資の拡大を呼びかけた。しかし、当時の日本の関心は低く、アジア経済外交の中心は、中国と韓国、ASEANにもっぱら注がれていた。広瀬〔二〇〇七、三三二頁〕が述懐するように、インドの日本への期待は「並々ならぬもの」であったものの、「日本の冷めた態度はインドを失望させた」のである。日本の消極的な反応を受け、インドは、ルック・イースト政策の射程を当面は縮小し、まずは地政学的により近いＡＳＥＡＮとの連携に焦点を絞るようになった。

そのことは、二〇〇三年になってヤシュワント・シンハ外相が行ったルック・イースト政策に関する講演からもうかがえよう。同外相は、一九九〇年代のそれを第一フェーズとして捉え、「ＡＳＥＡＮ中心で、もっぱら貿易と投資の連携に焦点をあてていた」と振り返る。そのうえでこれからの新たなフェーズでは、「「イースト」の定義が、ＡＳＥＡＮを中核としつつもオーストラリアから東アジアまで拡大される」とともに、「貿易から、より広範な経済安全保障問題への転換」がなされると述べた〔Ministry of External Affairs 2003d〕。ここに至ってようやく、再びルック・イースト政策に日本が包含され、二〇〇〇年代以降の政治・安全保障協力が開始されるのである。

一九九〇年代後半のグジュラール・ドクトリンは、それまで南アジアで圧倒的なパワーを誇るインドが、力を背景に各国の内政に事実上介入してきた手法からの転換宣言であった。それは南アジア近隣国からは大いに歓迎され、南アジア、さらにはその外縁にあたるベンガル湾、インド洋沿岸国との二国間、多国間協力が進展した。しかしこの政策は、日本を対象としたものではなく、また少なくとも実態としては日本をインドに惹きつけ、関心を呼ぶことには寄与しなかった。

むしろ、この時期のインドは、日本の関心の高い核軍縮・不拡散に後ろ向きどころか、逆行し続けた。ＮＰＴ延長、ＣＴＢＴ成立という国際的潮流にインドを乗せるべく、日本もアメリカなどとともに働きかけた。しかし、インドはその呼びかけには応えず、ついに一九九八年の核実験・核保有宣言に至った。これにより、日印関係はさらに冷え込んだ。発足当初のヴァジパイ政権は、日本との関係を改善し、そこから経済・政治、安全保障協力を引き出すことよりも、自国の安全保障に対する危機感のなか、「強いインド」を誇示することで、国内の政治的支持を動員しようという計算を優先させたのである。

このように一九九〇年代の日印関係を、インドの歴代政権が推進した外交政策戦略全体のなかから振り返ると、最初のチャンスを逃した結果、溝が縮まるどころか拡大して再び冷戦期のような疎遠な関係に逆戻りし、最後にはより冷却化してしまったことがわかる。すなわち、一九九〇年代初頭、日本は短期的な利害にとらわれ、インドとの関係を構築することが中長期的にみれば戦略的意義をもつという発想が欠けていたといわざるをえない。他方インドの側も、核問題に対する日本の特別な感情を十分に理解せず、またリスクを避ける傾向のある日本経済界に対し、長期に渡って粘り強く働きかけようとしたとはいえない。ASEANや欧米との関係が日本の不足分を埋めてくれていたからである。

冷戦後の「失われた一〇年」は、こうして互いに対する無知、関心のズレ、長期的視点の欠如から生み出された。ここからの脱却には、詳述する日本の同盟国、アメリカのインド接近——核実験後の戦略対話とその成果としての二〇〇〇年三月のクリントン大統領訪印——を要したのである。次章で詳しくみてみよう。

（1）先行研究の大半がこうした認識で一致している。たとえば、Horimoto and Varma eds.〔2013〕における日印双方の研究者の見解を参照されたい。

（2）ジェイン〔二〇〇三、二七三—二七六頁〕は、冷戦構造にくわえ、インドが理想主義的で全世界主義的な外交を志向する一方、日本は実用主義的かつ地域主義的なアプローチを好んだことから、お互いの距離が広がったと指摘している。ともあれ、かつて筆者自身が論じたように、冷戦構造崩壊は日印関係進展の「必要条件」であったのは間違いない〔Ito 2013: 114-115〕。

（3）インド準備銀行（Reserve Bank of India）の統計データにもとづいて一九九〇—九一年と一九九九—二〇〇〇年の日印貿易を比較すると、貿易総額は、三五億ドルから四二億ドルの微増にとどまり、この間に、インドの貿易にとって日本の占める割合は、輸出で九・三％から四・六％、輸入で七・五％から五・一％にそれぞれ下落した。

（4）ネルーは一九四七年三—四月、暫定政府首相として、ニューデリーで「アジア関係会議」を主宰した。日本からの参加も要請したものの、連合軍総司令部に阻まれたという〔Ubaidulloev 2011: 21-22〕。

（5）佐藤宏は、ネルーが在印日本資産返還に否定的だった印商工省の反対を押し切り、自らの平和外交に対する日本の支持を得るために、日本側の要請に応じてすべての請求権を放棄したとしている〔Sato 2005: 1-20〕。

（6）一九六二年の印中国境戦争、六五年の第二次印パ戦争のいずれについても、日本は中立的立場に終始し、インドを失望させた。

（7）一九九〇年代の日本の主たる関心は、中国や韓国とＡＳＥＡＮを中心とした「東アジア」であった。

（8）一九九五―九六年版の年次報告書（一九九六年四月発刊）で初登場している。

（9）この経緯については、堀本〔二〇一五b、一〇三頁〕に詳しい。

（10）たとえば、インドの有力な学術月刊誌で日本特集が組まれたりした。*Seminar* 397, "Wooing Japan: A Symposium on Developing a Fruitful Relationship," New Delhi, Sep. 1992.

（11）一九九二年八月には、ミャンマーの外務副大臣率いる訪問団を受け入れた〔Kapur 2009: 308〕。

（12）ガウダ政権は一九九七年四月に会議派の支持を失い、グジュラール政権に交代した。

（13）二〇一四年に「環インド洋連合（ＩＯＲＡ）」と改称された。

（14）その後、加盟国の拡大とともに、二〇〇四年七月の初の首脳会議時には、ベンガル湾多分野技術・経済協力イニシアティヴ（ＢＩＭＳＴＥＣ）へと発展した〔伊藤 二〇一一、二六六―二六八頁〕。

（15）グジュラール・ドクトリンの名づけ親であるセン・グプタ自身は、その政策の目的は、単に南アジアの安定にとどまらず、地域安定化を通じてルック・イースト政策を推進し、日本や中国との関係を深めることにあると考えていたという〔Saint-Mézard 2006: 356〕。しかしグジュラールの実際の言動からそうした意図を読み取るのは困難である。

（16）インド人民党は一九九六年の総選挙でも第一党となり、ヴァジパイを首班とする内閣をいったん成立させたものの、連邦議会の信任が得られず、二週間足らずで退陣していた。

（17）ラーオ政権も一九九五年末に核実験を検討したが、アメリカの圧力により断念したとされる。

（18）インド実験直後の国連安保理では、フランスやロシアが「非難」の文言に難色を示し、「遺憾」という議長声明にとどまった。しかしパキスタンも核実験を行った六月には、インド、パキスタン双方の実験に対して「非難」という日本主導の決議案一一七二号が採択された。

第Ⅲ部　転換の二〇〇〇年代

［二〇〇〇年代の主な出来事］

二〇〇〇年　米クリントン大統領訪印。森喜朗首相の訪印、日印グローバル・パートナーシップ宣言

二〇〇一年　アメリカ同時多発テロ事件（九・一一）。日本、インドに対する経済措置を終了。ＢＲＩＣｓという造語の使用開始

二〇〇三年　インドが中国を抜いて最大の円借款受取国

二〇〇五年　小泉純一郎首相の訪印（首相の隔年相互訪問開始）

二〇〇六年　日印戦略的グローバル・パートナーシップ宣言（シン首相の訪日時）

二〇〇七年　安倍晋三首相、インド国会で「二つの海の交わり」演説。日印外相間戦略対話開始。マラバール海上共同演習（印、米、日、豪、星）

二〇〇八年　日印安全保障協力に関する共同宣言

核実験を契機にインドとの関係修復へと向かったアメリカと日本は、二〇〇〇年に首脳訪問を行い、関係改善の嚆矢とした。円借款が再開されると、まもなくインドが最大の受取国となった。この時期、インドは中国とともに新興国の代表として、世界の政治と経済で存在感を高めていた。世界の主要各国がインドとの関係強化を図るなかで、日本もその取り組みを強化した。経済分野では二〇〇〇年代中頃から日系企業のインド進出や日本からの投資が活発化した。外交・安全保障分野での関係も、台頭する中国への危機感を共有することを背景として、急速に緊密化した。このように、二〇〇〇年代は日印関係の転換期となった。

第5章　日印と同盟・提携関係を結ぶアメリカ

サトゥ・リマイエ
（訳／溜和敏）

一　アメリカの過去の対日・対印アプローチ

一九世紀半ば以来、とりわけ二〇世紀に入ってから、日本はアメリカの国際関係における重要な構成要素であり、今日に至ってもそのことは変わらない。一九世紀後半にアメリカが大国として浮上したときから一九四七年までイギリスの植民地支配下にあったインドは、二一世紀の始まりまで、アメリカの対外政策にしてみれば相対的に関心の低い「日陰」にあった。分離独立後のインドとアメリカの関係には距離があり、ときには相手国を苛立たせることもあった。対照的に、一九四五年の敗戦後に復興に着手した日本は、一九五〇年以来アメリカと同盟を結び、インドとは悪くはないが冷めた関係にあった。このような歴史的背景のため、日米印の三国間に活動の重複や交流が見られなかったことは理解に難くない。つまり、対立する関係にあったのではなく、関係がなかったのである。ミャンマーやイラン、最近のロシアをめぐって日米の立場が食い違うのとは異なり、後で論じる短期的で重要性の低い例外を除くと、インドは日米で意見を異にする領域にはならなかった。

日米・印米関係と、日印関係の間の「連結性」（訳注…コネクティヴィティ。ここでは関連性の意味）は明らかである。

一九四七―二〇〇〇年の時期、一方でアメリカ政府と日本政府はインドとの関係において大事な経験を共有する機会がほとんどなく、他方でインドは日米関係を正しく理解せず、同じコインの両面と見なしており、言わば「負の連結性」が存在した。しかし、アメリカ政府と日本政府がともにインド政府との関係改善を進めた二〇〇〇年代――日本政府は同様の政策でアメリカ政府に追随した――、印米関係と日印関係の間に「正の連結性」が高まった。興味深いことに、インドをめぐるアメリカと日本のこうした負と正の連結性は、ほとんどが公的な調整によるものではなく、暗黙に生じたものであったが、三カ国関係の文脈を通じて連結性が顕在化してきた。インド政府も両国との関係強化の動きに応えた。ただし、当初のインド政府が、日本政府をアメリカ政府の従属変数とみなしていた旧来の認識にもとづいて日米の動きをとらえていたことは、まず間違いない。それから二〇年近くの時を経て、インド政府は日米関係についてより注意深い（そして、より正確な）見方をするようになった。

一九九八年五月にインドが行った核実験により、日米の対印政策は新時代へと突入し、対するインド側も両国との新たな関係の構築に関心を抱いた。当初、日米はインドの核実験への対応において一致しなかったが、両国政府ともに外交、経済、安全保障におけるインド政府との関係強化に着手した。

アメリカにとって日印関係の重要性が最近まで低かったことにも、もっともな理由がある。これまで、過去一〇〇年以上の間にアメリカがアジア太平洋地域で関わってきた（あるいは直接的に影響を受けた）ほかの二国間関係と、日印関係の連動する機会がなかったのである。ハロルド・アイザックの名著『我々の意識の素描――アメリカの中国・インド観』〔Issacs 1958〕が示すように、アメリカ人の思考においてインドの比較対象は、中国になるのが自然であった。おそらく、一部の歴史家が「ジャングル同盟」と呼ぶ、インド国民軍と大日本帝国陸軍が第二次世界大戦中に行った連携を知っているアメリカの専門家はごくわずかであろう。

二　アメリカからみた現在の日印関係と日米印関係

ワシントンにおいて、アジア太平洋の二国間・三国間関係のなかで、日印関係と日米印関係はさほど注目をされていない。しかしその状況が変わりはじめている。アメリカ自身の同盟やパートナーシップ以外で、多くのアメリカ人が関心を向ける二国間関係は、日中、中露、日韓関係である。アジア太平洋における三カ国枠組みは、自国の同盟を含むもの（例…日米韓、日米豪）以外、ほとんど関心の対象にならない。多くのアメリカ人の関心が、自国の同盟を中心とした三カ国関係に集中することは当然である。

日印関係や日米印関係は比較的に未発達であったことが最大の理由となって、これらの関係に対するアメリカ人の関心は最近まで薄かった。さらには、これらの関係の範囲や利害関係が、アメリカにとって重要な核心的関係と比べると、依然として萌芽の段階にあると見られていたことも理由であった。現在、アメリカの関心はおおむね、日印関係によりも、日米印三カ国の連携に向けられている。しかしながら、日印関係も関心を集めはじめており、とくに防衛や対外政策の専門家からの関心は強い〔Parussini 2016〕。

日印関係そのものと日印関係におけるアメリカの役割についてのアメリカの見方は、日印との二国間関係や日米印三カ国対話への参加を重ねてきたことによって、現在はアメリカ政府内や政策研究者の間で基本的には政党の垣根を越えて、好ましいものと考えられ、有望視されている。このことは、三カ国関係についてとくに当てはまる。これらの関係について前向きな観点から頻繁に言及する人々は、「同盟第一主義」論や「民主主義連合」論の支持者、アジア太平洋の対外政策や防衛政策に関して現実主義的なアプローチを採用する専門家、ならびに東シナ海や南シナ海での最近の中国の攻撃的な行動に基づいて中国からの将来的な脅威を強く懸念する人々である〔Twining 2015; Manning

2015〕。

こうした政策論と政治的動向は、日印関係や日米印関係の展開と同時期に生じた。印米関係の強化と三カ国協力への着手は、ネオコンに属するジョージ・W・ブッシュ（以下、ブッシュJr.）政権の時代に行われた。二〇〇一年九月一〇日にアメリカ国防省が発表した『四年毎の国防計画見直し』（ＱＤＲ）は、日本海からベンガル湾へと至る「東アジア沿海（East Asian littoral）」という概念を示した〔Department of Defense 2001〕。そしてブッシュJr.政権初期には、東アジアや太平洋地域に関する議論と政策にインドを含めようとする取り組みが行われた。たとえば、国家安全保障会議（ＮＳＣ）のアジア部門にインドが組み込まれた。しかし、こうした動きは二〇〇一年九月一一日のテロ攻撃によって妨げられた。

その後、第二期ブッシュJr.政権になると、一連の日米印三カ国対話（実際にはオーストラリアを含む四カ国であった）の第一回が、二〇〇七年のＡＳＥＡＮ地域フォーラム（ＡＲＦ）に際して開催された。当時、ブッシュJr.政権のカウンターパートは、四カ国の取り組みを始めた日本の安倍晋三首相と、オーストラリアのジョン・ハワード首相という保守派の二人であった。この四カ国対話は、皮肉にも中国政府からの反対が少なからず影響して、中止された。今日（訳注…二〇一六年九月現在）、インドと日本で保守派が政権を握っていて（アメリカは違うが）、中国に対する「戦略的不信」が三カ国すべてで高まっている最近数年間、三カ国の枠組みでいくつかの非常に重要な進展が見られた。それとは別に、日豪印でも二〇一五年六月に最初の外務次官協議を開催した。当時、オーストラリアで政権の座にあったのは保守派のトニー・アボット首相であり、安倍首相とナレンドラ・モディ首相のカウンターパートとなっていた。これらの政治的・政策的動向が示唆するように、現在進行中の課題である日米印三カ国の枠組みは、取り組みを左右する政治情勢と、中国への懸念の高まりといった構造的要因によって規定されており、これらの要因に支えられて着実に進展し、継続してきた。

日印関係と日米印関係は、安倍政権、モディ政権、オバマ政権が並立する状況で活発化した。二〇一五年九月には三カ国による初の閣僚級会合が行われた（二〇一一年に局長級会合から始められた）。ジョン・ケリー国務長官は、国連総会に合わせて開催されたニューヨークでの日米印閣僚級会合において、アメリカが「この協力体制を心から歓迎する。我々にとって、これはインド太平洋地域への関心を強調できる重要な機会である。そのインド太平洋地域において、インドは東アジア政策を展開しており、日本は安倍首相の下で南アジアや東南アジアへの取り組みを非常に積極的に行っている」と語った〔Department of State 2015b〕。アメリカの観点としては、自国の「リバランス」とインドの「アクト・イースト」、日本の「積極的平和主義」政策を結びつけて、各国との関係の共通基盤とすることが重要であった。このことは、民主主義国である日米印三カ国間の、この地域における相乗効果と利害の一致をアメリカが認識したことを示していた。ウォール・ストリート・ジャーナル誌の社説「アジアにおける自由の枢軸」は、安倍首相による二〇一五年一二月のニューデリー訪問に際して、日印関係の強化を「アジアで最も将来有望な出来事の一つ」として特徴づけて、「経済的・戦略的合意」の拡大を通じた「結びつきの強化」を歓迎した〔Wall Street Journal 2015〕。新アメリカ安全保障センター（ＣＮＡＳ）のリチャード・フォンテイン所長も、「ワシントンは同盟国・日本と戦略的パートナーのインドの新たなつながりを歓迎すべきであり、今後の発展を促進すべきである」と主張した〔Fontaine 2015〕。

アメリカは、現在のような方向性にある日印関係と三カ国対話で、最近進展が見られ、今後も発展が見込めることを評価している。そこにアメリカが関心と支援を振り向けている背景には、象徴的にも実体的にも十分な根拠がある。アメリカ、インド、日本の各国は、それぞれ人口規模で三番目、二番目、一〇番目に大きな国であり、経済規模では一番目、九番目、三番目に大きく、三国すべてが民主主義国であるため、これらの国々の協力というイメージが力強い政治的・政策的象徴となる。各国内でもそうしたイメージがある程度は共有されている。世論調査によると、とくに印米関係と日米関係の二組には強い支持が見られるが、日印関係でも相互に好感を抱いている。ただし、日本がインドを好ましく見るほどには、インドは日本を好ましく見ていない[1]〔Stokes 2015〕。三カ国すべての国内で、個別の政策課題に関する意見の相違はあるものの（例：インドとの民生用原子力協力に対する日本国内の反対論や、インドの貿易投資政策に対するアメリカ国内の批判）、それぞれの国との関係を強化することについての強力な反対論や障害は見られない。

アメリカ国内政治の観点では、日印両国が民主主義国であるという事実のために、両国との関係強化を進めやすくなっている。インド政府や日本政府との関係強化に対するアメリカ国内の制約は、中国やロシアといったほかの大国との関係改善に対する制約ほど重要ではない。興味深い問題は、今日の国際情勢においてこのような連携が象徴的にも実質的にもなぜ重要なのかという問題ではなく、実現にこのように長い時間を要するのかという問題であり、さらにはそうした連携をどこまで進めることができるのかという問題である。アメリカが日印関係や日米印関係に関心を抱いて支持する背景には、似たような考えをもった民主主義国間の強固な関係という象徴的な利益だけでなく、次のような実際的な理由がある。

第一に、日印両国とアメリカとの関係は、着実に改善してきた。印米関係では、防衛装備の移転の拡大や、防衛協力と大規模な防衛装備貿易、防衛技術協力を推進する基幹協力合意の少なくとも二件にインドが調印したことをはじめ、貿易投資関係の拡大、頻繁なハイレベルの指導者による訪問など、比較的最近に重要な前進が幅広く見られたため、かなりの関心を集めてきた〔Council on Foreign Relations Task Force 2015〕。それに対して、日米同盟が日本の防衛にとって重要であることは言うまでもなく、戦後国際システムの根幹的構造であり、アジア太平洋地域でアメリカが前方展開を維持するために決定的に重要であるがために、むしろ最近の日米関係の前向きな出来事はさほど注目されなかった。日米関係で大きな改善が行われたのは、冷戦終結直後の漂流感（第一次湾岸戦争の際の同盟「危機」を思い返してほしい）や、日本が新たなアジアの経済秩序（いわゆる「雁行型経済発展モデル」）を模索しているという懸念が生じた直後であった。二〇一五年、安倍首相は日本の指導者として初めてアメリカ連邦議会の上下院合同会議において演説を行い、日米は新たな防衛ガイドラインを発表し（訳注…二〇一五年四月）、その後日本はガイドライン実施のための国内法を通過させた。さらに日本は環太平洋戦略的経済連携協定（TPP）に加盟し（かつて一九八〇年代や九〇年代に通商関係をめぐって日米関係が対立をはらんでいたことを思えば、まったく驚くべきことである）、軍事演習とミサイル防衛協力の拡大と高度化が日米同盟を前進させた。このように、七〇年間の日米関係強化の軌跡は、印米関係よりも明確な実体を備え、確かな基盤に根づいたものであると言えよう。

他方でアメリカは、日本とインドにとって、最も重要なパートナー——個別の政策をめぐってさまざまな立場の相違があるとしても——であり、このことは三カ国協力に取り組むにあたってアメリカの決定的な強みとなった。さらには、変容する国際的な戦略と経済のダイナミクスのなかで（たとえば、中国の台頭や、大国間対立、生産・流通プロセスのグローバリゼーション）、インドと日本にとってアメリカのもつ重要性が低下することはなく、むしろ高まっている。この重要性に影響する問題は、国際的に重要なプレイヤーであり続けようとするアメリカの意思であり、そのようなプレイヤーであるための能力ではない。

第二に、アメリカは日本とインドを、リベラルな国際秩序における挑戦者ではなく、ステイクホルダー（利害関係者）と見なしている。国際システムに関して、アメリカが中心となって構築して率いてきた既存のリベラルな秩序を日印両国が支持していること——日印両国、とくにインドが秩序の修正を模索することがあるとは言え——は、アメリカ政府にとっての利点である。アメリカ政府は、日本とインドが（ドイツやブラジルを含めて）協力して国連安保理の常任理事国を目指す取り組みに十分に留意している。日米印が利益と価値を共有しているという認識は、三カ国関係について政府や専門家が決まって言及する点になっている〔Department of State 2011〕。

第三に、政府以外のアメリカ人の多くがきわめて根本的な点として重視するのは、台頭する中国に対処するために、日印関係と日米印関係の強化がさまざまな理由と観点から決定的に重要だということである。フォンテインは、「日本政府とインド政府の緊密な関係が、中国に対するバランスをとり、中国の台頭する地域において強力な民主主義大国間の協力を確実にすることによって、繁栄とリベラルな価値にとって望ましい平和の安定に役立つ。アジアの安全保障の今後をめぐり、中国政府の主張とは異なり、アメリカが中国「封じ込め」だけに固執しているのではないことを日印の連携が示している」と論じている〔Fontaine 2015〕。フォンテインは「中国を包囲網の罠にかけることではなく、アメリカとパートナーが台頭する中国のパワーに対するバランスをとり、優位な立場で中国政府と取引することを目指すべき」とも論じている〔Fontaine 2015〕。ほかの論者は、日印関係がもたらすアメリカの利益を、パートナー間や同盟国間のネットワーク構築を重視する約二〇年前からの防衛政策の一環として位置づけている。イギリスの国際関係研究者ジョン・ヘミングスは、一もがく巨獣（訳注…中国のこと）の周囲に張り巡らされた同盟のネットワークにより、巨獣が無分別な冒険主義に打って出ることを防ぐことができ、抑制する役割を果たす」と記している〔Hemmings 2015〕。アメリカのアジア政策研究者であるダニエル・トワイニングは、アメリカとインドが海軍共同演習に日本を招き入れた件に言及して、「三カ国協力がアジアの脆弱な安全保障アーキテクチャ（協力枠組み）を補強でき、地域の支配的な大国になろうとする中国の野心を妨げることを示している」と論じている〔Twining 2015〕。そして保守系シンクタンクであるヘリテージ財団のウォルター・ローマンは、「中国の台頭への対応――「四カ国」アプローチは役に立つのか」という問いを投げかけている〔Lohman 2015〕。公式の三カ国対話では、これまでのところ、直接的にアンチ中国の議論を構築することを避けてきたが、中国要因は明らかに三カ国の接近を促した重要な要因であり、間違いなく中国政府もそのように見ている。

アメリカが緊密な日印関係を歓迎する第四の理由は、アジア太平洋におけるアメリカの重要な防衛政策課題に貢献しうることである。アメリカがアジア太平洋地域で構築してきた同盟とパートナーシップを結びつけることにより、自然災害への対応などの共通の安全保障上の脅威に対する協力を強化することや、リスクと責任を共有するメカニズムを発展させることなど、広範な防衛安全保障政策上の成果を期待できるのである。

アメリカとの協調の下で、日印関係が強化されることは、以上の目的に寄与する。これが日印関係の強化をアメリカが歓迎するもう一つの理由である。オバマ政権のピボット政策／リバランス政策も、同盟国とパートナーに関する同様の主張を展開している。たとえばヒラリー・クリントン国務長官は、「アメリカが大西洋で構築してきたネットワークと同様に、太平洋にもアメリカの国益と価値に合致するように持続的なパートナーシップと制度のネットワークを構築することが、今日我々の直面する課題である。このことは、これらすべての地域における我々の取り組みにとって試金石となる」と論じている〔Clinton 2011〕。そしてアシュトン・カーター国防長官も、二〇一六年のシャングリラ・ダイアローグ（アジア安全保障会議）でこの主張を繰り返して、アジア太平洋地域における「原則に基づく安全保障ネットワーク（principled security network）」の構築を呼びかけた〔Department of Defense 2016〕。

同盟国やパートナーを結びつける文脈で『四年毎の国防計画見直し』（ＱＤＲ）が初めて明示的に日印両国に言及したのは、二〇〇六年のことであった。この文書では「太平洋において、日本、オーストラリア、韓国や他国との同盟は、地域におけるほかの二国間および多国間の取り組みを促し、共通の安全保障上の脅威に対処するための協力行動を促進している。インドもまた、大国として台頭するとともに、重要な戦略的パートナーとして浮上しつつある。長期におよぶ対テロ戦争において、さらには大量破壊兵器の拡散や他の非伝統的脅威に対抗する取り組みにおいて、これらのパートナーと緊密に協力することにより、同盟関係とパートナーの能力強化という継続的ニーズを満たすことができる」と論じていた〔Department of Defense 2006〕。当然のことながら、「グローバルな対テロ戦争」の最中に作成された二〇〇六年のＱＤＲ（二〇〇一年ＱＤＲは九・一一の前日に刊行されていたため、二〇〇六年ＱＤＲが九・一一後で初のQDRであった）は、ブッシュJr.政権の日印両国に対する非常に好意的な姿勢を反映していた。ただし、当時改善していた日印関係に特段の関心を向けてはいなかった。

つまり、アメリカの観点としては、中国が将来的に挑戦してくる可能性という最重要の構造的要因と、同盟とパートナーのネットワークを構築するアメリカの防衛政策という同じくらい重要な構造的要因が基礎となり、日印関係と日米印関係が持続的かつ総合的に強化されているのである。

第四に、日米同盟と緊密化する印米関係を前提として、日印協力は地域におけるアメリカの防衛体制の効率化に役立ち、防衛費が削減傾向にあるなかで他地域での取り組みを行わねばならないなかでのやりくりにも貢献する。たとえばフォンテインは、「アメリカの軍事リソースが減少し、中東やヨーロッパでの活動が増加する現在、日印協力はアメリカのアジア政策におけるリバランスにおいて生じかねないギャップ（訳注：アジアにおけるアメリカの軍事リソース不足）を埋めることに役立つ」と論じている〔Fontaine 2015〕。やはりここでも、アメリカの「リバランス」、日本の東南アジアと南アジアへの関与強化、インドのいわゆる「アクト・イースト」政策という三国の政策の調整という目的が、日印関係と日米印関係に対するアメリカの関心と支持を強める重要な要因となっている。

第五に、アメリカはアジア太平洋の地域機構をめぐる日印協力を歓迎している。たとえば、二〇一五年六月七日にホノルルで行われた三カ国対話において、「アジア太平洋の多国間制度」が初めて議題となった〔Department of State 2015a〕。三国はブルネイが主催した二〇一三年の人道支援・災害救援・防衛医学演習にも参加した〔Department of State 2014〕。アメリカとインドはともに東アジア首脳会議（ＥＡＳ）やほかの地域枠組みの正加盟国であるため、これらの地域機構の方向性を決めるにあたっての定期的な対話と調整を行うための基盤となっている。

三 制約となりうる要因

日印関係と日米印関係の強化がアメリカにもたらしうる利益の大きさと比べて、これらの関係の限界についてのアメリカの懸念は重要でない。これまでのところ、これらの関係がまだ初期の段階にあることを背景として、実際に、日印関係について公に表明された懸念はほとんど存在せず、三カ国協力についてはさらに懸念の声が少ない。しかし、制約や障害がありうることは、少なくとも検討に値するだろう。これらの制約や障害を克服できなくても三カ国協力は実現可能であるが、そうした制約の重要性や深刻さが強まれば、三カ国協力が進展するスピードや協力の深度を妨げうることは明らかである。

第一に、実際の問題として、民主主義国である三カ国の政府指導者は、選挙を経て遅かれ早かれ交代する。将来の各国の指導者が三カ国協力をどのようにとらえるのかを予見することはもちろん不可能である。三カ国対話が公式に開始されてからこれまでの五年間で進展したような好ましい連携が、今後も行われるかどうかを見通すことは難しい。オバマ大統領とモディ首相の関係、およびモディ首相と安倍首相の関係は、親密さはそれぞれに異なるとしても、いずれもが心からの親しみと尊敬に満ちている。日印関係では、これらに加えて両首脳のイデオロギーにおける親和性も見られる。指導者三者が一致して（調整によるものではない）アジア太平洋地域に注目したことにより、三カ国の連携はさらに加速した。中国による挑戦といった構造的要因は今後も三カ国の協力を促すと考えられ、短期的あるいは中期的にそうした構造的要因が消滅する可能性は低いとしても、三国で選ばれた指導者が中国の挑戦に対する三カ国アプローチをどれだけ重視するかという問題は残る。ほかに起こりうるシナリオとして、たとえば、アメリカがアジア政策を軽視したり、インドで非同盟路線の左派の政府が選ばれたり、日本がさらなる経済の弱体化に直面したりすれば、日米印の二国間・三カ国間関係の発展の速さと深さに制約が課されることになるだろう。

第二に、アメリカが緊密な日印関係と日米印協力を歓迎するのは、アメリカと日印各国との二国間関係が前向きな軌跡をたどっている間に限られる。日米同盟の亀裂や印米関係の「暗黒時代」への回帰によって日印関係と三カ国関係への関心と支持が完全に潰えることはありえないとしても、日印いずれか、あるいは両国とアメリカの関係に問題が生じれば、アメリカ政府が熱心でなくなることは確かだろう。このようなことは想像に難くない。たとえば二〇一三―一四年には、インドの外交官が家政婦の扱いで移民法に違反した容疑によって逮捕されるという外交上の大事件のために、ほぼ一年間にわたって印米関係が冷え切った。印米関係におけるこの深刻ではあるが一時的な「突然の寒波」は、日印関係に目立った影響を及ぼさなかった。そして、日本で民主党が二〇〇九年の選挙で勝利した後、重要な政策争点をめぐるコミュニケーション不全と矛盾したメッセージにより、一年間以上にわたって日米関係が混乱した。さらには最近、日本の保守派が過去の謝罪に矛盾するような立場を表明し、日本の第二次世界大戦時の行動に関する疑いを呈したことによる、いわゆる歴史問題も日米の二国間関係を悪化させ、北東アジアにおける日韓との同盟関係をめぐる三カ国協調へのアメリカの関心に水を差した。こうしたシナリオに着目すると、日印関係と日米印関係についてのアメリカの見方に影響するような変化が起こりうることを確認できる。

あたかもしゃっくりのようなこれらの一時的な出来事よりも問題になりうるのは、アメリカが日印との二国間関係の強化をどこまで進めることができるのかという根本的な問題であり、とくにインドとの関係が問題になりうる。アメリカの身勝手な見方からすると、インドはもちろんとして日本でさえ、防衛支出の増額やアメリカの安全保障体制再編のための軍事施設へのアクセス拡大、相互運用性、共同演習など、同盟国やパートナーとしての責務を果たす意志を十分に示せていないのかもしれない。アメリカとの基幹協力合意を全面的に結んでインドの軍事施設へのアメリカのアクセス拡大させることにインドが消極的であることは、印米関係の限界を示している。アメリカの外交問題評議会の報告書は、次のように論じている。「（改善している印米関係において）そうした進展が見られたにもかかわらず、インドはまだ、グローバルな危機に際してアメリカが真っ先に協議する最も緊密なパートナーには含まれていない。そうした際に協議する相手は、今でも北大西洋条約機構（ＮＡＴＯ）加盟国や、日本やオーストラリアといったアジアにおける同盟国である。要するに、インドは第一線のグローバル・パートナーではなく、ワシントンの政策決定者がいかなる緊急のグローバルな問題に際しても直ちに連絡して足並みを揃えようとする相手国トップ５に含まれていない。たとえば、インドとアメリカが国連での危機的案件をめぐって協力したことはまだない。非常に深刻な中東の問題やロシアとの問題について、インドは沈黙を保ってきた。さらに、これらの難しい問題に関して、アメリカとインドの利害が完全には一致していない。インドとアメリカはウクライナ問題やシリア危機への対応について立場を異にしており、パキスタンをめぐる不一致は昔ほど深刻ではないものの、依然として不協和音を生じている」〔Council on Foreign Relations Task Force 2015〕。

アメリカによるアジア戦略構想において、インドは新たな要素でもある。不幸を招いた（訳注：発表の翌日に九・一一テロが発生した）ブッシュJr.政権の二〇〇一年『四年毎の国防計画見直し』（ＱＤＲ）で示された「東アジア沿海」という概念は、不完全ではあったが重要なターニング・ポイントとなった。日本海からベンガル湾まで広がる「東アジア沿海」は、アジアに関するアメリカの戦略構想を初めてインド亜大陸へと拡大させたものであった――ただし二〇〇一年ＱＤＲはインドを名指ししていなかった。それから一五年間が経過して、インドをアジアに含めることは、さまざまな政策指針文書（例：国家安全保障戦略、ＱＤＲ、戦略指針）やオバマ大統領の「リバランス」、アメリカ太平洋軍の司令官たちによる「インド・アジア・太平洋」の使用といった政策声明を通じて広まってきた。しかしインドをアジアに含めることが定着したわけではない。たとえば、二〇〇九年に当時のクリントン国務長官がアジアに関する最初の演説でインドに言及しなかったことが思い起こされる。

日本は間違いなくアメリカの同盟国かつ重要なパートナーであるとしても、沖縄の基地再編をめぐる現在の問題や、アジア太平洋地域におけるアメリカの安全保障の負担に日本が（資金面以外で）どれだけ貢献できるか、貢献するつもりがあるかという問題は、この先も残される。アメリカ側は日本ができること、すべきことについて過剰な期待をしており、日本側もまた、憲法や世論による制約をふまえると、自国ができることについて過剰な約束をしてきた。いかなる状況でも、新たな関係が進展するなかで、大きな変化が生じるシナリオも考慮しておかなければならない。

日印関係の強化をアメリカが歓迎するかどうかは、日印各国とアメリカの二国間関係の状況次第という側面もある。印米関係と日米関係のギャップがある程度縮まってきたことは、前向きな要素である。かつて、印米関係と日米関係における協力のギャップは甚大であった。今日、印米関係が経済的にも外交的にも軍事的にも改善したことを主因として、印米関係と日米関係のギャップは縮小している。しかしながら、このギャップが埋まることは考えにくい。それは、インドと日本がアメリカとの関係について異なるとらえ方をしているからである。インドは基本的に、多極国際システムにおいて戦略的自律性を高めるための手段として、アメリカとの二国間関係をとらえている。他方で日本は、日米同盟という戦略的枠組みの範囲内で自律性を高める模索をしている。こうした理由により、印米関係と日印関係では、そして三カ国関係の文脈でも、こうしたギャップがなくなることはないだろう。

第三に、近年にも見られたように、相手国に対する各国のアプローチで不協和音が生じることがある。最も顕著な例は、一九九八年のインド核実験後であった。インドがアメリカ政府と日本政府を怒らせただけでなく、核実験後のほぼ二年間は日印関係が極度に悪化した。このときアメリカ政府と日本政府はインドの核実験に対してまったく異なる対応を行い、日本ではかなりの戸惑いが広がった〔Limaye 2000〕。このような違いは起こりうるのである。たとえばアメリカでは、二〇〇五年にアメリカがモディ首相へのビザを取り消したために、二〇一四年に政権に就いたモディ首相が中国や日本との関係を優先させることを予測し、懸念する人々がいた〔Council on Foreign Relations Task Force

2015〕。その後、モディ首相は自身の過去の経験にとらわれず、就任からまもなくワシントンへの招待を受け入れることを選択した。

第四に、アメリカは、インド政府と日本政府の少なくとも一部の人々が、中国に対するヘッジ（警戒対応）として日印関係をとらえているだけでなく、アメリカに対するある種のヘッジとしてとらえていることを考慮する必要がある。ワシントンのジャーマン・マーシャル・ファンド（ＧＭＦ）で研究員を務めるインド人のドルヴァ・ジャイシャンカルは、「実際に、防衛パートナーとしてのアメリカの信頼性に対する疑念のために、日印の友好的関係が拡大しているのかもしれない」と指摘している〔Jaishankar 2014〕。インドは安全保障における日本の「普通の国」化を、世界の多極化、あるいは少なくとも世界におけるアメリカの優越性を低下させて、自国の戦略的自律性を高めるための鍵と見なしている。このような考えの裏返しとして、好むと好まざるとにかかわらずアメリカのパワーが衰えるにつれて、インドが強い日本を必要とすることを、アメリカがより好ましいこととしてとらえるようになる（ただし証拠はほとんどない）。インドの元駐日大使であるヘマント・Ｋ・シンは、二〇一四年の論考で、「安倍首相が現在、防衛支出の漸増を進めていることや、将来的には集団的自衛権についての日本政府の従来の解釈を改める可能性があること（訳注…その後、実現した）が示すように、アジアにおけるアメリカの信頼感が弱まるにつれて、日本の防衛体制を強化する必要性がますます高まっている」と指摘している〔Singh 2014〕。しかし、インドの専門家がみな日米同盟の亀裂を歓迎しているわけではない。たとえばブラマ・チェラニーは、「日本はアメリカとの安全保障条約を破棄すべきでないとしても、日本は防衛のみを目的とした再軍備を行えるし、行うべきだ」と論じている〔Chellaney 2015〕。

他方で日本は、インドの台頭を経済的な利益を拡大する機会としてとらえるだけでなく、日米同盟に支障をきたすことがなく、自国の積極的な外交安全保障政策にも合致する政治と安全保障のパートナーを開拓する機会としてとらえているようである。日印両国は、相手国が「普通の」国として台頭すること（おおむねアメリカ政府もこうした目的を共有している）を促進する努力をしている。そのためには、アメリカが日印のそうした考えを、日米関係と印米関係における自国の具体的な目的と調和させることが必要となる。つまり、アメリカにしてみれば、日本に対するインドのアプローチ（グローバルおよびアジア太平洋の多極的な国際システムにおける戦略的自律性を志向）よりも、インドに対する日本のアプローチ（日米同盟の枠内での戦略的自律性を志向）のほうが、受け入れやすいだろう。また、インドと日本がアジアの多極化に向けて協力するよりも、日印が協力して中国の圧力と中国による覇権の可能性に対抗することは、アメリカにとってはるかに好ましいだろう。他方で、米中が協調や協力を行うことへの不安をインドと日本が共有しており、事実上の米中「G2」を日印両国にとっての損害と見なすことがある――アメリカの観点からすれば、米中共同統治はまったく考えられない話であるが。

日印協力に対するアメリカの関心と支援を制約しうる第五の要因は、三カ国の連携それ自体をどこまで進めることができるのかという問題である。軍事・防衛協力をどれだけの広さと深さで行えるのかが鍵となる。大いに喧伝された二〇一五年のマラバール演習（日本が参加した）は重要な事例である。しかしある専門家によると、「インドは当初、アメリカが追加を求めて圧力をかけるまで、演習には前年同様に戦闘艦二隻だけを送ることを考えていた。また、アメリカが空母セオドア・ローズヴェルトを参加させたにもかかわらず、インドは自国の空母を修理に回していて、演習に参加させなかった。アメリカは日本の恒常的な参加を希望しており、おそらくはオーストラリアの参加も望んでいるが、インドがこれまでのところ消極的なままである」という〔Feith 2015〕。後者の制約は二〇一五年一二月の安倍首相訪印時についに克服された。すなわち、度重なるアメリカの求めをようやくインドが受け入れて、マラバール演習を三カ国の演習に拡大して、日本を正規の参加国と認めた。しかし三カ国となった演習での調整を行っていくことは難しくなるだろう。傾向と状況が許す限り、政策と業務調整の両面においてメカニズムを強化する余地は大いにある（これらについては後の提言に関する節で論じる）。

緊密な三カ国関係を妨げうる第六の要因は、貿易と経済である。アメリカ、日本、インドの三国は、外交や地域機構、政治、軍事に関わる問題についてはおおむね立場が一致している。しかしＴＰＰなどの取り組みに関して、アメリカと日本は、インドとまったく立場を異にしている。アジア太平洋経済協力（ＡＰＥＣ）に関しては、日本政府はアメリカよりもインドの加盟に積極的であると考えられている。公式の声明において、アメリカはインドがＡＰＥＣ加盟に関心をもっていることに留意していると記すだけであるが、日本政府は二〇一五年一二月の日印共同声明でインドのＡＰＥＣ加盟への意欲と支持を明らかにした。アメリカの一部では、国際貿易に関するインドの姿勢に警戒しており、インドが多国間貿易協定の「破壊者」となりうると考えている。インドを地域経済秩序に取り込むことに関しても、アメリカと日本のアプローチにはずいぶんと違いがあるようだ。たとえば、アメリカの専門家は「ベトナム・タイ・ミャンマーに道路・鉄道・パイプラインを通す東西回廊の建設への融資を通じて、日印の陸を通じた連結性を高めて中国による東南アジア陸上貿易の独占を防ごうとする日本の取り組みを、インドは支持してきた。また、インドも東南アジアと東アジアを中心とするグローバルなサプライ・チェーンからの疎外に終止符を打って、日本のような主要市場との貿易関係を強化するために、ＡＰＥＣフォーラムへの加盟を模索している」と指摘する〔Twining 2015〕。

四　展望——アメリカの見方と選択肢

日印関係に対するアメリカの関心と支持は本物であり、二つの重要な構造的要因に合致している。すなわち、台頭する中国に関する「戦略的不信」の高まりと、アメリカが同盟国だけでなく地域の友好国やパートナーとのネットワーク構築を少なくとも過去二〇年間に重視してきたことである。現在に至るまで、アメリカの優先事項は日韓関係と日豪関係、そしてこれらにアメリカを加えた三カ国関係であった。しかし日米印の三カ国関係と日印それぞれとアメリカの二国間関係が着実に前進するにつれて、アメリカの長期的国益に資する新たな枠組みが明らかになってきた。日本、インド、オーストラリアの三国も連携しているという事実のため、日印関係はさらに魅力的になっている。政治とリーダーシップの力学がこれらの関係の戦略的基盤をさらに強めている。ただし、こうした前向きな政治とリーダーシップの力学が続くかどうかは定かでない。

二〇一七年は、前年のアメリカの選挙（訳注…大統領選挙と連邦議会選挙）の影響もあるため、日米印三カ国関係に新しい重要な動きが生じる可能性は低い。しかしながら、各国のアジア太平洋政策や、地域機構における行動計画、二国間や三カ国間の軍事演習に関して定期的な対話と密接な協力が行われている現在、日米印関係をより強固で効果的なものとするために、メカニズムをさらに改良し、発展させる余地がある。たとえば、各国は外務・防衛閣僚級会合「2＋2」について検討できる。もちろん日米間にはすでに「2＋2」があるが、印米間には存在しない。もしアメリカとインドが「2＋2」を開始できれば、「2＋2」を日米印の三カ国に広げる余地が生じるかもしれない。

アメリカと日本にとって長期的にとくに重要なことは、経済関係をめぐるインドとの調整をどのように行うかを真剣に考えることである。これまで、日本はインドに対する投資と援助の主要な提供国であったが、アジア太平洋地域の統合が進むなかで、日本政府とインド政府は両国の経済を統合させることに一層の共通利益を見いだしている。ただし、インドはＴＰＰに加盟する準備をしておらず、加盟資格もない。それゆえに日米両国は、インドが高度な経済連携協定に価値を見いだし、加盟できるように、どのようにインドの経済改革と近代化、グローバル経済との統合を促せるかを検討すべきである。

（1）アメリカと日本の相互イメージについてはPew Research Center〔2015〕を参照。アメリカとインドの相互イメージについてはSmeltz et al.〔2015〕を参照。

（補記） 本章で示された見解は筆者個人によるものであり、所属組織の見解ではない。

第6章　台頭する中国と日印関係

三船恵美

一　日印関係における「中国ファクター」

前章では、印米関係の緊密化のもと、二〇〇〇年代に連携を深化させてきた日印関係が明らかにされた。第6章では、「軍事的に台頭する中国／海洋で膨張する中国」を背景とする日印関係の変化と発展について論じていく。

二〇〇〇年八月に日印両国政府が合意した「日印グローバル・パートナーシップ」は、二〇〇六年一二月に〝戦略的〟をつけた「戦略的グローバル・パートナーシップ」へと格上げされ、さらに、二〇一四年九月に〝特別〟をつけた「特別戦略的グローバル・パートナーシップ」へと格上げされた。その旗印の下、日本とインドは経済、政治、文化、安全保障などの分野での協力を強化していく方針である。この段階的な日印関係の発展の背景にある最も重要な要因の一つは、安全保障領域における中国への警戒である。

包括的な日印関係が語られるときには、一九九〇年代初頭から関係改善の機運が高まり、二〇〇〇年の「グローバル・パートナーシップの構築」の合意が、日印関係の本格的な緊密化の契機とされている。しかし、台頭する中国／膨張する中国を「共通の課題」とする安全保障領域における「新たな段階」への関係発展は、二〇〇〇年代半ばが一つの転換期であった。さらに、二〇一四年以降、日印関係の深化は「次の新たな段階」に進んでいる。その背景には、日印間で温度差と方向性の違いはありながらも、両国の中国に対する警戒と牽制がある。とはいえ、「日本とインドの特別戦略的グローバル・パートナーシップ」の発展にはさまざまな課題があり、その将来的な発展には限界もある。

本章では、中国要因を背景とする日印関係の変化と深化について、以下の構成で論じていく。第二節で冷戦終結直前から一九九〇年代まで、第三節で二〇〇〇年から二〇一四年のモディ政権発足前まで、第四章で二〇一四年後半から二〇一六年までの日印関係を概観していく。最後の第五節では、「日本とインドの特別戦略的グローバル・パートナーシップ」の発展における課題と限界について論じていく。

二　日印間で「共有」されない中国脅威認識——冷戦終結前から一九九〇年代まで

中ソ和解と米ソ緊張緩和、そして米ソ冷戦終結とソ連の消滅は、一九九〇年代のアジアの国際関係に大きな地殻変動をもたらすことになった。その大きな要因の一つは、一九八〇年代に北西方面の「陸の脅威」から解放された中国が、南東方面の「海洋権益の擁護」を強調し、近海防衛を重視する戦略を展開したことである。とはいえ、一九九〇年代の日印関係は、まだ、日本政府とインド政府が中国への脅威認識を両国間で「共通の課題」として「共有」することもなければ、中国脅威論の台頭が日印関係を変化させる直接的な要因になることもなかった。

一九八〇年代にソ連との歴史的和解に向かっていた中国は、インドとの国境問題を棚上げにして、インドとの関係改善に動き出した。また、ソ連に背中を押されたラジーヴ・ガンディー首相は、ソ連のミハイル・ゴルバチョフ共産党総書記が訪印した翌月の一九八八年一二月にインド首相として三四年ぶりに訪中し、中国と関係改善を確認した。一九八九年五月にゴルバチョフが訪中し、中国とソ連の歴史的な対立は正式に幕をおろすことになったものの、同時期の中国国内における民主化弾圧、いわゆる「第二次天安門事件」が起きたことで、中国は西側諸国からの制裁を受けて国際的に孤立してしまい、一九九〇年代初頭の中国は、インドや日本を含め、周辺諸国との「善隣外交」を進めたのである。

インドと中国は一九九〇年九月の国境問題合同作業部会で、国境周辺の平和維持のために軍事協議の設置に合意すると、翌九一年二月、二九年ぶりの国境貿易再開に合意した。同年六月にナラシンハ・ラーオ政権が発足すると、ラーオ政権は、対米関係改善を進め、内政では独立以降続いてきた社会主義的な計画経済の修正に乗り出し、経済開放策を打ち出した。同年一二月、李鵬が国務院総理としては三一年ぶりに訪印し、首脳会談では国境問題をしばらく保留し、関係改善の障害にさせないことに合意した。印中共同声明には、インド側が「チベットは中国の自治区の一つである」という中国の政策を認め、チベット人がインドで反対の政治活動をすることを許さないという政策を再確認したことが明記された。チベット問題をめぐりインドが共同声明において中国側の立場を盛り込んだことは、チベット問題をめぐるインド側の大きな譲歩であった〔三船　二〇一一、一五五頁〕。

とはいえ、インドにとっても日本にとっても、中国は「信頼できる隣国」とはいえなかった。一九八五年六月の中央軍事委員会拡大会議において、世界戦争が当面起きないという戦争認識の転換を示した鄧小平の重要講話以降、中国は平和時における軍事現代化を進めた。戦争認識の転換により、中国の外交路線は、一九八二年九月の中共第一二回全国代表大会で提起された「独立自主外交」から「独立自主の平和外交」へと切り替えられた。「独立自主外交」とは、ソ連を「主敵」としていた従来の戦略思考から脱却すると同時に、アメリカとも距離を置き、経済建設のために全方位で連帯を図ろうとする外交政策である。一方、「独立自主の平和外交」は、総合国力の増強を目標とし、経済建設に必要な「平和な国際環境」を確保しようとする外交政策である。「独立自主の平和外交」の「平和」は、外交手段であって目的ではない。経済建設に必要な手段としての「独立自主の平和外交」は、中国の国益を擁護するための手段であって、軍事現代化をともなうものである。「平和外交」を標榜する中国の「独立自主の平和外交」は、「独立自主」を擁護するために、すなわち主権と海洋権益を確保していくために、積極的な海洋進出に向かっていったのである。

一九八八年には、ヴェトナムとの「スプラトリー諸島（中国名・南沙諸島）海戦」を経て、中国はスプラトリー諸島における実効支配を開始した。中国は、天安門事件後の西側先進諸国からの国際的な孤立から脱却し始めると、一九九二年二月、沖縄県尖閣諸島を中国の領土と明記した「中華人民共和国領海及び接続水域法」を施行し、南シナ海と東シナ海における本格的な海洋調査へ乗り出していった〔三船　二〇一六、第四章〕。

同月には、天安門事件による国際的な孤立からの脱却に先進国で真っ先に中国を支援した日本に対して、中国政府は一九八〇年代から非公式に表明していた遺棄化学兵器国としての日本の責任を公式に問う声明を出した。ジュネーヴ軍縮会議で化学兵器禁止条約の交渉で議論されていた遺棄化学兵器の処理について、日中間の二国間交渉・共同調査も並行して行われ、中国の積極的な働きかけにより、遺棄国の責任を盛り込んだ化学兵器禁止条約が同九二年に採択された。また、同年三月には、全国人民代表大会の開催前に日本に対する戦時民間賠償を求める動きも強まった。日中国交正常化の二〇周年にあたる一九九二年一〇月に日中両国は天皇訪中を実現させたが、この年を「日中友好」のピークに、日中関係はきしみ始めていった〔Mifune 2013b: 223-224〕。

一方、インドと中国は、一九九三年九月の首相会談で、国境地域の兵力削減と軍事演習に関する相互事前通告を規定した「国境地帯の平和と安定の維持に関する協定」に調印したものの、その前年には、インド洋進出をねらう中国が、ミャンマー政権の進めていたイラワディ川（現エーヤワディー川）デルタやラカイン州のシットウェなどでの海軍基地建設で技術指導をしている可能性が高い、と *Jane's Defense Weekly*（12 September 1992）が報じていた。一九九四年には、中国はミャンマーと租借契約を結び、マラッカ海峡の出口にあるインドのアンダマン・ニコバル諸島から数十キロメートル北方にあるミャンマーのココ諸島にレーダーや電波傍受施設を備えた基地を建設していった。インド軍が基地を置くアンダマン・ニコバルを利用すれば、中国のシーレーン（海上交通路）を封鎖することが可能ともいわれている。インドがアメリカや東南アジア諸国と連携して中国のシーレーンを封鎖する「可能性」に対応しようとしてきたこと自体、中国の方針が攻撃的であることがうかがえる。

このような一九八〇年代から一九九〇年代にかけての中国の動向は、日印関係を発展させる「直接的な共通の課題」にはならなかった。

むしろ、一九九〇年代後半には、中国やパキスタンの脅威に対するインドの強硬な姿勢が、日印関係を悪化させることになった。その主因は、核政策と中国によるパキスタン支援をめぐる日本とインドの間の認識の乖離であった。一九九六年の包括的核実験禁止条約（ＣＴＢＴ）の署名前に中国が核実験を駆け込むように繰り返し、中国からパキスタンへの中距離弾道ミサイル移転が疑われるなかで、インドは中距離弾道ミサイル「アグニ」など国産兵器の開発を本格化させた。また、インドはＣＴＢＴが不平等条約であることや「中国の核能力」を理由にＣＴＢＴ署名を拒否した。一九九八年五月には、インドが二四年ぶりに核実験を行い、日印関係ならびに印中関係は急速に悪化していった。当時、インド国防相のジョージ・フェルナンデスは、「西のパキスタン、北の中国、南の英国領ディエゴガルシア島の米軍基地と、インドの周囲には三つの核の存在があった」と語り、インドが実施した地下核実験は三方からの核の脅威に対抗するための措置だったと正当化した〔三船 二〇一一、一五五―一五七頁〕。

しかし、当時の日本は、インドがなぜ核不拡散に逆らうのかを理解することができなかった。また、インド側は、アメリカの「核の傘」の下にある日本が、中国の核実験を非難せず、自律的な防衛を目指すインドを非難するのかがわからなかった〔堀本 二〇一五b、一〇四頁〕。一九九〇年代の日本とインドは、いずれでも中国脅威論が台頭していたものの、中国に対する脅威認識を「共有」するには至らなかったのである。

三　「台頭する中国」と「二つの海の交わり」——二〇〇〇年から二〇一四年のモディ政権発足まで

二〇〇〇年以降、日印関係は「台頭する中国」を一つの背景に、緊密化に向かった。二〇〇〇年から二〇一四年のモディ政権発足前までを論じる本節では、(1)二〇〇〇年から二〇〇四年、(2)二〇〇五年から二〇一二年、(3)二〇一三年から二〇一四年前半までの三つの時期に分けて「膨張する中国」をめぐる日印関係の発展を時系列で概観していく。

1　「台頭する中国」を背景に新たな戦略的位置づけの模索へ

日印関係の緊密化は、印米接近の萌芽が見られて以降、一九九九年のカールギル危機の際のアメリカ政府の明確なインドへの支持、(1)二〇〇〇年のビル・クリントン大統領の訪印を契機とする印米関係再構築、二〇〇一年のアフガニスタン戦争、台頭する中国を念頭に置いた米軍再編など、「アメリカ要因」も一つの重要な背景としていた。また、アフガン戦争以降の日本の海上自衛隊がインド洋上で実施した「後方支援（給油活動）」へのインド政府による理解や支援に対して、日印間の協力関係を積み上げていくことが、当時の国際情勢から求められていた。さらには、インドが中国やASEAN諸国との経済関係強化を進めていたなかで、日本はインドの重要性を認識し、二〇〇〇年の「日印グローバル・パートナーシップ」を具現化することが求められていた。

これらにも増して、二〇〇〇年代半ばに日印関係を新たな方向へ発展させた最大の要因は、中国に対する懸念と警戒であった。特に二〇〇四年頃から、中国海軍が日本近海において日本への事前通告なしに海洋調査や情報収集活動を活発化させ、一九九五年に試掘を始めた春暁ガス田の開発に中国が本格的に着手したことが二〇〇四年に報道され、日本における中国脅威論は急速に高まった。そうした状況から、アメリカ国防総省は『中国の軍事力に関する年次報告書』の二〇〇五年から二〇〇九年の各年版で、中国による資源開発で緊張が激化すれば、将来、海底油田を巡り日中間で紛争が勃発することもありうると警戒するようになったのである。日本の排他的経済水域における中国調査船の度重なる侵入は、自民党内でも中国への危機認識を高めることになった。それまで日中間のパイプ役だった竹下登元首相が二〇〇〇年六月に死去し、二〇〇三年一〇月に野中広務が引退するなど、自民党内の親中派勢力がじわじわと退潮していたことで、「中国と波風を立たせないでいようとする勢力以外の声」が日本の政権与党内で大きく聞こえ始めたことも指摘できよう。

アメリカのジョージ・W・ブッシュ政権は、アフガン戦争直前の二〇〇一年九月二二日、インドとパキスタンが一九九八年に相次いで核実験を実施して以来両国に科していた経済措置を解除すると発表した。アメリカに続き、小泉純一郎政権は、一〇月二六日、インドとパキスタンに対する経済措置を解除すると発表した（自衛隊のインド洋派遣出航は同年一一月八日）。ここで興味深いのは、日本の対印ODA供与は、インドの核実験実施をふまえて一九九九年度に新規協力が凍結されていたにもかかわらず、経済措置解除の前年の二〇〇〇年度から段階的に増大され、本格的に再開された二〇〇三年には、インドに対する円借款がそれまでの最大供与国であった中国に対する円借款を上回ったことである。

二〇〇〇年頃から、自民党内では、日本の排他的経済水域内で中国の海軍艦艇や海洋調査船が活動を活発化させている問題をめぐり、対中国ODAのあり方が活発に議論された。二〇〇〇年には、「日中間で境界が画定されていない海域」のみならず、「日中間ですでに境界画定している石垣島南方や男女群島南方周辺」においても、中国の海洋調査船が活動するケースが目立っていた。同時に、日本の財政事情が厳しさを増すなか、日本の税金を経済発展した中国へ大量に投入することへの世論の批判が高まった。また、中国が軍事費を年々急増し続けていることや、日本の

ODAを利用したパキスタンのグワーダル港湾建設工事への経済援助、途上国への経済援助、日本からのODAを通じて入手した軍民両用技術でのイラクの防空施設工事といった「中国側の使途の透明性」についても、日本のみならずアメリカの政府や議会でも不満が強まった。そこで、日本政府は二〇〇一年度の中国向けODAを前年度比約二五%減に圧縮する方針を明らかにした。中国向け円借款は連続年で削減され、ピークだった二〇〇〇年度と比べて、二〇〇三年度にはほぼ半分の水準となった。一一年ぶりに大幅に改訂された二〇〇三年版の「ODA白書」では、「国益重視」の姿勢を明確にした「新ODA大綱」が打ち出された。そのような二〇〇三年度に、インドは中国を抜いて円借款供与国のトップに躍り出たのである〔三船 二〇〇九〕。

日中関係が冷え込む一方で、インドと中国は関係を改善・発展させていった。二〇〇三年六月にヴァジパイ首相が訪中し、インド側がチベットを中国領と認め、中国側がシッキム州をインド領と認め、同州とチベットを結ぶ交易ルートを翌年開通することなどを盛り込んだ「印中関係原則と全面協力宣言」に印中両国は調印した。それを牽引したのは急速な経済関係の深化であった。二〇〇一年に一八億ドルだった印中貿易額が二〇〇四年に一三六億ドルに拡大したインドでは、経済成長のためには「経済的に台頭する中国」との経済連携の強化が不可欠であるとの認識があった。

「経済的に台頭する中国」と関係改善に向かったインド。そして、「軍事的に台頭する中国」と距離が開きつつあった日本。日印両政府の対中政策の方向性には違いはあったものの、当時、いずれも中国の海軍の増強と積極的な海洋進出について懸念を高めていた。海上自衛隊がインド洋で後方支援を展開するなか、二〇〇三年五月、石破茂防衛長官が訪印した際、インド側からインド洋におけるシーレーン安全確保のための相互協力を申し出て、日印防衛対話の道が拓かれていった。当時はすぐに具体化されなかったが、同年内にはシップ・アンド・オーシャン財団主催の「日印海洋安全保障ダイアローグ」や外務省主催の「新時代の日印協力戦略」をはじめとする国際シンポジウムが開催されるなど、漸進的に日印両国間で日印関係が戦略的に位置づけられていった。

この頃、中国は近海にとどまらず外洋への進出のねらいをも対外的に顕在化させていった。二〇〇二年に海軍による初の世界一周航海を実施した中国は、二〇〇四年夏にはノルウェー領スピッツベルゲン島に初の調査基地を開設し、南極で二〇〇七年までに約五億元をかけ調査・補給船の改造や基地改修の予定があることを明らかにした。

2　中国に対する「戦略的な関係」へ

中国への牽制策としての日印両国の協力は、二〇〇〇年代半ば、二国間ならびに多国間枠組みで新たな段階に進んだ。この時期の日印関係は、「日本がインドを経済的に支援する二国間関係」から「中国を牽制するためにパートナーシップ構築を目指す二国間・多国間関係」へ発展していった。その背景には、中国に対する「牽制手段」として、日米がインドを戦略的手段に利用しようとしたことと、インドがそのような自国の戦略的価値を利用して、インドの国際的な地位を自ら向上させていく手段にしたことが挙げられよう。

この時期、インドの戦略的位置づけが日本の安全保障政策のなかで上昇したのは、アメリカの世界戦略における中国の位置づけの上昇と、日本プレゼンスの相対的な低下によって、アメリカの対中国戦略におけるインドの位置づけが上昇したからである。言い換えれば、日中関係と日韓関係が両国との国交回復以来最悪となり、日本が東アジアで孤立化するとアメリカ政府が懸念する一方で、二〇〇一年に世界貿易機関（ＷＴＯ）加盟を果たした中国経済が急速に台頭するとともに、「ブッシュの戦争」にともない「国連安保理常任理事国としての中国」と「中国の牽制勢力になりうる隣接国にして南アジアの盟主でもあるインド」の位置づけが、アメリカの世界戦略のなかで急上昇したからである。アメリカのリアリズム外交がインドを中国の対抗勢力に位置づけたことは、日本政府にとって日印関係を、二国関係の枠組みのみならず、日印米関係、日印米中関係、日印米豪関係、「ＡＳＥＡＮ＋６（日中韓印豪ＮＺ）」の重層的な多国間枠組みにおいて戦略的に位置づけさせることになった。

また、国連改革をめぐり、日本はインドとの協力を進めた。自民党は二〇〇四年一月一六日の党大会で、翌年をメドに新憲法草案を起草することを謳い、安保理改革への積極的な活動を展開するのと並行して憲法改正に取り組んでいった。二〇〇四年八月に川口順子外務大臣が訪印した際、安保理常任理事国入りを日印が相互に支持すると公表され、二〇〇五年四月の小泉首相の訪印時に、「日印共同声明」に盛り込まれた。日本が安保理常任理事国入りを目指すということは、中国にとって、日本が安全保障の領域において積極的な役割を担おうとしたり、「政治大国化」を目指すことである。と同時に、日本の憲法九条の見直しにつながる問題でもある。中国は二〇〇四年七月に中国重慶で開催されたサッカーのアジアカップで反日感情を剝き出しにした。また、日本の安保理常任理事国入りを目指す外交や台湾問題を日米同盟の共通戦略目標に組み入れたことへの反発として、中国は二〇〇五年三―四月に中国各地で反日暴動を展開した。その背景には、「アジアのリーダーは中国である」という考えと、日本の安保政策転換への懸念が、中国にあったからである。

インドは、日米の「中国に対する牽制手段」としての役割を務めていった〔Mifune 2013a〕。二〇〇五年一二月に開催された東アジアサミットの参加メンバーをめぐり、主導権を握りたい中国と、インド、オーストラリア、ニュージーランドをメンバーに加えて中国色を薄めたい日本が綱引きを演じ、結局、インドは第一回会議から参加メンバーになった。また、同年一一月の第一三回南アジア地域協力連合（SAARC）首脳会議では、日本と中国のオブザーバー加盟が議論され、シン首相がイニシアティヴをとって日本のオブザーバー加盟を承認させた〔堀本 二〇一五b、一〇八―一〇九頁〕。

インドは日米の対中国牽制の枠組みにコミットする一方で、中国との包括的な関係をも同時に発展させ、全方位外交を展開してきている。インドは、二〇〇六年四月に印中関係が新段階に入ったことを謳った印中共同声明を発表し、同年六月には上海協力機構にオブザーバーとして加わった。インドは、日米か中国のどちらかにつくというのではなく、全方位のバランス外交を展開することで、国際的な地位を向上させることに成功している。

しかし、その一方で、南アジアでプレゼンスを拡大してきた中国は、二〇〇五年初頭のネパールにおける国王クーデターに反発したインドが武器供与を見合わせると、その直後に軍事支援を進め、南アジアの盟主を自負するインドの神経を逆なでした。また、中国は、インド洋沿岸にインドを囲い込むような形で、パキスタンのグワーダル、スリランカのハンバントタ、バングラディシュのチッタゴンなどに、中国の全面的な支援による港湾を整備していた。これらは、二〇〇六年一月に報道されたアメリカ国防総省の内部文書で「真珠の数珠（String of Pearls）」と呼ばれたことで有名である。

インドからすれば、中国の「真珠の数珠」戦略は、インド包囲網の形成である。インドは、「中国に対して警戒を強める日本」と中国牽制を念頭に日印関係を戦略的な関係に構築しようとしていった。二〇〇六年五月二五日には、訪日したプラナーブ・ムカジー国防相が額賀福志郎防衛長官と会談し、日印間の防衛・安全保障面での協力強化に合意し、日印閣僚同士の定期的な会合や海上自衛隊とインド海軍の親善訓練の実施などを進めていく共同文書に署名した。この席で額賀防衛長官は「中国が軍事的透明性をもつことが望ましい」と述べ、日印防衛協力強化の目的が中国に対する牽制であることを示した。

二〇〇六年一二月に訪日したシン首相は安倍首相と「日印戦略的グローバル・パートナーシップ」構築に向けた取組に合意した。また、二〇〇七年四月には、インドの艦船が房総半島南方海域へ来航するとともに、日本近海の太平洋上における印米海上共同訓練「マラバール」へ日本の海上自衛隊が初めてゲスト参加した。同年八月には、日印両政府は共同声明で「日印戦略的グローバル・パートナーシップのロードマップ」を示し、防衛協力を着実に向上する必要性を確認した。

二〇〇〇年代半ばの日印関係の戦略的な位置づけは、二〇〇七年八月二二日にインド国会における「二つの海の交わり」と題する安倍首相の演説に象徴されていよう。この演説で安倍首相は、「共に海洋国家であるインドと日本は、シーレーンの安全に死活的利益を託す国です」「志を同じくする諸国と力を合わせつつ、これの保全という、私達に課せられた重責を、これからは共に担っていこうではありませんか」「今後安全保障分野で日本とインドが一緒に何をなすべきか、両国の外交・防衛当局者は共に寄り合って考えるべきでしょう」「インド国民の代表であられる皆様に申し上げたいことは、私とシン首相とは、日本とインドの関係こそは「世界で最も可能性を秘めた二国間関係である」と、心から信じているということです。「強いインドは日本の利益であり、強い日本はインドの利益である」というとらえ方においても、二人は完全な一致をみています」と呼びかけた。それは中国に対する意思表示でもあったといえよう。

翌年の二〇〇八年一〇月二二日には、日本の重点外交政策として「自由と繁栄の弧」を掲げていた麻生太郎首相が、訪日したシン首相と「日印安全保障共同宣言」を表明した。それまで日本政府が同盟国のアメリカと友好国のオーストラリアとしか採択したことのない「安全保障共同宣言」を日印間でも表明したのである。共同記者会見で、麻生首相は日印の安保協力が第三国をターゲットにするものではないと語ると、シン首相も中国を含めた第三国を犠牲にしてはならないと述べた。しかし、中国に配慮した両首脳の言葉から、かえって「中国を念頭に置いた日印安全保障共同宣言」であることを強調することになった。

3　「中国の海」を拡げ軍事化を進める中国に警戒する日本とインド

「中国の海の拡大」を進める中国は、二〇一〇年、南シナ海を自国の「核心的利益」として強調し始めた。「核心的利益」とは、中国共産党や中国政府にとって「妥協する余地のない利益」のことである。南シナ海は日印間の重要なシーレーンであり、日印両国にとって、中国の海洋における膨張は、日印両国の国益にかかわる問題であった。この頃、中国南部海域から南シナ海で操業する中国の「漁船」は三万隻以上にのぼっていた。日本の一般的な漁民と異なり、漁業関係の民間組織から採用される中国の「海上民兵」は、軍事訓練や政治教育を受け、中国の海洋権益を守るために動員されている。同年九月、沖縄県尖閣諸島沖で、中国船がそれを追跡する日本の海上保安庁の巡視船に故意に衝突し、海上保安庁の巡視船二隻を破損させるという事件が起きた。菅直人政権の仙谷由人官房長官の下で中国に譲歩した日本に対して、中国は強硬な態度をエスカレートさせていった。

そこで、尖閣沖事件の翌月、来日したシン首相と菅首相は、経済や安全保障など広い分野で連携する「日印戦略的グローバル・パートナーシップ」の強化方針を打ち出した。尖閣沖事件をめぐる報復措置として中国がレアアースの対日禁輸措置を発令したことから、日本とインドはレアアースの開発協力促進していくことになった。

南シナ海で膨張を進め海洋権益をねらう中国に対して、日印両国政府は二〇一一年一一月の防衛相会談で、海上自衛隊とインド海軍による初めての二国間の共同訓練の二〇一二年中の実施に合意した。安全保障分野での協力の拡大は、翌一二月の野田佳彦首相とシン首相の間の共同声明にも明記された。それまでアメリカを含めた三カ国海上訓練の枠組みはあったものの、日印二国間の訓練は初めてのことであった。

二〇一二年になると、中国政府は南シナ海を管轄する「海南省三沙市」を新設し、七月に市級の人民代表大会を開催して実効支配を進めた。また、南シナ海の制空権の確立を急ぐ中国は、西沙諸島の永興島には二五〇〇メートルの滑走路を整備したのをはじめ、人民解放軍が重要拠点として防衛にあたる「警備区」を三沙市に設置した。警備区の設置で解放軍海軍のほか陸軍と空軍も南シナ海の「防衛」に参画できるようになっていった。中国は南シナ海の軍事化を進め、「中国の海」を拡大していったのである。

また、中国はインド洋でもプレゼンスの拡大を鮮明にした。二〇一三年には、パキスタンのグワーダル港の運営権がシンガポールの企業から中国国営企業に移転された。中国はインド洋において「真珠の数珠」戦略の展開を拡大させていった。インドの対中国警戒が高まるなかで、シン首相の訪日を控えた二〇一三年五月四日、麻生太郎副首相兼財務大臣がデリーで講演を行った。日印関係を「ほとんど同盟関係」と述べた麻生太郎副首相は、インドと東南アジアを「一体化」させているアンダマン・ニコバル諸島の戦略的重要性を指摘しながら、海洋安全保障面での日印関係の強化や武器輸出三原則の緩和などを訴えた同月末の日印首脳会談で、海上自衛隊の救難飛行艇「US-2」に関する協力模索の合同作業部会を設置することや、海上自衛隊とインド海軍の共同訓練を定期的かつより頻繁に実施することに合意した。同年一二月には、海上自衛隊は、中国がプレゼンスを増しつつあるインド洋で、初めてインド海軍との共同訓練を行った。

四　新たな段階に入った「中国の膨張」と日印関係——二〇一四—一六年

1　日米中の「全方位外交」を展開するインドのモディ政権

二〇一四年五月二六日、インドにナレンドラ・モディ政権が発足した。同年八月二九日、訪日直前のモディ首相は日本メディアと会見し、安全保障分野で日本との協力関係を格上げする時代が来た、と述べた。この言葉通り、二〇一四年以降、日印間の安全保障領域における関係は着実に「格上げ」されている。モディ政権は、インド洋での活動を活発化させる中国を念頭に、安保を軸に日米との関係を強化している。二〇一四年九月一日に「日印特別な戦略的グローバル・パートナーシップのための東京宣言」に署名した両国政府は、膨張する中国をにらみ、従来の次官級対話に加え、「外務・防衛担当閣僚級協議（2＋2）」の創設に合意した。日本はそれまで米豪露仏と「2＋2」を実施していたが、アジア諸国では初めての「2＋2」となった。二〇一四年一〇月初めには、モディ首相は訪米し、九月の日印共同声明に盛り込んだ日印米三カ国の事務レベルの対話や三国外相会談の開催を目指すことを確認した。これを受けて翌年九月に、日印米外相会談が初めて開催された。

その一方で、インドは中国との経済関係も重視している。インドは、中国を必要以上に刺激しないように、印米関係の改善に日本を引きこみ、印米の二国関係だけでなく、日印米の三カ国間関係で安全保障上の結びつきを強めることで、中国も含めた全方位へのバランス外交を展開している。海洋で膨張する中国の動向に懸念を抱きながらも、インドは同時に中国との関係強化も進めている。日本との「日印特別な戦略的グローバル・パートナーシップのための東京宣言」に署名した翌月の一〇月二四日には、インドは「アジアインフラ投資銀行（ＡＩＩＢ）」設立に関する了解覚書（ＭＯＵ）に署名し、翌年発足したＡＩＩＢの創設メンバーに名を連ねた。ＡＩＩＢは「シルクロード基金」と並んで、「一帯一路」構想を機動させる中核プロジェクトである。中国は、「一帯一路」構想の資金源としてＡＩＩＢを位置づけている。「一帯一路」構想とは、アメリカの意向に左右されない地域経済圏の統合を通じて、中国国内の現代化建設と国家統合の国内政策にリンクさせながら、中国の過剰な生産力の解消を図るとともに、中東やユーラシアからのエネルギー資源輸入の輸送ルートを確保し、人民元の国際化を図り、中国を中核とする政治と経済と安全保障の勢力圏を構築する構想である。(2)「一帯一路」構想は、二〇一三年に習近平が提起した「シルクロード経済ベルト」構想と「二一世紀海上シルクロード」構想の二つの構想の総称である。「一帯一路」構想は、二〇一三年一一月の中共第一八期中央委員会第三回全体会議、翌二〇一四年三月の第一二期全人代第二回会議において、中国の国家戦略に位置づけられた。

モディ政権下のインドは、安全保障では日米との緊密化を図る一方で、日米と中国にインドをめぐって競争させ、巨額なマネーを日米や中国からインドに援助や投資させている。

2　海自の「マラバール」参加の定例化へ

二〇一四年九月の日印首脳会談で、米海軍とインド海軍が行う合同訓練「マラバール」に、日本の海上自衛隊の派遣の定例化が確認された。これを受けた海上自衛隊は、二〇一五年一〇月、中国の「真珠の数珠」戦略への牽制を意識したインド洋のベンガル湾で実施された「マラバール」に、二〇〇七年九月以来八年ぶりに参加した。「マラバール」は毎年インド近海と太平洋で交互に開催されている。二〇〇七年の「マラバール」では、自衛隊はオーストラリアやシンガポールとともに参加した。しかし、中国が強く抗議したため、その後は日本近海で行われた二〇〇九年四月と二〇一四年七月の訓練に参加するにとどまっていた。日米印三カ国が海上の安全保障協力を強化することで、インド洋で影響力を強める中国を牽制することをねらったといえる。

3　新たな段階に入った中国の「東シナ海での膨張」

二〇一六年四月のG7広島外相会談の共同声明における南シナ海の言及、六月のＩＩＳＳアジア安全保障会議（シャングリラ会合）での中谷防衛大臣の演説における「マラバール」と「パシフィック・ドラゴン」の言及、同月のインドのモディ首相訪米時の一連の対中国牽制をめぐる印米協調など、「実質的には南シナ海・東シナ海における中国の膨張への一連の日米両国による中国牽制」に対する中国側の苛立ちは、初の尖閣接続水域における軍艦航行と鹿児島県口永良部島周辺の領海における軍艦航行によって、東シナ海における中国軍の行動が新たな段階に入ったことを示した。

中国側は、それまでの半年間（日本政府が中国政府に「海上警備行動をめぐる新たな指針」を外交ルートを通じて中国に伝えた段階から現在に至る半年間）に、「東シナ海における新たな段階への〝突入〟の時機」を見計らっていたと考えられよう。

二〇一五年一二月に尖閣の領海内に中国海警局の船が確認された際、直後に、中国海軍のフリゲート艦を改修した船であることが判明しており、「実質的には海軍の船」が尖閣の沖合で領海侵入を繰り返してきていた。二〇一四年にはすでに接続水域ギリギリのラインまで接近していたことが公表されていることを考えれば、「軍艦侵入のタイミング」は、二〇一五年には検討に入っていたと考えられる。二〇一四年一二月に領海に侵入した中国海警局の公船には機関砲のような装備が搭載されていた。これまでのように「中途半端な塗装で〝改修〟を示していた姿」から、二〇一六年六月、転じて、「軍艦」として日本の領海に入ってきたことは、一四年に日本政府が中国政府に外交ルートを通じて示していた「海上警備行動をめぐる新たな指針」に対する「中国側の姿勢」を示したものといえよう。

日本政府は、「海上警備行動をめぐる新たな指針」によって「海上自衛隊の出動も辞さない構え」を示すことで、中国に自制を促したい考えであった。そこで、日本政府は、国際法に基づく無害通航を認めず、海上警備行動を発令して海自の艦船を派遣し、中国軍艦に速やかな退去を促す方針であった「はず」である。しかし、二〇一六年六月九日の領海侵入前に、海自の哨戒機P3Cが中国軍艦に対して、領海侵入前から「このままでは日本の領海に入る」と「警告」をしていたにもかかわらず、中国軍艦は侵入をやめなかった。

中国は、インドへの外交攻勢を強め、「南シナ海をめぐる米日印協力関係」の切り崩しや牽制に努めている。

二〇一六年六月九日の尖閣接続水域における中国軍艦の航行と、六月一五日の鹿児島県口永良部島周辺の領海における軍艦の航行を区別して考える論者が見うけられる。しかし、筆者はこの見方に与しない。日米印海上共同訓練「マラバール二〇一六」は六月一〇日に沖縄東方海域で開始されたが、その前日の六月九日に一時、インド北東部アルナーチャル・プラデシュ州で中国軍はインド側の実効支配地域に進入していた。その前日の六月八日には、訪米中であったインドのモディ首相が、米議会の上下両院の合同会議でインド首相として一一年ぶりになる演説を行った。モディ首相は、中国を名指しこそしなかったものの、安全保障面での印米協力の強化が必要と訴え、印米協力が「シーレーンの安全と航行の自由を助ける」と主張したのである。また、「マラバール二〇一六」の最中、中国の「人民網」や「参考消息」などをはじめとした報道は、「米日は沖縄の軍事演習を利用してインドを丸め込んで中国を牽制」といった内容やタイトルの記事や評論を掲載していた。それらが注視していたのは、「マラバールが行われたエリア」の尖閣や南シナ海からの距離や「第一列島線」を封鎖する地政学的意味であった。それらの評論や記事では、インドでの記事を引用する形で、「マラバール二〇一六」を、米日印による「好戦的な中国」への共同対処と位置づけ、「中国潜水艦の撃沈」を「マラバール二〇一六」の重要内容として紹介していた。

シャングリラ会合において、アシュトン・カーター米国防長官は「中国は自ら孤立の「万里の長城」を築くことになる」と警告した。この警告で示された「アメリカと地域各国の協力態勢」の切り崩しに、「中国ASEAN外相会合」で王毅外交部長は「失敗」した。中国は「ASEAN分断」と「米日印協力態勢の切り崩し」を模索していくことになろう。

五　「特別戦略的グローバル・パートナーシップ」の課題と限界

二〇一六年八月二七日、安倍晋三首相は、第六回アフリカ開発会議（TICAD）の基調演説において、海洋進出を強める中国を念頭に、日本の新たな外交戦略として、民主主義や法の支配や市場経済などの価値観を広げたいと「自由で開かれたインド太平洋戦略」を提案した。安倍首相は中国と名指しするのを避けたものの、「日本は太平洋とインド洋を自由と法の支配を重んじる場として育てる責任を担う」と演説し、「自由で開かれたインド太平洋戦略」が中国の対抗策であることを明示した。アジアからアフリカへと連なる「自由で開かれたインド太平洋戦略」の提起は、地政学的にも中国の「一帯一路」戦略に対抗するものであることがうかがえる。

しかし、日本がインドと「特別戦略的グローバル・パートナーシップ」を進展させていくためには、いくつかの課題や限界がある。紙幅の都合で、主な課題と限界について以下四点を述べて、本章の結びとする。

まず、「特別戦略的グローバル・パートナーシップ」という位置づけは、その名称にふさわしいほどの「特別な内容」を備えた関係が構築されているわけではないという点である。インドにとって――特に経済成長を最重要課題とするモディ政権にとって――日本からの投資や経済支援を歓迎してはいるものの、中国との経済関係を損なってまで日本の主権や領土を擁護する立場を支持することはないであろう。インドは、日米側と中国側のいずれかにつくのではなく、全方位外交を展開し、両側の多国間枠組みで、地域大国としてのインドの国際的な地位を向上させ、巨額な投資を得ることに成功してきている。二〇一五年一二月に日印政府が合意した総工費一兆八〇〇〇億円のムンバイ＝アーメダバード間の高速鉄道に日本の新幹線方式を採用した件では、インドは総工費の八割を上限に五〇年で年率〇・一%という「破格の条件」で円借款を手に入れることに成功している。しかし、安全保障領域における関係を強化しているといっても、日本西南部の島嶼有事の際に、インドが日本の立場を支持するとはいえない。むしろ、上海協力機構やＢＲＩＣＳや露印中三カ国枠国において、インドは「中国の主権や領土に関する立場」を支持している。インドへの投資額でも貿易額でも、中国は日本をはるかに凌いでいる。米中露日の大国間を均衡する役割から、インドは逸脱することはないであろう。つまり、日印関係の安全保障領域における協力は、中国に対して「牽制」にはなっても、「抑止」の効果は期待できない。

第二に、「強固なパートナーシップを構築するために日印が共有する価値観」が果たして存在するのか、という点である。「日印ヴィジョン二〇二五　特別戦略的グローバル・パートナーシップ・インド太平洋地域と世界の平和と繁栄のための協働」には、「日本およびインド国民は、仏教遺産を含む共通の文化的伝統によって導かれ、民主主義、寛容、多様性および開かれた社会の理想へのコミットメントを共有した。政治的、経済的、戦略的利益が高いレベルで一致し、アジアにおける最大かつ最古の民主主義国家である、日本とインドは、地域やグローバルな課題のための責任を有し、課題に対応できるパートナーとしてお互いを認識している」と明記された。人口大国であるインドは、しばしば、「世界最大の民主主義国家」とメディアで表現されている。インドは、中国共産党のように一党独裁を行ってはいないし、連邦議会と州議会では選挙を定期的に実施している。しかし、「手続き上の民主主義」があるものの、インドにおけるカースト格差や男尊女卑などの現状から考えれば、インドが本当に日本と価値観を共有できるのか、という点に疑義がある。

第三に、パートナーとしての相互理解と信頼醸成が限定的であるという点である。両国政府にとって、「膨張する中国」への牽制として位置づけられる日印関係の強化が極めて重要であることは、いうまでもないことである。しかし、その重要性について両国民のコンセンサスが形成されているのかといえば、まだそうではない。日本の内閣府が日本人を対象に二〇一六年一月に行った「外交に関する世論調査」に拠れば、以後の日本とインドとの関係の発展は両国やアジア及び太平洋地域にとって重要と思うかという質問に対して、「重要だと思う」と回答したのが二七・三％、「まあ重要だと思う」と回答したのが四五・一％、「あまり重要だと思わない」と回答したのが一五・五％、「重要だと思わない」と回答したのが四・三％であった（内閣府 二〇一六）。これらの数値は、中国に対する牽制としての日印関係の戦略的位置づけについて、広くは理解されていない、といえよう。

日本国民がインドを「パートナー」のレベルで認識しているとは、まだいえない。官民で日印関係の戦略的重要性への国民の理解を拡げていくことが日本政府の課題となっている。

第四に、「地域および世界における平和および安全保障のためのグローバル・パートナーシップ」を構築するにあたっての課題や限界である。中国の海洋進出を念頭に、二国間海上共同訓練の定例化や「マラバール」海上共同訓練への日本の継続的な参加など、具体的に協力関係が進んでいる分野があるものの、その一方で、NPT非加盟国・インドとの原子力分野における関係強化が、日本外交の基本方針と大きく矛盾する点である。

「日印ヴィジョン二〇二五」で、日印両国政府は、国際的な核不拡散努力を強化する目的で、インドが四つの国際輸出管理レジームである、「原子力供給国グループ（NSG）」「ミサイル技術管理レジーム（MTCR）」「ワッセナー・アレンジメント」「オーストラリア・グループ」の完全なメンバーになるために協働するためのコミットメントを確認した。また、同ヴィジョンで両首脳は「シャノン・マンデート」(3)を基調として、無差別、多国的、かつ国際的に有効で検証可能な核兵器用核分裂性物質生産禁止条約、いわゆる「カットオフ条約（FMCT）」の速やかな開始および交渉の早期決着を求めた。これに関連して、安倍首相は、核軍縮につながる、包括的核実験禁止条約（CTBT）の早期発効の重要性を強調した（CTBT）批准をめぐるアメリカと中国の歴代政府の後ろ向きな姿勢を考えれば、CTBT発効は非現実的な御伽噺であろう。

日米との安全保障を軸とする関係強化を受けて、インドは大量破壊兵器の運搬手段となるミサイルおよびその開発に寄与しうる関連汎用品・技術の輸出を規制することを目的とするMTCRに二〇一六年六月に加盟した。NPT未加入の核保有国で弾道ミサイルの開発も進めているインドが国際的な不拡散レジームであるMTCRに参加することは、核兵器等の大量破壊兵器不拡散の観点から、日本としても望ましいことである。しかし、インドのNSG加盟は中国の反対で二〇一六年六月には成功しなかったものの、核兵器不拡散を目的として兵器利用が可能な原子力関連の機材や技術の輸出を規制しているNSGへのインドの加盟をめぐり日本が協働したことは、日本がFMCT交渉の早期妥結やCTBT早期発効を長年呼びかけてきた基本方針と明らかに矛盾する。

中国とパキスタンの核の脅威に向かい合うインドが核兵器の保有を放棄すると考えることは非現実的である。中国という「共通の脅威」を前にして、日本外交が追求する「平和」の方向性が問われているといえよう。

(1) その一方、中国はカールギル危機においてパキスタンに対する明白な支持を与えなかった〔長尾 二〇一五a、二二八頁〕。カールギル危機とは、一九九九年五月―七月にカシュミールの管理ライン付近カールギルで起きた印パ両軍の大規模衝突のこと。

(2) 例えば、中国は中国独自のGPSシステム「北斗」の整備を「一帯一路」構想に組み入れて進めている。GPAの技術は軍事的な開発技術と密接な関係がある。中国政府が二〇一六年六月に公表した白書によれば、二〇一八年までに「一帯一路」の沿線や周辺国をカバーするGPS網を構築し、さらには二〇二〇年前後に全世界をカバーするGPS網を構築する計画である。中国の「一帯一路」構想を、日本では、経済圏構想として語る論者もいる。しかし、「北斗」システム構想は、「一帯一路」構想が軍事構想も内包していることを示している。

(3) 「シャノン・マンデート」とは、一九九五年のジュネーヴ軍縮会議第一会期において採択された、シャノン・カナダ大使が特別報告者として取りまとめた交渉マンデート案のことである。これにより、カットオフ条約を扱う特別委員会の設置が決定された。

第7章　戦略的パートナーシップの形成と拡大

伊豆山真理

一　グローバルから地域へ

一九九八年のインドによる核実験後、日印関係は後退したが、二〇〇〇年の森喜朗首相訪印は、それまでとは異なる日印関係を模索する転機となった。森首相とアタル・ビハーリー・ヴァジパイ首相は「日印グローバル・パートナーシップ」を宣言した。その後、二〇〇〇年代を通して日印両国は、パートナーシップを「戦略的」なものへと転換すべく継続的に関与していく。それは二〇〇六年、安倍晋三首相とマンモーハン・シン首相との間の「戦略的グローバル・パートナーシップ」宣言に結実される。戦略的グローバル・パートナーシップでは、グローバルな協力、アジア地域における協力、二国間協力という三層の協力が想定された。本章では、日印パートナーシップが、なぜ当初「グローバル」志向からスタートし、二〇〇〇年代に「地域」志向へと展開したのかを検討する。なお、二国間協力の部分が進展するのは、二〇一〇年代を待たねばならない。本章は、第5章と多くの問題意識、とくに日印が相互に『普通の国』になろうとするためお互いを必要としているという観点（一一五—一一六頁）を共有しており、それを日本とインドの視点から、跡づけたものである。インドも日本も「同盟／パートナー空間」での役割をまだ十分に果たしていない、というアメリカの視点（一一二―一一四頁）は、本章によって補完される。

二　グローバルな秩序維持の役割を模索する日印

二〇〇〇年代に日本とインドは、ともに戦略的視野を拡大・転換させた。二〇〇〇年代は、両国にとって、「国際貢献」すなわち国力に見合った役割を果たすべきという国際社会の要請を内部化していく時期と位置づけられる。サクジャは、冷戦終結後、アメリカ主導の秩序維持への参画のしかたという点で、日印にはシナジーが見られるという〔Sakhuja 2011〕。日印とも、外交・安全保障政策の転換をともないながら、国際社会の平和と安定のために、軍事力をどう活用するかという問題と向き合ってきた。

本節では、二〇〇一年の九・一一、二〇〇三年のイラク戦争に対して、日本とインドがどのように対応したのかを見る。この二つのケースをとりあげる理由は、両国がどのようなグローバルな秩序を志向しているのか、そのために自らがどのようにかかわるべきかを真剣に模索したからであり、その経験の共通性、とりわけ国際社会における役割認識の形成が両国のパートナーシップの基礎を提供していると考えるからである。

1　論　点

九・一一に続く対テロ戦争、対イラク戦争は、インドにも日本にも外交政策・安全保障政策の大きな転換を迫る事態であった。インドと日本が真摯に向き合わなければならなかった共通の問いは、三つにまとめられる。

第一は、アメリカが圧倒的なパワーをもった単極世界においてどう生きるか、言い換えれば唯一の強大国となったアメリカとどう向き合うのか、という問いである。これと関連して第二は、単独行動主義（ユニラテラリズム）をどう制御し、多国間協調に導くのか、という問いである。第三は、テロや大量破壊兵器拡散のような国際社会全体に対する挑戦に対応して多国間協調を貫くとすれば、自らはどのような役割を果たすのか、とりわけ軍事力をどう活用するのか、という問いである。

第一の単極世界への適応は、アメリカを極とする西側世界とソ連を極とする東側世界の双極性を所与として、外交・安全保障政策を組み立ててきた日本とインドが、一九九〇年代から問い続けてきた課題であった。インドの「非同盟」は原則としては残っていたし、日本は冷戦後も「自由主義陣営の一員として」という表現を残していた〔Indian National Congress 2014: 47; 防衛庁 一九九八、八六頁〕。ただし、中曽根康弘首相の「不沈空母」発言（一九八三年）に表れているように、日本がその地理的位置のみによって、ソ連に対する「存在による抑止」を果たすことができたのに対して、インド亜大陸は、七九年から八九年のアフガニスタン戦争の間を除いては、相対的に米ソ対立から切り離されていた。第二次印パ戦争（一九六五年）においても、第三次印パ戦争（一九七一年）においても、米ソ対立とリンクさせない、という暗黙の合意が米ソ間には存在した。インドは、東西いずれの陣営にも組み込まれることなく、むしろ米ソいずれの干渉からも自由度の高い安全保障政策を追求することが可能だった。

冷戦終結、そして湾岸戦争を経て、アメリカが唯一の超大国となるなかで、インドはアメリカとの関係強化をめざしつつも、アメリカによる一極支配には懐疑的であった。印ロ戦略的パートナーシップ宣言（二〇〇〇年一〇月）において、「主権の平等に基づくグローバルな「多極構造」を構築する必要性」が明言されているのは自然なことであるが、このほかにも二〇〇〇年代初頭、外交の一般方針として、「多極世界」という用語が頻繁に使われている。二〇〇〇―〇一年版外務省年次報告書は、一一項目の目標の一つとして、「平和、安定及び多極化を強化するために国連安保理常任理事国五カ国その他主要国と協同する」ことを挙げている〔Ministry of External Affairs 2001: ii〕。

これに対して日本では、「単極か多極か」「単独行動主義か多国間協調か」という議論は、九・一一以降散発的に見られたものの、イラク戦争開戦をめぐって「西側」が分裂して初めて、日本の外交政策と結びつけられて論じられるようになった。

イラク戦争開戦前後から復興支援開始の時期に問われた、単独行動主義をどう制御し、多国間協調に導くのかという問いこそ、日印が共通して直面する課題であった。このような問題意識にしたがって以下では、日本との比較を念頭に置きつつ、九・一一とイラク戦争に対するインドの対応を検討する。その際に、両国が九一年の湾岸戦争から得た教訓と、その後の対米関係の調整過程あるいは両国による対米政策の再編努力にも多少触れる。

2　九・一一後の日本とインド

九・一一は、日印が国際社会への「貢献」「相応の役割」を軍事面でも果たすという大きな転換点となった。湾岸戦争のときは、冷戦後世界に必死に適応しようとして、アメリカの要請に押されて対応してきた日本とインドは、九・一一には受け身ではなく積極的に関与しようとした。それは、外交政策（インド）あるいは防衛政策（日本）の大きな転換をともなうものであった。

日本の場合、一九九一年の湾岸戦争への資金拠出は小出しの印象を与え、また自衛隊の参加は、集団的自衛権をめぐる論争に発展し（田中 二〇〇七、二六九頁、信田 二〇〇六、六七―七一頁）、戦争終結後にようやく海上自衛隊の掃海部隊をペルシア湾に派遣することができた。日本の対応が遅れたために、最終的には一三〇億ドルもの資金拠出を行ったにもかかわらず、アメリカをはじめとする国際社会の評価を得られなかったことは「湾岸のトラウマ」として、政策担当者の記憶に残された。この教訓を生かして、九・一一に際して小泉純一郎首相は、官邸主導でテロ対策特別措置法案を一カ月以内に策定し、一〇月末までには衆参両院で可決させた。「テロリストの側か我々の側か」という二分法が国際社会の空気を支配するなかで、明確なコミットメントを示すことと、それによりアメリカから信頼を得ることに成功した。一一月、護衛艦と補給艦が派遣され、アメリカやパキスタンの艦艇に対する補給活動が開始された。この活動は、有志連合から高い評価を受け、二〇〇八年まで継続する。

インドの場合、九一年の湾岸戦争当時、史上初めてアメリカの軍事行動支援へのステップを踏み出しており、それはほとんど注目されていないが、九・一一後の対応につながる一歩であった。チャンドラ・シェーカル政権（九〇年一一月―九一年五月）は、インド空軍基地における米軍輸送機の給油を密かに承認したのである。しかしこの事実が報道され、インド国会において野党、さらには政権を閣外支持する国民会議派からの強い批判を受けると、米軍機への給油は一度限りで停止された〔Baral & Mahanty 1992: 379〕。湾岸戦争の時代、基地の使用許可でさえも、国内政治上のリスクをともなう決定であった。ではなぜ政府があえて対米協力を選択したのか。当時外貨危機に陥っていたインドでは、国際通貨基金（ＩＭＦ）の構造調整融資とアメリカ主導の多国籍軍への支持との間にリンケージが存在するものと理解されたからである〔Baral & Mahanty 1992: 377〕。経済開放を成功させるためには、アメリカとの関与が不可避と考えたスブラマニヤム・スワミー通商相（ハーバード出身のエコノミスト）、マンモーハン・シン経済政策顧問（一九九一―九六年蔵相、二〇〇四―一四年首相）といった一部の経済通の指導者が、対米協力を主導したとみられる〔Baral & Mahanty 1992: 370〕。

これに続く九〇年代インドは、アメリカの世界秩序構想への賛同からというよりも、アメリカの市場や技術へのアクセスを動機として、アメリカとの関係強化をすすめることになる。アメリカとの関係強化が、アメリカの一極支配の支持を意味しないことを、インドが発信し続けていることは、前に述べたとおりである。

印米間の世界認識のすり合わせが行われたのは、皮肉なことに九八年インドが核実験を行った後、事態収拾のために数次にわたって行われた印米交渉の過程である。ストローブ・タルボット国務副長官との交渉にあたったジャスワント・シン特使（のち外相）は、当初アメリカに対して抱いた不満として、「インドを国際社会における責任あるメンバーと認めようとしない」ことと「中国を南アジアの管理者と位置づけようとしている」ことを挙げている〔Singh 2007: 242–246〕。一四回に及ぶ印米交渉のなかで、アメリカはインドの国際社会における地位、及び対中懸念に関して配慮を見せるように変化する。一方、インドはミサイル防衛を含むアメリカの安全保障構想への支持を表明するなど、アメリカの世界戦略を支持する宣言政策をとる。そしてヴァジパイ政権が「閣僚グループ」の名前で二〇〇〇年に発表した『国家安全保障システムの改革』と題する提言書のなかで、初めてアメリカの一極支配を受忍した〔Group of Ministers 2001: 7〕。アメリカに代わる指導的国家はないという現状認識と、それであれば対抗するのではなく、関与して利益を得ようという発想の転換が示されている。

九・一一は、まさにその新しい考え方を実践する場となった。九月一一日、インドのヴァジパイ首相はジョージ・W・ブッシュ大統領に対して、アメリカ国民への哀悼とテロに対する非難を表明すると同時に、対テロ国際協力の用意があることを伝えている。三日後、ジャスワント・シン外相は、報道陣に対してアメリカに軍事施設利用を認める考えを表明している。

しかし、アメリカがパキスタンに配慮したことに加え、二〇〇一年一二月のインド国会議事堂襲撃を契機として印パ間の緊張が高まったため、インドの支援ははるか後方のマラッカ海峡で提供されることとなった。インド海軍は、二〇〇二年四月から九月の間、マラッカ海峡を通過するアメリカの「高価値積載船（high-value ships = OEF に関連する武器弾薬、燃料等の積載を意味する）」二四隻に対して護衛を行った〔Ministry of Defence 2003: 26〕。インド海軍は、九〇年代にソマリアＰＫＯに参加する各国部隊の撤退支援を行う経験を有していた〔Hiranandaini 2009: 45–51〕。しかし、国連の指揮下ではなく、アメリカの主導する多国籍軍の作戦を支援するのは初めてのことであった。

九・一一への日印の対応の経験から、共通項、とくに日印パートナーシップの促進要因となる要素を三つ指摘しておきたい。第一に、グローバルな安全保障課題に対して、傍観者でいることは許されず、積極的な役割を果たすべきだという意識に、両国が突き動かされていることである。その背景にあるのは、同盟国・友好国としてのアメリカを助けることを通してアメリカとの対等性を獲得しようとする意識と、テロ行為を断じて許してはいけないという決意である。テロの脅威は、国を選ばず、九・一一でも日本人二四人、インド人四一人が犠牲となっている。これに加えて、インドでにとってアルカイダ＝ターリバーンのテロ・ネットワークによる被害は切実な問題であり、その実態を国際社会に訴える機会でもあった。

第二に、貢献ないしは役割分担の手段として、海軍が活用されたことである。艦艇は、陸上部隊と異なり、独立した行動をとれるので、米軍の作戦との一体化の問題（日本）、指揮命令系統の問題（インド）の解決が容易である。

第三に、日本の海上自衛隊、インド海軍の活動地域が拡大したことである。海上自衛隊はペルシア湾に常時展開することとなった。インド海軍はマラッカ海峡で、米軍と協同することとなった。こうした経験は、二〇〇四年末に発生したインド洋津波の救援活動に参加した海上自衛隊、インド海軍が、米海軍、オーストラリア海軍と「津波コア・グループ」を形成する基盤を提供した。

3　イラク戦争後の日本とインド

九・一一への対応では、米軍の軍事行動の正統性に関する評価においても、自らのかかわり方においても、日本とインドの間には類似性が見られた。これに対してイラク戦争については、日印の対応が分かれている。日本はいち早くアメリカの対イラク攻撃を支持したのに対して、インドは最後まで軍事行動には反対した。また、日本はイラク復興支援のために、陸上自衛隊を派遣したのに対して、インドはアメリカの度重なる派遣要請を断って、陸軍部隊の派遣を見送った。しかしながら、インドは原則論で反対していたのではなく、逡巡の末に結論を出した。インドの論争に見られる苦悩の中には、日本も共通して抱える課題を見ることができる。

〈対イラク軍事行動への反応〉

開戦前のインドの立場は、対イラク攻撃を支持しないことを明確にしていた。開戦目前の三月一八日、「イラクの現状に関する声明」を発表し、イラクは国連決議を遵守し大量破壊兵器（ＷＭＤ）を廃棄すべきとしつつも、戦争に反対すると明言し、「イラクに関する決定は国連の権威の下で行われるべき」であり、「イラクの政治体制変更は、外から押しつけられてはならない」と、述べている。そして、「平和的な武装解除可能性が残されている限り、関係諸国の自制と責任ある対応を引き続き求めていく」とする〔Ministry of External Affairs 2003a〕。

前記の立場と一貫して、三月二〇日、イラク攻撃の開始とともに出された声明「イラクにおける軍事行動の開始について」のなかでは、軍事行動開始は「正統性を欠く」ものであり、「深く遺憾」とされている〔Ministry of External Affairs 2003b〕。その一方でこの声明は、軍事行動に対する「非難」を求める野党に対して、ヴァジパイ政権が柔軟な対応の余地を残そうとしていることがうかがえる〔*The Hindu*, March 3, 2003〕。第一に、声明はアメリカに対する批判は一切避け、「安全保障理事会のなかの不一致が、国連の権威を傷つけた」ことに非難の矛先を向けている。第二に、「イラクの人道状況の改善のための国際的取り組みにあたっては、インドも役割を果たす」と述べ、復興支援をめぐる新たな多国間協調の枠組みへの参加の余地を残している。三月二二日に招集された、イラク問題に関する全政党会議においても、ヴァジパイ首相は、「原則と長期的国益」のバランスを考慮しなければならないと述べている〔Prime Minister's Office 2003〕。

インド国内のイラク戦争反対論の強さに鑑みれば、このような柔軟対応論、あるいはバランス論は際立っている。二月時点でのギャラップ社の世論調査によれば、イラク戦争にどのような状況であれ反対（五九％）、国連の下でなら許容（二九・一％）、アメリカのユニラテラルな行動支持（七・七％）であった〔*Times News Network*, February 4, 2003〕。また、野党は抗議活動を活発化させていた。一一月に国民会議派、四つの左派政党、北インドの有力政党である社会主義党（ＳＰ）と民族ジャナタ・ダル（ＲＪＤ）、ジャナタ・ダル（世俗主義）（ＪＤＳ）、全インド・ムスリム・マジリス・ムシャーラトが大団結をして「イラク戦争に反対する委員会」を結成し〔*The Hindu*, November 6, 2002〕、デリーで抗議デモを行ったほか、各政党独自に政府批判を行った。国民会議派は、ソニア・ガンディー党首が戦争反対とイラク国民との連帯を訴える演説を行い〔*The Hindu*, March 31, 2003〕、非会議派野党指導者は、政府に軍事行動への反対を要請する共同声明を発表した〔*The Hindu*, March 26, 2003〕。そのなかにはＶ・Ｐ・シン、Ｉ・Ｋ・グジュラール元首相、ムラヤン・シン・ヤーダヴ、ラルー・プラサード・ヤーダヴら州首相、左派政党指導者らが含まれる。これらのグループは、デリー、コルカタ、ムンバイなどで大規模な抗議集会やデモを行った〔*The Hindu*, March 31, 2003, *Inter press Service*, March 23, 2003, *The Hindu*, March 23, 2003〕。政権与党内からも、連立政党であるテルグ・デーサム党が「アメリカの国際法違反に声をあげる」ことを求め、フェルナンデス・国防大臣の所属政党であるサマタ党も軍事行動を非難する決議を求めていた。イラク戦争反対の抗議集会やデモ行進は、デリーのジャンマー・マスジットの最高指導者から、国家人権委員会にいたるまで、さまざまな主体によって組織された〔*Tribune*, March 29, 2003〕。

四月八日、インド下院ではイラクでの軍事行動を即時に終結させ、「有志連合」部隊の早期撤退を求める決議が全会一致で採択された。決議は、国連がイラクの主権の保護と復興活動を管轄することを求めている。この決議はヒンディー語であるが、ルドラ・チョードリーによれば、ここでもアメリカの軍事行動に対する「非難」という用語は巧みに回避され、「遺憾」に近い「ニンダ」が使われている〔Chaudhuri 2014b: 194〕。決議採択に先立ち、二日間の討論が行われ、各党代表は、十分に主張を展開している。議長が発言希望者すべてに発言を許す場面もあり、国会決議は、議論を尽くしたというプロセスづくりの効果をもったといえる。また、この時点では、軍事行動の趨勢も明らかとなり、アメリカも戦後をにらんで多国間協調に回帰しつつあったことから、決議は、復興支援への参加の余地を残す意義ももった。

〈イラクへの部隊派遣の要請への対応〉

五月一日に軍事行動終結が宣言されると、インド部隊の派遣問題がにわかに浮上した。派遣問題は五月二六日の内閣安全保障委員会で検討され、外務省に対して国連イラク問題特使からの情報収集を行うよう指示が下った〔*The Hindu*, May 27, 2003〕。六月初めに訪米したラール・クリシュナ・アドヴァーニ副首相兼内相は、ブッシュ大統領から直々に派兵の可能性を問われ、インド側の問題点を告げた〔Gaur 2005: 213〕。ブッシュ政権は、ピーター・ロッドマン国防次官補率いる専門家チームをインドに派遣し、インド部隊の役割と権限・任務、そして国連との関係についてアメリカ側の案を提示した。チョードリーの研究と、戦略コミュニティの論評を総合すると、アメリカの案は、北部クルド人地域のキルクーク、モスルに、一師団およそ一万五〇〇〇人の部隊の派遣を要請するものであったようである〔Chaudhuri 2014b: 368; Raghavan 2003〕。

インドの戦略コミュニティの意見は割れた。旧ユーゴスラビアの国連保護軍（UNPROFOR）司令官を務めた、統合戦略研究所（ＵＳＩ）の所長（当時）サティシュ・ナンビアールは、「アメリカの単独行動主義にいかに反対しようとも、国連の指揮は実現が見通せず、一方新たな国連決議が復興支援への協力を呼びかけている」という現実に対して、インドは国益に基づいて部隊派遣の要請に対応していくよう勧める。ナンビアールは、「グローバル・プレーヤーとしての役割を果たす意思と決意を示す」ために、派遣すべきと主張する。そのための準備として、担当地域地元住民との事前調整や隣国であるトルコ、イラン、ヨルダンとの協力などの必要性を説く〔Nambiar 2003〕。

一方、デリー政策グループのＶ・Ｒ・ラガヴァン所長（当時）は、権限・任務の不明確さや指揮命令系統の問題から、部隊派遣に反対を唱える。ラガヴァンによれば、アメリカに担当地域として示されたクルド地域は不安定であり、将来的にイラク国家でクルド人たちが満足いく地位を与えられず、その不満がインドに転嫁される可能性もある。また米軍の指揮命令系統に従うということは、部隊の活動目的がワシントンの戦略的要請に従属することを意味し、インドの国益に合致するとは限らない。「ハイテクの米軍が短期で決着をつけた後、ローテクの軍がその地域を担当する」ような方法以外での、アメリカとの協力を提言する〔Raghavan 2003〕。

ナンビアールとラガヴァンは、いずれも陸軍作戦部長の経験をもち、その後シンクタンクで活動を行っており、軍の作戦にも精通し、国際的経験も豊富である。その両者が正反対の提言を行っているところに、インドの戦略コミュニティにおける意見の多様性がうかがえる。

交渉の詰めを任されたカンワル・シーバル外務次官、ヴィジャイ・ナンビアール国連大使ら外務官僚は、どちらかというとネガティブな情報をヴァジパイ首相にインプットした〔*The Hindu*, July 15, 2003〕。シーバルは、最近もアメリカの対イラク政策を含む中東における武力による「体制変更」政策全般に対する批判を展開している〔Sibal 2014b〕。

七月一四日、内閣安全保障委員会は、最終的にイラクに部隊を派兵しないことを決定した。

政府のプレス発表によれば、「インドの長期的国益、イラク国民の人道状況への懸念、湾岸諸国との間に築いてきた関係、近年のアメリカとの対話増大及び関係強化」の四つの要素が考慮された。また、「明確な国連のマンデート」さえあれば、インドは部隊派遣を検討できたであろう、と述べ、将来の関与に含みをもたせている〔Ministry of External Affairs 2003c〕。実際インドは、一個師団を指定し、司令官も任命するなど、派遣準備を進めていたといわれる。

インド側が、「派兵拒否は米印関係を損なわない」〔Ministry of Defence 2004: 198〕としているものの、アメリカが短期的には失望したのは間違いない。しかし、派兵に関する印米交渉、そして何よりインド国内での議論を経て、これまでの「主権尊重」「内政不干渉」といった非同盟タイプの原則から、「国際的役割を果たす」という方向への転換のための学習過程であったと評価するのが、現在ではアメリカ側も含む論者の多数意見である〔Chaudhuri 2014a: 370〕。

〈日印の共通体験とパートナーシップへの意味合い〉

インドの対応を日本と比較しながら、日印戦略的パートナーシップがもつ意味合いを検討しておこう。

第一に、国際秩序の維持における役割認識という点で、日本とインドは相似性が見られる。また、国際社会で役割を果たすことが、利他性ではなく「国益」から議論されるという共通点をもつ。長尾雄一郎は、自衛隊のイラク派遣が議論されている最中に著した論考のなかで、「国力が縮小しつつある国家にとって、安定した国際秩序の形成・維持が最高の国益となる。今後、国力の縮小が見込まれるなかで、我が国は（中略）単独で国際秩序の形成力を備えた国ではないため、国際協調のなかで、他国と協力し合い、自らの責任を果たすべき立場にある」と述べ、「国際秩序の形成・維持のために（中略）防衛力を利用する場合、派遣将兵のなかから犠牲者が出るかもしれないという高いリスクを引き受けなければならない」とする〔長尾 二〇〇三〕。この議論は、先に紹介したナンビアールの議論とよく類似している。ナンビアールは「グローバルなプレーヤー」たりうることを示すことを国益と位置づけるが、その結論部で「政府が参加の意義・目的と任務を明確に示しさえすれば、インド部隊で危険を厭う者はいない」と、軍にはリスク引き受けの覚悟があることを述べている〔Nambiar 2003〕。

日印両国では、領土と国民を守るという中核的な国益ではなく、国際秩序の維持に国益を有するという新たな国益概念が生まれつつあった。また国際秩序の維持に役割を果たすために軍事力の活用を求められるなかで、どこまでリスクを引き受けられるのか、という検討が真剣に行われたのであった。

第二に、日印の間で、対イラク軍事行動への支持、そして復興支援への部隊派遣という対応において違いはあったものの、その選択にいたる過程において共通性が見られる。両国ともに、アメリカの単独行動主義よりは多国間協調を志向しつつも、長期的にはアメリカとの関係性が安全保障上重要であるという認識をもっていた。

にもかかわらず、第三に、日本がアメリカを孤立させないためにアメリカの行動を支持し、多少背伸びをしてでも参与していくという方策をとったのに対して、インドは国連以外の指揮命令系統には服しないという点にこだわった。長年国連PKOで実績をあげてきたインドの譲れない点であったと考えられる。またインドは、外交的には対抗極の創出により、単独主義的な行動に節制を求める動きも見せた。二〇〇三年九月、国連総会のサイドラインでインドは、中国・ロシアとの三カ国外相の非公式協議の場を設け、イラクに関する共通認識を確認している〔Ministry of External Affairs 2003e〕。その後、ロ印中三極外相会議は、年次定例化され、「多極世界の構築」が、二〇〇〇年代を通してロ印中三極のモチーフとなった〔Ministry of External Affairs 2007〕。

イラク戦争をめぐって、日印がそれぞれ政策転換を模索したがゆえに、「グローバルな課題」における協力という素地ができた。どのような国際秩序をつくるのか、単独行動主義を制御するために、どのように多国間協調を進めるのか、どのように国連を改革するのか、相互の経験を参照し、知恵を出し合う意義は大きい。

三　地域の多国間秩序構築における日印協力

本節では、「グローバル」パートナーシップから「戦略的」パートナーシップへの発展が、「グローバル」から「地域」への転換と密接に関連していることを見る。「地域における協力」を掲げるのは、二〇〇五年四月の小泉首相による訪印からである。

中国の台頭とアメリカの相対的衰退によるパワー・バランスの変化が、日印パートナーシップの「戦略化」「地域化」をもたらした。ブルースターは、日本がインドとの関係を強化することは、政治的な意味での対中「バランシング」戦略であるとともに、アメリカから軽視されることに対する「ヘッジ」戦略でもあるとする〔Brewster 2010: 104〕。パントらも、日印協力を、中国の台頭に対する三種類の「ヘッジ」、すなわち安全保障上のヘッジ、経済的ヘッジ、多国間におけるヘッジの産物であると捉える〔Pant 2010; Joshi and Pant 2015〕。

ヘッジ戦略には、協調的なものと競争的なものが存在するが〔山本 二〇一二〕、二〇〇〇年代の日印の地域における協力は、中国の望ましくない行動に対してこれを外交的に牽制しようとする「制度的バランシング」の好例である。日本は、「東アジア共同体」の制度構築においてインドと協力することによって、ASEAN＋日中韓（ASEAN・プラス・スリー）における中国の行動を牽制しようとした。また、日本とインドは、アメリカとの三カ国協力の枠組みに進みつつある。

1　中国の台頭と東アジア・サミットをめぐる攻防

一九九〇年代後半から二〇〇〇年代半ばにかけて、インドが地域の多国間協力枠組みのプレーヤーとなるのは、多国間協力を主導するASEAN（東南アジア諸国連合）によって「招き入れられた」面が大きい。インドはもともと能動的な「地域協力」構想をもたなかった。インドにとっての多国間協力とは、国連か非同盟運動（NAM）であり「地域性」が希薄であった。しかし、九〇年代の「ルック・イースト」を契機として、ASEAN諸国との関係を深めた結果、九六年にARF（ASEAN地域フォーラム）に迎え入れられ、それ以降、アジアにおける多国間協力を外交のツールとしてきた。インドのARF加盟に関して、インドの核開発問題で否定的な態度をとる日米に対して、ASEAN側がインドを招き入れたのは、ミャンマーにおける中国の影響力浸透に対して、インドにバランサーとしての役割を求めたという見方がある〔Saint-Mézard 2006: 364-365〕。

ミャンマーに対する、中印両国の外交・経済関係の分析による裏づけは今後の課題であるが、この時期、ミャンマーとタイを含むサブ地域協力において、中国主導の枠組みとインド主導の枠組みとが競合して成立していることは確かである。ミャンマー＝タイの陸路を通じてインドをASEANに連結するベンガル湾多分野技術協力イニシアティブ（BIMSTEC、一九九七―）は中国の主導するバングラデシュ・中国・インド・ミャンマー経済回廊構想（BCIM）と競合するし、メコン・ガンガ協力（MGC、二〇〇〇―）は、大陸部東南アジア五カ国と中国の参加する大メコン・サブ地域（GMS）と競合する〔白石 二〇〇七〕。メコン・サブ地域の協力制度を分析した青木は、域内諸国が域外大国関係の操作をするために、乱立する制度を使い分けているとするが〔青木 二〇一六、一四五頁〕、BIMSTECとMGCの事例でも、中国の影響力が突出しないように、タイからインドに対して新たな地域協力枠組み創設の働きかけがあったと考えられる〔Rao 2005: 156-158〕。

同様に、東アジア・サミットをめぐる日本からインドへのアプローチは、米中間の競合と、中印間の競合との重なり合いのもとでの、日本によるバランシングとみることができる。

東アジア・サミットは、二〇〇五年一二月、初めて開催され、その後ASEAN首脳会議にあわせて年次開催されている。東アジア・サミットの枠組みを決めるプロセスにおいて、日中間に指導権をめぐる競争が展開されたことはよく知られている〔田中 二〇〇七〕〔Hamanaka 2010: 70-76〕。中国は既存のASEAN・プラス・スリーに参加国を限定することを主張し、日本はオーストラリア、ニュージーランド、インドに参加範囲を拡大することを主張した。

しかし、日本が東アジア地域協力のなかに、インドをどう位置づけていたのかは、解明されていない。「東アジア共同体」につながる構想を、小泉首相が初めて表明したのは、二〇〇二年一月のシンガポールにおける演説「共に歩み共に進むコミュニティ」であった〔外務省 二〇〇二〕。ここでは地域経済連携強化を念頭に置き、オーストラリア、ニュージーランドはコミュニティの「中心的メンバー」となっているが、インドは「連携」の対象、すなわちコミュニティの部外者にすぎない。

インドの参加が浮上してくるのは、二〇〇四年一一月のビエンチャン・サミットで東アジア・サミット開催が決定してからである。なぜインド待望論が急速に醸成されたのか。佐藤宏は、日本外交においてインドは、中国を念頭に置いた「派生的」認識だったと論じている〔佐藤宏 二〇一二〕。日本のアジア外交を論じる田中明彦も、中国の影響力拡大に対応するための外務官僚たちのアイディアが、二〇〇五年春以降の日中関係の悪化により、小泉首相の関心事項と重なっていったと見る〔田中 二〇〇七、三一〇頁、佐藤宏 二〇一二、三一〇頁〕。また、「東アジア共同体」は、「アメリカの関与があってこその東アジア共同体という日米基軸主義の発想」〔山本 二〇〇七、一五八頁〕という批判的見方もある。

たしかに小泉首相の「東アジア共同体」構想におけるインドへのアプローチは、中国認識の派生であったり、アメリカからの「排他性」批判への受動的対応であったかもしれない。それでも、東アジア・サミット開催にいたる攻防は、日印間に「東アジア」という共同体の地理的範囲、目的、意義についての共通認識づくりを促進したと考えられる。中国が「東アジア共同体」の秩序構築プロセスを支配することを阻止するという目的であったとしても、日本が展開した「包含性」の議論には一定の普遍性が存在し、それにインドが共感したといえる〔東アジア共同体評議会 二〇〇五、一二五頁〕。

二〇〇五年五月、京都で開催されたASEAN・プラス・スリー非公式外相会議で、参加国がほぼ決定する。その直前の四月二八日から三〇日にかけてインドを訪問した小泉首相は、「東アジア・サミットへのインドの参加を支持するとの決定を伝達したのに対し、インド側は、日本の支持に謝意を表明した」。首脳会談では、「グローバル・パートナーシップ」に「戦略的」が付与されることになり、また、「二国間」「地域」「グローバル」という三層における協力が整理される。成長センターとしての「アジア」における「責任ある二主要国」であり、「共通の価値」にコミットする日印が協力することを謳う〔外務省 二〇〇五〕。佐藤は、「開かれた社会」「法の支配」が新たに「共通の価値」として含まれたことは、中国を意識した線引きを暗示していると指摘し、「価値観外交」のインドへの本格的適用であるとする〔佐藤宏 二〇一二、三二〇頁〕。佐藤はアンビバレントな評価をしているが、アメリカが関心をもたない、あるいは批判的である「東アジア共同体」構想において、日印がリベラルな価値を基軸として選択したことは、その後の地域制度をめぐるパワー・バランスに重要な意味をもった。

2　日米印三カ国協力へ

〈日米同盟再編とインド〉

日米印三カ国協議は、二〇一一年一二月に第一回協議が開催されているが、その原型は二〇〇七年には表れている。それは、ハブ・スポーク・システムをアメリカのパートナー国にも段階的に開放していくことによって、スポーク間、あるいはその外縁のパートナー間のネットワークを形成しようとするものである。

日米同盟の視点から見ると、この年に公表された政策提言書と政策文書のなかで、日米同盟を地域の安全と繁栄のために積極的に活用すること、民主主義の価値を共有する諸国を日米パートナーシップに取り込んでいくこと、という二つの方向性が明確に示されている。

まず、二〇〇七年二月に出された、第二次「アーミテージ・ナイ報告書」は、米中の共同統治、あるいは日米が中国と対峙するという二つの両極のオプションを否定し、アメリカが地域における指導力を維持しつつ、アメリカとパートナー関係にある日、印、豪、星（シンガポール）が「模範」を示す「開放的な構造」こそが最適な構造であるとする〔Armitage and Nye 2007: 14〕。そして、日米同盟がとるべき地域政策として、中国政策の調整、ＡＳＥＡＮ統合の奨励、日米豪三カ国協力、海洋安全保障政策の立案・実行における指導的役割などと並んで、「日米それぞれがインドとの戦略的パートナーシップを強化し、三カ国協力の機会を追求する」ことが提言されている〔Armitage and Nye 2007: 23〕。

この提言は、二〇〇七年五月、日米安全保障協議委員会（ＳＣＣ）が発表した「同盟の変革――日米の安全保障及び防衛協力の進展」に反映されている。同文書は、共通戦略目標の一つとして、日米両国が「インドの継続的な成長が地域の繁栄、自由及び安全に密接につながっていることを認識」し、「インドとのパートナーシップを引き続き強化する」ことを掲げている。日米同盟の政策文書でインドが言及されるのは初めてである。

またこの年、三カ国の海軍／海上自衛隊は、二回の訓練を共にする。四月中旬、日米印三国訓練が房総半島南方沖で行われた。さらに、九月ベンガル湾において、米印に日豪星を加えた五カ国訓練が行われた。五カ国訓練は、米印の空母三隻を含む二八隻の艦艇、五カ国合わせて二万人の要員が参加する大規模な訓練であった。

二〇〇七年に日米同盟とインドとの接合がなされるや否や、海上共同訓練に一足飛びに進んだのはなぜか。第一に、日米印三カ国協力というアイディアの受容について、セカンド・トラックが触媒としての役割を果たしたのではないか。第二に、インド海軍が、インド政府よりは、米海軍や海上自衛隊と近い対中国認識をもっていたのではないか、というのが筆者の仮説である。以下では、二〇〇六年から今日まで継続しているセカンド・トラックである「日米印戦略対話」の役割、インド海軍の対中認識を検討する。

〈日米印戦略対話の果たした役割〉

日米印三カ国の枠組みの認知に関して、セカンド・トラックで行われた「日米印戦略対話」の役割に注目したい。この対話は、アメリカ戦略国際問題研究所（CSIS）、インド工業連盟（CII、途中からASPEN）、日本国際問題研究所が共催するものであり、二〇〇六年六月に第一回が開催され、二〇一五年一二月までに一一回の会合を重ねている。組織間の対話というよりは、共同議長であるアーミテージ元国務副長官、葛西敬之JR東海名誉会長、タルン・ダス元CII首席顧問の人的ネットワークとコミットメントに負うところが大きい。

三者会議は、二〇〇七年八月「新たな三国間の協力に向けて」と題する報告書を発表している（戦略国際問題研究所他 二〇〇七）。報告書は冒頭で、「世界の大きな民主主義国であるアメリカ、日本、インドの三カ国は、開かれかつ安定した国際秩序を維持するために共にリーダーシップを発揮」することに期待を寄せる。続いて、日本とインドが「より積極的な国際主義を採用しつつある」ことを評価する。民主主義という価値観の共有、開かれた国際秩序、積極的な役割、というトーンは、第二次「アーミテージ・ナイ報告書」と共通している。

報告書は、安全保障協力、エネルギー安全保障／環境分野における協力、経済協力の三つの分野についてなされている。安全保障分野では、日米豪印四カ国フォーラムについて、「次官補より高いレベル」での開催提案を「作成すべき」と強く勧めている。二〇〇四年インド洋津波被害の際に形成した、津波地域コア・グループをモデルとして想定し、メンバーシップについては、「排他的になりすぎて潜在的なパートナーを退けるような結果にならないように注意」すべきではあるが、「ARFのように過度に開放的なフォーラムにおけるよりは高度な原則を維持すべき」と述べる。アメリカが「トークショップ」化を嫌い、「能力と意思を有する」有志で、地域秩序構想の核を固めたいと考えていることがうかがえる。

続いて日米印三カ国協力やオーストラリアを加えた対話については、「中国に向けられたものではなく」「共通の価値と公共財を提供する」ものであると説明される。

海軍・海上自衛隊間の協力について、四月の日米印三カ国訓練を「相互運用性」（インターオペラビリティ）を確立するための重要な一歩であると評価し、今後のインド海軍と海上自衛隊の協力は、「地域全体への積極的な影響を広げる潜在的可能性」をもつとする。

このように見てくると、報告書は短く粗削りではあるが、アメリカとの同盟・パートナーシップを基軸として緩やかにネットワーク化された日印豪の協力、地域の安全保障提供者としての日印の役割、とくに海洋安全保障分野での相互運用性の向上、そして第10章で扱われる原子力協力といったアジェンダを先取りしている。

この対話は、経済人としてそれぞれの分野をリードしてきた葛西、ダス両氏の存在により、日印間のエネルギー協力、インフラ投資などに関しても産業界の声を反映した率直な意見交換が可能となり、政府間では敏感な問題に対しても大胆な提言ができたのではないか。たとえば、日印の原子力協力（二〇〇八年第四回）、防衛装備協力の潜在性

（二〇一〇年第七回）についての言及は、政府間のそれに先んじている。また、各国の参加者がそれぞれの政府とパイプをもっていることから、提言内容が政府に上がりやすいというメリットもあったと考えられる。

〈日米印の海上共同訓練〉

日米印三国協力の始動を誰の目にも明らかにしたものとして、二〇〇七年に行われた二つの海軍共同訓練を見ておこう。四月中旬、日米印三国訓練は房総半島南方沖で行われた。訓練には、海上自衛隊の護衛艦四隻、米海軍駆逐艦二隻、印海軍駆逐艦、ミサイルコルベット、補給艦の計九隻が参加した。本訓練は、通信訓練、近接運動、戦術運動を内容とする簡単なものであったが（海上自衛新聞、二〇〇七年四月六日、四月二〇日）、参加した米印両海軍艦艇は、直前にフィリピン海で、対潜水艦戦、防空、船舶臨検などを含む二国間訓練「マラバール」を行っている。マラバールは、これまでインドの西岸で行われてきたが、通算九回目となるこの訓練は、初めてマラッカ海峡を越えて沖縄沖フィリピン海で行われたこと、またマラバールとは別訓練であるが、連続して行われた訓練に海上自衛隊が参加したことから、中国に対するメッセージ性として、際立った特徴がある（U.S. Navy, 7th Fleet 2007a）。

続いて二〇〇七年九月、この年二回目となるマラバールがベンガル湾で行われ、日本、シンガポール、オーストラリアが招待されて、五カ国訓練となった。米海軍からは空母二隻を含む九隻、インド海軍からは空母を含む七隻など、五カ国の要員二万人が参加する大規模な訓練となり、海上自衛隊も護衛艦二隻を参加させた（U.S. Navy, 7th Fleet 2007b）。対抗戦方式での訓練も行われ、日本が米海軍以外と行った訓練としては、相当高度なものであった（Ministry of Defence 2007）。

インド海軍が米海軍主体の多国間訓練に大きな抵抗を見せずに参加した背景には、二つの理由が考えられる。第一に、インドの海軍ドクトリンにおいて海軍の「外交的役割」が積極的に位置づけられたことである。二〇〇四年のドクトリンでは、「外交的役割」として、(1) 外交のツールとして海軍外交を行う、(2) インド洋地域（ＩＯＲ）における信頼の獲得、事態対処及び要請を受けての支援、(3) 国連ＰＫＯへの貢献、(4) 多国間の海軍との相互運用性、が挙げられている〔Ministry of Defence, Integrated Headquarters (Navy) 2004: 102〕。インド海軍が九〇年代に行った二国間共同訓練は、二〇カ国との間で合計三八件にすぎず、年次化されているのはシンガポールだけであった〔Roy-Chaudhury 2000: 178〕。しかし、二〇〇〇年代に入ると、アメリカのほかに、フランス（二〇〇一年―）、ロシア（二〇〇三年―）、イギリス（二〇〇四年―）との間で、次々と二国間共同訓練が定期化され、年次ないしは隔年開催となっていった。

第二に、海軍の中国認識である。二〇〇四年のドクトリンはすでに、「地域における中国の影響の増大」は、「西の隣国の敵対的態度」と合わせ鑑みたとき、戦略的バランスへのネガティブな潜在要因となりうるとしている。また中国を含む「域外海軍」の「介入コストを高めるために敷居値の能力が必要」としている〔Ministry of Defence, Integrated Headquarters (Navy), 2004: 54, 61〕。二〇〇七年の『海洋軍事戦略』の中では、対応すべき問題の一つとしてではなく、中国そのものへの懸念がさらに強く打ち出されている。「大多数の」域外国海軍との間で、「原理主義・テロとの闘い、海上交通路の安全」など共通利益を有すると述べ、中国海軍とは共通利益が存在しないことを示唆した後、中国海軍は「野心的な」近代化計画や「インド洋地域に戦略的足がかりを獲得しようとする企図」を有すると評価している〔Ministry of Defence, Integrated Headquarters (Navy) 2007: 41〕。対中関係の停滞が政治レベルで表れるのは、二〇〇八年のアルナーチャル・プラデーシュ州をめぐる中国の主権主張以降であるから、海軍の中国認識は、政府よりも早く警戒に傾いていたといえる。海軍出身の戦略研究者グルプリート・クラナは、日米印豪星五カ国訓練について、その訓練海域の設定からして、アンダマン海からマラッカ海峡にかけてのシーレーンを意識したものであったと述べる。そして、これを日米印三カ国訓練と合わせて見たとき、「対中抑止」効果は明らかだとしている〔Khurana 2007b〕。

一方で、二〇〇七年の二つの多国間訓練参加に際して、インドは中国、ロシアに配慮を見せている。四月のマラバールには、駆逐艦三隻、ミサイル・コルベット一隻、補給艦一隻の計五隻が米印二国間訓練に参加した後、駆逐艦二隻が青島に向かった。そして、残りの三隻が日米印三カ国訓練に参加したのと同じ日、青島に入港しているのである〔*The Hindu*, April 17, 2007〕。また、その後五隻の艦艇は、ウラジオストクに向かいロシアとの共同訓練ＩＮＤＲＡ《インドラ》を行った〔Ministry of Defence 2008: 33〕。九月の五カ国訓練に際しては、中国からの抗議を受けて、艦上で行う予定であった五カ国指揮官による共同記者会見にインドは参加を見合わせている〔U.S. Navy 2007〕。またその後、Ａ・Ｋ・アントニー国防大臣は、「同様の訓練を行わない」と述べ、三カ国訓練の機運は後退した〔*Thaindian News*, September 24, 2008〕。このように政府と海軍との間には、中国認識での温度差が見られた。

〈セカンド・トラックとファースト・トラック――二〇〇七年以降への布石〉

先に述べたセカンド・トラックと、政府レベルでの三カ国協力関係の進展の絡み合いを見ておこう。議題設定から見ると、日米印戦略対話が開催された当初における、三者のプライオリティは、必ずしも一致していなかったように見える。アメリカにとっては、「東アジア・サミット」に代わる、アメリカが主導する有志連合を段階的に開放した枠組みを作ること、日本とインドにその中核としてより積極的な軍事的役割を担わせること、が重要であった。インドにとっては、米印原子力協力の枠組みに日本も巻き込むこと、すなわちインドの原子力のステータスを認め、原子力、先進技術供与の制限を緩和するように導くこと、が重要であった。日本にとっては、日米同盟再編のなかで、求められる世界における「役割分担」を共に分かち合う地域の「パートナー」としてインドとの相互理解が重要であったが、それと並びアメリカを東アジアにつなぎ留めること、が望まれた。

継続的な対話プロセスのなかで、いくつかの課題に関しては次第に収れんが見られ、政策サイドに橋渡しされていることが見てとれる。回を追うごとに、参加者の態度が変化していることが、会議のステートメントの記述からうかがえる。たとえば非常にそっけない地域安全保障枠組みへの言及（二〇〇八年第四回）から、「今後ともアメリカと同盟国によるハブとスポークにもっぱら依拠」するが、ＡＳＥＡＮなどを含む多国間の協力体制は、同盟に対し「競合関係に立つのではなく、相補的となりうる」という記述に変化しており（二〇一〇年第九回）、多国間協力枠組みに対するアメリカの柔軟化を示している。副次的ではあるが、アメリカを日印側――「東アジア・サミット」側に引き寄せる効果も、セカンド・トラック対話はもったと推察される。実際、二〇一〇年、アメリカは東アジア・サミットへの参加を決定している。しかし、主たる効果は、「ハブ・スポーク」にインドを引き寄せたという点であり、対中国認識の共通化と将来のバランシングへの準備が整えられたことである。二〇一〇年の第九回会議では、「すべての参加者が近来一年間における中国の攻勢的外交・軍事姿勢に懸念を抱いていた点で従来との違いをなした」と述べられており（戦略国際問題研究所他 二〇一〇）、この頃にインドが対中国懸念を背景に日米印三カ国協力へと舵を切ったことがうかがえる。

ファースト・トラックとの関係では、日米豪印という当初の提言は実現されなかったものの、「安全保障協力に関する共同宣言」が日豪間（二〇〇七）、日印間（二〇〇八）、印豪間（二〇〇九）にそれぞれ署名され、日米同盟、米豪同盟、印米戦略的パートナーシップの周囲にウェブ状にはりめぐらされた。いずれも紆余曲折が予想されるものの、日豪の潜水艦協力、日印の（救難航空艇）US-2協力に関する協議は、こうした取り組みの延長線上に可能となったのである。二〇〇〇年代のソフト・バランシング（制度的バランシング）が、二〇一〇年代によりハードなバランシングに進展する下地がこうして構築された。

四　熟議のパートナーシップ

本章では、九・一一とイラク戦争が日本とインドにもたらしたインパクトを追いながら、日印両国がグローバルな秩序の受動的追随者ないしは異議申し立て者から、能動的な秩序構築者へと変貌していこうとする過程を検討した。

アメリカの単独行動主義と多国間協調との間で揺れ動き、また秩序維持のための軍事力の活用の是非を議論しながら、外交・安全保障政策を大きく転換させた日本とインドは、その共通の経験の上に、「グローバルな」役割を共に模索するパートナーシップを進めてきたといえる。しかし、秩序の主導者たるアメリカがアフガニスタンとイラクに軍事的外交的資源を集中させている間に、アジアにおいては中国の影響力が拡大した。アジアの地域秩序構築をめぐって印中間、日中間の競合が生じるなかで、日印が「東アジア・サミット」の創設に積極的にかかわったことは、日本とインドが「民主主義的価値」を共有する「アジアの責任ある主要国」として、「地域」においてもパートナーとして協働していく契機となった。そこには、中国による単独行動主義的なルール作りを牽制する意図と同時に、アメリカを東アジア共同体構想につなぎとめておこうという意図が働いていた。この意味で、日印の「グローバル・パートナーシップ」に「戦略的方向性」が付与されることと「地域協力」が志向されることが同時進行したのである。そして、二〇〇〇年代半ば以降、中国がより主権主張を強めるに従い、日印パートナーシップは、アメリカの同盟国・パートナー国としての連携という要素も合わせもつようになる。そして、第6章にもあるとおり二〇一〇年代には、海洋における日米印協力がハードな対中国バランシングを意味するようになっていく。日米印三カ国協力がアジアにおける海洋秩序維持の機能を有する可能性に注目が集まっているが、本章が扱った九・一一とイラク戦争に対する日本とインドの選択に見られるように、両国がもつ「多元主義的な思考〔Sidhu, Mehta and Jones 2013: 17-18〕」や軍事力の活用に対する慎重な姿勢の上に、日印パートナーシップが築かれていることも忘れてはならない。

〈補記〉本章で示された見解は筆者個人によるものであり、所属組織の見解ではない。

第8章　インド進出日系企業からみた日印経済関係

佐藤隆広

一　インド経済の躍進とインドに進出する日系企業

近年、日本企業のインド進出が目覚ましい。在インド日本国大使館とジェトロが作成した資料「インド進出日系企業リスト」によれば、二〇〇八年でのインド進出日系企業の企業数とその拠点数はそれぞれ五五〇社、八三八拠点であったのが、二〇一五年には一二二九社、四四一七拠点にまで増加している。この七年間で、企業数でみて六七九社の日系企業が新規にインドに進出し、三五七九もの数の拠点を新設している。国際協力銀行の調査「わが国の海外事業展開に関する調査報告」によれば、インドは、インドネシアや中国を押しのけて二〇一四年と二〇一五年の二年連続、日本企業からは最も有望な事業展開先国としてみなされている。

実際、インドは、二〇一五年には景気後退にある中国を抜いて、主要国では経済成長率が最も高い国になった。IMF（国際通貨基金）の統計によれば、中国が六・九％に対して、インドは七・六％だ。IMFの予測によれば、その後、インドの成長率は七％台半ばから後半を推移し、二〇二一年まで一貫して中国のそれを上回る〔IMF 2016〕。一九八〇年以降、中国とインドの経済成長率の逆転現象は天安門事件直後の三年間を除くと史上初めてである。

そこで、第2章（日印経済関係全体）と第3章（一九九〇年代）の検討をふまえ、本章は、インドを最も有望な国として見なすようになった日本企業によるインド進出に注目して、日印経済関係を考察することを目的とする。本章の構成は以下のとおりである。第二節で、二〇〇〇年代以降の日印経済関係の歴史的展開を概観したあと、第三節では、日本からインドへの対外直接投資の推移と特徴をマクロ的な視点で明らかにする。第四節では、二〇一三年末から二〇一四年初めにかけて筆者が実施したインド進出日系企業に対するアンケート調査を利用して、日系企業の現況とそれが抱えている諸問題を検討する。第五節では、対外直接投資の成功例としてマルチ・スズキを、失敗例として第一三共を取り上げ、日系企業によるインドでの事業活動の一端を紹介したい。第六節では、本章の内容をとりまとめる。

二　二〇〇〇年代における日印経済関係

二〇〇〇年代以降の日印経済関係を考察するためには、まずなによりも、日本の政府開発援助（ODA）の推移に注目する必要がある。表1は、交換公文ベースの（両国政府が合意した）ODAの推移を示している。ここから、以下の諸点を指摘しておきたい。第一に、日本のインドに対するODAは有償資金協力である円借款に偏っている。第二に、例外的な期間を除けば、日本政府は毎年一〇〇〇億円以上ものODAを行っている。また、二〇〇七年以降においては、例外年はあるものの援助額が二〇〇〇億円を超える水準にまで達している。第三に、一九九八年五月に、インドが国際社会の強い抗議にもかかわらず核実験を強行すると、日本は新規の円借款と無償援助の停止を含む経済措置を発動した。一九九八年から二〇〇一年にかけてODAが減少しているのは、日本によるインドに対する経済措置が原因である。実際、一九九九年の円借款はゼロとなっている。

表2は、実績ベースでみたODAの推移である。表1と見比べると、交換公文ベースとは異なる値になっているこ

とがわかる。たとえば、二〇〇四年や二〇〇六年では政府貸付などがマイナスになっており、これはインドによる日本に対する円借款の返済が新規借款による援助受取額を上回っていることを反映している。また、二〇〇四年から二〇〇七年までODA供与額が減少しているが、これは一九九八年から二〇〇一年まで継続した経済措置を反映している。経済措置は実行中のODA案件ではなく新規案件を凍結したので、数年のラグをもってODAの供与実績額の減少に帰結している。しかしながら、交換公文ベースと同様、二〇〇八年以降にODA供与額が著しい増加を示していることがわかる。

一九五七年に、日本が最初の円借款をインドに供与することを決定して以来、円借款が日本のインドへのODAの中心となっている。日本がインドに対して経済措置を行った例外的な期間を除けば、交換公文ベースでみる限り、インドにとって日本は最大の援助供与国である。

さて、一九九八年のインドによる核実験によって悪化した日印関係を修復するために、二〇〇〇年八月、森喜朗首相がインドを訪問した。日本の首相としては一九九〇年の海部俊樹首相の訪印以来一〇年ぶりとなった。森首相は、ヴァジパイ首相と「二一世紀における日印グローバル・パートナーシップ」の構築に合

表１　日本の対印政府開発援助（ODA）
（交換公文ベース，単位：億円）

年度	有償資金協力	無償資金協力	技術協力
1957-1990（累計）	11518	489	81
1991	1066	21	11
1992	1119	43	11
1993	1196	42	10
1994	1258	34	12
1995	1288	36	11
1996	1327	34	11
1997	1327	35	13
1998	115	4	10
1999	0	13	10
2000	189	18	9
2001	657	14	10
2002	1112	9	10
2003	1250	17	10
2004	1345	30	10
2005	1555	21	8
2006	1849	6	13
2007	2251	4	12
2008	2360	4	12
2009	2181	5	19
2010	480	12	17
2011	2898	3	27
2012	3531	1	25
2013	3651	17	35
2014	1186	2	38

注）外務省『政府開発援助（ODA）国別データブック』.

表 2　日本の対印政府開発援助（ODA）（実績ベース，単位：100 万ドル）

年度	無償資金協力 ①	技術協力 ②	贈与計③ (①+②)	政府貸付等 ④	政府開発援助計（ODA）(③+④)
1969-1990（累計）	246.41	82.98	329.37	1483.18	1812.54
1991	25.79	13.17	38.96	852.09	891.05
1992	23.94	16.62	40.55	384.64	425.20
1993	31.03	17.73	48.76	247.18	295.94
1994	34.64	23.61	58.24	828.28	886.53
1995	37.41	25.39	62.80	443.62	506.42
1996	35.18	21.83	57.01	522.26	579.26
1997	31.84	23.26	55.10	436.70	491.80
1998	23.10	20.51	43.62	461.33	504.95
1999	14.57	22.48	37.05	596.97	634.02
2000	3.47	21.38	24.85	343.31	368.16
2001	5.32	18.03	23.34	505.52	528.87
2002	3.18	16.15	19.34	474.30	493.64
2003	2.31	18.82	21.13	304.66	325.79
2004	7.73	19.59	27.32	−109.37	−82.05
2005	13.75	17.45	31.20	40.27	71.46
2006	13.18	19.57	37.17	−7.63	29.53
2007	7.52	22.49	31.82	68.07	99.89
2008	3.53	19.80	23.33	576.48	599.81
2009	4.50	27.97	32.47	484.50	517.01
2010	1.68	35.86	37.54	943.60	981.14
2011	5.82	33.68	39.50	762.46	801.96
2012	11.90	45.70	57.60	647.06	704.66
2013	1.87	40.49	42.36	619.99	662.35
2014	1.15	41.35	42.50	662.31	704.81

注）外務省『国際協力政府開発援助 ODA ホームページ：インド』.

意した。インドは、包括的核実験禁止条約（CTBT）発効まで核実験モラトリアムを継続し、核の先制使用はしないことを保証した。これを受けて、森首相は、「シマドリ石炭火力発電所建設計画」と「デリー高速輸送システム建設計画」の円借款案件二件について、追加資金を供与することを表明した。さらに、二〇〇一年一〇月三〇日に、特使として訪印した森前首相はヴァジパイ首相との会談を行った。森前首相は、インドが核実験モラトリアムを維持していることやCTBT早期署名に向けての取り組みを行っていることを評価し、一九九八年五月の核実験以降継続している制裁措置を解除したことを表明した。これ以降、日印関係が正常化し、再強化されることになる。

すなわち、日本政府によるインドへの経済措置の解除こそが、二〇〇〇年代以降の日印経済関係の基盤をつくったのである。実際、二〇〇五年四月の小泉純一郎首相訪印以降は、毎年首脳が交互に相手国を訪問し、首脳会議を行っている（例外は、衆議院解散・総選挙のため、インドのマンモーハン・シン首相の訪日が実現できなかった二〇一二年のみである）。二〇〇六年一二月のシン首相訪日時の「日印戦略的グローバル・パートナーシップに向けた共同声明」と二〇〇七年八月の安部晋三首相訪印時の「新次元における日印戦略的グローバル・パートナーシップのロードマップに関する共同声明」を特記しておきたい。共同声明は、「包括的経済連携協定」（CEPA）交渉の早期妥結と「デリー・ムンバイ間産業大動脈構想」（DMIC）を含む、具体的な日印経済関係の深化を内容とするものであった（外務省 二〇一一a）。

日印CEPAの経緯を確認すると、二〇〇四年一一月に、CEPAを協議する合同研究会設立について日印間で合意がなされた。二〇〇七年一月以降、一四回にわたって正式交渉がなされた。懸案となっていた製薬分野で歩み寄りが見られ、二〇一〇年一〇月二五日、菅直人首相とマンモーハン・シン首相はCEPA交渉が完了したことに合意した。CEPAは、二〇一一年二月一六日に前原誠司外務大臣とアーナンド・シャルマ商工大臣が署名し、六月三〇日に公文交換がなされ、同年八月一日から発効した（外務省 二〇一一a）。

両国にとって、これまで締結に合意した地域貿易協定のなかでは、日印CEPAは相手国の経済規模が最大である。二〇〇六年の貿易実績で測って、インドからの輸入総額の九七％、インドへの輸出総額の九〇％、両国間の貿易総額の九四％に対して、関税引き下げとその撤廃がなされる。日本側では、貿易品目数でみて、全九〇四二品目のうち、関税を即時撤廃するものが七一四三品目、段階的に撤廃するものが七〇八品目、関税撤廃の例外となるものが一一九一品目になる。インド側では、貿易品目でみて、全一一二九〇品目のうち、即時撤廃するものが二〇四七品目、段階的に撤廃するものが七六七五品目、関税撤廃の例外となるものが一五四〇品目になる〔外務省 二〇一一a〕。

進出日系企業に注目して日印経済関係を考察することを目的とする本章は、日印CEPAにおける投資関係の取り決めについて、アンブレラ条項が明記されていることを特記したい。アンブレラ条項は、投資活動に関して政府が行った約束の遵守義務を課すものである。この条項の存在によって、政府が約束違反した場合、協定違反にもとづく国際仲裁に訴えることが可能となる〔外務省 二〇一一b〕。アンブレラ条項は、日本企業によるインドへの直接投資をバックアップし、日系企業のインドでの事業活動をより活発化させるものだ。

また、日印CEPAの枠組みのもと、ビジネス環境の整備に関する小委員会が設置され、日本側はインドでのビジネス環境の整備に関する諸課題の解決につきインド側と定期的に協議することが可能となった。実際、小委員会の懸案のひとつであった日印社会保障協定が二〇一六年一〇月から発効し、インドに駐在している企業関係者の社会保険料の二重支払い問題に決着をつけることができた〔厚生労働省 二〇一六〕。

以上、解説してきた日印CEPAに加えて、近年の日本のインドへのODAで注目に値する事業である「デリー・ムンバイ間産業大動脈構想」（DMIC）も簡単に紹介したい（より詳しくは本書第9章を参照されたい）。DMICは、デリーとムンバイの間に貨物専用鉄道を敷設しそれを産業物流の「背骨」に見立て、その周辺に、工業団地・物流基地・発電所・道路・港湾・住宅施設・商業施設などのインフラストラクチャーを民間投資主体で整備するという野心的な円借款事業である。このDMICの「背骨」にあたるのが、インド貨物専用鉄道構想（Dedicated Freight Corridor Project: DFC）である。DFCは、約一五〇〇キロメートルの距離があるデリー—ムンバイ間に貨物コンテナ専用の鉄道新線を敷設し、大容量かつ高速の物流を可能とする事業である。DFCは、インドに対しては初めて本邦技術活用条件（Special Terms for Economic Partnership: STEP）の適用を受け、タイド（紐つき）円借款による支援がなされる。DFCは、最終的には日本の総合商社である双日株式会社が入札に成功し、二〇一六年時点でその受注額は二七〇〇億円に達している。双日のインド側のパートナーは、インド・エンジニアリング最大手のＬ＆Ｔである〔双日株式会社 二〇一六〕。

大規模で総合的なインフラ開発を企図するＤＭＩＣは、インドの経済発展に貢献するだけではなく、デリー・ムンバイを結ぶ地域における日系企業にとっても大きなメリットがある。ＤＭＩＣに対する円借款供与総額は、単一事業に対する供与額としては過去最大規模になり、事業化が成功すれば雇用が七年で二倍、工業生産量が九年で三倍、輸出量が九年で四倍になると予想されている〔経済産業省アジア大洋州課 二〇一〇〕。

また、最近年になって、南インドへの自動車関連企業をはじめとする日系企業の進出が目覚ましい。こうした背景のもと、「南部半島地域産業開発回廊」（Peninsular Region Industrial Development Corridor: PRIDE）という新しい野心的なインフラ開発事業が構想された。これは、ムンバイとチェンナイ間の地域のインフラストラクチャーを整備し、さらにチェンナイとバンガロールを結ぶ高速道路と専用貨物鉄道の整備を企図するものである。ＰＲＩＤＥは、ＤＭＩＣを南インドのインフラ開発に接合するものである〔経済産業省 二〇一〇〕。このＰＲＩＤＥは、その後、焦点をチェンナイとバンガロールに絞って、アーンドラ・プラデーシュ州、カルナータカ州とタミル・ナードゥ州をカバーするチェンナイ・バンガロール産業開発回廊（Chennai Bengaluru Industrial Corridor: CBIC）として具体化され、近い将来に本格的に事業が実施される予定である。

二〇一四年八月末から九月にかけて日本を訪問したナレンドラ・モディ首相と安倍晋三首相は、日印の戦略的グローバル・パートナーシップを「特別」なものに昇格させることに合意し、内外に日印経済関係の強化をアピールした。とりわけ、安倍首相は、日本の対インド直接投資額とインド進出日系企業数を二〇一九年までに倍増させ、今後五年間で、ＯＤＡを含む対インドへの投融資額を三・五兆円にまでに高めることを約束した〔外務省 二〇一六〕。実際、二〇一六年一一月には、モディ首相が訪日した際、「特別」な関係を背景として、日印両国はムンバイ・アーマダーバード間の高速輸送鉄道計画に日本の新幹線方式を採用し、二〇一八年に新幹線敷設に着工し、二〇二三年に完成するという計画に合意した。さらに、モディ首相と安倍首相の両首脳は、長年の懸案事項であった日印原子力協定に署名を行った〔外務省 二〇一六〕。新幹線輸出ではJR東日本や川崎重工業、原子力発電所の建設では東芝、日立製作所や三菱重工などの日本企業が深く関わることが予想される。

以上のように、インドビジネス環境に関わる日印CEPAの実施やインド経済のインフラストラクチャーの向上を図るこうした野心的なインフラ開発計画を制度的な前提として、日本企業はインドに進出し、インド国内でさまざまな事業活動に従事している。次節では、マクロ的な視点から、インド進出日系企業の状況を明らかにしたい。

三　インド進出日系企業の長期動向

本節では、日本からインドへの対外直接投資を検討してみたい。表3は、国際収支統計からみた日本からインドへの対外直接投資のフロー額である。

表3をみると、直接投資は一九九〇年代半ばに増加したあと、一九九〇年代末から二〇〇〇年代前半に大きく落ち込む。これは先に解説したように、日本政府によるインドに対する経済措置を背景としている。その後、とりわけ二〇〇七年から急激に直接投資が増加する。二〇〇六年にはわずか五億ドルだったのが二〇〇八年ピーク時点でその一〇倍以上の五六億ドルにまで増加している。二〇〇八年には、第一三共がインド製薬最大手ランバクシー・ラボラトリーズを二〇〇〇億ルピー（約四六億ドル）で買収しているが、この史上最大の買収がこの外れ値を説明する。リーマン・ショック後の二〇一〇年時点で見ても、三〇億ドル弱になっている。すなわち、日本からインドへの直接投資は着実に実行されている。このことは、日本の直接投資全体に占めるインド向けのシェアでみてもあきらかである。

二〇〇六年に一%だった水準がその後上昇して、二〇一〇年で五%にまで増加している。二〇一一年から二〇一四年にかけて、インド経済はインフレーションと景気後退というスタグフレーションという深刻な経済危機に直面していたが、それでも日本の対インド直接投資は二〇億ドル台で推移している。直近の二〇一五年の直接投資はマイナス一七億ドルとなっているが、これは、第一三共のランバクシー売却にともなうインドからの投資の引き上げが計上されていることが原因であると推察される（第一三共のランバクシー買収と売却については第五節で簡単に紹介する）。

表4は、インド側の統計でみた直接投資上位一〇カ国を示している。モーリシャスが第一位であるのは、インドとの二国間租税条約で税制上の優遇がなされており、多くの多国籍企業がモーリシャス経由でインドに投資を行っていることを反映している。日本からの直接投資は、二〇〇〇年以降の累積ベースでみて四位にランクされている（表3で示した直接投資統計と数値が必ずしも一致しないが、直接投資は実行額と承認額、さらにはその流入形態別で数値に異同がある）。

表5は、二〇〇〇年以降の日本の直接投資の産業別内訳である。二五%が医薬品・製薬であり第一三共のランバクシー・ラボラトリーズ買収が大きく貢献している。一八%が自動車であるが、マーケットシェア第一位であるマルチ・スズキを筆頭にホンダ・日産・トヨタなどの主要自動車メーカーがすでに進出しており、インド国内の乗用車市場で鎬を削っている。組立メーカーにあわせて、最近年では自動車部品

表3　日本からインドに対する外国直接投資（単位：億ドル）

年度	インド	全世界	シェア（%）
1965-1990（累計）	—	—	—
1991	—	307.3	—
1992	—	172.2	—
1993	—	137.1	—
1994	—	179.4	—
1995	—	226.5	—
1996	2.6	234.4	1.1
1997	4.9	260.6	1.9
1998	4.6	246.3	1.9
1999	2.6	222.7	1.2
2000	1.7	315.3	0.6
2001	1.5	385.0	0.4
2002	1.5	320.4	0.5
2003	1.2	287.7	0.4
2004	1.4	309.6	0.4
2005	2.7	454.6	0.6
2006	5.1	501.6	1.0
2007	15.1	734.8	2.0
2008	55.5	1308.0	4.2
2009	36.6	746.5	4.9
2010	28.6	572.2	5.0
2011	23.3	1088.1	2.1
2012	28.0	1223.6	2.3
2013	21.6	1350.5	1.6
2014	22.1	1363.5	1.6
2015	−17.1	1307.5	−1.3

注）ジェトロ『直接投資統計』.

表4　外国直接投資上位10カ国（株式フロー，単位：億ドル）

順位	国	2009	2010	2011	2012	2013	2014	2015（年）	累計*	シェア（%）
1	モーリシャス	104	70	99	95	49	90	84	959	33
2	シンガポール	24	17	53	23	60	67	137	459	16
3	イギリス	7	8	93	11	32	14	9	231	8
4	日本	12	16	30	22	17	21	26	210	7
5	アメリカ	19	12	11	6	8	18	42	179	6
6	オランダ	9	12	14	19	23	34	26	173	6
7	ドイツ	6	2	16	9	10	11	10	86	3
8	キプロス	16	9	16	5	6	6	5	86	3
9	フランス	3	7	7	6	3	6	6	51	2
10	アラブ首長国連邦	6	3	4	2	3	4	10	40	1
	合計	258	194	365	224	243	309	400	2886	100

注）＊2000年4月—2016年3月．
Ministry of Commerce and Industry, *Fact Sheet on Foreign Direct Investment (FDI)*, 2016.

表5　日本の産業別直接投資（単位：億ドル）

順位	産業部門	FDI株式インフロー	シェア（%）
1	医薬品・製薬	44.0	24.8
2	自動車	31.2	17.5
3	サービス部門	24.7	13.9
4	冶金産業	14.6	8.2
5	電気機器	10.0	5.6
	合計	124.4	70.0

注）2000年4月—2014年12月累計，Ministry of Commerce and Industry, *FDI Synopsis on Country Japan (as on 31. 12. 2014)*, 2014.

メーカーの進出も増加している。こうした日系自動車企業によるインド国内生産の本格化が、日本のインドへの直接投資を牽引している。第一三共がランバクシーを売却したことによって、二〇一五年以降の統計が公表されれば自動車が日本からの直接投資の第一位の産業になることが予想される。第三位以下は、サービス部門、冶金産業、電機機器となっている。

表6は、外国技術移転の件数と国別シェアを示している。インドへの技術移転の面では、日本は、一九九一年八月から二〇一〇年一月の累計で八八〇件、シェアでみて一一%となっており、アメリカ、ドイツに次ぎ第三位である。二〇一〇年以降については、全数調査ではないので正確な数値ではないが、インド準備銀行（RBI）による外資提携に関する調査によれば、日本は調査された技術提携八六二件のうち二〇八件を締結しており、全体の割合でみて二四%に達しており、第一位となっている。日本は、インドへの外国技術移転の中核国といってよいであろう。

表6　外国技術移転

1991—2010年累計			2010—2013年累計		
国	技術提携件数	シェア（%）	国	技術提携件数	シェア（%）
アメリカ	1841	23	日本	208	24
ドイツ	1116	14	アメリカ	135	16
日本	880	11	ドイツ	108	13
イギリス	876	11	イギリス	48	6
イタリア	489	6	シンガポール	30	3
			イタリア	39	5
			モーリシャス	14	2
			韓国	33	4
			スイス	33	4
			フランス	40	5
その他	2904	36	その他	174	20
合計	8106	100	合計	862	100

注） Ministry of Commerce and Industry, *Fact Sheet on Foreign Direct Investment (FDI)*, 2010, Reserve Bank of India, *Survey on Foreign Collaboration in Indian Industry: 2010-2012*, and Reserve Bank of India, *Survey on Foreign Collaboration in Indian Industry: 2011-2013.*

それでは、どのような日本企業が二〇〇〇年代以降にインドに進出しているのであろうか。インド商工省は、二〇〇〇年四月—二〇一四年二月までの期間で直接投資上位の日本企業をリスト化しているが、それによればつぎのようになっている〔Ministry of Commerce and Industry 2014〕。第一位は第一三共（ランバクシーラボラトリーズ）、第二位はJFEスチール（JSWスチール）、第三位は日本生命（リライアンス生命保険）、第四位は日産自動車（ルノー・日産自動車）、第五位は松下電工（アンカー電機）、第六位は三井住友銀行（コタック・マヒンドラ銀行）、第七位はホンダ技研（ホンダカー）、第八位は日立建機（タタ日立）、第九位はスズキ自動車（マルチ・スズキ）、第一〇位は三井住友海上あいおい生命保険（マックス生命保険）、第一一位は大塚製薬（クラリス大塚）、第一二位はヤマハ発動機（インディアヤマハモーターズ）、第一三位は黒崎播磨（タタ・リフラクトリーズ）、第一四位はNTTドコモ（タタ・ドコモ）となっている（括弧内はインド企業名）。第一位の第一三共はすでにランバクシーを売却済みであることはすでに説明したが、このほかに第一四位のNTTドコモもインド事業から実質的に撤退している。NTTドコモはタタとの合弁の解消を決定したが、その後、タタ側との間で撤退をめぐる紛争が生じた。この紛争に

表7　インド在留日本人数の推移
（単位：人）

	永住者数	長期滞在者数	総数
1996	50	1522	1572
2001	106	1853	1959
2011	196	5358	5554
2012	216	6916	7132
2013	230	7653	7883
2014	252	8061	8313
2015	257	8398	8655

注）外務省『海外在留邦人数統計』.

ついて二〇一六年六月にロンドン国際仲裁裁判所でNTTドコモの合弁解消の決定を支持する判決がなされているが、タタ側が判決で提示された損害賠償額である約一三〇〇億円の支払いにいまだに応じていない〔NTTドコモ 二〇一六〕。

表7は、インド在留日本人数の推移を示している。在印日本人は一九九六年の一五〇〇人強から二〇一五年の八六五五人にまで増加している。在印日本人が二〇〇一年から現在まで四倍以上に増加している背景には、日本からインドへの外国直接投資の活発化がある。とりわけ、自動車に直接あるいは間接的に関係する日系企業が多数進出しており、その駐在員とその家族がインドに居住することになった。

四　インド進出日系企業の現況

本節では、まず、インド進出日系企業の現況について、経済産業省「海外事業活動基本調査」（以下、「海事統計」と略称する）を利用して、一九九七年から二〇一四年までのインド進出日系企業の企業数、売上高と従業員数の三つの推移を確認する。「海事統計」は、統計法のもと、毎年三月末時点で海外に現地法人を有する日本企業に対して実施される調査である。ただし、調査対象の日本の本社企業から、金融・保険業と不動産業は除外されている。また、「海事統計」における海外現地法人は、海外子会社と海外孫会社から構成されている。海外子会社とは、日本側出資比率が一〇％以上の外国法人、海外孫会社とは、日本側出資比率が五〇％超の海外子会社が五〇％超の出資を行っている外国法人のことである。二〇一四年調査では、調査対象企業九四四四社に対して回答が回収できた企業は六五七四社で、回収率は六九・六％であった。

本章の第一節で引用した在インド日本大使館とジェトロの資料によれば、二〇一四年日系企業数は一一五六社であるのに対して、「海事統計」ではわずか四九五社しかカバーできていない。インドに進出している企業数の半分も「海事統計」は補足できていないという限界をもっているが、それにもかかわらず、ほかの統計では入手ができない売上高や従業員数などの情報が手に入ることはこの統計の長所である。また、①「海事統計」で補足されていない企業は日本に本社をもっておらずインドのみで起業しているケースが多いことが予想されること、②統計法のもとで実施される調査にあえて回答しない本社企業はおそらく大企業に少なく中小企業に多いことが推測されること、などをあわせて考えると、売上高や従業員などで計られるインド進出日系企業の規模について企業数ほどには現実と「海事統計」とのギャップは大きくないと考えられる（あとでもう一度、この点について言及する）。

さて、以上をふまえたうえで、表8から以下の諸点を指摘しておきたい。第一に、「海事統計」からも、インドに進出する日系企業の数が順調に増加していることがわかる。二〇〇八年から二〇一四年にかけて企業数は倍増しており、これは在インド日本大使館とジェトロの資料の五五〇社から一一五六社への増加とほぼ同じトレンドである。第二に、売上高は二〇〇八年のリーマン・ショックによって大きな落ち込みをみせるものの、二〇一一年には二〇〇七年の水準にまで回復し、その後、順調に売上高を拡大させていることがわかる。二〇一四年には売上高は三・九兆円にまで増加している。第三に、従業員数は売上高が大きな減少をみせる二〇〇八年において微増し、その後、順調に増加している。二〇一四年には二〇万人の大台を突破している。

表8　インド進出日系企業数，売上高・従業員数

	企業数	売上高	従業員数
1997	94	583013	53943
1998	98	508268	51527
1999	109	629490	54262
2000	121	528761	65064
2001	109	630341	—
2002	118	708146	48204
2003	122	999590	58337
2004	131	1083304	62091
2005	126	1400677	62874
2006	151	1922212	68943
2007	174	2337211	74293
2008	219	1876270	77455
2009	236	2164394	98945
2010	267	2204572	125429
2011	333	2315448	149658
2012	410	2563124	179887
2013	470	3109401	183246
2014	495	3871141	202307

注）金融・保険業と不動産業を除く．売上高の単位は100万円である．経済産業省『海外事業活動基本調査』．

インド製造業のフォーマル部門全体の雇用規模が五〇〇万人程度であるので、進出日系企業が創出した雇用規模は決して無視できない大きさである。

「海事統計」で判明したインド進出日系企業の概況を前提にしたうえで、つぎに、筆者が二〇一三年一二月末から二〇一四年二月にかけて実施したインド進出日系企業へのアンケート調査を利用して、さらに詳しくインド進出日系企業の現況とそれが抱える諸問題を考察したい。本アンケートの学術上の特徴は、①日系企業の母集団リストに企業基本情報を付加し、それにもとづいて日系企業の状況を分析していること、②母集団リストを用いてアンケート調査を実施し、アンケート回答企業と非回答企業の属性の違いもふまえて一一三社の事業活動の実態を分析していること、の二点である。アンケート調査にあたっては、つぎのような手続きをとった。

(1) 二〇一二年一〇月時点の在インド日本大使館・ジェトロ『インド進出日系企業リスト』収録企業九二六社を母集団リスト作成のためのベンチマークとした（二〇一三年のリストは調査開始直後の二〇一四年一月に公開されたので、今回は利用できなかった）。企業（会社）が日系企業かどうかを容易に識別できるインド政府による公的統計は存在しない（存在するが、公開されておらず、データの入手が極めて困難である）。したがって、ベンチマークとして日本大使館・ジェトロによる日系企業リストを利用せざるをえない。そこでの日系企業の定義は、①日本人あるいは日本企業が経営参加を目的に一〇％以上株を所有していること、あるいは②日本人によって設立された企業であること、の二つが重要である。このリストに含まれない企業も独自の情報で追加して、合計九六九社のマスターファイルを作成した。さらに、この九六九社リストは同一企業の重複を多く含むものであり、重複分を削除すると、最終的に六二〇社のユニークな企業リストを得ることができた。これが、本報告でいう「母集団リスト」である。

(2) 六二〇社全てについて、アンケート調査の回答を依頼した（全数調査、調査期間は二〇一三年一二月末から二〇一四年二月初旬まで）。最終的には匿名で回答した企業も含めて一一三社から回答を得た（うち、匿名でアンケート調査に回

表９　インド進出日系企業の企業数と資本金

	非回答	回答	総計	回答/総計
企業数	512	108	620	17%
企業省登録法人数	432	92	524	18%
資本金（億ルピー）	5763	637	6400	10%
平均資本金（億ルピー）	13.34	6.92	12.21	57%

答した企業は五社である）。調査はインド現地法人CloudLancer India Pvt. Ltd. に委託した。

(3) 六二〇社全てについて、インド会社省（Ministry of Corporate Affairs）の企業情報検索サイトＭＣＡ21で、会社の英語名で検索を行い、企業基本情報を得た（企業（会社）は、会社省に登記する必要がある。登記後に割り当てられる企業識別番号があれば、会社法のホームページから容易に基本企業情報を入手することができる）。その結果、五二四社の企業基本情報を「母集団リスト」に追加した。

さて、二〇一二年には九二六社のインド進出日系企業が日本大使館とジェトロのリストには存在しているが、本研究による精査によればユニークな企業は六二〇社にすぎない。同年の「海事統計」の四一〇社と比較すれば、その差は二一〇社である。以上から、「海事統計」の信頼性は、先に議論した以上に高いものと思われる。

表９は、アンケート回答・非回答企業の属性を示したものである。六二〇社中、企業名がわかる回答企業数は一〇八社（回答企業総数は一一三社）であり、回答率は一七％である（匿名企業五社を含めると一九％）。研究者が行うこの種のアンケート調査としては、回答率は高い部類に入ると思われる（一般的には回答率は一〇％程度であると言われている）。会社省の企業登録している企業だけで見ても、回答率は一八％となっている。資本金総額では回答企業は日系企業全体の一〇％を占め、平均資本金額は回答企業が七億ルピー、非回答企業が一三億ルピーとなっている。回答企業の規模は日系企業全体と比較すると、半分程度の大きさで、大企業の回答率が低いことがわかる。回答企業と非回答企業に関する表９と同様のクロス集計表が、表10から表14である。

表10は、産業ごとの回答・非回答企業の違いを示している。回答企業の産業としては、商業・物流の回答率が高く、製造（輸送）すなわち自動車産業の回答率が低いことがわかる。日系企業

表 10　インド進出日系企業の産業
（単位：％）

	非回答	回答	総計
不明	3	1	3
その他サービス	21	19	20
商業・物流	20	28	21
製造（その他）	12	8	11
製造（化学・製薬）	7	10	7
製造（機械）	16	19	16
製造（金属）	3	4	3
製造（輸送）	19	10	18
製造業（食品）	0	0	0
農業	0	0	0
総計	100	100	100

注）四捨五入をしているため，必ずしも合計は100にはならない．以下，同様である．

がインド国内で最も活躍している自動車産業に属している日系企業が、このアンケート調査にあまり回答していないことは、この調査の短所のひとつである。

　インド進出日系企業全体でみると、五六％の企業が製造業部門に属しており、四一％の企業がサービス産業に属している。製造業部門のなかでは、輸送（自動車）が一八％、機械が一六％、その他（エレクトロニクスを含む）が一一％となっている。先に引用した「海事統計」の二〇一二年時点の産業の内訳をみると、日系企業全体四一〇社のうち自動車産業は八三社と企業数こそ必ずしも多くはないが、売上をみると、日系企業全体が二・六兆円に対して自動車は一・七兆円で全体の六六％、従業員数でみると全体一八万人に対して自動車は一一万人で全体の六四％を占める。すなわち、インドにおける日系企業の中軸的存在は自動車産業なのである。

　表11をみると、回答企業の立地は、非回答企業と比べるとデリー・ハリヤーナー州が多く、タミル・ナードゥ州が少ないことがわかる。この点について、①調査を委託したインド現地法人の拠点がハリヤーナー州のグルガオンにあったこと、②筆者が長期間にわたって在外研究していたのがデリーであり、日系企業関係者との交流もデリー首都圏が中心であったこと、がこの立地の違いの背景にある。インド全体で上位五州をみると、デリーに三七％、ハリヤーナー州とタミル・ナードゥ州に一八％、マハーラーシュトラ州に八％、カルナータカ州に四％となっている。インド最大の自動車会社であるマルチ・スズキは一九八三年操業開始とその歴史が古く、日系自動車部品メーカーの立地もマルチ・スズキのグルガオン（ハリヤーナー州）工場周辺に集中していることもあり、日本企業はデリー首都圏に多くが立地していることを特記しておきたい。

以下で示す表12から表14は、会社形態別に回答・非回答企業の違いを示している。そこで、簡単にインドにおける企業（会社）のカテゴリーを整理しておきたい。会社省に登録している企業（会社）は、二種類に大別される。すなわち、インド国内における自由な営利活動が保障される「現地法人」と営業活動に制限がある「非現地法人」である。現地法人については、さらに、公開と非公開会社・所有形態・上場有無・資本金額・会社設立年などの情報がわかる。非現地法人の種類としては、駐在員事務所、支店、プロジェクト・オフィス、有限事業組合がある。

表12をみると、非回答企業と比べると回答企業の会社形態について外国法人の子会社が多く、インド非政府系（民間）会社が少ないことがわかる。調査の質問票は日本語でのみ作成しており、英語版・ヒンディー語版などを作成しなかった。日本企業の子会社の回答が相対に多くなったのは、このこともひとつの原因であると思われる。日系企業全体でみると、五六％が民間企業、二八％が日本企業の子会社、一％がその他の会社形態、非現地法人が一五％となっている。

表11　インド進出日系企業の立地（単位：％）

	非回答	回答	総計
アーンドラ・プラデーシュ	0	1	0
ダマン・ディウ	0	0	0
デリー	35	50	37
グジャラート	0	1	0
ハリヤーナー	17	24	18
ヒマーチャル・プラデーシュ	0	0	0
ジャールカンド	0	0	0
カルナータカ	4	5	4
ケーララ	1	0	0
マハーラーシュトラ	9	5	8
オリッサ	0	0	0
ポンディシェリ	0	0	0
パンジャーブ	1	0	0
ラージャスターン	2	3	2
タミル・ナードゥ	20	7	18
ウッタル・プラデーシュ	1	1	1
西ベンガル	2	2	2
不明	8	2	7
総計	100	100	100

表12　インド進出日系企業の所有形態（単位：％）

	非回答	回答	総計
インド非政府系会社	58	48	56
外国法人の子会社	26	35	28
その他現地法人	1	2	1
非現地法人	16	15	15
総計	100	100	100

表13をみると、回答企業の会社形態としては非回答企業と比べると非公開会社が多く、公開会社が少ない。非公開会社は株式譲渡に制限がある一方、他方で公開会社と比較して会社法のコンプライアンス遵守事項が緩

表13　インド進出日系企業の会社形態（単位：％）

	非回答	回答	総計
非公開会社	67	77	69
公開会社	18	9	16
非現地法人	16	14	15
総計	100	100	100

表14　インド進出日系企業の株式市場への上場

	非回答	回答	総計
上場会社	5	3	5
非上場会社	79	82	80
非現地法人	16	15	15
総計	100	100	100

やかである。この結果は、回答企業が非回答企業と比べて規模が小さいこと（表9）と整合的である。日系企業全体でみると、六九％が非公開会社、一六％が公開会社、残り一五％が非現地法人となっている。

表14をみると、上場企業と非上場企業の構成については、回答企業と非回答企業で大きな差はないことがわかる。日系企業でインドの株式市場に上場している企業はわずか五％程度であることがわかる。

表15は、企業設立年ごとにみた日系企業の企業数と資本金総額である。M＆Aでインド現地企業を買収しているケースや一〇％以上の株式保有でインド現地企業と合弁をしているケースなどがあるので、企業設立年が一九二〇年という独立前から存在している企業も存在していることがわかる。企業数をみると、一九八〇年代前半・一九九〇年代前半・二〇〇〇年代後半以降の三期間で、企業数が急激に増加していることが読み取れるが、とりわけ、二〇〇〇年代後半以降の企業数が群を抜いて大きい。あらためて、日本企業のインド進出ラッシュが二〇〇〇年代以降から開始されていることが再確認できよう。資本金総額をみると、一九八一年と一九九五年に上方への外れ値が見られるが、一九八一年はアンカー電機（パナソニック）とマルチ・スズキ（スズキ）の設立年であり、一九九五年はタタ・テレサービシーズ（NTTドコモ）の設立年であることを付記しておきたい。

さて、つぎにアンケート調査に回答した日系企業一一三社に焦点を絞って、その現況を確認したい。表16は、その雇用実績を集計したものである（会社省の会社データベースMCA21は資本金の情報はあるが、雇用規模などは一切わからない）。平均でみると二一二人で、雇用規模は最小で一人から最大で三〇〇〇人である。日本からの駐在者は平均で五名、最大で九〇人である。現地採用の日本人は平均で一名程度であり、最小で〇人から最大で一〇人である。派遣社

表15 インド進出日系企業の設立年ごとの企業数と資本金

	企業数	資本金（100万ルピー）		企業数	資本金（100万ルピー）
1920	1	600	1992	5	475
1947	1	150	1993	2	2500
1951	1	80	1994	5	6481
1953	1	0	1995	13	171040
1955	1	200	1996	24	12722
1958	1	250	1997	20	29117
1961	1	3000	1998	9	5439
1963	2	1040	1999	8	3806
1968	1	3500	2000	14	20716
1972	3	250	2001	14	29887
1973	1	100	2002	9	23893
1976	2	1000	2003	10	3611
1981	3	69120	2004	9	1682
1982	2	320	2005	28	25897
1983	2	500	2006	48	41971
1984	6	1680	2007	66	56126
1985	8	1351	2008	58	26136
1986	4	3330	2009	40	19749
1987	2	10050	2010	43	13420
1988	3	3330	2011	67	33289
1989	1	600	2012	21	10034
1990	3	46	2013	6	1304
1991	4	185			

員であるが、平均で一三七名も雇用しており、最大で五〇〇〇人である。派遣社員（インドでは請負労働者と呼称される）の規模が大きいことがわかる。

従業員合計が二万三五七九人で、派遣社員合計が一万二二九一人となっている。回答日系企業は全体で三万五八七〇人もの雇用を創出している。表8で、二〇一二年の日系企業全体の雇用規模をみると一八万人となっているので、回答企業は全体の二〇％の雇用を創出していることがわかる。

離職者総数を従業員数で割った値で離職率をみると、その数値は三・五％となる。今回の調査ではブルーカラーとホワイトカラー別での情報を入手しなかったので、この数値から離職率が低いことを額面どおり受け取ることはできない。筆者が参加したほかの調査では、製造業分野のインド進出日系企業におけるブルーカラーの離職率はゼロに近い値であるのに対して、ホワイトカラー（工場の管理職を含む）の場合はその離職率は（地域差や企業差があるが）おおむね一〇％から二〇％程度である（その調査の一部は、〔佐藤編 二〇一七〕で利用されている）。通常、製造を行っている企業の場合、ホワイトカラーに比べてブルーカラーの割合が多くなっている。この離職率三・五％は、そのような事情もふまえて慎重に取り扱うべき数値であることに注意しておきたい。

表16　アンケート回答日系企業の雇用実績

	平均	最小	最大	合計
従業員数	212	1	3000	23579
日本人	5	1	90	580
現地採用日本人	1	0	10	60
派遣社員	137	0	5000	12291
離職者数	9	0	100	811

ここで表としては示さないが、インドへ進出した理由を企業に聞いてみると、第一位の理由は「インドの市場ニーズへの対応が容易」であった。実に、四〇％もの企業がこれを理由に挙げている。第二位は二六％の「インド周辺国への需要が旺盛、今後の拡大が見込まれる」、第三は一三％の「親会社や取引先等にともなって進出」となっている。第一位と第二位をあわせると、六割もの日系企業がインド国内市場のみならず周辺国の市場開拓のためにインドに進出したことになる。これに対して、安価な労働コストや高度人材確保の容易性を理由に挙げた企業はそれぞれ二％程度できわめてマイナーである。第三位は、中小企業が海外進出する場合、よく観察される「随伴立地」という現象である。

調査時点のインド経済は、スタグフレーションに直面しており、さらに通貨ルピーが暴落していた。そのため、インド経済の将来展望が最も悲観的な時期であった。ここで表としては示さないが、アンケート調査では二〇一三年度（調査当年度）と二〇一四年度（調査翌年度）の売上・経常利益・雇用の展望について聞いている。筆者にとって意外なことに、二〇一三年度に「増加する」と回答した企業は売上でみて六四％、経常利益で五六％、従業員で五四％であり、二〇一四年度ではさらにそれぞれ七一％、六六％、五九％とその回答率が高まっていた。実際、インド経済はその後、景気回復を実現しており、「海事統計」をみても売上高や従業員数は増加していることがわかる。

さて、第三節で紹介した日印包括的経済連携協定（CEPA）とデリー・ムンバイ産業大動脈構想（DMIC）に、

表17 アンケート回答日系企業のビジネス環境上の障害
（5段階評価）

	問題ない	すこし問題	問題	かなり問題	極めて深刻	わからない	答えない	回答なし
資金調達	42	21	11	3	3	9	3	8
不動産取得	53	12	6	9	0	9	2	9
許認可	22	20	15	20	8	4	2	9
汚職	27	15	11	12	12	12	2	9
裁判	41	9	11	7	2	18	3	9
犯罪	42	26	9	5	4	3	2	9
関税	15	16	20	22	16	2	1	8
電力	13	26	24	14	11	2	1	9
質の高い労働力	13	27	24	20	5	1	2	8
労働規制	28	32	16	6	3	4	2	9
政治不安	25	32	18	8	3	4	1	9
競合企業の行動	20	28	17	19	5	4	1	6
税務行政	12	23	17	20	14	5	1	8
税率	11	21	23	23	11	2	1	8
物流	9	13	21	26	10	2	2	7
知的財産権	29	24	13	7	4	11	3	9

進出日系企業がどの程度関わっているのだろうか。表にせずに調査結果だけを示せば、日印CEPAの特恵関税制度を利用している企業の割合は一三%、DMICの事業案件に参加している割合は八%にとどまっている。特恵関税制度の利用有無について、「わかりません」と回答している企業が一二%も存在している（DMIC参加有無についてはわずか二%である）が、これは日印CEPAの広報活動にも問題の一端があるのかもしれない（なぜ特恵関税を利用しないのかは、調査では聞いていない）。

本節の最後として、アンケート調査の最大の目的であったインド進出日系企業が直面しているビジネス環境の現況を説明したい。ビジネス環境として「資金調達」「不動産取得」「許認可」「汚職」「裁判」「犯罪」「関税」「電力」「質の高い労働力」「労働規制」「政治不安」「競合企業の行動」「税務行政」「税率」「物流」「知的財産権」の一六項目を取り上げ、それぞれの項目に対して「問題ない」「すこし問題」「問題」「かなり問題」「極めて深刻」の五段階評価で企業に回答を求めた。表17は、それをとりまとめたものである。

表17をみると、「問題ない」と答えた企業の割合が四〇%

を超える項目は、資金調達、不動産取得、裁判と犯罪の四項目となっている。意外なのは、資金調達と不動産取得の面で企業がビジネス上の障害と考えていないことである。これは、インドの金融市場や土地貸借市場が整備されていると解釈するのではなく、資金調達や不動産取得に困難を抱えている企業はそもそもインドに進出しないであろうし、現在、操業できていないと解釈すべきである。そうした問題を克服した企業が調査対象企業になっていることが、こうした回答率になっている原因であると考えられる。また、裁判については一八％もの企業が「わかりません」と回答している。そもそも、訴訟の当事者になるような経験をしていない企業もそれなりに存在していることを示唆している。インドでは長期の駐在経験者なら一度や二度はスリや置き引きなどの窃盗被害に遭っている可能性が高いが〔佐藤 二〇一六〕、事業活動を行ううえではこうした軽犯罪は障害ではない、ということであろう。

許認可をみると、問題ないと回答している企業が二二％であるのに対して、かなり問題と極めて深刻と回答している企業が二八％もいる。政府規制は、やはり日本企業のビジネス障壁になっていると思われる。

汚職の蔓延は、インドのナレンドラ・モディ現政権にとっても重要な問題とみなされているが、日系企業も極めて深刻と回答している企業が一二％も存在している。

問題ないと答える企業の割合が二〇％未満のものを取り上げると、関税（一五％）、電力（一三％）、質の高い労働力（一三％）、税務行政（一二％）、税率（一一％）、物流（九％）となっている。税金関係とインフラストラクチャーに、日系企業はビジネス上の問題を感じていることがわかる。実際、インドは外国企業に対してインド現地企業よりも一〇％ポイント高い法人税を課している。現地企業の基本税率が三〇％に対して外国企業のそれが四〇％となっている。二〇一一年には、税制上の優遇措置がある経済特区（ＳＥＺ）に最低代替税（Minimum Alternate Tax）を突然賦課するということもあった。また、インドのインフラストラクチャーが脆弱であることはよく知られていることであるが、質の高い労働者の確保に多くの企業が苦労していることは意外ではないだろうか。実は、このことは、企業関係者から直接ヒアリングすると、決して意外な回答ではない（この点については、佐藤編〔二〇一七〕を参照されたい）。労働規制、政治不安や知的財産権は、かなり問題あるいは極めて深刻に考えている企業はそれぞれ九％、一一％、一一％とそれほど多くはないが、それなりに問題を感じている企業が一定数以上あることがわかる。

競合企業の行動は、二四％もの企業がかなり問題あるいは極めて深刻に考えていることがわかる。ここでいう問題とは、競合企業による模造品や低品質な類似品との競争を想定している。表にはしないが、インド進出日系企業が考える競合企業の三三％は現地に進出したその他外資系企業、二七％が現地地場企業、二三％が現地日系企業となっている。

それでは、以上一六項目のなかで、日系企業は一体何を最大のビジネス障害と考えているのであろうか。表にはしないが、上位六位までをみると、第一位は質の高い労働力の確保（一八％）、第二位は税務行政（一三％）、第三位は同率で競合企業の行動（一二％）、物流（一二％）、第五位は関税と貿易規制（一一％）、第六位は許認可（六％）となっている。不動産、裁判、労働規制を最大の障害と回答した企業は一社も存在しなかった。

五　インド進出日系企業の成功と失敗

インド進出日系企業として最も成功を収めたのは、スズキの子会社であるマルチ・スズキであることに異論は少ない（以下の記述にあたっては〔佐藤・馬場・大墨 二〇一一、鈴木 二〇〇八、二〇〇九、バルガバ 二〇〇六、チャタージー 一九九三〕を参照した）。スズキとインド国営企業の合弁として一九八三年操業開始のマルチ・ウドヨグ（マルチ・スズキの前身）は日本の軽自動車アルトをベースにした小型乗用車マルチ八〇〇を製造販売しインド市場で大成功を収めた。その後、スズキはマルチ・ウドヨグでの出資比率を漸進的に引き上げ、二〇〇〇年代に入り子会社化を実現し、現在の社名マルチ・スズキに変更した。

インド自動車工業協会（ＳＩＡＭ）の資料によれば、二〇一五年のインド乗用車生産台数三四一万台のうち、マルチ・スズキは一四二万台も生産している。そのシェアは四二％に達する。スズキの有価証券報告書によって二〇一五年の売り上げをみると、日本が一兆四七九億円に対してインドは九八〇三億円となっており、日本とインドがほぼ拮抗している。高い経済成長率がインドでは引き続き期待されるので、子会社のマルチ・スズキが親会社であるスズキを、売り上げ規模で追い抜くのはもはや時間の問題である。また、二〇一五年にはマルチ・スズキはネクサという新しいディーラーネットワークを組織し、高級乗用車ブランドの構築を試みている。さらに、二〇一六年には、マルチ・スズキは、インドで生産したコンパクトカーであるバレーノを日本向けに逆輸出するようになった。

マルチ・スズキ（旧マルチ・ウドヨグ）はもともと工業後進地域であったハリヤーナー州グルガオンという農村に立地する工場でマルチ八〇〇の製造を開始したが、周辺には自動車部品を供給する自動車部品会社などがほとんど存在していなかった。そのため、日本からスズキの関連部品会社に随伴立地させ、さらに周辺の地場中小企業を育成するためのさまざまな試みを行った。長期間にわたる地場企業の育成のかいもあり、いまや、グルガオンを中心とするデリー首都圏は世界のなかでも屈指の自動車産業集積地域になった。マルチ・スズキが育成したインド地場の自動車部品企業は、世界のなかでも完成車メーカーに直接部品を納入できるだけの高い技術力をもつ企業に成長するまでに至っている。マルチ・スズキは、さらにインド製造業部門に、日本型生産経営システムを移転するうえでも根本的な役割を果たした。インド経済の発展に対する功績から、スズキの社長と会長を歴任した鈴木修とマルチ・スズキの元社長・現会長で鈴木修会長と盟友関係にあるＲ・Ｃ・バルガバに、インド大統領からインド国勲章（Padma Bhushan）が授与されている。

インド進出日系企業の失敗例として、ここでは第一三共のランバクシー・ラボラトリーズ買収を取り上げるが、その前にごく簡単にインドの製薬産業を解説したい（以下の記述は、〔上池・佐藤 二〇一四〕に依拠した）。インドの製薬産業は世界の製薬大手からの医薬品の製造、研究開発の受託を通じて急速に成長している。高い技術力と割安な人件費を生かした後発医薬品（ジェネリック）の販売で世界的にシェアを獲得してきた。インドは製薬の生産量で世界四位、後発医薬品に限れば世界の生産の二割を占める。現在、インド製薬産業の国内総生産に占める比率は一％と小さいが、インドにとっては情報通信産業と並び成長を続ける産業の一つである。

先進各国で医療費抑制のため医薬品価格の引き下げが求められるなか、世界の製薬大手は資源を新薬開発に集中させ、既存製品の製造および研究をアウトソースしている。植民地時代に化学産業の基盤が形成され、独立以降、工学・生命科学の高等教育を振興してきたために理系の人材が豊富なインドは、世界の製薬大手にとって主要な委託先の一つとなってきた。インドの製薬産業の技術力も高い。複雑な分子の合成や既存の製造方法の改良、バイオ医薬品の製法開発においても進歩を遂げている。インドの製薬大手は酵素やホルモンなどを合成するバイオテクノロジーを重点的に扱っており、高度な合成技術にも熟達している。アウトソーシングは主に、「製造委受託」と臨床研究などを請け負う「研究委受託」に分類されるが、インドでは製造受託に加え、研究から製造まで全工程を受託する「研究・製造受託サービス」が急成長を遂げている。

インド製薬産業の最大の優位性は人件費の安さである。インドでは、アメリカの食品医薬品局（ＵＳＦＤＡ）の基準を満たす製造設備をアメリカよりも三〇―五〇％低いコストで建設でき、医薬中間体や添加剤をアメリカより二〇―三〇％安く調達できる。人件費はアメリカの一〇―一五％程度である。結果として、インドの企業は米国の四〇―五〇％のコストで原薬を製造できるといわれている。こうした技術力とコストの安さを武器に、インド製薬産業は後発医薬品（ジェネリック）で世界市場での販売を伸ばしてきたのである。

こうしたインド製薬産業の成長性に目をつけ、巨費を投じてインド最大手の製薬会社を買収したのが第一三共であった。二〇〇八年に約五〇〇〇億円の巨費を投じて後発医薬品インド最大手のランバクシーを傘下におさめた。だが、二〇一四年、第一三共はランバクシーの実質的売却を発表し、インドの製薬大手サン・ファーマシューティカルズ・インダストリーズへの実質的な売却を決めた（第一三共はランバクシーとサンの株式交換を行った）。日本企業によるインド企業の買収としては最大であり注目を集めたが、第一三共とランバクシー二社の関係はわずか六年で終焉を迎えた（二〇一五年には第一三共はサンの株式を売却し、インド事業からほぼ完全に撤退した）。

世界市場、特に新興国市場での展開を考えていた第一三共は、世界約五〇カ国で後発薬事業を展開するランバクシーを買収することで、グローバルな後発薬事業に本格参入することを意図していた。またインド企業として初の新薬（抗マラリヤ薬）を発売するなど研究開発能力の高さも評価していた。こうしたランバクシーの経営資源を最大限活用できていれば、第一三共は買収当初描いた未来が実現したはずである。

それでは、なぜ、第一三共のランバクシー買収は失敗に終わったのか。品質問題で主要市場であるアメリカへの輸出が禁止されたのがその原因だが、それには第一三共がランバクシーをコントロールし切れなかったこと、そしてアメリカ側が後発医薬品でシェアを拡大するインド企業への圧力を強めたという事情がある。

ランバクシーがUSFDAから製造管理上の問題を指摘され、対米輸出措置が下されたのは二〇〇八年九月であった。これは、第一三共がランバクシーを買収した直後だった。二〇〇九年にも主力工場のデータおよび試験結果の改ざん問題が発覚し、同工場で製造される医薬品のアメリカでの承認申請が凍結された。再起をかけた高脂血症薬でも、製品にガラス片が混入するなどの問題が発生し、アメリカ市場での売上げは伸び悩んだ。

インドの製薬大手は、欧米の新薬メーカーとの特許競争での勝利をテコに世界市場、とくにアメリカ市場での売上げを拡大してきた。ランバクシーはその代表格といえる。その成長を支えてきたアメリカでの後発医薬品の販売が行き詰まったことは、ランバクシーの基盤を足元から揺るがした。アメリカでの巨額の罰金の引当金経常により、二〇一一年には過去最大規模の赤字を計上するに至った。

一連の問題に対して、第一三共の対応は後手に回った。二〇〇八年の最初の問題発覚直後、第一三共はランバクシーの創業家出身のマルビンダー・シン社長（当時）に対応を任せ、自らインド市場で陣頭指揮を執ることはなかった。シンは元ニューヨーク市長のジュリアーニをアドバイザーに起用してＵＳＦＤＡに働きかけるなど、政治家を使って問題を解決しようとした。この対応がＵＳＦＤＡに不誠実と受け取られたとの見方がある。後に製造工程のテコ入れやアメリカ側との交渉に第一三共の人員が乗り出すが、時機を逸していた。

二〇一二年、第一三共は、二〇〇八年にランバクシーの株式を譲渡したランバクシーの創業家が米国司法省とＵＳＦＤＡの調査に関する重要な情報を隠蔽したとして、シンガポールの国際商業会議所国際仲裁裁判所に仲裁を申し立てた。二〇一六年に下された判決は、ランバクシーの創業家に対して第一三共側に約五六二億円の支払いを命ずるものであった〔第一三共株式会社 二〇一六〕。マルチ・スズキにおける鈴木修とＲ・Ｃ・バルガバの長期間にわたる厚い信頼関係とは比べるまでもないが、日印経済関係の歴史上最大のＭ＆Ａ案件であったものの、第一三共とランバクシー創業家の関係は買収時から極めて大きな問題を孕んでいたわけである。

六　日印経済関係と日系企業

本章の事実発見をまとめれば、以下のとおりである。第一に、二〇〇〇年代半ばから日系企業の進出が活発化するようになった。第二に、進出日系企業の業種をみると、輸送機器・電気電子機器・機械のシェアが高い。また、立地先はデリー首都圏が多い。第三に、インド進出日系企業を牽引してきたのは、輸送機器であり、その売上と従業員シェアは全体の六〇％を超えている。第四に、インド進出の動機をみると、多くの企業がインド国内市場とインド周辺国の需要拡大を期待している。第五に、日系企業は派遣社員を大量に雇用している。第六に、二〇一三年にはインド経済は深刻な経済危機に直面していたにもかかわらず、過半以上の企業の業績は好調であり、二〇一四年の事業展望も良好であった。第七に、日系企業が直面している最大のビジネス阻害要因は、質の高い労働力の確保であった。また、日系企業は、電力と物流などの脆弱なインフラと税務行政と高い税率に加えて強い規制の対応にも苦慮している。第八に、ＣＥＰＡの特恵関税制度を利用したり、ＤＭＩＣに関わっている企業数自体は、必ずしも多くないことがわかった。

インド進出日系企業の成功例としてマルチ・スズキを、失敗例として第一三共傘下のランバクシーを取り上げた。前者にはインド側と日本側の間に長期にわたる信頼関係が基盤として存在していたが、後者では買収の交渉段階からインド側が日本側に重要な情報を開示せず隠蔽していた。さらに、日系企業は、新興国市場では一般的に「過剰品質」由来の「高価格」が事業上の問題になることが多いが、第一三共は傘下のランバクシーがアメリカの規準すら満たない杜撰な品質管理を最後まで矯正することができなかった。

二〇一九年までにインド進出日系企業数を二〇一四年からみて倍増させるという日本政府の目標が実現し、日系企業がインドで事業を成功させ、インド経済の産業高度化や雇用創出などの面で貢献するためには、本章で示したさまざまな障害を克服する必要があるといえよう（本章で検討できなかったインド進出日系企業の諸側面については、〔佐藤編 二〇一七〕を参照されたい）。

（補記）本章は、科研費基盤（Ｂ）「インドの産業発展と日系企業」（一五三〇一〇二一、代表・佐藤隆広）の研究成果の一部である。

第Ⅳ部　飛躍の二〇一〇年代

［二〇一〇年代の主な出来事］

二〇一〇年　中国、日本を抜いてGDP世界第二位。米クリントン国務長官、インド太平洋に言及
二〇一一年　日印包括的経済連携協定発効。米、アジアへのピボット（軸足）政策を表明
二〇一二年　第二次安倍政権発足
二〇一三年　天皇・皇后の訪印
二〇一四年　モディ政権発足。インド、アクト・イースト政策を表明
二〇一五年　初の日豪印外務次官会議、日米印外相会合。アジアインフラ投資銀行発足（二〇一六年開業）。日印特別戦略的グローバル・パートナーシップ宣言
二〇一六年　日印原子力協力協定締結

模索の一九九〇年代、転換の二〇〇〇年代を経て、ついに日印関係は飛躍の二〇一〇年代を迎えている。経済面では、日本から中国への投資が伸び悩むようになると、代替地としてインドへの関心が高まった。そして両国の経済関係のさらなる強化を企図して、日印包括的経済連携協定が結ばれた。海洋進出を強める中国の積極的な対外政策に対する懸念が高まるなかで、アメリカやオーストラリアとの多国間協力も含めて、日印の外交安全保障分野での協力は目覚ましく発展している。とくに安倍首相とモディ首相の下で加速し、懸案であった原子力協定もついに結ばれた。世界の重心がアジアへと移る今、かつて疎遠であった日印関係は、世界の行方を左右しかねない重要な二国間関係へと変貌しつつある。

第9章　インド経済の台頭と日印関係の新局面

小島　眞

一　戦略的重要性を増す日印関係

日印両国は、互いに当然のパートナーとして、長期にわたって経済関係を形成してきたという経緯がある。一九六〇年代中頃以降、両国間の経済関係は次第に疎遠になったものの、二〇〇〇年代中頃より、新たな潮流が見られるようになった。〇六年に日印戦略的グローバル・パートナーシップが形成されるとともに、一一年には包括的経済連携協定が発効するようになった。両国間の貿易が徐々に拡大傾向を示すようになり、それに続いて日本の対印直接投資（ＦＤＩ）も顕著な拡大を示すようになった。日本の対印ＦＤＩの拡大は、インドの製造業部門を支援するものとして歓迎されている。

日本はインドのインフラ開発に深くかかわっており、デリー・メトロには日本のＯＤＡの足跡が残されている。西側貨物専用鉄道（ＤＦＣ）をバックボーンにもつデリー・ムンバイ産業大動脈（ＤＭＩＣ）プロジェクトは、インドのインフラ開発のための文字通り日印共同プロジェクトとしての最たる事例である。中国台頭という地政学的変革を背景として、戦略的グローバル・パートナーシップが形成されたことにともない、経済、安全保障両面で長期的な二国間協力の枠組みが用意されるようになった。毎年実施される日印首脳会議は、インドのインフラ開発のための二国間コラボレーションを実現させるうえでの不可欠な役割を果たしている。

ナレンドラ・モディ政権の成立は、日印経済関係の拡大に弾みを与えている。一四年には両国関係は特別戦略的グローバル・パートナーシップに格上げされた。モディ政権の下で、力強い経済成長の回復を図るためのさまざまなイニシアティブが手掛けられている。そこで注目されるのは、「メイク・イン・インディア」イニシアティブを含めて、投資家心理を呼び覚ますうえで力強いリーダーシップが発揮されていることである。現在、インドは世界で最も高い経済成長を享受する国になっている。経済近代化とインフラ開発を推進するうえで、モディ首相が戦略的に最重要パートナーと見なしているのが日本である。

本章では、モディ政権下のインド経済動向を概観したうえで、日印経済関係がいかなる変容を遂げようとしているのか、貿易、ＦＤＩ、ＩＴアウトソーシング、さらにはインフラ開発の分野も含めて、その実態について迫り、合わせてアジア新時代における今後の展望と課題について検討しようとするものである。

二　モディ政権の成立とインド経済

1　モディ政権の経済政策

二〇一四年五月の下院選挙で、インド人民党（ＢＪＰ）が圧勝し、ナレンドラ・モディ政権が誕生した。モディはグジャラート州首相として在任中の十二年有余、インフラ整備、ガバナンス向上、外資導入面で顕著な実績を上げており、その強い信念と実行力に国民からの強い期待が寄せられていた。ヒンドゥー・ナショナリズムを標榜する民族奉仕団（ＲＳＳ）を支持母体にもつＢＪＰが強く目指しているのは、「一つのインド、強いインド」である。モディ政権の経済政策が一貫して目指しているものは、インド社会の変革と底上げをともないながらの力強い経済成長の実現である。そのための最優先課題とされてきたのが、①雇用創出、②インフラ整備、③製造業の振興の三つである。前記の目標達成のためには、外国直接投資（FDI）の誘致が不可欠であるとして、国内外に向けてモディ首相自らの陣頭指揮に基づいて大々的に打ち出されているのが「メイク・イン・インディア」イニシアティブである。

「メイク・イン・インディア」が目指しているのは基本的には製造業の拡大である。二〇一一年に発表された国家製造業政策をベースにしながら、二〇二二年までに一億人分の追加雇用を創出するとともに、二五年までにGDPに占める製造業のシェアを二五％にまで拡大することが目指されている。一億人分の新規雇用の創出を実現すべく、いくつかの関連したキャンペーンが開始されている。スキル・インディアは労働者・失業者の技能向上を目指したものであり、技能開発省が新設された。さらにスタートアップ・インディア、スタンドアップ・インディアは数多くの潜在的な企業家を育成すべく、それを目指す若者への各種の機会提供を意図したものである。

力強い経済成長の実現と並んで、モディ政権が重視する経済政策のもう一つの目標はインド社会の変革と底上げである。前政権時代に導入された全国農村雇用保障スキーム（貧困層を対象に年間一〇〇日分の雇用保障）や食糧安全保障法（農村の七五％、都市の五〇％の人々を対象に穀物の安価な提供の保障）は継続される一方、これまで不当に放置されてきた農村での衛生設備（トイレ）の普及運動に新たな取り組みがなさるようになった。また本人確認のための生体認証をともなった固有識別番号制度の普及が急ピッチでなされ、一六年三月末時点ですでに一〇億人の国民に一二桁の固有識別番号カードが発給されている。固有識別番号にリンクさせた銀行口座を通じて、受益者本人に各種補助金を支給する直接便益制度の普及が図られている。

モディ政権では「最小限の政府、最大限のガバナンス」がモットーとされ、ガバナンス改善は政策運営上の最優先課題となっている。前政権時代の末期においては、プロジェクト認可の滞り、さらには石炭や鉄鉱石の鉱区の割り当てをめぐる汚職といった問題が吹き出し、立ち行かない状況が続いていたが、モディ政権成立後、首相府のリーダーシップが強化され、プロジェクト認可の権限移譲、環境関連の認可や用地取得の面でスピードアップが図られている。さらには独立以来、ネルー型の中央計画体制を担っていた計画委員会を解体し、シンクタンクとしての政策委員会(NITI Aayog)へと新たに改組させた。これまで計画委員会が州別計画資金配分に大きくかかわっていたことを考えれば、こうした措置は協調的ないしは競争的連邦主義の考え方に基づいて、州レベルでの開発競争を促進する狙いがあると思われる。こうした取り組みは、世界銀行のビジネス環境ランキングにも反映され、一八九カ国中、インドの総合順位は一五年度版では一三四位であったのが、一六年度版では一三〇位へと順位を上げる結果となっている。

ところで与党ＢＪＰは下院で絶対的過半数を握っているにもかかわらず、上院では少数派にとどまっているため、経済改革の目玉となる重要法案を成立させるうえで「ねじれ国会」の壁に直面することになる。その一つは土地収用法の改定である。土地収用法改定の狙いは、前ＵＰＡ政権時代に制定された土地収用法（一三年）では、①住民の同意、②社会的インパクトのアセスメント、③手厚い補償、④リハビリと再定住など、農民・住民側に一方的に有利な規定が盛り込まれており、土地収用が事実上困難なものになっていた。そのため土地収用を可能にすべく、よりバランスとれたものに是正するというのが、土地収用法改定の狙いであった。しかしながら、そうした改定案は下院では可決されたものの、上院において野党の執拗な抵抗に遭い、結局は断念されることになった。

事の成否が注目されたもう一つの重要案件は、財・サービス税（ＧＳＴ）の導入であった。ＧＳＴは中央と州に錯綜して存在する合計一七本に及ぶ各種間接税を一本化することを狙ったものであり、前ＵＰＡ政権の時代より提唱されてきたものである。ＧＳＴが導入されれば、納税にともなうコストや非効率性が大幅に改善され、文字通りインド国内の共通市場が実現することになり、これによって税収入の対ＧＤＰ比が二％、ＧＤＰが一―一・五％上昇するものと期待されている[1]。しかしＧＳＴの導入に際しては、中央、州の憲法上の課税権の変更をともなうため、上下両院で総議席の過半数、あるいは出席投票した議員の三分の二以上の賛成を得たうえ、過半数を超える州で批准される必要がある。一五年五月に下院で可決されたものの、その後上院では国民会議派より新たな修正要求が突き付けられた。その後、審議は難航したものの、与野党間の合意が成立し、ようやく一六年八月、上下両院でGST成立のための憲法改正法案が可決された。今後、中央、州のレベルでGST法案の成立を待って、早ければ一七年四月よりGSTが導入される道筋がつけられることになった。

2　経済成長の展望

モディ政権が成立した一四年当時、インドを取り巻く世界経済はすでに低成長時代を迎えていた。一二年以降、世界経済の成長率は三％台で低迷を続けるとともに、世界貿易（実質輸出ベース）も二％台という小幅な伸びにとどまっている。それにともない、インドの輸出成長率も一三年度の四％台から一四年度、一五年度はマイナス成長に陥った。こうした逆風下にもかかわらず、インドのGDP成長率は一三年度の六・六％から一四年度には七・二％、さらに一五年度には七・六％上昇するにいたった。

経済成長の基盤形成という観点からみて、インドでは堅実なマクロ経済運営が重視されており、そのことが高レベルの経済成長の実現に有効に作用したといえる。財政責任予算管理法（〇三年）のガイドラインを尊重すべく、財政赤字の対GDP比率は一一年度の五・七％から一五年度には三・九％に引き下げられた。また原油の国際価格下落にも助けられ、同期間中、経常収支赤字の対GDP比率も四・二％から一・四％に低下した。さらにはインフレ抑制を最優先すべきという観点からレポ金利(2)が引き上げられ、消費者物価と卸売物価も一四年度にはそれぞれ五・九％、二・〇％に落ち着くようになった。それにともない、インド準備銀行（RBI）のレポ金利も昨年だけで四回にわたって九％から七・七五％へと引き下げられ、経済成長に対して好材料を提供することになった。

世界銀行によれば、二〇一六―一八年のインドのＧＤＰ成長率は七・七―七・九％と予測され、アジア諸国のなかでは最も高いレベルの経済成長が展望されている〔World Bank 2016a〕。インドでは人口一三億強の二一％が絶対的貧困の下にあり、農村での電化率が五〇％台にとどまっているなど多くの課題が山積しているが、インドの広大な国内市場は経済成長の推進力として作用することが期待される。

国連の予測によれば、インドの人口は二〇二二年には中国と並ぶ一四億に達し、三〇年には一五億人、さらに五〇年には一七億人に達すると予測される〔United Nations 2015〕。またインドの人口構成は若く、人口全体の約六〇％（七億人）が三〇歳未満である〔World Bank 2016b〕。インドの生産年齢人口の比率は今後さらに三〇年まで上昇し、その後五〇年までは現在の比率を維持できる見込みであり、長期にわたって人口ボーナスを享受できる状況にある。国際エネルギー機関（ＩＥＡ）の予測によれば、今後、インドは四〇年まで年平均六・五％（二〇年までインドは年間七・五％、その後四〇年まで年間六・三％）の成長率を示すとともに、世界全体のＧＤＰ拡大に対する今後の貢献度は二〇％に及ぶとされている〔IEA 2015〕。

三　日印経済関係の動向

1　伸び悩む日印貿易

日印貿易の歴史は古く、第二次世界大戦前はインドから綿花、銑鉄が大量に輸入されており、日本の貿易全体の一〇―一五％を占める存在であった。戦後、高度経済成長を実現する過程で日本にとって貿易相手先としてのインドの地位はみるみる低下していった。他方、インドにとって日本は長らくアメリカ、イギリス、旧ソ連と並ぶ主要な貿易相手先となっていた。一九九一年以降、インドは経済改革の下でルック・イースト政策を含む全方位外交を展開し、

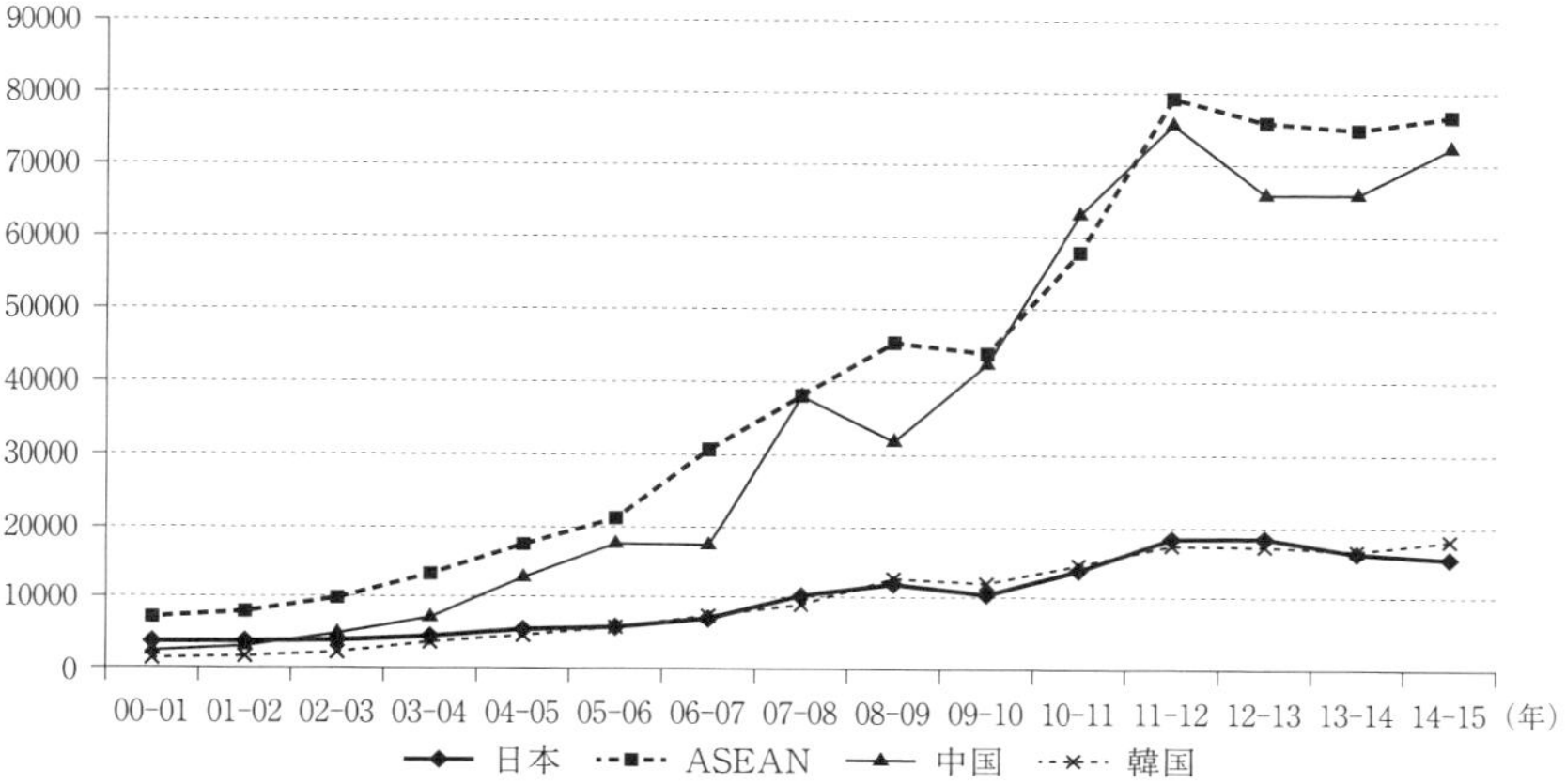

図1 インドの対東アジア貿易動向(2000-15年)

注) Ministry of Commerce and Industry, Government of India, Export and Import Data Bank.

対外貿易の飛躍的に拡大させるようになったが、日印貿易については、九八年のインド核実験に対して日本が経済措置を発動したことが引き金となり、低迷を余儀なくされる結果となった。

その後、日印貿易はようやく二〇〇三年度より拡大傾向を見せるようになったが、その拡大ペースはインドとASEAN、中国、韓国との間の貿易の拡大に比べて緩慢なものでしかなく、日印貿易は〇二年度には印中貿易、〇五年度には印韓貿易に凌駕されるにいたった(図1)。実際、インドの貿易総額に占める対日貿易のシェアを見ると、一九九七年度の五・九%から一五年度には二・三%に低下するとともに、貿易相手先としての日本の順位も三位から一五位にまで低下している。ちなみに日本の貿易総額に占める対印貿易のシェアは、近年においてはわずか一%である。

懸案とされた包括的経済連携協定(EPA)は、すでに一一年八月に発効済みである。それによって協定発効後一〇年以内でインドからの輸入総額の約九七%、インドへの輸出総額の約九〇%、往復貿易総額の約九〇%が無税化されることになっている。しかし、日印EPAの日印貿易拡大に与える効果は、目下のところ限定的である。日印貿易の総額は、一〇年度には一三七億二〇〇〇万ドルから一一年度、一二年度にはそれぞれ一八〇億ドル台に拡大したものの、その後一五年度には一四五億二〇〇〇万ドルへと減少した。インドの貿易総額それ自体が一一年度より停滞気味にあるため、ＥＰＡが日印貿易に及ぼした効果を評価することは時期尚早ではあるものの、現在までのところプラスの効果を見いだすことは困難である。日印貿易拡大にとっての課題として、次の三点を挙げることができる。

第一に、日本はインドとＥＰＡを締結しているにもかかわらず、対印輸出の面ではインドとＥＰＡと締結していない中国からの安値攻勢に圧倒されていることである。例えば、日本からの輸出には関税五％が五年以内に撤廃されることになっている鉄鋼製品の場合、日本の対印輸出は一〇年度の一三億七〇〇〇万ドルから一二年度には二〇億八〇〇万ドルに増加した後、一五年度には一八億五〇〇〇万ドルに減少した。他方、中国の鉄鋼製品の対印輸出は一二年度から一五年度までの期間中、二九億八〇〇万ドルから三五億五〇〇万ドルへと拡大している。

第二に、日印間には水平貿易がいまだ確立されていないことである。インドからの輸入では石油製品（ナフサ）が全体の四割程度を占め、それに魚介類、有機化学品、宝石、鉄鋼製品が続いている状況であり、日印間には日本と東アジア諸国との間で見られるような生産ネットワークが形成されていない。日印間の貿易拡大には水平貿易の確立につながる生産ネットワークがインドまで広がることが肝要であり、そうした鍵を握るのは日本の対印直接投資（ＦＤＩ）の拡大である。

第三に、インドはＩＴサービスと並んで、後発医薬品（ジェネリック）の製造に比較優位を有している。サービスを除く商品貿易の分野では、後発医薬品は対米輸出においては宝石に次ぐ重要な輸出品目になっている。日印ＥＰＡの締結にともない、後発医薬品の登録その他承認の申請に対して内国民待遇が適用されることになっているが、後発医薬品の対日輸出は低迷したままであり、その輸出額は一〇年度の一億三八〇〇万ドルから一二年度には六億六九六〇万ドルに拡大したものの、その後一五年度には二億四五九〇万ドルに低下している。日本政府は医療費抑制の観点

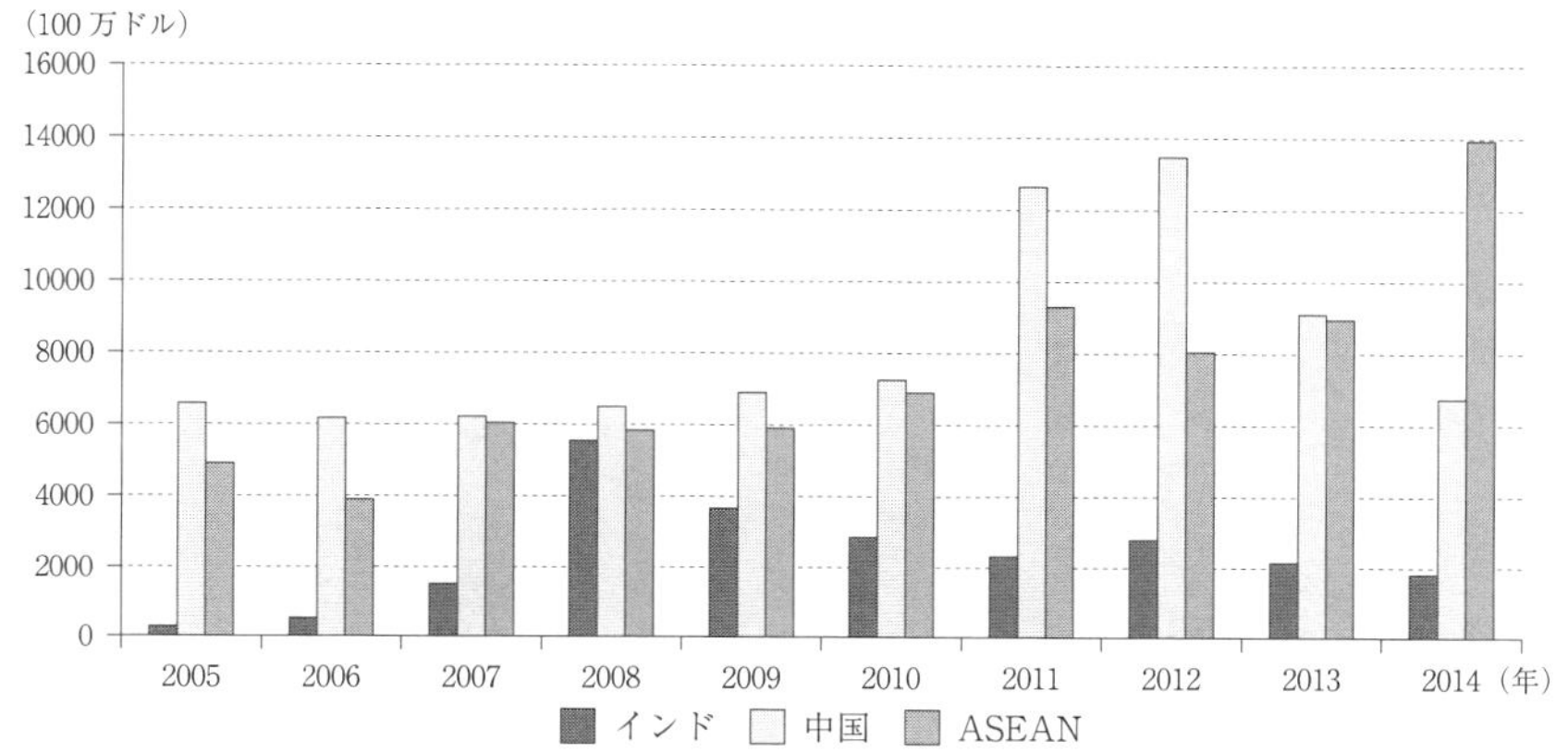

図2 日本の対印・中・ASEAN直接投資(2005-14年)

注) 財務省「国際収支状況」,日本銀行「外国為替相場」などよりJETRO作成.

から後発品医薬品のシェアを一五年度の五六・二%から二〇年度には八〇%以上に引き上げる方針を掲げており、その国内需要の潜在的大きさに鑑みて、今後、インドからの後発医薬品の輸入拡大に向けての取り組みは必然的に高まることが想定される。

2 動き出した対印FDI

やや低調な貿易動向に比べて、よりダイナミックな展開を示しているが外国直接投資(FDI)の分野である。二〇〇〇年四月から一五年三月までの期間中、インドの対内FDI総額に占める日本のシェアは七%であり、対印投資国として日本はモーリシャス、シンガポール、イギリスに次ぐ四番目の位置にある(Department of Industrial Policy & Promotion, various issues)。ただし、日本の対世界FDI残高合計に占めるインドのシェアを見ると、一四年末現在、一・二%程度にとどまっている。[3]

日本の対印FDIが顕著な拡大傾向を示すようになったのは、〇七年以降である。フローベースで見た財務省などのデータによれば、日本の対印直接投資は〇六年には五億ドル台であったのが、〇七年には一五億ドル台に拡大した。さらには第一三共によるインド最大手の製薬会社ランバクシーの買収、NTTドコモによるタタ・テレサービシ

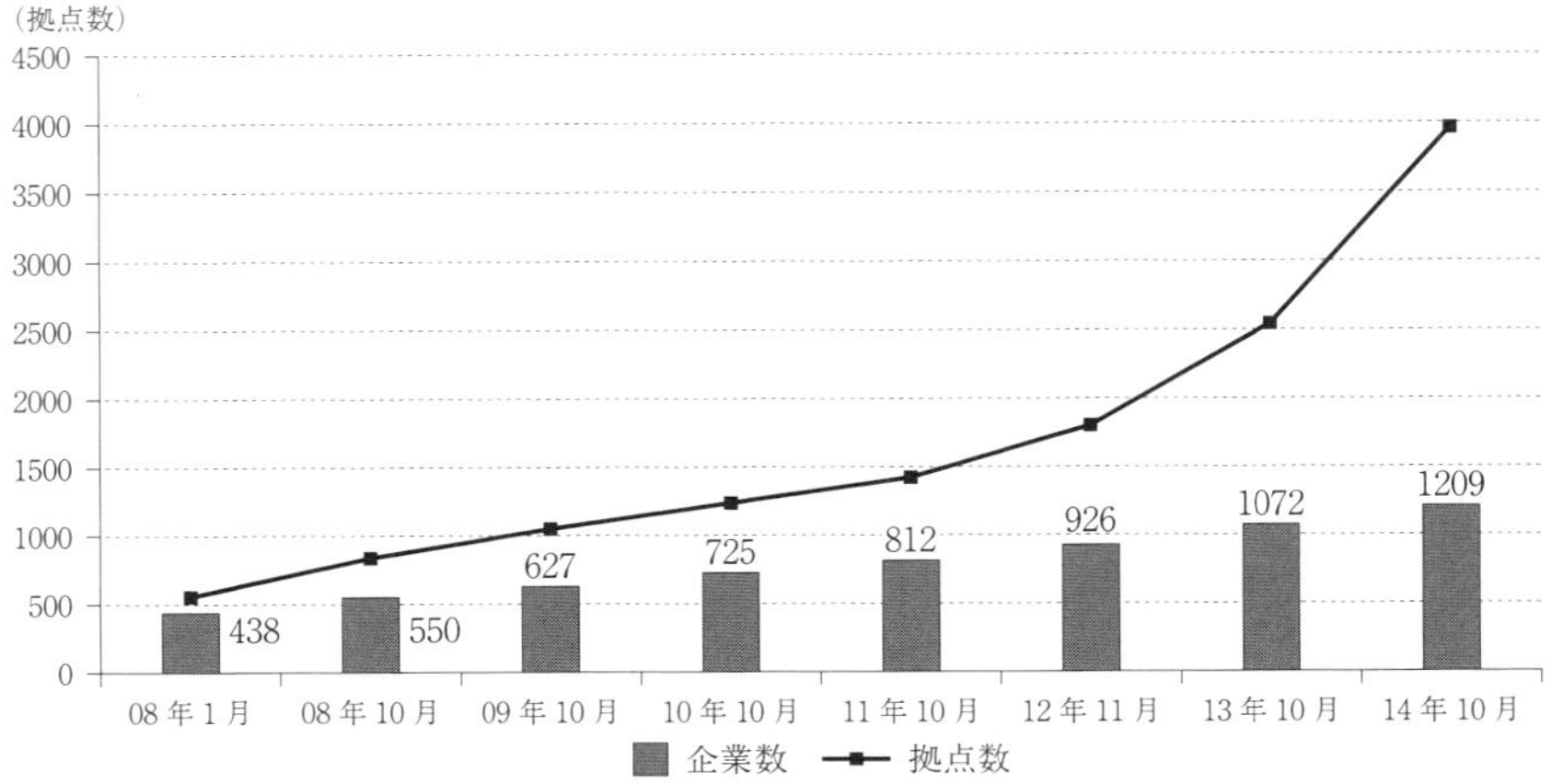

図3　日系企業の対印進出

ズの株式取得も重なって、ピーク時の〇八年と〇九年にはそれぞれ五五億六一〇〇万ドル、三六億六四〇〇万ドルに達し、中国、ＡＳＥＡＮ向けＦＤＩに比肩しうるレベルにあった（図2）。

しかしながら、その後は日本の対印ＦＤＩは二〇億ドル台のレベルで伸び悩み、中国、ＡＳＥＡＮ向けＦＤＩに大きく水をあけられた状況が続いている。[4] その一方で、対印進出企業数は増加の一途をたどっており、〇七年二月の三六二社から一四年一〇月には一二〇九社に増加し、企業の拠点数も四五〇拠点から三九六一拠点へと増加している（図3）。

日本の対印ＦＤＩはこれまで製造業に集中しており、一三年末現在、対印ＦＤＩ残高の全体の七二・二％を占めていた。スズキのインドでの成功が大きく物語っているように、業種別では輸送機器（大半は自動車・自動車部品）が最大であり、全体の二一・一％を占めていた。[5] スズキのみならず、トヨタ、ホンダ、日産など日本の自動車アセンブラーや自動車部品企業の対印進出の拡大は、労働者のスキルや品質管理の向上[6]に影響を与え、インドの製造業の底上げに大きく寄与するとともに、鉄鋼、機械、発電設備、ロジステック分野での日本企業の対印進出を促す結果となった。サムスンやＬＧなど韓国勢の後塵を拝していた家電部門でも日本企業の新規蒔き直しがなされるとともに、その他食品、文房具、化粧品、医薬品、衛生用品、トイレ設備、さらには小売業（一六年八月には無印良品が日本の小売業として初めて店舗をムンバイに開設）を含む幅広い分野で日本企業の新規進出が広がりを見せている。

銀行、保険会社を含む日本の金融機関のインド進出もすでに本格的な動きを示している。インドのインフラ・プロジェクトは莫大な資金を必要としており、インド企業の国際資本市場での資金調達が活発化している現状をふまえて、日本の金融機関はインド市場を重点目標の対象と設定し、インド企業向けの融資を実施している。

国際協力銀行（JBIC）が日本の製造業企業を対象に実施している有望事業展開先アンケートによれば、長期的（今後一〇年程度）有望国として、インドはすでに一〇年より一貫して第一位にランクされている。さらには中期的（今後三年程度）有望国としても、直近の一四年、一五年の二年連続で第一位にランクされており、投資先として強い期待が寄せられている。インドが有望先である理由として挙げられているのが、①現地マーケットの今後の成長性、②安価な労働力、③現地マーケットの現状規模、④組み立てメーカーへの供給拠点、⑤第三国への輸出拠点、などである。他方、投資先としての課題として挙げられるのは、①インフラが未整備、②法制の運用が不透明、③他社との厳しい競争、④徴税システムが複雑、⑤治安・社会情勢が不安、といった点である〔国際協力銀行 二〇一五〕。

実際、先述した世界銀行の「ビジネス環境ランキング」（一六年）において、インドは一八九カ国中、一三〇位にランクされていることからもうかがわれるように、同国の投資環境が依然としてきわめて厳しい状況にあることも事実である。前記アンケートでの真っ先の課題として挙げられているように、電力、物流面でのインフラの未整備は、とりわけ中小企業の対印進出を躊躇させる大きな要因になっている。法制運用の不透明性や徴税システムの複雑性に対処するためには、信頼できる現地パートナーとの提携が重要とされる。さらにインドでは産業基盤がすでに幅広く形成され、多くの現地企業や外資系企業がすでに活動を展開しており、そうしたインド国内外の企業を手ごわい競争相手としなければならないということも、インドでのビジネス環境の厳しさの一因にもなっている。

インフラの未整備や土地収用問題、あるいは錯綜した許認可など、インド進出の際の諸々の課題に対処すべく、目下、日本企業専用工業団地の設立が一一カ所で進行中である。(7) こうした工業団地の設立は、とりわけ中小企業の対印進出の障害を取り払うという点で重要である。さらには日本の対印投資を支援し、インド政府との調整を図るべく、一四年九月の日印首脳会談に基づいて、日印両政府のメンバーから構成される日本特別チーム（Japan Plus）がインド商工省の産業政策推進局のなかに設けられることになった。前記の日本特別チームには経済産業省から派遣された担当者が含まれており、インド政府の下に外国政府のメンバーが常駐している形態は異例であるが、このことは日本企業の対印進出を支援するうえで日印両国政府が緊密な協力関係を形成していることを物語っている。

なお、インドの投資環境とは別に、日本企業の対印進出の際の課題として挙げられるべきもう一つの点は企業文化のすれ違いである。とかく日本企業はリスク回避の傾向が強く、インドの現場にどっしりと腰を据えてコミットする姿勢が不足しているのではないかとの指摘がしばしばインド側から聞こえてくる。また交渉を進めるうえで、インド側は大まかな合意を成立させて、細部は交渉が正式に成立してから詰めるという考え方であるのに対して、日本側は細部の点も含めて最初から決めていくという完璧主義的な考え方に基づいており、そうしたスタンスの相違が交渉を進めていくうえでの障害になっている。さらにはインドでは欧米流の考え方に馴染んだ若い経営者が急速に台頭しており、(8) 日本側としてもそうした新たな変化に正しく織り込んで対応すべき状況を迎えている。

3　ＩＴアウトソーシング

豊富な高度人材を擁するインドでは、ＩＴ産業は比較優位産業の最右翼として、同国最大の輸出産業になっている。インドＩＴ産業の輸出額は、一五年度には一〇八〇億ドルに及び、インドは世界のＩＴオフショアリング（海外委託）の五六％を占める存在になっている。(9) 輸出先としては、アメリカがトップで全体の六二％を占め、以下、イギリス一七%、大陸欧州一一%になっているが、日本向けはわずか二%以下となっている。日本は一〇兆円規模の世界有数のＩＴ国内市場を擁し、かつＩＴ人材の不足に直面していることを考えれば、日印間のＩＴ連携はさらに高いレベルに達して然るべきであると考えられる。

インドＩＴ企業はプロジェクト・マネージメントの能力が高く、また幅広いＩＴスキル（オープン系からメインフレームも含む）を有し、知的財産保護も制度的にかなり整備されているにもかかわらず、日本企業がＩＴサービスのオフショアリング先として優先してきたのは、日本語に堪能なＩＴ技術者を豊富に擁する中国企業のほうである。インドの大手ＩＴ企業はすでに一九九〇年代初めより日本に進出しているものの、未だに日本市場に浸透するうえで苦戦を強いられている。

日印のＩＴ連携が進展しない理由としては、日本側は擦り合わせ型アプローチを志向する一方、インド側はモジュラー型アプローチを志向するという開発スタイルの違いが指摘できるが、煎じ詰めれば、相互の言葉の壁、文化的すれ違いによるコミュニケーション不足が解消されていないことが最大の課題となっている。インド側は顧客のニーズを十分把握することができず、また顧客側もインド側に仕事を頼む際の目標が単にコスト削減なのか、それ以外の狙いもあるのか、必ずしも要求定義を明確に伝えていない場合が多い。そのためインド側が仕事を請け負っても、顧客の満足度は高いものにならず、その後のビジネス拡大につながらないことになる。

昨今、日印ＩＴ連携の拡大につながる新たな動きが生じていることも事実である。その一つは、製造業に関連したエンジニアリング研究開発（Ｅ Ｒ＆Ｄ）・製品開発の分野でインドのＩＴ能力を活用する事例が確実に増加していることである。例えば、日産自動車はインドに自社内開発拠点を設置し、さらには共同開発パートナーとして現地の大手ＩＴ企業と提携しつつ、製品開発を手掛けている。実際、日本企業の対印オフショアリングはＥ Ｒ＆Ｄ・製品開発の分野では過去五年間で毎年四〇%以上のペースで拡大しており、インドの前記分野での日本のシェアは一〇%にまで拡大している〔NASSCOM 2015〕。

もう一つは、少子化の影響による国内市場の低迷にともない、企業活動のグローバル展開が拡大するなか、企業のＩＴ環境のグローバル化が焦眉の急になっていることである。そのためにグローバル化への対応能力に優れたインドＩＴ人材の活用、あるいはインドＩＴ企業との提携を志向する企業が徐々に増えている。東芝、ソニーは、それぞれ約一〇〇〇人規模の自社内センターをバンガロールに立ち上げている。また一四年七月、三菱商事とインド最大手のタタ・コンタルタンシー・サービシズ（ＴＣＳ）は、前者のＩＴ部門子会社と後者の日本法人を統合させる形で、合弁会社として二四〇〇人規模の日本ＴＣＳが発足させた。同年九月にＴＣＳが日本の顧客専用のデリバリー・センターを開設したことと併せて、今後の成果が期待される。

四　拡大する官民一体型の対印インフラ投資

1　デリー・メトロ

日印経済関係において注目されるべき重要な点は、ＯＤＡ供与を通じて日本がインドのインフラ整備に大きな役割を果たしていることである。インドは一九五八年に開始された円借款の最初の供与先である一方、さらには二〇〇三年度以来、連続して日本のＯＤＡの最大の供与先になっている。日本のＯＤＡはインドのインフラ整備（電力、運輸、上下水道など）に貢献するのみならず、日本企業の対印インフラ向け投資を促進するうえでも重要な役割を果たしている。

デリーの人々の通勤の足となっているデリー・メトロ（〇二年開通）は、日本の運行システムだけではなく、日本の工事文化や安全技術がインドに伝達された成功例である。今後、チェンナイ、アフマダーバードのメトロ建設にも

ＯＤＡ適用による日本の関与が確認されており、今後、そうした動きは人口二〇〇万以上の五〇大都市において広がる可能性が大きいといえる。

２　デリー・ムンバイ産業大動脈

現在、インドでは製造業の進展に対応すべく、日本の太平洋ベルト地帯構想を彷彿させる産業回廊構想が五つの地域で具体化されつつある。①デリー・ムンバイ間、②アムリットサル・デリー・コルカタ間、③チェンナイ・ベンガルール（バンガロール）間、④ベンガルール・ムンバイ間、⑤ビシャカパトナム・チェンナイ間の五大産業回廊のうち、日印共同プロジェクトである九〇〇億ドル規模のデリー・ムンバイ産業大動脈構想（ＤＭＩＣ）はすでに進行中である。またＤＭＩＣに続いて、チェンナイ・ベンガルール産業回廊（ＣＢＩＣ）についても、ＯＤＡ適用によるプロジェクトとして開始されることが二〇一五年末の首脳会談において確認された。

ＤＭＩＣは、首都デリーと商業都市ムンバイ間の帯状地帯に二〇一九年までに七つの産業都市、さらに四〇年までに二四の産業都市（工業団地、物流基地、商業施設などから構成される産業集積地）を形成し、インド西部六州（デリー、ハリヤーナー、ウッタル・プラデーシュ、マディヤ・プラデーシュ、グジャラート、マハーラーシュトラ）をグローバル製造業・商業のハブにすることを目指したものである。〇六年一二月の首脳会談において日印共同プロジェクトとして立ち上げることが確認された。〇八年一月にはインド政府の下にＤＭＩＣ開発公社が設置され、日本政府は国際協力銀行（ＪＢＩＣ）を通じて一二年より同公社の株式二六％を取得し、同公社の経営に参画している。

ＤＭＩＣの物流の要として、そのバックボーンを形成しているのが、ダドリ（デリー首都圏）からジャワーハルラール・ネルー港（ムンバイ）を結ぶ約一四九〇キロメートルの貨物専用鉄道（ＤＦＣ）である。〇八年の首脳会談で、ＤＦＣのフェーズⅠ（両端を除くレワリ・ヴァドーダラー間の約九二〇キロメートル区間）に四五〇〇億円の借款供与、さらに一一年の首脳会談でＤＭＩＣ事業（ＤＦＣを除く）に四五億ドルの資金供与の意思表示が日本側からなされた。ＤＭＩＣ事業において日本側は、一八のスマートシティー関連事業案を提出し、うち六件はすでに了承済みとされている。

現在、インドで進行中のＤＦＣは、ルディヤーナー（パンジャーブ州）・コルカタ間の東側と、デリー・ムンバイ間の西側の双方から構成されている。世界銀行がコミットしている東側ＤＦＣでは一部区間が単線であるのに対して、西側ＤＦＣでは全区間複線であり、電気機関車による二層式コンテナ輸送が想定されている。一列車当たりの貨物輸送量が三・六倍に拡大するとともに、これまで在来線で三日から四日かかっていたデリー・ムンバイ間の輸送が一日に短縮されることになる。これまで石炭や鉄鉱石など原材料、さらには自動車などの大型商品は自動車輸送への依存が強まっていたが、鉄道コンテナ輸送を通じて、より低コストで大量に遅滞なく搬送されることになる。

ＤＦＣに対する円借款には本邦技術活用条件（ＳＴＥＰ）が活用され、資材の三割は日本からの調達が義務づけられている。そのため電気機関を除く土木、電気・設備（変電所）、信号・通信、保線機械等などの各パッケージにおいて複数入札を通じて日本企業が主契約者になることが求められている。しかしながら肝心のレール敷設を含む土木工事においては、日本のゼネコン各社はリスク回避の観点から入札にこぞって難色を示してきたという経緯がある。結局、フェーズⅠの土木工事は双日とインドの建設最大手のラーセン・トゥブロが受注し、すでに一三年九月に軌道建設が開始され、一九年末までの全面開通が目指されている。

3　新幹線システムの導入

産業回廊構想と並んで、もう一つの有望な日印共同プロジェクトは、高速鉄道建設である。インド鉄道省の「ヴィジョン二〇二〇」によれば、インドは時速二五〇―三五〇キロメートルで走行する高速鉄道を六つの路線（デリー・

アムリットサル間、プネー・ムンバイ・アフマダーバード間、ハイデラバード・チェンナイ間、ハウラー・ハルディア間、チェンナイ・ティルヴァナンタプーラム間、デリー・パトナ間）で建設することが構想されている。沿線地域の人口密度や所得レベルなど考慮して、採算上、最も有望視されるのがムンバイ・アフマダーバード間の路線である。当初、同路線についてはフランスが強い関心を示していたが、インドの鉄道関係者は日本の高速鉄道技術（新幹線方式）の安全性と正確無比な運行に高い信頼を置いてきた。

二〇一三年五月に開催された安倍・シン両首相の首脳会談に基づいて、ムンバイ・アフマダーバード間の路線を対象にインド国鉄と国際協力事業機構（ＪＩＣＡ）との間で事業化調査が実施され、日本の新幹線方式が最適であるとの結論が示された。最終的には、一五年一二月の安倍・モディの首脳会議において、ムンバイ・アフマダーバード間の路線に関して、日本の新幹線方式を採用することが正式決定されたことである。工事期間は一八年から二三年までと予定され、全長五〇八キロメートルのムンバイ・アフマダーバード間の所要時間は現在の八時間から二時間に短縮されることになる。同年九月、インドネシアでの高速鉄道採用に際して、日本側は最終段階で中国側に逆転勝利されるという苦い経験を味わわされる羽目となったが、今回、インドではそうした轍を踏むことのないよう、融資面でインド側に有利な提案をしたことが、正式決定に向けての大きな後押しになったとされる。同路線の総工費約九八六三億六〇〇〇万ルピー（約一兆八〇〇〇億円）のうち、日本側が七九〇〇億ルピー（全体の八〇・九％）をＯＤＡでカバーすることになる。融資条件は、貸付期間五〇年間、返済猶予一五年間、利子率〇・一％というインド側にとってきわめて有利になっている。前記のような破格の融資条件がこれだけ大口の規模で適用されるのは、前例のないケースである。

新幹線方式のインドでの導入を成功に導くためには、高速鉄道路線の運用、保守及び運営に係る人材の育成が不可欠であり、当然のことながら、こうした分野でのインド側の人材育成には日本側が重要な役割を果たすことが期待されることになる。一五年一二月に両国政府間で取り交わされた「高速鉄道に関する協力覚書」によれば、高速鉄道の運用に当たるインド鉄道省職員約四〇〇〇名の訓練、高速鉄道に関連する人材（年間約二〇名）の日本への留学、インド鉄道省の新規採用職員の日本での訓練など、日印双方が共同で取り組むこととされている。今後、前記のインド人の研修を実施していくうえで、日本側として日本人技術者一五〇人程度を確保する必要に迫られている[10]。

新幹線方式のインドへの導入を進めていくうえでの政府側陣容として、各省庁からは外務省、経済産業省、国土交通省から課長級が参加しているなか、日本側のトップは内閣総理大臣補佐官が務めており、官邸主導の体制であることをうかがわせている。他方、インド側のトップは政策委員会（旧計画委員会）副委員長であり、トップ級会談は年二回のペースで開催される。ちなみに新幹線方式についての重要な情報とノウハウを一手に掌握しているのは、ＪＲ東日本とＪＲ東海の二社のみであるが、今回、インド人の研修、さらには車両、運行など新幹線方式の技術移転など、すべての責任を負っているのはＪＲ東日本のほうである。新幹線の車両に関しては、安全面を考慮して、開通時には日本で製造したものが使用され、徐々にインドでの現地生産に移行していく見込みである。

五　アジア新時代の戦略的グローバル・パートナーシップ

1　戦略的グローバル・パートナーシップの形成

日本とアジア諸国との二国間関係のなかで、日印関係が異彩を放っている点は、経済のみならず、安全保障の分野においても両国の連携強化に向けた制度的枠組みが着実に形成されつつあることである。二国間関係は戦略的結びつきをともなうことによって、より持続したものになる。一九九八年にインドが核実験を実施したことにともない、新規贈与の凍結（緊急・人道的性格の支援、草の根協力は除く）、新規の円借款の停止といった経済措置を発動したため、日印関係は一時的に冷え込んだ。その後、関係改善に向けての新たな契機となったのが、二〇〇〇年五月の森喜朗首相訪印である。その際、日印両国は相互の利益のためだけでなく、世界のためにも力を合わせていく関係にあることを確認した「日印グローバル・パートナーシップ」が打ち出されたことが重要である。その後、中国の台頭にともなってアジアの地政学に地殻変動が生じるなか、〇五年四月に小泉純一郎首相が訪印し、戦略的方向性を包含した「アジア新時代における日印パートナーシップ」が打ち出された。同年一二月、東アジアサミット（ＥＡＳ）が創設された際、日本は「ＡＳＥＡＮ＋３（日中韓）」の枠組みではなく、「ＡＳＥＡＮ＋６」の枠組みを提唱し、中国の影響力拡大を牽制する観点から、オーストラリア、ニュージーランドと並んでインドをＥＡＳの創設メンバーとして迎え入れることに尽力した。

さらに〇六年一二月のシン首相訪日に際して、「日印戦略的グローバル・パートナーシップ」が発表された。これによって、隔年ごとに相互訪問しながらの首脳会談の毎年開催が約束され、閣僚級対話（外務・経済産業・防衛）の毎年開催も定例化されることになった。日本にとって首脳司士が毎年会うという仕組みをもっている国は唯一インドのみであり、インドからすれば日本はロシアに続き二番目ということになる。

その後〇八年一〇月の両国首脳会談での「日印安全保障協力宣言」、さらには〇九年一二月の「安全保障協力を前進させるための行動計画」に基づいて、外相レベルの戦略対話、外務省・防衛省の副大臣・局長級「２＋２」対話、それに海軍演習が毎年実施されている。ＤＭＩＣ／ＤＦＣのような巨大プロジェクトが始動するようになったこと、さらには新幹線方式のインドへの導入が決定されるにいたったのも、戦略的グローバル・パートナーシップの枠組みの下で首脳会談が毎年開催され、両国間で緊密な意思疎通が図られていることが大きく作用している。

2　インド太平洋を睨んだ二国間関係

対日関係を重視しているという点において、モディ首相はシン前首相に勝るとも劣らないものがある。安倍晋三首相とも個人的に親しい間柄にあるモディ首相は、日本を全天候型の友好国として、インドの経済近代化に戦略的にコミットする国としてとらえている〔Baru 2016〕。一四年九月、モディ首相訪日の際に「日印特別戦略的グローバル・パートナーシップのための東京宣言」が発表された。従来の二国間関係は「特別戦略的グローバル・パートナーシップ」へと格上げされ、安全保障と経済の両面での関係強化が謳われた。経済分野においては、今後五年間で対印ＦＤＩと進出企業を倍増させる目標が提示され、三兆五〇〇〇億円の対印官民投融資を行うことが表明された。安全保障面では、二国間海上共同訓練の定例化や米印マラバール海上共同訓練への日本の継続的参加の重要性が確認されるとともに、日米印間の事務レベルの三国間対話を外相間レベルの対話に格上げすべく検討されることになった。

さらに一五年一二月の安倍首相訪印の際に「日印ヴィジョン二〇二五――インド太平洋地域と世界の平和と安全のための協働」が発表され、経済や安全保障分野での二国間協力のさらなる深化が示される結果となった。首脳会談に並行して、防衛装備品・技術移転に関する協定、さらには秘密軍事情報の保護のための秘密保持に関する協定という二つの安全保障関連の協定が締結された。これによって日本の飛行艇ＵＳ‐２を含む防衛装備品や技術協力のプロジェクトの扉が開かれるとともに、インド太平洋地域のシーレーン（ＳＬＯＣ）確保をめぐっての二国間防衛協力が深まっていくことが期待される。さらには民生用原子力協力協定について両国間で合意に達し、必要な国内手続きを含めて技術的詳細がクリアした後に締結されることが確認された。それを受けて、翌一六年一一月のモディ首相の訪日に際して、最終的に日印原子力協定が締結された。日印原子力協定の締結は、アメリカの子会社を含む日本企業のインドへの原子力プラント輸出を可能にするための絶対的条件であるため、前記の合意は今後の可能性にとっての大きな前進である。

インフラ開発のための二国間協力について、すでに進行中のDMICプロジェクトに加えて、チェンナイ・ベンガルール産業回廊（CBIC）についても、日本のODAを活用して実施することが確認された。さらに鉄道分野では、新幹線方式のムンバイ・アフマダーバード路線への導入が決定されたこととは別に、鉄道安全、車両製造、駅再開発を含むインドの鉄道近代化・拡張計画に日本が幅広く協力していくことについての覚書が両国政府間で取り交わされた。今後、長期的に鉄道分野での日印連携の強化が目指されており、日本企業にとって大きな商機が広がることを意味している。

「日印ヴィジョン二〇二五」で注目されるのは、インド太平洋という概念が高い頻度で提示されていることである。インド太平洋は「広域アジア」を意味する地理的用語であり、それを遡れば、安倍首相が「二つの海の合流」と題して〇七年八月にインド議会で行った演説にたどりつく〔外務省 二〇〇七〕。その後、ヒラリー・クリントン前国務長官が「インド洋からマラッカ海峡を通じて太平洋までの大海の広がりは世界で最も活気のある貿易とエネルギーのルートである」と論じ、インド洋と太平洋との強まりつつある結びつきを実際的な概念に言い換えることの重要性を指摘した〔Clinton 2011〕。インド太平洋という概念は、中国、インド両国の権益と影響力の地理的膨張を背景にして、西太平洋地域とインド洋地域の経済、安全保障面でのつながりが加速的に強まり、単一の戦略的システムが形成されつつあるという事実を反映したものである〔Medcalf 2016〕。

インド太平洋の平和、安定、発展が両国の安全保障と繁栄にとって不可欠であるのは当然としても、「日印ヴィジョン二〇二五」では緊密な日印関係はインド太平洋の平和と安定の鍵を握るものとして、その重要性が強調されている。前記の文脈で理解されるように、「日印ヴィジョン二〇二五」では、日本側はアジア太平洋地域の経済統合に積極的に貢献するものとして、従来にも増してインドのアジア太平洋経済協力（APEC）への参加支持の立場を鮮明にしたものになっている。

六　日印関係拡大に向けての課題

アジアの二大民主主義国である日印両国は、互いに経済的補完性の高い間柄にある。両国は戦略的グローバル・パートナーシップの下で、長期的な経済、安全保障協力の枠組みをすでに形成している。安全保障、経済の両面での協力関係は、両国関係全体をより強固にするうえでの相乗効果をもたらしている。日印両国にとっての最大の貿易相手国は中国であるが、そうした中国の対外進出にいかに対処すべきか、両国が共通の利害を有している。今後、日印両国の関係拡大は、両国双方の利益のみならず、インド太平洋地域の安定と発展という観点からもますます重要となるように思われる。

モディ政権は、日本がすでに関与しているインフラ整備を強くコミットしている。製造業とインフラを引き上げるためのパートナーとして、最重要視されているのが日本である。少子化高齢化の下で成熟経済に甘んじる日本からしても、その成長戦略のシナリオを描くためにも、高レベルの成長を続けるインドとの関係拡大は重要である。日本の企業関係者は、インドの投資環境改善を図るうえでのモディ首相のリーダーシップに高い期待を置いている。モディ政権の下で進められている「メイク・イン・インディア」イニシアティブは、日本の対印ＦＤＩや融資を加速させるうえでの弾みになっていると同時に、日本以外の東アジア企業がインドで製造活動を開始する刺激剤にもなっている。インドを巻き込んだ東アジアサプライチェーンの拡大は、対印投資をする日系企業にとってはチャンスとチャレンジの二つの意味合いをもっている。

日本の対印ＦＤＩは多くの分野で拡大しつつあるが、それに並んでデリー・メトロや九〇〇億ドル規模の野心的なＤＭＩＣ／ＤＦＣプロジェクトを含めて、対印インフラ向け政府投資が重要な動きを示している。チェンナイ・ベンガルール産業回廊（CBIC）も、日本のODAを用いて開始されることになっている。さらには一五年一二月の首脳会議に基づいて、ムンバイ・アフマダーバード間路線に新幹線の導入が決定された。

とはいえ両国間の経済関係拡大の潜在性を遺憾なく実現するためには、克服されるべき看過できない課題が横たわっている。両国間の経済関係拡大の基礎を形成するのは、活発な人材交流を通じての相互理解であり、そのことは日本の対印投資の拡大、さらには日印間のIT連携にとっても不可欠である。しかしながら日本で学ぶインド人留学生は、中国人留学生の九万四一一一人に対して、わずか八七九人にとどまっており〔日本学生支援機構 二〇一六〕、そのことからもうかがわれるように、日印間の人材交流の乏しさは今後の両国関係拡大にとってのミッシングリンクになっている。「日印ヴィジョン二〇二五」において、今後五年間で一万人のインドの若手人材が学生交流やIT研修を通じて日本を訪問することが期待されているが、そうした人材交流をいかに幅広く活発化させることができるのか、今後の日印関係拡大にとってゆるがせにできない大きな課題であるといえる。

（1）インド応用経済研究協議会（NCAER）が第一三次財政委員会に提出した報告書によれば、GSTの実施によってインドのGDPは〇・九―一・七％上昇するとの試算を提示している。Cf. NCAER〔2009〕。
（2）中央銀行（インド準備銀行）が国債を担保に商業銀行に貸し出す際の金利のことをいう。
（3）日本貿易振興機構（JETRO）、「日本の国・地域別対外直接投資残高」を参照。
（4）二〇一五年の日本の対印投資は、第一三共がインドから投資の引き揚げを反映して、マイナス一七億六〇〇〇万ドルの値を示している。
（5）日本銀行、「平成二五年末直接投資残高」を参照。
（6）デミング賞は、第二次世界大戦後、日本での統計的品質管理の普及に貢献したW・E・デミング博士の功績を称えて日本科学技術連盟によって創設されたもので、統合的品質管理（全社的品質管理）の分野で優れた企業に授与される世界的に権威ある賞である。一九五一年から二〇一五年までの期間中、デミング賞を授与された企業は二三八社に及んでいるが、二〇〇一年以降についていえば、デミング賞を授与されたインド企業は五六社中、二四社に及び、日本の一四社を上回っている。

（7）このうち、すでに二件は立ち上がっており、ＪＥＴＲＯの斡旋によるラージャースターン州のニムラナ工業団地は〇七年に分譲され、すでに日本企業四六社が入居している。

（8）インドは新興企業の台頭が盛んであり、その数は四二〇〇社に上り、世界で三番目に多い数となっている。新興企業の経営者の年齢は若く、その七二％は三五歳以下である〔NASSCOM 2016〕。

（9）インドＩＴ産業の輸出額一〇八〇億ドルの内訳は、ＩＴサービス（六一〇億ドル）、ＢＰＭ〔ビジネス・プロセス・マネージメント〕（二四〇億ドル強）、ＥＲ＆Ｄ〔エンジニアリング研究開発〕およびソフトウェア製品（二二〇億ドル）、ハードウェア（四億ドル）である。ちなみにＢＰＭは、従来のＢＰＯと同義である。前記の数値については、NASSCOM〔2016〕を参照。

（10）二〇一六年六月一六日、筆者がＪＲ東日本の担当役員と実施したインタビューによるものである。

第10章　核問題をめぐる対立から協力への転回

溜　和敏

一　現代日印関係における核問題

1　対立から協力への大転回

ここまでの章は年代ごとに日印関係の展開を論じてきたが、本章では核問題に絞って一九九〇年代から二〇一六年に至るまでの動向を検討する。

振り返ってみると、日本とインドは核問題をめぐってまったく異なるスタンスを採っていた。一方で日本は、核兵器を保つアメリカとの安全保障条約を結んでおり、いわゆる「核の傘」に守られてはいたが、唯一の被爆国としての経験に立脚して、世界から核兵器を廃絶することを究極の目標とする核軍縮の推進に取り組んできた。他方でインドは、分離独立以前から行っていた独自開発によって核兵器を獲得しており、核兵器を自国の安全保障における重要な構成要素と考えて、インドの核保有を認めない核不拡散条約（NPT）に代表される国際的なレジーム（制度、枠組み）に背を向けつづけてきた。冷戦終結後の一九九〇年代には、国際的に核不拡散レジームを強化する気運が高まったことと、そのことの影響も受けて一九九八年にインドが核実験を実施したことにより、日印の立場の違いが顕在化して関係の発展を妨げた。しかし二〇〇〇年代に入ると、日本はアメリカに続いて核問題を棚上げして、インドとの戦略的関係の構築に着手した。二〇〇八年には原子力供給国グループ（NSG）において、NPT未加盟のインドに対する原子力関連輸出を認めることを日本が承認した。ついに二〇一〇年からは日本とインドの原子力協力協定の締結に向けた交渉が開始されて、二〇一六年に協定が結ばれた。

このように、核問題をめぐる冷戦終結後の日印関係では、核実験後の経済措置から二〇年間も経たないうちに原子力協定の締結に至るという、対立から協力への大転回が見られた。本章はこうした核をめぐる日印関係の展開について、とくに日本政府の姿勢の変化に着目して論じる。

2　日本の対印政策はアメリカへの追従か

時系列に沿って核問題をめぐる日印関係の動向を次節から振り返る前に、アメリカの動向が及ぼす影響について予め述べる(1)。

核問題に限らず、冷戦終結後のインドに対する日本の政策には、アメリカの対印政策との類似性を見いだせる〔Tamari 2013〕。とくに核問題においてはその傾向が強い。一九九〇年代の核不拡散問題や、核実験後の経済措置の発動と終了など、多くの展開において日本がアメリカに続いて同様の行動を行っている。そのため、日本はアメリカのインド政策に追従しているだけではないか、あるいは日本はアメリカの要求に従ってインドに対する方針を決めているのではないか、というような見方が生じうる。実際に、後述するNSGでのインドに対する例外化措置の承認や、原子力協力協定に向けた交渉開始において、日本政府の決断にはアメリカからの圧力が重要な影響を果たしたと考えられている〔Toki 2014〕。もし本当に、日本のインドに対する政策がアメリカを追従しているだけ、あるいはアメリカの圧力に応じているだけであれば、核問題をめぐる日印関係を独立的に検討することの意義は乏しいといえよう。

確かに、本章でこれから明らかにされるように、核をめぐる日印関係がアメリカの動向と無関係であったとはいいがたい。多大な影響を受けているのは事実である。しかし、日本が単にアメリカを追従しているのでもなく、またアメリカの利害や要求のみに沿って動いているものでもない。たとえば、核実験後の実質的な経済制裁ではアメリカの動きをふまえたものではなく、即座に主体的判断によって動いている。また、アメリカの切望する日印原子力協力協定が二〇一六年一一月まで締結されなかったことは、日本がアメリカの要求に黙従しているだけではないことを示している。

それでは、インドに対する日本の政策におけるアメリカ要因をどのように理解すればよいだろうか。本書第11章の執筆者であるJain〔2010: 403〕は、日本のインドに対する政策を中長期的にとらえて、日本がインドとの関係を独自の観点ではなく、アメリカとの関係を通じて認識しており、後手に回った対応に終始してきたと論じている。アメリカに日本が続いた二〇〇〇年の首脳訪問の例を考えると、アメリカの動向を通じて日本がインドとの関係における自国の利害を認識していると考えるのが妥当であろう〔Tamari 2013〕。そのようにアメリカの影響を受けているとしても、日本政府が自らの判断を行っていることに変わりはない。そこで以下では、核問題をめぐる日印関係の展開について、日本政府がどのような認識や判断を行ったのか着目しつつ、年代ごとに整理を行う。

二　対立の一九九〇年代——核不拡散と核実験をめぐって

1　核不拡散をめぐるインドの孤立と日米の圧力政策

冷戦終結後の一九九〇年代、核兵器を含む大量破壊兵器の不拡散が国際政治における重要課題として浮上した。一九九三年一月に発足したアメリカのクリントン政権は、大量破壊兵器の拡散を自国の安全保障に対する脅威としてとらえて、不拡散への国際的な取り組みを強めた。[2] 核不拡散の強化に向けた国際社会の取り組みは、包括的核実験禁止条約（ＣＴＢＴ）の締結に向けた交渉と、核不拡散条約（ＮＰＴ）の再検討会議という二つの舞台において実現が図られることになった。

一九九三年に交渉開始が合意され、翌年にジュネーヴ軍縮会議を舞台に始まったＣＴＢＴに向けた交渉では、容易に合意に達すると考えられていた事前の予想に反して、インドによる強硬な反対によって難航し、最終的にはインド一国のみが草案に反対した〔広瀬 二〇一二、九六―九七頁〕。採択に全会一致を要するジュネーヴ軍縮会議での成立が困難となったため、ＣＴＢＴ条約案は一九九六年九月に国連総会で賛成多数で可決されるという異例の展開を見せた〔広瀬 二〇一二、九七頁〕。国連総会での投票においてＣＴＢＴに反対したのは、インド、パキスタン、北朝鮮の三カ国のみであった。

一九九五年に行われたＮＰＴ再検討会議では、条約の延長をめぐって議論され、無期限延長が決められた〔秋山他 二〇一二、五八―五九頁〕。ＮＰＴ未加盟のインドは、既存の核兵器保有国のみを「核兵器国」と定めるＮＰＴの不平等性に対する非難を繰り広げていた。当時、ＮＰＴに加盟していない国はインド、パキスタン、イスラエルの三カ国のみであった。

このように、一九九〇年代の核不拡散をめぐる国際政治において、インドは国際的なレジームから孤立しており、レジームの強化を図るアメリカにしてみれば、最も強硬な抵抗勢力がインドであった。そこで一九九〇年代のアメリカ政府は、インド（およびパキスタン）に対して核兵器の「蓋をして、減らして、なくす（cap. reduce and eliminate）」を求めて圧力をかける方針で臨んだ。[3] 結果的にはインドの反発を招くばかりで成果が上がらなかったため、ＣＴＢＴ交渉後にその方針を再検討した〔溜 二〇〇七ａ、一一九頁〕。一九九七年には、従来の圧力政策を断念し、核問題を棚上げして関係改善を先行させることによって影響力の強化を図る「エンゲージメント（関与）」強化政策への転換を決定して、一九九八年前半にクリントン大統領のインド訪問を計画したが、インドの総選挙実施やその後の核実験を受けてクリントン訪印は延期された〔溜 二〇〇七a、一一九―一二〇頁〕。

日本政府もアメリカから各国と歩調を合わせて、インドへの働きかけを行った。一九九〇年代中頃までの日印関係では、経済協力の拡大を求めるインド側に対して、日本はNPTへの加盟とCTBTへの調印をインドに要求し、インドがその要求を拒む構図となった〔堀本 二〇一三b、一七五頁〕。

一九九二年一月に訪日したインドのマダヴシン・ソーランキ外相に対して、日本政府はインドへの経済援助とインドのNPT加盟をリンクさせること、つまりは経済援助をエサにしてNPTへの加盟を求めたのだが、ソーランキ外相は要求を拒否し、インドが中国とパキスタンによる核の脅威にさらされていることを説明した〔Kesavan 2000: 81〕。同年六月には訪日したナラシンハ・ラーオ首相と宮沢喜一首相の首脳会談でも、同様の要求が日本側から行われた〔Kesavan 2000: 81〕。しかしこの頃、核問題をめぐる日印両国の立場が接近する兆しがあったという説もある。NPTの無期限延長をめぐって、当時の日本政府には核兵器国の地位を永続化しかねないものであるとの懸念から慎重な意見があり、宮沢首相自身がその立場にあったため、NPT体制の不平等性への認識を日印は共有することになったといわれている〔Kesavan 2000: 82-83〕。インドの日本研究者K・V・ケサヴァンによるこの説の真偽は確認できていないが、たしかに前述の首脳会談は核不拡散についての二国間協議を開催する合意をしており〔外務省 一九九三、二一六頁〕、翌九三年三月から実施されている〔外務省 一九九四、第二部三頁〕(4)。いずれにしても、一九九四年からCTBT交渉が始まると、率先して支持する日本と反対するインドの溝は再び深まり、NPTの無期限延長についても日本は結局のところ賛成に回った。

一九九七年七月に行われた池田行彦外相の訪印は、外相の正式訪問として一〇年ぶりであった。このことは、当時の政治外交関係の疎遠ぶりを物語っている。

2　一九九八年の核実験と「経済措置」発動

一九九八年五月一一日、インドは三回の核実験を実施した。同月一三日にも二回の実験を行った。「平和的核実験」であると称した一九七四年の核実験とは異なり、ヴァジパイ政権はインドが核兵器保有国であることを宣言した〔Singh 1998: 9〕。ここにインドは、明言しないままに核兵器保有をつづける曖昧な「オープン・オプション」政策を放棄し、核保有国としての地位確立を目指す方針へと転じた。(5)(6)

一一日の核実験の実施を受けて、日本政府は即座にインド政府に対する抗議を行い、新規無償援助の停止を通告した〔外務省 一九九八a〕。一三日にも核実験が行われると、日本政府は再度の抗議を行うとともに新規円借款の停止を通告し、駐印大使の平林博を協議のためという名目で一時的に帰国させ、国際開発金融機関によるインドへの融資についても慎重に対応する方針を決めた〔外務省 一九九八b〕。日本政府は「経済措置」という言葉を用いていたが、平林によればその実は経済制裁であった〔平林 二〇一二、一一頁〕。同様に、大使の「召喚」ではなく「協議のための帰国」としたのは、インドとの関係を維持することに配慮したためとみられる。(7)

アメリカ政府は、核不拡散に関する国内法の規定に従って、インドとパキスタンへの経済援助を停止する制裁を発動した〔溜 二〇〇七b、三一一頁〕。しかしすぐに、パキスタンへの小麦輸出などの個別的な経済的利害に動かされた議会の主導で経済制裁が一部緩和され、さらなる緩和を可能とする権限も政権に与えられた〔溜 二〇〇七b、三一二—三一八頁〕。核実験の一報を聞いたクリントン大統領が激怒したと伝わるが〔Talbot 2004: 52〕、インドに圧力が機能しないことを学んでいたクリントン政権は、早期にインドとの関係修復に乗り出した。インドのジャスワント・シン外相（当初は国家計画委員会副委員長）とアメリカのストローブ・タルボット国務副長官によるハイレベル対話は、一九九八年六月から二〇〇〇年九月までに一四回にもわたって行われた〔Talbot 2004〕。アメリカはＣＴＢＴにインド(8)

を署名させることを目標として対話に臨み、一九九九年一〇月の総選挙に勝利して政権を維持したヴァジパイ政権によるＣＴＢＴ署名をアメリカが期待した矢先に、アメリカの上院がＣＴＢＴの批准承認案を否決したため、ＣＴＢＴ署名の要求は頓挫した〔Talbot 2004: 178-179〕。核問題は棚上げされたまま、二〇〇〇年三月のクリントン訪印の実現を迎えることとなった。結果的には、関係改善を優先させて影響力の強化を図るエンゲージメント強化政策に回帰したといえよう[9]。

日印関係も、核実験後の経済措置やＧ８などの国際舞台における一連の非難が出揃ってまもなく、修復に向けて動き出したが、印米関係に比べてその回復には時間を要した。一九九八年一〇月のＩ・Ｋ・グジュラール前首相や連邦議会議員団の訪日から議員レベルでの接点が回復し、一九九九年一月のラグナート外務次官の訪日から実務レベルでの交渉が回復した。外相レベルでは、国際会議のついでの会談を除けば、一九九九年一一月にジャスワント・シン外相が訪日するまで待たねばならなかった〔外務省 二〇〇〇ａ、別冊三頁〕[10]。インドとの関係修復において日本がアメリカに後れを取った、あるいはインドが日本よりもアメリカとの関係修復を優先させていたことは明らかであった。

以上で見たように、一九九〇年代を通じて、核問題は日印関係の進展を妨げる対立イシューであった。冷戦構造の呪縛から解放されて、経済関係への期待から関係改善への気運が高まったものの、核不拡散レジームをめぐる立場の相違が妨げとなり、さらには核実験が両国関係を一気に険悪なものとした。日本が唯一の被爆国としての立場から強硬な対応を行ったことについて、インド側は一定の理解を示していたが[11]、他方で、日本がアメリカの核の傘に守られていることや、中国が一九九五年に核実験を行ったことへの対応と比較してインドへの対応が厳しいものであったことへの不満もインド側に見られた〔堀本 二〇一三ｂ、一七五頁〕。

三　棚上げの二〇〇〇年代——戦略的関係の構築を優先

1　「経済措置」の終了

二〇〇〇年三月、アメリカのクリントン大統領が五日間にもわたってインドを訪問して関係の改善を強く印象づけると、[12]これに刺激を受けた日本も、[13]同年八月に森喜朗首相が着任後の最初の外遊としてインド訪問を行った。森首相とヴァジパイ首相の会談では、日本側から既存の円借款案件への追加資金の供与が表明されて、経済措置が緩和された〔外務省 二〇〇〇b〕。また、核不拡散に関しても、ヴァジパイ首相が核実験をこれ以上は行わないという立場を表明すると、森首相が「大変建設的な表明に感銘した」という反応を示した〔外務省 二〇〇〇b〕。これは、核不拡散体制への参加に向けて圧力をかけてきた従来の政策を事実上放棄したものであり、アメリカに続いて日本政府も、核問題を棚上げして関係改善に乗り出したといえる。森訪印は日印関係の転機となり、それ以降は加速度的に関係の緊密化が進んだ。[14]さらに二〇〇五年ごろからは、中国要因が日印関係の強化を加速させ、戦略的分野へと協力関係が拡大した〔本書第6章参照〕。

二〇〇一年一月に発足した共和党ブッシュJr.政権は、民主党クリントン政権とは異なり、核不拡散への関心が乏しく、CTBTについても推進しない方針を採用した。このことは、印米関係の妨げとなっていた障害が取り払われたことを意味した。ブッシュJr.政権は発足当初からインドに対する経済制裁の解消を準備し、二〇〇一年九月の同時多発テロの直後にインドに対する経済制裁の解除を正式に決定した。[15]なお、九・一一直後に行われた決定ではあるが、それ以前から準備されていた方針であり、九・一一の影響を受けた判断ではない。[16]九・一一の影響を直接に受けたのは、アフガニスタンでの対テロ戦争の遂行のために協力が必要なパキスタンに対する経済制裁の大部分を解除したことであり〔Rennack 2001: 4〕、九・一一によってパキスタンとアメリカの協力関係が復活したことはむしろ印米関係にとってマイナスの要素であった。

日本もアメリカに続いて、二〇〇一年一〇月に「経済措置」の終了を正式に発表した。措置の終了の理由として、核実験以降の印パ両国の核実験モラトリアム声明（当面は核実験を行わないことを表明した）や不拡散の取り組み、ならびにテロ対策に向けた印パ両国の努力を挙げている〔首相官邸 二〇〇一〕。そもそもインドへの経済制裁を実施していた大国はアメリカと日本だけであり、アメリカが先に制裁を終了させた時点で、日本だけが経済措置を継続する意義は損なわれていたといえよう。

2 原子力協力に踏み切ったアメリカ

核問題をめぐってインドと対立してきたアメリカは、二〇〇一年までに核問題を棚上げして関係強化に着手した。二〇〇一年末には早くも両国間の原子力協力に向けた動きが見られ、インド側やアメリカ政府内の一部ではそうした提案が行われていたが、第一期ブッシュJr.政権ではコリン・パウエル国務長官が核不拡散レジームを尊重する立場からインドとの原子力協力に慎重であり、二〇〇四年までの協力は原子力安全分野に限定されていた〔溜 二〇一三、第三章〕。しかし二〇〇五年一月に第二期ブッシュJr.政権が発足すると、インドとの全面的な原子力協力、すなわち原子力関連輸出の解禁に向けて舵を切った。

二〇〇五年三月にコンドリーザ・ライス国務長官がインドを訪れてマンモーハン・シン首相に打診を行い、原子力協力協定の締結に向けた交渉が開始された。両国は同年七月に基本合意を行い、翌二〇〇六年三月にインドが原子力計画を民生用と軍事用を分離して国際原子力機関（ＩＡＥＡ）に申請する内容について合意し、そして二〇〇七年七月に協定文書の内容に合意し、諸条件が整ったのちの二〇〇八年一〇月に協定の締結を行った。

インドとアメリカの原子力協力協定に関して、日本は二つの側面において当事者となった。第一に、アメリカがインドへの原子力関連輸出を実現するためには、NSG（原子力供給国グループ）の規約を全会一致で改める必要があり、NSGの加盟国である日本も判断を迫られたことである。一九七四年のインドによる核実験を契機として一九七八年結成されたNSGでは、従来、NPTの定める非核兵器国に対する原子力関連の輸出を禁止していた。そこでアメリカは、原子力協力の実現のため、インドを適用除外とするようにNSG加盟各国に働きかけを行った。第二に、日本とインドの原子力協力協定の締結が求められた。アメリカによるインドとの原子力協力とは、実際にはインドへの核燃料の輸出とアメリカ企業による原子力発電所の建設を内容とするものであり、後者の原子力発電所の建設には機器を提供する日本企業の関与が必要とされた。そこでアメリカと（アメリカに先駆けてインドとの原子力協定を結んだ）フランスは、インドとの原子力協力協定を結ぶことを日本に求めた。そのことを契機として始まる日印原子力協力に向けた動きについては、次節で改めて検討する。

3　NSGでのインド例外化を「ギリギリの判断」で承認

インドとの原子力協力の実現を目指すアメリカは、インドへの原子力関連輸出を例外的に認める規則改定を求めたが、二〇〇六年五月のNSG総会では支持を得られなかった〔Kerr 2008: 26-27〕。そして改めて二〇〇八年八月にNSGの臨時総会で改定を求めたものの、各国から異論が相次ぎ、またしても合意には至らなかった〔Kerr 2008: 27〕[17]。同年九月に再び開かれた臨時総会でも議論は紛糾したが、九月五日にプラナーブ・ムカジー外相が核実験モラトリアム（停止）の継続や厳格な輸出管理の実施を謳う声明を発表したことを受けて、六日に全会一致でインドへの原子力関連輸出を認める「インドとの民生用原子力協力に関する声明」が採択された。

NSGでのインド例外化承認に関して、日本政府はインドによる核実験と核燃料再処理の二点に懸念を示していた

〔Mistry 2014: 184-187〕。二〇〇八年八月のＮＳＧ総会が始まる段階では、加盟国四五カ国中、最も強硬に反対した六カ国（アイルランド、オーストリア、オランダ、スイス、ニュージーランド、ノルウェー）に日本は含まれていなかったが、この六カ国に賛同した一〇―一五カ国に含まれていた[18]〔Mistry 2014: 188-189〕。

　最終的に日本政府がインド例外化を承認する判断に至ったプロセスについては明らかになっていないが、日本政府によるインドへの例外措置の承認が苦渋の決断であったことは、外務省ウェブサイトの記述から読み取れる。まず、臨時総会での議論に臨むにあたって日本政府が重視した点について、「ＮＰＴに加入していないインドへの原子力協力が国際的な核不拡散体制に与えうる影響」という点（負の影響が想定されている）と、「アジア最大の民主主義国家であり、新興市場経済国でもあるインドの重要性や、同国の原子力の平和的利用が、地球温暖化対策に貢献しうるという意義」というメリットを挙げている〔外務省 二〇〇八ａ〕。そして、インドの例外化を承認するに至った理由については、ムカジー外相による声明や、インドの不拡散のための取り組みを評価して、それらを通じて「インドに対する不拡散措置が現在より強化され、同国の原子力活動の透明性が高まるとともに、国際的な核不拡散体制の外にいるインドによるさらなる不拡散への取組を促す契機となる」と記している〔外務省 二〇〇八ａ〕。その結果、「我が国としては、大局的観点から、ギリギリの判断として、コンセンサスに加わった」と、こうした政府機関の発表としては珍しい「ギリギリの判断」という文言を用いて、苦渋の判断であったことを強調している〔外務省 二〇〇八ａ〕[19]。記者会見における高村正彦外務大臣の発言によると、唯一の被爆国としての立場があるにしても、日本一国の反対によって全会一致の決議を阻止することに躊躇したという[20]。ただしこの発言には国内向けの弁解という側面もありえよう。

　要するに、日本政府は、インドを国際的な核不拡散レジームに取り込めることや、地球温暖化対策としての意義、「大局的判断」という文言からにじみ出るインドとの戦略的関係の重要性をメリットとしてとらえて、他方でＮＰＴ体制に及ぼされるダメージというデメリットと比較衡量して、インドの例外化を承認する国際的な流れに抗することを選ばず、承認する判断に至ったと考えられる。

NSGによるインド例外化の承認後、原子力産業に関わる各国が相次いでインドとの原子力協定の締結を進めた。二〇〇八年九月のフランスと同年一〇月のアメリカを皮切りに、翌年にはナミビア、モンゴル、ロシア、二〇一〇年にはカナダ、二〇一一年にはカザフスタンと韓国、それからしばらく間が空いて二〇一四年にオーストラリアがインドとの間で原子力協定を締結した〔溜 二〇一六、一九一頁〕。

四　協力の二〇一〇年代——原子力協定の締結へ

1　原子力協力協定に向けた交渉開始

インドとの原子力協定を締結したアメリカやフランスの企業がインドで原子力発電所を建設するためには、日本もインドとの協定を結ぶことが不可欠と考えられた。アメリカとフランスの原子力企業はいずれも日本企業との合弁や提携の関係にあり[21]、さらにはフランスのアレバ社も高い世界シェアを誇る日本製鋼所製の原子力圧力容器を必要としたためであった〔松久保 二〇一五、一八頁〕。

原子力協力に向けた動きが最初に公にされたのは、二〇〇九年一二月に行われた鳩山由紀夫首相とマンモーハン・シン首相の会談後の記者会見であった。共同記者会見の冒頭発言で、鳩山首相が「原子力については将来的な協力の可能性がある」と表明し、さらにその後の両首脳による質疑応答では原子力協力が首脳会談の議題となっていたことも明かされた〔首相官邸 二〇〇九〕。

そして二〇一〇年六月、インドとの協定締結に向けた交渉を開始することを日本の外務省が発表し、同月中に実務レベルの日印原子力協定締結交渉が開始された〔外務省 二〇一〇a〕。同年の一〇月と一一月にもハイペースでの協議

表1　日印原子力協定締結交渉

年月	経過
2008年9月	NSGでのインドの例外化を日本が承認
2009年12月	首脳会談（デリー）で「将来的な協力の可能性」表明
2010年6月	交渉開始決定；第1回日印原子力協定締結交渉（東京）
2010年10月	第2回日印原子力協定締結交渉（デリー）
2010年11月	第3回日印原子力協定締結交渉（東京）
2011年3月	東日本大震災にともなう交渉中断
2013年5月	首脳会談（デリー）で交渉の再開を発表
2013年9月	第4回日印原子力協定締結交渉（東京）
2013年11月	第5回日印原子力協定締結交渉（デリー）
2013年12月	第6回日印原子力協定締結交渉（デリー）
2015年12月	首脳会談（デリー）で協定に実質合意
2016年11月	両首脳が原子力協定に署名（東京）

注）松久保〔2015：19-20頁〕および外務省ウェブサイトを参照して筆者作成．

が重ねられたが、二〇一一年三月に東日本大震災とそれにともなう福島第一原子力発電所の事故が発生したことを受けて中断された。二〇一三年五月の安倍晋三首相とマンモーハン・シン首相の首脳会談で交渉再開に合意し〔外務省 二〇一三b〕、同年九月に再開された〔外務省 二〇一三d〕。同年一一月と一二月にも交渉を開催したことが発表されているが、それ以降の交渉状況についてはしばらく明らかにされなかった。

2　交渉開始を判断した理由

原子力協定の交渉開始は、核問題をめぐるインドと日本の関係において、重大な転換点であった。二〇〇八年のNSG臨時総会では、NPTに加盟していないインドへの原子力関連輸出を「ギリギリの判断」で認めたばかりの日本が、自国とインドの原子力協力、すなわち日本からインドへの原子力関連輸出に着手するという、さらなる一歩を踏み出すことを意味していた。二〇〇九年九月から二〇一〇年九月まで外相を務めた岡田克也の回顧録によると、自身の外相としての数々の決断のなかでも、インドとの原子力協力の交渉開始が最も困難な決断であったと記している〔岡田 二〇一四、一九〇頁〕。どのような理由でこの方針転換を行ったのだろうか。

岡田〔二〇一四、一九二頁〕によると、鳩山政権の時代〔二〇〇九年九月—二〇一〇年六月〕に、フランスのアレバ社からの働きかけがきっかけとなり、日本政府内でインドとの原子力協定に向けた検討が開始されたという。二〇〇八年に締結された印仏間の原子力協定に基づいて、アレバ社はインドでの原子力発電所の建設を計画したが、その圧力容器に日本製品を利用しようとしたため、日本政府への働きかけを行っていた〔岡田 二〇一四、一九二頁〕。

政府内では、外務省の軍縮関連部局に慎重論が強かったが、外務省内でも全体としては賛成意見が優勢であり、さらに経済産業省や首相官邸は完全に推進論に傾いていたという〔岡田 二〇一四、一九二―一九三頁〕。岡田自身は経済産業省や外務官僚の前のめりの動きにブレーキをかけたというが、結果的には交渉開始を決断するに至った。岡田が決断の根拠として挙げている論点について、回顧録や当時の会見記録から整理したい。

協定のメリットとして岡田が挙げたのは、第一に、インドを国際的な核不拡散体制に取り込んで責任ある行動を促すことができるということであった〔外務省 二〇一〇b〕。つまり、インドをNPTに加盟させることは不可能であるとしても、現状のまま原子力をめぐるインドとの関係を断ったままにしておくよりも、協力関係を結ぶなかで制約を課していくことが好ましいという理屈である。第二に、日本の原子力関連産業の経済的利益を指摘している。当時の政権の成長戦略では、アジア諸国を中心とする海外への原子力発電所の輸出が、その中核に位置づけられていた〔岡田 二〇一四、一八七頁〕。第三には、地球温暖化対策としての有効性を指摘している〔外務省 二〇一〇b〕。第四は、日本の国益にとって重要な戦略的パートナーであるインドとの二国間関係をさらに発展させることに寄与するという点であった。岡田が具体的に言及しているのは、貿易・投資関係の発展や、国連安保理改革に向けた協力であるが、このほかにも中国との関係を含めた地域の国際政治情勢におけるインドとの協力の意義も当然考慮されていたはずである。

言及されるデメリットは、NPT体制への悪影響の一点であった。岡田〔二〇一四、一九四頁〕は、「NPTに入っていない核武装国を例外扱いすることが、NPT体制に深刻な影響を与えることは事実である」と断言している。とくに岡田が懸念したのは北朝鮮への悪影響であった。インドの核保有は黙認して原子力協力を行い、他方では同じくNPT未加盟のパキスタンや北朝鮮に認めないことを、うまく説明できない点を懸念していた〔岡田 二〇一四、一九四頁〕。

こうした情勢認識に基づいて、NPTへの悪影響という原則論と、日本にもたらされる利益のバランスを検討し、「次善の策としてはやむをえない」〔岡田 二〇一四、一九四頁〕との判断から、交渉開始にゴーサインを出すに至ったようである。会見での発言からは、NSGでのインド例外化の承認のときと同様に、国際的な流れに逆らうことが難しいとの考えも読み取れる[22]。

3　協定の締結

日本はベトナム〔二〇一一年一二月に締結〕やトルコ〔二〇一三年五月に日本側署名〕などアジア各国との原子力協定を次々と成立させるなか、二〇一〇年に開始されたインドとの交渉には年月を要した。

交渉開始から五年半が経過した二〇一五年一二月、ようやく合意に至ったことが発表された。安倍晋三首相とナレンドラ・モディ首相が発表した共同声明は、「両首脳は、日印民生用原子力協力協定に関し、両国政府間で合意に達したことを歓迎し、必要な国内手続に関するものを含む技術的な詳細が完成した後に署名されることを確認した」という文言で合意を発表した〔外務省 二〇一五b〕。ただし、合意とは謳っているものの、細部の詰めはまだ終わっていなかった。インドのスブラマニアン・ジャイシャンカル外務次官の言葉を借りれば、「協定に含まれるさまざまな規定の大意について合意したということ」を意味する、「実質合意」であった〔Ministry of External Affairs 2015b〕。

そして二〇一六年一一月、モディ首相の訪日に際して、ついに原子力協定への署名が行われた。この時期に締結されることが同年八月に報じられていたことから類推すると〔読売新聞 二〇一六〕、同年夏までには締結の見通しが立っていたと考えられる。

協定に向けた最大の懸案は、インドが核実験を行った場合に協力を停止することについて、協定文に盛り込むか否かであった。インド側は、インドが他国と結ぶ協定でも定められているように、理由を問わずに事前通告によって協力を停止できるのだから、核実験に関して特記する必要はないと主張した。しかし日本は唯一の被爆国として、原子力協力がインドの核兵器開発に資するものでないことを明示するために、核実験が行われた場合の対応を明記することを求めた。これは、協力の内容をめぐる実質的な相違ではなく、協定の文面をめぐる形式的な相違ではあったが、両国政府にとって妥協しがたい問題であった。インド側がこの点に固執するのは、核実験の権利を実質的に制約するような協定を結ぶことが、国家安全保障政策の自律性を侵害することになるととらえていたためであった。日本側では、核兵器の問題に敏感な世論に配慮する必要があり、さらには岸田文雄外相が広島市の爆心地を含む地域を選挙区としている事情も多少は影響したかもしれない。

結局、核実験が行われた場合の対応は協定文に盛り込まれずに、インドがアメリカなど各国と結ぶ協定と同様の内容となった。しかし協定文とは別に、両国の実務責任者の名義で「見解及び了解に関する公文」と題した文書に合意した。この文書では、（i）日本側はインドがＮＳＧ交渉時（二〇〇八年）に発した核実験モラトリアム声明を協定の基礎と見なすこと、（ii）声明が変更されれば日本側は協定の規定に従って協力を停止できること、（iii）声明に反する行動をインドが行えば核物質の再処理は停止されること、（iv）協力を停止した場合のインドからの補償請求には異議を申し立てる権利が日本側にあること、（v）インド側は声明を再確認すること、の五点を確認した〔外務省 二〇一六〕。インド側としてはアメリカなど他国と同様の原子力協定を日本と結ぶことができ、日本側としては他国よりも踏み込んだ形で核実験を行った場合の対応を確認できるという意味で、両国の面子に配慮した落としどころで決着が図られたといえよう。

二〇一〇年代の動向を振りかえると、核問題をめぐる日印関係の歴史において、初めて協力の段階に入ったといえよう。先に協力へと段階を進めたインドとアメリカは、並々ならぬ熱意と努力をもって困難と思われた原子力協定を実現したあと、皮肉なことに、難題を達成した次の目標を見失ったかのように、関係が停滞する「高原状態」に陥った〔堀本 二〇一四、五〇―五三頁〕。かつての対立を乗り越えて協力を実現する日本とインドは、これからどのような歩みを進めるだろうか。

（1）日印関係とアメリカの連結性については、本書第5章を参照されたい。

（2）たとえば、クリントン政権の世界戦略を最初に明示したといわれる一九九三年一〇月の『ボトム・アップ・レビュー』（アメリカ国防長官が連邦議会に提出した戦略文書）は、対処すべき新たな脅威の筆頭に大量破壊兵器の拡散を挙げている〔Aspin 1993: 2〕。

（3）「蓋をして、減らして、なくす」は当時のアメリカの南アジアに対する政策文書に頻用された。インド側では、アメリカの高圧的な姿勢を象徴するものとして、このフレーズをネガティヴにとらえていた。Singh〔2000: 11〕を参照。

（4）核不拡散をめぐる二国間協議はその後も継続されたようである。一九九五年に開催されたことが確認できる〔外務省 一九九六、第Ⅱ部五頁〕。

（5）インドがこのときに核実験を行った理由についての検討は、本書第4章や溜〔二〇一〇〕を参照されたい。溜〔二〇一〇〕では、一九九五年にもインドのラーオ政権が核実験を試みていた（アメリカに察知され、中止に追い込まれた）ことに着目して、パキスタンのミサイル実験やヴァジパイ政権への移行といった直近の「引き金」よりも、冷戦終結後の国際政治構造や地域の安全保障情勢といった中長期的な要因を重視すべきと論じた。

（6）オープン・オプション政策とは、核保有と非核化の二つの選択肢（オプション）を保持して、その選択を留保したままにする政策のこと〔Singh 1998: 21〕。

（7）平林〔二〇一二、九―一〇頁〕によると、当時の首相であった橋本龍太郎は、以前からインドの戦略的重要性を説いていた。そうした事情が、「経済措置」や「協議のための帰国」という穏健な文言の選択に寄与したのかもしれない。

(8) インドに対する経済制裁を実施したのは、日本とアメリカのほかには、カナダ、スウェーデン、ノルウェーのみであった〔『インド季報』第三〇巻第一号、三八—三九頁〕。
(9) 伊藤〔二〇〇八、七〇頁〕は、核実験後のアメリカや日本の対応がインドからの譲歩を引き出せなかったことについて、「結局のところ、NPTに非加盟を貫き、冷戦後の西側の重要なパートナーになりつつあったインドに対し、安保理やG8を含む国際社会がこれ以上に踏み込んだ措置をとることが、法的にも、政治的にも非現実的な選択肢であることは明らかであった」と指摘している。
(10) ジャスワント・シン外相訪日の直前にあたる一九九九年一〇月には、山本一太外務政務次官がインドを訪問した〔外務省二〇〇〇a、別冊三頁〕。
(11) 平林からの抗議を受けたラグナート外務次官は、日本の抗議に対して理解を伝えたという〔平林 二〇一二、一〇頁〕。
(12) Talbot〔2004: 193〕は、「クリントン大統領のインド訪問は、いかなる基準をもってしても、またほぼあらゆる側面において、歴代で最も成功した外国訪問の一つ」と評している。
(13) 当時の駐印大使であった平林は、インドを訪れたクリントン大統領に対する歓迎ぶりを目の当たりにして、日本もインドとの関係を修復する必要性を痛感して、当時の小渕恵三首相に早期の訪印を要請した〔平林 二〇一二、一一—一二頁〕。しかし小渕は二〇〇〇年四月に急病のため退任した。
(14) 平林は森との対談のなかで、森の訪印が「核実験で広がってしまった両国の距離を森総理がグッーと近づけた」と語っている〔森・平林 二〇〇七、三九頁〕。
(15) アメリカ連邦議会調査局報告書によると、政権交代当初から、インドならびにパキスタンに対する制裁の緩和を議会に対して示唆していた〔Rennack 2001: 3〕。
(16) たとえば、二〇〇一年五月にアメリカのリチャード・アーミテージ国務副長官がインドを訪問した際に、経済制裁を解除する方針を伝えていた〔Mohan 2006a: 11〕。
(17) アメリカが示した原案に対して、約五〇件の修正要求が行われたという〔Kerr 2008: 27〕。
(18) 日本のほかには、カナダやスウェーデン、中国、デンマーク、フィンランドなどが、程度や論点はそれぞれであったが、強硬に反対する六カ国の主張に賛同していたという〔Mistry 2014: 189〕。
(19) こうした記述は、国内世論向けに行われている可能性もあり、実際の政府の判断を反映しているとは限らないことに留意する必要があろう。

(20)　高村外相は「日本が世界の国のコンセンサスが得られているなかで、日本が唯一の被爆国だからといって、コンセンサスを阻止してまで反対するのかということの判断」と述べている〔外務省 二〇〇八b〕。

(21)　アメリカの原子力企業は、東芝傘下のウエスチングハウス社と、GE日立ニュークリア・エナジー社（ゼネラル・エレクトリック社と日立製作所の提携による）の二社である。フランスのアレバ社は三菱重工業と協力関係にある。これらのうち、ウエスチングハウス社は日印原子力協力協定を待たずに原子力発電所の建設計画を進める意向を示している〔溜 二〇一六、一八八頁〕。

(22)　岡田外相は、インドとの原子力協力に向けた動きが国際的に進む流れのなかで、「日本だけがそれと違う判断を行うということは困難になってきた」ことをふまえて、「非常に苦しい判断」として交渉開始を決定したと述べていた〔外務省 二〇一〇b〕。

第11章　インド太平洋時代における日印関係

プルネンドラ・ジェイン
（訳／笠井亮平）

一　変容する日印関係とインド太平洋

二〇一〇年代後半の日印関係は、今や「インド太平洋」として認識されるようになった戦略地政学的な（geo-strategic）環境において展開されている。本書でこれまで明らかにされたように、日本が一九九〇年代の「模索期」と二〇〇〇年代の「転換期」の二〇年間に対印接近を図ったのは戦略地政学上の懸念からであり、強固で多面的な両国関係の構築が有意義であると認めたからである。

むろん、一九九〇年代後半には、インドの核実験とこれに対する日本の非難もあった。しかし、二〇〇〇年代に入ると、それまでのどん底の関係から当時「絶頂期」とも表現されるような協力に向けた新しい機会が巡ってきたのである。次いで「飛躍期」と位置づける二〇一〇年代に入ると、日印は両国の関係強化と地域とグローバルの戦略地政学的な変容を受け、「特別戦略的グローバル・パートナー」を指向するようになったのである〔Ministry of External Affairs 2014〕。

インド太平洋の戦略地政学的な空間は、インド洋が二〇一〇年代になって擁するに至った戦略的な現実を反映している。日本は「インド太平洋」という用語を自ら進んで提唱しているわけではないが、形成されつつあるインド太平洋という概念に明確な利益を見いだしている。「インド太平洋」が意味するところは、アジアの範囲をアジア太平洋から西方へと拡大させることでインドをはじめとする南アジア諸国を包含し、概念的にもインドの存在を際立たせるというものである。

日印は、現在の飛躍期にインド太平洋時代に向けて行動を共にしているが、この「飛躍」にはどのような戦略地政学的側面があるのだろうか。日印はなぜお互いをパートナーとして飛躍しようとしているのか。誰とどのようにどんな方向に向かおうとしているのか。この二国間関係がもたらす結果は何か。

これらの問いに答えるため、日印のアジア・インド太平洋に対する地域的な関わりを検討してみたい。この地域を見ると、日印はいずれもアジアの巨人（日本は成熟し確立された国、インドは台頭する新興国）であるほか、アメリカ、中国、ASEAN諸国、オーストラリアも重要な役割を担っている。そこで、本章は、これら主要国の経済的・戦略的なパワー増がもたらすアジア・インド太平洋の地域的変容とともに、そのパワーを行使する政治意思とが日印の戦略的な緊密化の触媒になっていることに加え、日印と戦略的利害と懸念を共有する地域プレーヤーとも連携する形で進められていると論じる。

なかでも共通する最大の関心事は中国の台頭に対する懸念である。経済大国となった中国はインド太平洋地域において従来にも増して軍事力を誇示しようとしており、ASEAN（東南アジア諸国連合）諸国などの大半の国々に警戒感を抱かせている。このほか、インド太平洋地域における今後のアメリカの役割という重要な要因も影響を与える。日印は戦略的接近を強めつつあり、両国の二国間ネットワークは深化と拡大を続けている。とはいうものの、日印のパートナーシップは、日本の戦略研究家・長尾賢が「準同盟」と呼ぶような関係〔Nagao 2015: 16-24〕にはほど遠い。インドは第三国から対日関係で「準同盟国」と見なされるような戦略的かつ明白な形でコミットすることに乗り気ではないからである（インドが同盟を結ばないという点では、どんな国とでも同様であるが）。

日印はともに、現在の地域的変容がもたらす大小さまざまな戦略的懸念をもっている。トランプ新政権の方向性、とりわけ主要な同盟国との関係如何によっては地域の戦略環境がさらに不確実性を増すことになりかねない。しかし、それとは別に、日本は最大の安全保障パートナーであるアメリカの今後について以前から懸念を抱いてきた。すなわち、日本を含むアジアの安全保障パートナー諸国が戦略上アメリカを必要としているまさにそのときに、経済的に衰退しつつあるアメリカから見捨てられ、その結果、自国が安全保障面で厳しい状況に置かれてしまうのではないかとの懸念である。アメリカのアジアへのピボット（軸足移動）・リバランス政策はこうした懸念をいくらかは払拭した。しかし、腰の定まっていないアメリカから見捨てられる可能性があると考えた日本は、インド（+アメリカまたはアメリカ抜き）、オーストラリアやASEAN諸国のベトナム・フィリッピンを自陣営側に引き込もうとしている。

インドは同盟国とまではいかないが、アメリカの戦略的友好国として明確に自国を位置づけるようになっており、旧「ルック・イースト」から現「アクト・イースト」政策を通じて同様の対応を進めている。日印両国はそれぞれ「近隣国」に関する懸念をもっていることから、遠隔の戦略的パートナー、また地域大国として互いの重要性を高め合っている。日本は南北朝鮮、ロシア、中国といった周辺国のいずれとの間にも、控えめに表現しても「緊張した関係」を経験してきたし、今でもそうした状態が続いている。インドの周辺環境もやはり複雑であり、インドには問題の元凶であるが、主要国には大切な戦略的プレーヤーであるパキスタンとの関係がその最たるものである。

これらの点を次節以下で明らかにしたい。第二節では、インド太平洋の意味と重要性に加え、日本が対印関係をこの新たな戦略地政学的概念においてどう位置づけようとしているかについて概要を示す。インド太平洋は、日本が長らく受け容れて支持してきた従来のアジア太平洋という地理的概念とも重なる部分が多いのである。第三節は、インド洋が日印関係の発展という文脈でもっている重要性を解明することで、前節の議論を深める。日印関係の発展という文脈におけるインド洋の重要性を説明することは前節の議論を深めることになる。第四節では、日印関係の飛躍を後押しする内外のファクターを分析するほか、日印が二国間関係を越えるミニラテラル〔訳注：少数の多国間グループ〕なネットワークを確立しようとしている状況も論じる。最後の第五節では、インド太平洋時代という新たな戦略地政学的環境における日印関係が直面する主要な課題を検討するとともに、「日印が共に円滑に飛躍できるような方法で現在から将来に向かえるのか」という枢要な課題を検証する。

二　日本にとっての「インド太平洋」の重要性

アメリカがその戦略的思考の形成過程で「インド太平洋」に注目するようになったのはごく最近のことであり、おもに中国とインドというアジアの二新興大国の台頭によって生じた地域変動への対応を意図していた。戦略地政学的な概念としての「インド太平洋」の意味は用語使用者がもつ当該地域と接続地域の全体的な認識によって差異があるが、この認識はイデオロギー的な理解、地理的な所在地、経済的・政治的・戦略的利益にもとづいて形成される(1)。

一般的にいえば、この概念はインド洋と太平洋をカバーする広大な地域の安全保障認識にかかわるものであり、とりわけ中国の軍備増強や攻撃的な姿勢の結果、当該地域と隣接地域の多くの国家が脅威を感じているという文脈のなかで用いられる〔Auslin 2010〕。大半の先行研究によれば、この地域概念は、中国の台頭を受け、米日印豪間で戦略的連携として機能する仕組みの構築を目指すアメリカによる戦略的イニシアチブだという〔Chacko ed. 2016〕。

「インド太平洋」という用語が戦略地政学分析のなかで用いられるようになったのは、ここ約一〇年であることが国際関係や戦略問題に関する研究から明らかになっている。しかし、この用語が政府と一般の両レベルで幅広く受け容れられるようになったのは、二〇一〇年にヒラリー・クリントン国務長官が米印間の海軍協力拡大という文脈で、世界の貿易・通商におけるインド太平洋海域の重要性を説明した際に用いてからである〔Department of State 2010〕。この用語で「インド」が最初に置かれていることから明らかなように、クリントン長官の演説はインドをインド太平洋地域における主要なアクターとして明確に位置づけたのである。今日では、この用語は政治的演説や公式文書、学術的分析で用いられるようになり、この傾向はオーストラリアではとくに顕著である。オーストラリアの安全保障をめぐる考え方はアメリカの考え方と密接にリンクしており、同国の広大な海上の境界線はインド洋と太平洋の双方に接続している〔Scott 2012〕。インド洋では突出した大国であるとともに国際的な地位を高めつつあるインドでは、「インド太平洋」という用語が外交関係や学術的分析、知識人による議論で幅広く用いられている。インドの政治指導者もこの用語をよく使っている。たとえば、インドのマノーハル・パリカル国防相はシンガポールで二〇一六年に開催されたシャングリラ・ダイアローグ（アジア安全保障会議）の短い演説で、「インド太平洋」を複数回にわたって使用した。パリカル国防相は、「モディ首相のインド洋ビジョンはSecurity And Growth for All in the Region（地域すべての国の安全と成長）の頭文字をとったＳＡＧＡＲという略語で表されており、広大なインド太平洋地域へのインドのアプローチを指し示すものである」と指摘した〔Press Information Bureau 2016〕。

戦略地政学的な思考の中核概念である「インド太平洋」は中国を地域的な脅威と見なす立場がとられていることもあって、批判がないわけではない〔Bisley 2012〕。しかしそうした疑義や懸念にもかかわらず、「インド太平洋」は国際関係や戦略研究の論考で主流となりつつあるだけでなく、米豪印が自国の戦略的思考を示す公式文書でも用いられるようになっている。さらにこの用語は欧州をはじめとする世界の他地域での戦略研究でも登場しつつある〔Rogers 2013〕。こうした趨勢のなかで、日本にとっては望ましい戦略的概念ではないかもしれないが、「インド太平洋」において自国をどう位置づけるかという問いが生じる。

日本がインド太平洋地域の主要な戦略プレーヤーであることに間違いないが、日本国内ではこの新たな戦略地政学的な概念に関する検討が多かったとはいえない〔Jain and Horimoto 2016〕。「インド太平洋」という概念の使用法について地域とグローバルな観点から行った分析研究によれば、意外にも日本はほとんど登場していないことが明らかになっている〔Bhatia and Sakhuja eds. 2014〕。この点は注目に値する。というのは、二〇〇七年の公式訪問の際に「二つの海の交わり」と題した演説をインド国会で行ったのは、安倍晋三首相だったからである。安倍首相は、インド洋と太平洋を一つにまとめ、新たな地域的戦略環境のなかで両海洋の交わりの重要性を指摘した。安倍首相はクリントン国務長官の三年後の演説のように、インド太平洋の概念について具体的に説明することこそしなかったものの、首相とその戦略ブレーンがインド洋を太平洋と一体のものとしてとらえることの戦略地政学的な重要性の高まりに加え、インド太平洋が日印関係にもたらす帰結を認識していたのは明らかだった。日本にとってのインドの戦略的重要性は、安倍演説でこれ以上にないほど明らかになった。しかし、二〇一〇年以降、日本の学者、アナリスト、政府関係者は「インド太平洋」という用語を採用したり、用語とその概念的な意味合いを公式文書や分析枠組みのなかで用いたりすることには慎重だった。

日本の場合、「広域アジア」という表現のほうが定着しており、これは「アジア太平洋」の概念を維持しつつ、地理的に西方へと拡大するものである。これに対して「インド太平洋」という用語はインド洋を太平洋の前に置いていることから、日本の主要な戦略地政学的なプライオリティはアジア太平洋地域であるという認識を損なうものだというのである。アジア太平洋は日本にとり今も最大の安全保障パートナーであるアメリカを含む地域であり、日本が同地域の構築に際だった役割を担ってきた。こうした経緯と事情があるからこそ、日本では「インド太平洋」という用語を用いるのに躊躇が見られるわけであり、政府レベルではその傾向が顕著である。

日本の地域思考において「アジア太平洋」がいまなお最重要な概念であることは、安倍首相が二〇一三年にワシントンの有力シンクタンク・戦略国際問題研究所（ＣＳＩＳ）で行った演説でも示されている。日本の立場を明確に示すべく、安倍首相は「ジャパン・イズ・バック（日本は戻ってきました）」と題した演説で、「アジア太平洋ないしインド太平洋地域がより豊かになっていくなか」「日本はルールの増進者であって、コモンズの守護者、そしてアメリカなど民主主義諸国にとって力を発揮できる同盟相手であり、仲間である国。これらはすべて、日本が満たさなくてはならない役割なのです」と述べた〔外務省 二〇一三a〕。

しかし、日本の学術論文や国家安全保障戦略研究家が使用する用語のなかでは、「インド太平洋」という語は定着しつつあり、海洋安全保障をめぐる議論でとくに顕著である。たとえば、長尾は多国間海軍協力の重要性を論じた八ページの論考のなかで、「インド太平洋」という語を一二回も用いている〔Nagao 2015〕。外務省系シンクタンクである日本国際問題研究所（ＪＩＩＡ）は、二〇一三年から一四年にかけて「インド太平洋時代の日本外交」に関する共同研究プロジェクト〔Japan Institute of International Affairs 2016〕を実施したほか、二〇一六年現在、外務省外交・安全保障調査研究として「インド太平洋における法の支配の課題と海洋安全保障」に関するプロジェクトが進行中である。ここで明確に見受けられるのは、日本にとってのインド洋、さらにはインドの重要性である。

インド太平洋に対する日本の考え方についての研究は依然として少なく、日本の海洋安全保障という文脈のなかで焦点を当てるにとどまっているが、いまや多くの研究者が取り組む分野になりつつある〔Jain and Horimoto 2016; 溜二〇一五b〕。

地域的概念としてのインド太平洋に関する日本の議論の状況はさておき、この新たな概念枠組みでは、二つの主要な要素が浮上している。第一に、インド洋が日本にとって関与を深めていく重要な海域になったことであり、その根底には自国の通商的利益にとって重要な交易ルートであるとの認識がある。この戦略的位置づけは、インド洋海域における航行の自由が日本にとって重要であることを示すものであり、アメリカの軍事力が低下する一方で新たに獲得した戦略的パワーを発揮している中国が太平洋を越えてインド洋にまでその勢力圏を拡げようとしている状況ではなおさらのことである。第二に、この新たな概念は、インド洋におけるインドの影響力と海軍力という点から同国に重要な位置づけを与えていることになる。こうした状況のもとで、今や日本の同盟国であるアメリカとも戦略的に接近しているインドとの間でより良好な戦略的・政治的関係を築くことは、日本の政治指導者と戦略家にとって重要な国家的任務となったのである。つまり、インド洋は「国際公共財」の一部であり続けられるよう、そのマネジメント、さらには同海域内における航行の自由の維持という点でも、インドがきわめて重要であると見なされているのである。インド洋は、インドが優位性を維持しようとする一方で中国がインドの地位に挑戦するという新たな戦略的地域となっており、このせめぎ合いのなかで日本はインドの肩をもっているのである。

三　インド洋の重要性と日印

1　インド洋の重要性と日本

インド洋がもつ重要性の顕在化は、この海域における優位性確保を目指す諸国間の利益対立が予想される状況を背景に戦略研究家や評論家から予測されてきた〔Malik 2011; Malik ed. 2014; Brewster et al. 2016: 2–67〕。しかし、日本の政策決定者や戦略研究者は、対立が発生し始めた近年に至るまで、インド洋の戦略地政学的重要性にはほとんど関心を払ってこなかった〔Jain 2003: 8〕。インド洋に対する日本の関与は、アメリカとの同盟関係を通じて守られ、日本側は多額の政府開発援助を戦略的に活用することでアメリカの目標を支援してきた。中国はインド洋の重要なプレーヤーでもなければ日本が懸念を抱くような国でもなかったし、インド洋におけるインドの役割はわずかだった。当時の日本は枢要な貿易国だったのに対して、インドも中国もインド洋を経由する貿易量はたかがしれていた。

この状況は、その後の数年に大きく変わることになる。変化の主因は、アメリカの相対的な弱体化、強国としての中国の台頭に加え、インドも経済力と戦略的影響力を獲得するにつれてインド洋における影響力を増大させたことにある。日本のインド洋に対する戦略的関心も増大したとはいえ、日本は軍事的活動が憲法で制約されているため、戦略的プレーヤーとしては、依然、弱小な存在と見なされている。日本の弱小さに関する認識は特筆に値するが、割り引いて考える必要があり、現実には日本の海軍力は非常に強大で、四六隻もの駆逐艦を保有しており、これは英仏海軍の保有駆逐艦合計よりも多いからである〔Mizokami 2014〕。日本の潜水艦の能力も重要である。それにもかかわらず、中印米がインド洋におけるカギを握るプレーヤーと認識され、検討が加えられることが多い一方で、日本が言及されることはほとんどない[2]。しかし、インドの海軍力について書かれた最新の研究書では、日本はインド太平洋地域では、米中と並んで域外大国一角を占めると描かれている〔Mukherjee and Mohan eds. 2016: 4〕。たしかに自衛隊の役割には憲法上の制約が課せられているが、その一方で、日本は東南アジア諸国、オーストラリア、インドといった戦略的懸念を共有する国との間で防衛・安全保障ネットワークを構築し、発展させようともしているのである。

安倍は二〇一二年一二月に首相に復帰する少し前に発表した論文で「インド太平洋」に関する考えを明確な形で示した〔Abe 2012〕。太平洋とインド洋における平和、安定、航行の自由が「不可分の関係」にあると主張し、中国の脅威がいかに深刻かについても述べており、中国の軍事プレゼンスの増大によって南シナ海が「北京湖」になりつつあると指摘した。そのうえで、自身が提唱する「アジアの民主主義国による安全保障ダイヤモンド」にも言及しつつ、「オーストラリア、インド、日本、それにアメリカのハワイ州で形成されるインド洋地域から大西洋西部にまで広がる海洋の公共財を守るための戦略」を推進すべきであり、「私はこの安全保障ダイヤモンドにおいて日本の能力を強化すべく、最大限の投資を行う用意がある」と指摘した。首相に復帰したいま、安倍はその言葉を実践に移しているのである。

2　インドと日印関係による対応

日本は、重要性が高まるインド洋でインドが擁する影響力・海軍力に対する認識から対印パートナーシップの強化を具体化しつつある。日印関係はとりわけ戦略・防衛の分野で強化されてきたが、日本は貿易、投資、援助といった分野の二国間協力や各レベルでも往来の拡大を推進している〔Mukherjee and Yazaki eds. 2016; Horimoto and Varma eds. 2013; Mathur 2013〕。この動きは、日本が米豪等の同盟国を越えてインドにまで安全保障ネットワークを拡大しようとした二〇〇〇年代に始まり〔Jain 2008; 2009; Ghosh 2008〕、二〇一〇年代の「飛躍期」でも順調に推移してきた。

インドは日本のアジア・ビジョンでは長らく片隅に置かれていたが、現在では日本のアジア政策の中核を占めるに至っている。日本にとってみれば、かつてのインドは経済成長が緩慢で経済的に魅力が感じられず、戦略的な意味でも重要性は低かった。冷戦という文脈のなかで、日本の関心は北東アジアと東南アジアに集中しており、アメリカの戦略に大きく依存していたし、インドも強大には映らず、日本の戦略的利益にとって重要性が高いとは認識されなかったからである。しかし、二〇〇〇年代初頭に日本が中国の台頭に加え、アメリカから戦略的な必要性が生じた際に予期した支援への不確実性を考慮するようになると、情勢は大きく変わり始めた。インドに対する関心の高まりは、インドの経済成長、大幅に改善したアメリカとの関係、中国に関する懸念の共有によってももたらされた。なかでもおそらく最も重要な点は、インドの戦略的重要性の高まり、とりわけインド洋における海軍力に関わるものであろう。こうした現状認識は、日印共同声明「日印戦略的グローバル・パートナーシップに向けて」（二〇〇六年）と「戦略的グローバル・パートナーシップへのロードマップ」（二〇〇七年）で結実した。

日印関係は、二〇〇七年の安倍首相によるインド公式訪問と高い評価を受けた国会演説「二つの海の交わり」から急速な発展を見るようになった。二〇〇九年の総選挙で安倍首相が総裁として率いた自民党が敗北した後も、彼が生み出した趨勢は民主党政権でも継承された。民主党政権期に首相を務めた三人（鳩山由紀夫、菅直人、野田佳彦）のいずれも安倍ほどのコミットメントや集中的な関与をインドに対し見せなかったが、それでも対印ネットワークの構築を漸進的に図ったことは確かである。二〇一二年一二月に安倍が首相に復帰し、自民党が衆参両院で安定的な議席を確保したことで、対印政策は加速するようになった。

概ね象徴的な意味合いにとどまるが、二〇一三年の天皇・皇后の訪印は日本がインドを戦略的に重視していることを示したもので、天皇の体調がすぐれないことを理由に外国訪問を避けてきたことをふまえると、なおさら意義の大きいものだった。一方のインドは、二〇一四年一月の共和国記念日パレードに主賓として安倍首相を初めて招待することで日本をとくに重視する姿勢を示した。二〇一四年五月にインドでナレンドラ・モディが首相に就任してからは、両国の指導者はイデオロギー的な立場を共有するようになり、日印関係は数段階上昇した。安倍首相はインドとのパートナーシップによってインド太平洋地域における自国の戦略的立場が強化されるという考えから、これをとくに重要なものととらえている。実際のところ二〇一六年現在、インドの戦略的重要性は経済・外交の緊密化を含むすべての対印関係で強化されているといってよいだろう。

ナレンドラ・モディ首相は就任前のグジャラート州首相在任中、日本を訪問し投資を誘致した実績があることから、日本に対し特別な親近感を抱いている。事実、モディ首相は就任後わずか数カ月後の二〇一四年八月に訪日した。この訪日は同首相にとって南アジア以外で行った初外遊であり、「アクト・イースト」という目標を推進し、インドと世界を結びつける「メイク・イン・インディア」政策の実現を意図したものだった。訪日では多数の二国間合意文書が交わされたが、そのうち代表的なものとしては、「スマートシティ」建設等の開発プロジェクトのために今後五年間で日本がインドに対し官民合わせて三五〇億ドルの支援を約束したこと、防衛交流、クリーン・エネルギー、道路・高速道路、保健、女性のエンパワーメントに関する五件の合意、防衛・戦略的協力の強化、が挙げられる。モディ首相が就任してからの二年間で、日本は官民による巨額の対印投資にコミットしており、これには初期コスト一二〇億ドルで支援案件として実施される新幹線プロジェクトも含まれる。

インフラ・プロジェクトは基本的に経済と開発の枠組みでとらえられるが、そこでも戦略的要因がベースになっていることが多く、たとえば、インド北東部とミャンマー、インド南部のチェンナイから東南アジアを海路で結ぶ連結性プロジェクトへの参加からもわかるとおり、「日本はインドと共に「地経学」（ジオエコノミクス）的観点から、インド洋と太平洋の地域構想に関わっていると言える」のである〔防衛省防衛研究所 二〇一五、一八六頁〕。これらプロジェクトは「一帯一路」による中国の影響力強化への対抗という補塡的な意図がある。中国のプロジェクトは、陸上の「シルクロード経済ベルト（SREB）」と海上を経由する「海洋シルクロード（MSR）」を通じて主に自国とほかのユーラシア諸国の間で連結性と協力の向上に注力するものである。「海洋シルクロード」の対象はインドが自国の裏庭ととらえ、日本の戦略的観点からも重要なインド洋地域に広がっている。もう一つの例は、インドの戦略上重要な場所に位置し、沖合には監視網をもつアンダマン島に日本の政府開発援助で一五メガワットのディーゼル発電所を設置しようという提案である。

今日、日本は伝統・非伝統の両分野で国家安全保障の新たな方向性を見定めようとしている。二〇一五年九月、国会は自衛隊が海外の紛争地に自国のパートナーとともに参加することを可能にする新たな安保法案を可決した。二〇一五年一二月に出された共同声明「日印ビジョン二〇二五　特別戦略的グローバル・パートナーシップ　インド太平洋地域と世界の平和と繁栄のための協働」では、防衛装備品の共同開発や防衛関連の技術移転を含む防衛協力拡大に道を開いている。

日本の外交政策全般でインドが中心的な位置を占めるようになったとの見方は、いまや日本の政策・戦略コミュニティ、さらにはさまざまな政府機関や政府系シンクタンク、財界、学界のなかで主流になっているといえる。日本にとってインドが米豪に次いで三番目に重要な戦略的パートナーであるとする見方すらある〔Jaishankar 2016〕。貿易をはじめとする日本の対印経済関係は、日本がアジア太平洋のパートナー諸国との間で戦後以来ほぼ継続してきた活発な経済関係と比べると、依然として見劣りするのが実情である。しかし、防衛・安全保障面における日印のつながりは、現在では、非常に際立ったレベルにまで到達したという劇的な変化を見せている。この変化に続く形で、経済面でも関係が強化されていく見通しである。

今や日本は、インドを東アジアの一国としてとらえようとする傾向がある。かつて日本はインドのアジア太平洋経済協力（APEC）加盟には反対だったが、その後は東アジア・サミット（EAS）をはじめとするさまざまな東アジア関連組織への加盟を支持するようになったことからも明らかなように従来の方針から転換している。日本はこれまでに、インドとの間で経済と安全保障に関わるネットワーク拡大を目的とした合意文書を多数署名している。なかでも最も特筆すべきなのは、自民党政権期の二〇〇八年に麻生太郎首相のもとで出された安全保障協力に関する共同宣言、それに民主党政権期の二〇一一年二月に菅直人首相のもとで署名された包括的経済連携協定（CEPA）である。日印が二国間自由貿易協定に先立つ形で二国間安全保障協定に署名したことは、日本が安全保障面に注力し、その結果が経済パートナーシップにも波及したことは注目に値する。

日印間ではこの数年に多数の防衛・戦略的協力が始まっている。二〇〇七年の「マラバール」多国間海上共同訓練のほか、海上自衛隊は二〇一二年にインド海軍との間では初となる二国間演習「日印海軍共同演習（JIMEX）」を実施した。両国の沿岸警備隊も二〇〇〇年以降、定期的に共同訓練を実施しており、これは海賊対策や災害支援のためというのが公式の説明だが、軍事的性格をもつ訓練である可能性もある。日本はニューデリーの大使館につい最近までわずか一名の防衛駐在官しか配置してこなかったが、インドの軍事的な重要性を認識するようになり、今では陸海空三軍種から一人ずつ、計三人を駐在させている〔Yamaguchi and Sano 2016: 161〕。

四　二国間戦略関係の推進力は何か

1　国内要因

日印首脳は、二〇〇〇年代初頭あたりから、二国間関係の拡大・強化に関する潜在力を認識していた。この時期に新たなページを開いたのが、日本の森喜朗首相とインドのヴァジパイ首相であった。相互利益を追求する流れは、インドのマンモーハン・シン政権（二〇〇四―一四年）、日本の小泉純一郎政権（二〇〇一―〇六年）と第一次安倍晋三政権（二〇〇六―〇七年）のもとでも続いた。この流れは日本で首相の交替が頻繁に行われるなかでも実質的には停滞することはなかったものの、二〇一二年の安倍首相再登板と二〇一四年のナレンドラ・モディ政権登場によって追い風を受け加速していることは間違いない。

二〇一四年のモディ首相訪日時、日印指導者は両国が幅広い分野で協働していく取り組みを列挙した共同声明「日印特別戦略的グローバル・パートナーシップのための東京宣言」を公示した。東京宣言は日印二国関係を「戦略的グローバル・パートナーシップ」から「特別戦略的グローバル・パートナーシップ」へと格上げするという共通の意思を象徴するものであった。二〇一五年一二月の安倍首相訪印時には、両国の首相は「日印ビジョン二〇二五　特別戦略的グローバル・パートナーシップ　インド太平洋地域と世界の平和と繁栄のための協働」と題した新たな共同声明を通じて東京宣言の範囲を拡大した。この共同声明では、平和と繁栄という共通の目標にもとづく地域と世界秩序の構築に向けて両国が手を携えて取り組んでいくという意思が強調されている。

全体的に見て、こうした日印の結びつきをもたらすものは、単なるシンボリズム（象徴）や両国指導者個人の関心だけではないといえる。日印関係が軌道から外れずに安定した状態を維持しているのは、相互の重要性に関して明確な幅広い政治的コンセンサスが双方にあるからである。過去一五年間、両国で誰が政治的トップの座にあったかに関係なく、すべての指導者が日印関係の一層の強化を図ろうとしてきた。このように双方の国内に日印関係の今日的な戦略的重要性に関しコンセンサスがあることは、国際政治ではまれな現象であり、かつて長期にわたり両国が互いを遠く離れた存在と見なしていたことを想起すれば、その感はなおさら強い。相互の重要性に関する政治的コンセンサスは今や日印両国で大きな影響力をもつようになっているが、これは「アジアの世紀」と称される時代にあって、インド太平洋の地政学的な現実に根ざしたものであり、今後も両国関係を持続させていくものと見られる。

2 国際的要因

総じて見れば、日印の戦略的連携は、インド太平洋における中国の台頭、とりわけ日印など多くの国々が容認し難い中国の海洋行動への反応という形でもたらされているといえる。日印関係の専門家と国際関係研究者の多くがこの点を強く指摘している〔Jain 2007; Chellaney 2016〕。たとえば、伊藤剛は「対中関係の冷え込みに対応する形で、日本はインドを新たな戦略的パートナーとして見出したのであり、同国が中国に対抗しうる力をもっているという点を決して過小評価すべきではないと考えている」と記している〔Ito 2015: 157〕。同様に堀本武功も「日印両国を接近に向かわせている主要なファクターは、経済の相互補完性以上に対中安全保障である」と強調している〔Horimoto 2016c〕。

中国ファクターがとくに注目を集め始めたのは、二〇〇〇年代の半ばころ、小泉政権(二〇〇一―〇六年)の後半に当たる時期である。小泉首相の靖国神社参拝に中国が反発したことで、日本の対中関係は著しく悪化した。中国では靖国神社は日本による戦争の美化の現れと受け止めており、首相参拝後、中国各地では日本関連の施設が襲撃されるなどの事態が発生した。この事態に対応するため、日本の戦略分析家はインドを自国の戦略的利益になる国として認識するようになった。民族主義的な日本の保守系紙『産経新聞』は、インドとの「同盟」関係を提唱したほどである

〔Ito 2013: 116〕。その理由はインドの重要性がバランサーとして有用であるという点にもとづいており、この点がなければ関係緊密化を図るべき国ではないという。したがって、伊藤は、「中国ファクターがなかったら、日本がインドの外交的重要性に気づくことはなかっただろう」と指摘している〔Ito 2013〕。日本がインドに対する見方を変えていく過程で中国が主な要因だったことは確かである。しかし、中国ファクターというレンズを通して日本がインドをとらえたことだけが、日印関係の発展をもたらしたわけではない。インドの場合、それが決定的な要因だったとまではいえないが、それでも同様に、中国ファクターというレンズを通じて自国の戦略的ポジションを検討した上で日本を有益なパートナーとして見るようになったのである。結局のところ、インドは一九六二年の印中紛争以来、中国との間で国境問題をずっと抱えている。また、インドは中国がインド洋やパキスタン、スリランカ、ネパールといった周辺国に触手を伸ばしている――いまや「真珠の首飾り」の名で知られるようになっている――ことにも懸念を抱いている。さらにインドは原子力供給国グループ（ＮＳＧ）への加盟申請に中国が反対したため、宿願だった核分野の地位獲得が実現しなかったことに強い不満を抱いている。

日本にとってアメリカは自国の安全を保障する同盟国だが、そのアメリカにインドが接近しているのも無視できない重要性がある。日本は戦略・軍事レベルでインドと協働することには不安感をもたない。また、日本はインドを地域で信頼に足るパートナーであるととらえているが、これはインドの「ルック・イースト」とその後の「アクト・イースト」政策、それに地域の安全保障と戦略的問題で日本と協力していこうとする積極性があるからである。

3　ミニラテラル・ネットワーク

日本は二国間関係以外の形でもインドとの関係を深化させようとしている。インド太平洋時代のなかで、日本はミニラテラル（小数の多国間グループ）なレベルでも新たなネットワーク構築を推進している。日米印枠組み、日印豪三カ国会議、日米豪印シンガポール軍事演習がその例である。このほかにも、日本はベトナムやフィリピンといった防衛・安全保障上の緊密なパートナーである国との間でもミニラテラルなネットワークを構築できる可能性を模索している。

日米印三カ国会議は二〇一一年一二月に立ち上げられ、二〇一五年にはそれまでの事務レベルから閣僚級に格上げされた。これら三カ国は「地理上のつながりと共通の利害が確かに存在するインド太平洋という戦略的概念によって結びついている」と見る分析家もいる〔Rossow et al. 2015: 69–89〕。アメリカがインド太平洋という概念をきわめて重視していることは、日米同盟の強化に資する日本の動きを支持し、インドに加えてインド太平洋志向をもつパートナーをインド太平洋枠組みプロセスに引き込もうとすることにも現れている。

日米印と同様に、日印豪も初回の外務次官級三カ国対話を二〇一五年に開催し、インド洋と太平洋、南シナ海に関する諸問題や諸分野における三カ国間の協力について協議を行った。二〇〇七年には日米印豪による四カ国枠組みに関する提案もあったが、これは実現しなかった。オーストラリアのラッド政権がこの案を拒否し、インドも態度を明確にしなかったからである。しかし、中国からは執拗な反発が見られるにもかかわらず、この案は未だに消滅してない。日米印と日印豪という二つの三カ国枠組みは、別々の形で四カ国枠組みの機能を果たしているといえる。付言すれば、このアイデアは四カ国とそのほかの国のシンクタンクを含むトラックⅡ対話という形で追求されており、「クアッド・プラス（四カ国プラス）」の名で知られるようになっている〔Lohman et al. 2015〕。

日本は二〇〇七年以来、印米による「マラバール」海上共同訓練に不定期に参加してきたが、二〇一五年一〇月に正式メンバーとして加わったことで、インドとの軍事協力に対する日本のコミットメントが明確な形で示されることになった。二〇一六年のマラバール訓練は、日米印の戦略的パートナー三カ国が高まる地域の緊張を背景に軍事協力関係の拡大に焦点をあわせる形で、東シナ海にも近い日本の佐世保港から沖縄東方海域で実施された。

さらに日印は第三国における戦略的プロジェクトでの協力も検討している。両国がイラン南部のチャーバハールという戦略拠点にある港湾の共同開発について可能性を追求しているというのがその一例で、これは戦略的に重要なパキスタン南部のグワーダル港における中国のプレゼンスへの対抗を意図するものである。チャーバハール港はインドの貿易にとり重要な拠点になるだけでなく、日本も「グローバル貿易ハブ」になる潜在力を秘めていると見ている。商業面での目的があることは疑いがないが、同港の戦略的重要性とインドと中国のライバル関係がこの共同事業を推進させている水面下の原動力なのである〔Times of India 2016〕。

五　逆風と課題

日印関係は二〇一〇年代に加速し、現在は「飛躍期」にあるとみなしてよいだろう。インド太平洋における戦略的思惑と共通利益が日印パートナーシップをさらに一段階高めたのである。日本は戦略拠点での港湾や道路の整備など、インドに対し多額の経済的言質を与えてきたが、両国の飛躍は二国間だけで起こっているわけではない。日印関係はミニラテラルなレベルでも飛躍しており、両国の戦略的利益が二国間はもちろん、米豪やＡＳＥＡＮ諸国といった国との間でも重なり合っていることを示している。こうした「追い風」を前向きに評価することは容易いが、現飛躍期の日印関係を評価する際、留意すべき「逆風」も存在していることである。現在問われているのは、日印がまずい関係に陥らず、友好国にも競争相手国にも間違ったシグナルを送ることがなく、双方が足並みを揃えて飛躍を継続していくにはどうすればよいかという点である。

日本は最も大切な安全保障パートナー・アメリカのパワーが相対的に低下し、中国のパワーが上昇するという状況にあって、自国の戦略的脆弱性をふまえ、インドを魅力的な戦略的パートナーとしてとらえている。日印は似通った戦略的課題に直面し、政治的価値とルールにもとづく価値を共有しているものの、両国は二国間関係と地域内外の主要な大国との関係では大きな食い違いもある。

第一に、中国との関係である。未解決の国境問題のほか、最近ではNSG加盟への強い反対といった事例で中国はインドに戦略的挑戦を行っているにもかかわらず、インドは中国に対し「封じ込め」や「包囲網」、あるいは効果的な連合の形成といった形で対抗することには及び腰である。印中は複数の地域と多国間のフォーラムで地域機構を構築すべくパートナーとして会合を重ねており、最新例ではアジア・インフラ投資銀行（AIIB）やBRICS新開発銀行がある。これに対し日本の対中政治関係は、活発な経済面でのつながりと人的交流があるにもかかわらず、急激に下降しつつある。日本が中国に対抗するためのカウンターバランスとしてインドをとらえ、自陣営に招き入れようとしている理由はこの点にこそ見いだすことができる。しかし、インドが日本の対中関係におけるバランサーとしての役割を担ってくれるかというと、その可能性はきわめて低い。というのは、インドは日本側の認識の範疇にとどまらない、自らの戦略的思考を有しているからである。

第二に、インドは防衛や安全保障を含む幅広い分野でアメリカに接近しているが、そのアメリカと同盟を結んでいるわけではない。これに対し、日本は長い歴史をもつ安保条約を通じてアメリカの緊密な同盟国であり、アメリカの戦略的目標に従い、アメリカ支持以外に選択肢はほぼないに等しい。自国の軍事的力量と国家安全保障上の対米依存をふまえればなおさらのことである。

第三に、日本にとって厄介な隣国、ロシアとの関係がある。現在、インドはロシアと冷戦期のような準同盟を結んでいるわけではないが、友好的関係と軍事協力を続けている。他方、日本は第二次世界大戦終結から七〇年以上を経た今もロシアとの間で領土問題が未解決のままで、平和条約が締結できていない。したがって、日印がロシアに関して立場を共にするということは考えにくい。

これら三課題について、半世紀前に提起された問いの数々がいまもなお重要性を帯びており、解決の必要があると言える。その問いとは、「千島列島の帰属をめぐる日露間の問題に関し、インドは日本の主張を支持するだろうか」「カシュミール問題に関し、日本はインドの立場を支持するか」「日印は各々が中国による挑戦ととらえる事柄について見解を一致させるべく、共通の方針をもつことができるだろうか」といった類いである。ムールティーは一九六〇年代にこうした問いを投げかけ、これらへの答えは単に日印関係だけの事柄ではなく、総じて双方の他国との関係に依拠していると指摘していた〔Murthy 1968: 55〕。

ムールティーが自著でこうした問いを発し、非常に一般論的な回答を示したのは一九六〇年代のことだった。この頃は冷戦力学が世界を強力に支配していた時代でもあり、日印関係はきわめて弱い状態にあったことは確かである。しかし現在では、戦略・防衛連携に支えられるとともに共有する戦略地政学的な懸念に後押しされて、日印関係はこれまでにないほど強靭で成熟した状態になっているということは断言できる。とはいえ、安倍晋三がその著書『美しい国へ』で述べたように、一〇年以内に日印関係は日米関係や日中関係よりも発展したものになる〔安倍 二〇〇六、一五九頁〕という楽観的な見通しが達成されるとはとうていいえず、本当に実現させるとすればさらに長い時間を要することになるだろう。

民生用原子力協力をめぐってはさまざまな議論があったが、長期にわたる交渉の末、日印は二〇一六年一一月の首脳会議で協定の署名にこぎ着けた。日本は最新式の水陸両用救難飛行艇US-2のインドへの売り込みに非常に熱心だが、こちらは依然として見通しが立っておらず、何年交渉を行ったとしても実現しないのではないかと見る向きもある〔Srivas 2016〕。新幹線・港湾・道路による連結性向上事業計画といった日本のODAによって支援されるインドでの大規模プロジェクトの進捗状況についても、今後の連携とパートナーシップのありようを示すものとして注視していく必要がある。

日印二国間には課題がたしかに存在する。とりわけ、両国は主要な大国に対して相異なる見解をもっている。しかしこうした見解の相違があるからといって、日印が当初の離陸期に始まり現在の飛躍期に至る一五年間に及ぶ二国間関係で築き上げた成果を逆行させるようなことにはまずならないように見える。日印はともにこうした課題について十分にわきまえており、戦略・経済などの分野で手付かずの利益を開拓するために現在も将来も協働することを期している。

(1) いつ、そして誰がこの語を最初に用いたかについては見解が分かれている。Khurana〔2007a〕によるものだという指摘がある一方で、かなり前の時期まで遡り、一九六四年に初めて用いられたとする者もいる〔Doyle 2014: 07〕。

(2) 一例を挙げると、二〇一四年に編集された図書〔Malik ed. 2014〕では、中国、インド、アメリカの見方は紹介されているが、日本を扱った章はない。

第Ⅴ部　今後の展望

第12章　日印関係の展望とアジアにおける役割

ラジェスワリ・ピライ・ラジャゴパラン
（訳／溜和敏）

一　アジアの戦略的構図

世界政治の重心移動は明らかであり、四カ国の台頭する大国（中国、日本、ロシア、インド）の位置するアジアがグローバルな安全保障の中心となった。アジアは急速に経済成長する国々が存在する地域でもあるが、それゆえに軍事支出も増大している。さらに、核保有九カ国のうちの五カ国がアジアに位置する。アメリカが超大国であることは変わらないとしても、相対的には衰退しており、一部の台頭する大国からの挑戦が強まっている。アジアが台頭しているとはいえ、アジアの政治、経済、安全保障は一枚岩ではない。したがって、既存の国際政治や安全保障の秩序に挑戦する勢力にはなっていない。アジアは分断された地域である。歴史の解釈や、主権と領土の問題などをめぐって割れている。このことが示唆するのは、アジアの国際政治における不確実性と競争が継続することである。歴史問題や未解決の境界・領土問題、域内大国間の不信、膨張する中国の軍事力をめぐる不確実性といった地域固有の特性のために、アジアで紛争の可能性が高まっている。アジアの多くの国は中国の台頭に対して様子見の姿勢であったが、中国政府が多くの領土問題に関して高圧的な対応を行ったことにより、状況が変わった。それまで慎重に中立的立場をとっていた国が、アメリカとの連携を強めている。中国がますます強力になるにつれて、中国の大国としての振る舞いに対する懸念が強まっている。中国の台頭がどのような影響をもたらすのかは定かでないところがあるとしても、その影響が甚大であることは確実である。

こうした戦略的背景をふまえると、変化しつづける戦略的力学とジレンマに日本とインドが共同で対処できるのかどうかを検討すること、とりわけ両国が表明してきた緊密な戦略的関係を形成する意図を検討することが重要である。こうした課題について、本章では、日印の政治的・戦略的関係の状況を手短に振り返り、それから二国間関係の重要な促進要因を検討する。日印関係は政治的・戦略的要因の観点では申し分のない構成要素に恵まれているが、そのポテンシャル（潜在力）の全面的な発揮を妨げかねないような課題や限界も存在する。本章の最後には、日印関係のポテンシャルとインド太平洋／アジア太平洋地域における日印関係の役割についての見解を示して締めくくる。

二　日印の政治的・戦略的関係

分離独立したインドと日本の関係は順調なスタートを切ったが、冷戦が始まって日印がそれぞれ異なる陣営に属すと、日印関係は推進力を失った。一九五二年に外交関係を樹立した日印関係では、イデオロギーの違いが最大の障壁となった。しかし、冷戦の終結とインドの経済自由化、印米関係の改善が日印関係に新たな機会をもたらした。一九九〇年代初頭に開始されたインドのルック・イースト政策の影響もあり、一九九〇年代初頭から日印関係に変化が生じはじめた。一九九八年に核実験を行ったインドに対して日本が経済援助の停止などの制裁を科したため、政治的交流も途絶え、一時的に関係が悪化した〔Morrow and Carriere 1999〕。インドのジャスワント・シン外相とアメリカのストローブ・タルボット国務副長官による一四回の戦略対話を経て印米関係が改善したことを受けて〔Singh 2012: 99〕、日本は二〇〇一年に対印制裁を解除した。戦略対話を通じて相互理解を深めた印米関係は、ビル・クリントン大統領による訪印（二〇〇〇年）へと結実し、この訪問が二国間関係だけでなくアジアの戦略的文脈でも大々的な成功を収めた〔Press Information Bureau 2000〕。このことは、日印関係などのほかの重要な二国間関係にも好影響を及ぼした。

日印関係に重要な変化が現れはじめたのは、二〇〇〇年のことであった。この年の八月、森喜朗首相がインドへの歴史的訪問を行い、日印関係に新たな時代が始まったことを印象づけた。関係改善の表れとして、「日印グローバル・パートナーシップ」が結ばれた。しかし、日印関係は依然として限定的であり、経済関係ではＯＤＡ（政府開発援助）が主たる構成要素であり、貿易は一部の品目に限られていた。その後、印米関係の強化、とくに両国が二〇〇五年に原子力協力の基本合意に至ったことが、日印関係への新たな弾みとなった。二〇〇五年四月に小泉純一郎首相がインドを訪れた際に、首脳会談を毎年行うことが制度化された。こうした日印パートナーシップの変容に影響した要因は、中国の台頭や、海洋安全保障、北朝鮮などの安全保障上の懸念であった。

マンモーハン・シン首相による二〇〇六年の訪日時に合意した「日印戦略的グローバル・パートナーシップに向けた共同声明」は、日印関係における重要な転換点であった〔Ministry of External Affairs 2006〕。この声明では、防衛関係の強化と技術協力が強調されており、技術協力では宇宙分野やナノ技術、民生用原子力などが言及された。四大都市（デリー、ムンバイ、コルカタ、チェンナイ）を結ぶ高速鉄道プロジェクトやデリー・メトロなどのインドのインフラ構築事業に日本が参加したことも、関係を強固にしている決定的な要因である。軍軍間関係の進展は、両国の戦略的利害の一致が拡大していることを示している。自衛隊とインド海軍が（オーストラリア、アメリカ、シンガポールとともに）二〇〇七年に初の五カ国共同演習に参加したことは、この点において重要な例である。さらに、安倍晋三首相がインドを訪れて行った国会演説は、象徴的にも実質的にも意義深い。安倍首相はその際に「インド洋と太平洋の交わり」を提起し、民主主義国である両国が「誰に対しても透明で開かれた、自由と繁栄の海を共に豊かにしていく」責任を強調した〔外務省 二〇〇七〕。

四カ国共同演習は日本とオーストラリアでの政権交代後に消滅したが、日印を含むアジアの主要国の間では、その後、新たなメカニズム（多国間枠組み）の立ち上げへの関心が持続した[1]。四カ国の取り組みは後退したものの、その後の一〇年間に日印パートナーシップでは重層的な関係改善が進み、二〇一四年のインド共和国記念日パレードに安倍首相が主賓として招かれるまでに至った〔Times of India 2014〕。安倍首相とモディ首相の良好な個人的関係と、両者がともにナショナリズムに熱意を傾けていることをふまえると、日印関係はさらなる段階へと進む可能性がある。二〇一四年五月に着任したモディ首相は、日本を訪れて「特別戦略的グローバル・パートナーシップ」を謳う共同声明に調印した〔Ministry of External Affairs 2014〕。この訪問ではほかにも、地域の安全保障のための対話の深化や、高速鉄道などのインフラ整備に以後五年間で三五〇億ドル以上を投資する約束、インドへのＦＤＩ（直接投資）を倍増させることなどの大きな進展が見られた〔Chaudhury 2014〕。二〇一五年、両国は「インド太平洋地域及び更に広範な地域において、平和的で、開かれ、公正で、安定した、規則に基づく秩序を実現するための断固としたコミットメント」を約束した〔Ministry of External Affairs 2015a〕。両国はまた、「主権及び領土保全の原則、紛争の平和的解決、民主主義、人権、法の支配、開かれた国際貿易体制、航行及び上空飛行の自由」を守り、支持する必要性を強調した。さらに両国は、「双方向協力や技術協力、共同生産や共同開発を含む」防衛協力のさらなる深化についても合意した。このように、日印関係は重層的に関係を強化してきた。外相戦略対話や防衛相対話、国家安全保障顧問間の対話（日本で国家安全保障局が設置されてから開始された）、外交・防衛次官級の「２＋２」対話など、さまざまなレベルの接点を通じて、数多くの政治的対話と安全保障協議が行われていることは、戦略的パートナーシップの拡大を反映している。

三　緊密化を促す要因

日印は協力の分野を拡大することにより、ＯＤＡ中心の関係から、はるかに重要性の高い、対等な戦略的関係へと変化させてきた。日印関係の改善を促進する要因がいくつかあるが、以下で論じる要因のすべてが両国に同じような影響を及ぼしているわけではない。しかし、これらの要因はいずれも両国を戦略的に接近させる効果をもたらしている。

1　中国の台頭

日印が直面する共通の最重要脅威の一つとして、中国が浮上してきた。中国の軍事支出の増大と、それにともなう軍事力の向上、歴史的な紛争と敵対関係、透明性の欠如といった問題が一体となって、日印両国の懸念事項となっている。加えて、南シナ海での人工島建設や、権利主張の強化と現状の変更などの中国の一方的行動が、中国の攻撃的な振る舞いに対する懸念を地域全体に与えてきた。中国政府は、南シナ海の問題について用いるレトリックとはうらはらに、新たな人工島の建設などによって紛争を積極的に軍事化させてきた。人工島には聴音哨などの情報収集設備や攻撃ヘリコプターが置かれている。

日本の防衛白書は中国の脅威を直接的な言葉で表現してきた。日本の指導部はしばしば、中国軍の計画や戦略、目的の不透明さを批判する。最新の日本の防衛白書は、「中国による透明性を欠いた軍事力の増強と積極的な海洋進出が地域の軍事バランスを急速に変化させつつある」と論じている〔防衛省 二〇一六〕。過去の防衛白書は、アジア全体を射程内に収めた中国の大陸間・中距離・短距離弾道ミサイルの増加を指摘していた。中国がこれらのミサイルを液体燃料から固体燃料に切り替えて、残存性〔訳注：攻撃を受けた際に、反撃する能力を残すこと〕と即応性を継続的に向上させたことにより、関係国は脅威認識を強めている。さらに脅威認識を助長しているのは、ミサイルの射程と正確性の向上と、多弾頭化の進行である。こうした能力の向上により、中国は領土問題に関してより大胆に攻撃的な姿勢を取るようになったのである。

日本は、射程一八〇〇キロメートルで核弾頭搭載可能な中国の弾道ミサイルＤＦ-21（東風21）が、日本と日本国内のアメリカ軍基地を容易に狙えることを懸念している。ＤＦ-21は海上の船舶や空母を狙って用いることもできると推定されている。これらのミサイルは輸送起立発射機（ＴＥＬ）に積載されているため、機動性が高められ、攻撃を受けにくくなっている。加えて、報道によると、中国は射程二〇〇〇キロメートルの巡航ミサイルＤＨ-10（東海10）を開発している。ＤＨ-10が配備されれば、中国の弾道ミサイル体制がさらに補強され、アジア太平洋地域全体を射程に収めると日本は考えている。日本はＤＦ-21をさまざまな点で大幅に改良したＤＦ-31（東風31）にも懸念を抱いている。ＤＦ-31は固体燃料を用いており、三段階の移動式ミサイルで、七〇〇キログラム搭載で八〇〇〇キロメートルの射程を有し、一メガトン級の弾頭を搭載でき、ＤＦ-21同様にＴＥＬへの積載が可能である。ＴＥＬ積載により、探知と攻撃がほぼ不可能になる。既存の研究によると、大陸間弾道ミサイルであるＤＦ-31によって、中国は相当の攻撃能力を得ることになり、開戦前の移動段階から終戦段階まで、作戦のあらゆる段階で反撃が難しくなるという。同様に、移動式発射台を採用する短距離弾道ミサイルＤＦ-15とＤＦ-11は、日本を狙うことができる。これらの移動式発射台は、東の沿岸部に移動させれば、沖縄の標的を狙うことができる。Ｊ-10（殲撃10）やＳｕ-21（スホーイ21）、Ｓｕ-30（スホーイ30）などの第四世代戦闘機の数もかなり増加しており、それによって人民解放軍空軍の作戦空域が拡大し、西日本を標的にする可能性もある。

中国が保有する潜水艦も、日本が直面する課題である。新型の水雷を備えた潜水艦を中国が用いることは、日本にとって深刻な脅威である。中国政府はこの観点から潜水艦能力の向上を継続的に行ってきており、ロシアから調達するとともに国産でも戦力を強化してきた。中国の「日本近海での活動の拡大と強化」は、明らかに海軍力が強まっていることを示している。日本は従来、海軍力と空軍力では中国に勝っていたが、その優位が揺るぎつつあり、近い将来には中国が逆転しかねない〔Green and Furukawa 2008〕。中国は空域拒否戦略も準備している。数多くの例が示すように、中国は空域拒否戦略という選択肢を試すための軍事演習を行っている。

わずか一〇年前、多くの研究者は、中国が行っている変革にともなう、国内の政治、経済、社会の困難な課題に取り組む必要があるため、中国が覇権的な野心をもたないと予測していた。研究者たちは、「大変すぎる」から中国は覇権国になる道を歩まないという中国高官の主張を引用していた。さらには、中国が「少なくともこの先一〇年から二〇年の間は、地域の支配的大国」としての役割を引き受けないだろう、と結論づけていた〔Taylor 2005: 23–24〕。しかし、これらの研究者が間違っていたことを中国が証明するまでに、時間はかからなかった。

最後に、東シナ海周辺や尖閣諸島をめぐる中国と日本の領域・領土問題が、状況を複雑にしている。一方的な権利主張と島嶼の軍事化に基づいて東シナ海と南シナ海の現状を変更する中国の動きは、「既存の国際法秩序とは相容れない」ものであり、これらは「誤解や誤算に基づく不測の事態」の危険性を高めている〔防衛省 二〇一六〕。

中国に対する日本のこうした懸念の多くをインドも共有しており、それゆえに日印は接近してきた。インドは一九六二年に中国との間で短期間だが破滅的な国境紛争を戦い、印中は領土問題を解決できずに今日に至っている。

2 アジアの不安定性

冷戦終結後、日印両国にとって、アジアの戦略的状況はますます不確実になっている。冷戦の終結によって平和と安定の新時代が始まると考えられたが、実際には民族紛争やアイデンティティ問題の表面化、資源需要の激化などの問題が相次ぎ、不安定に拍車をかけた。これらの出来事のため、諸国はハード・パワー（訳注…軍事力など）を重視しはじめた。

アジアと周辺地域の不安定性は、とくにブッシュJr.政権時代のアメリカの過剰な対外政策によって引き起こされた側面がある。アメリカのイラク侵攻を受けて、新興国はアメリカのユニラテラリズム（訳注…単独行動主義）への不安を募らせた。実際に、アメリカが相対的に衰退しているとの認識のために、政治、経済、軍事の文脈でパワーを誇示する新たな大国が現れてきた。こうした新たな危険性は、既存の大国と新興国の関係においてより顕著となり、米中関係がその一例となった。アジアの不安定性は、中国が経済的にも軍事的にも強力になった結果でもあった。その中国の庇護を受けており、ミサイルや核兵器の開発で注目が集まる北朝鮮の冒険主義もまた、こうしたアジアの不安定な状況に寄与してきた。

別の要因は、ロシアの経済的弱体化である。そのことはすなわち、ロシアの通常戦力が弱体化し、西側や中国に対する不安が高まることを意味していた。それゆえ不可避的に、ロシアの指導部は軍事戦略上で核兵器を重視することになる。日本の防衛白書が指摘するように、「ロシアがウクライナにおいて行った力を背景とした現状変更については、ロシアによる「ハイブリッド戦」に対する脅威を特にヨーロッパを中心に増大させるとともに、アジアを含めた国際社会全体に影響を及ぼしうるグローバルな問題と認識されている」のである（防衛省 二〇一六）。西側との問題、とくにアメリカとの関係で孤立したロシア政府は、従来以上に中国政府の助けを必要としている。ロシアは中国への懸念を依然として有しているが、ロシア政府は自国の側に立ってくれる強力な声を必要としており、現時点ではそうした強力な声を中国からしか期待できそうもないと見ている。(2) このことは、アジアにおいて中国の政治的立場を強化するという戦略上重大な意味をもった。

最後に、テクノロジーと戦争の性質の変化が、アジアでとくに顕著な安全保障のジレンマを深刻化させた。紛争の引き金となりうるのは（従来ながらの）資源をめぐる競争や未解決の領土紛争であるが、攻撃に用いられる新たなテクノロジーと非対称な方法が開発されたことにより、アジアの不安定性が高まった。空軍力と海軍力の使用や、情報戦・電子戦が、戦争の様相が変化するなかで主要な要素となる可能性が高い。宇宙やサイバー空間もまた、強力な撹乱技術により、とくに紛争中の重要性が高まっている。

3 北朝鮮問題と朝鮮半島の安定

北朝鮮の行動は、日本に安全保障についての再考を促し、新たな安全保障上のパートナーを希求させるもう一つの要因である。日本と韓国は、歴史問題のために関係がよくない。しかし北朝鮮との問題は、北朝鮮政府が予測不可能な行動に出るため、日韓関係をはるかに上回る難しさをともなっている。また、北朝鮮が核兵器の開発などによって全世界を挑発し、さらには長距離弾道型ミサイルなどの運搬手段を開発しているためでもある。報道によると、二〇一六年四月、北朝鮮は大陸間弾道ミサイルの新型エンジンの実験を行った。正確な情報は明らかになっていないが、「アメリカの大部分が北朝鮮のミサイルの射程内となる」〔Lewis 2016〕可能性のある、4D10型エンジンであると専門家は考えている。二〇一六年八月、北朝鮮は潜水艦発射型の弾道ミサイルの実験も行った。この実験と、二〇一六年九月の三発の弾道ミサイル実験は、日本海に向けて行われ、日本の領土から約二五〇キロメートル離れた日本の防空識別圏内に落下した〔Griffiths and Kwon 2016; Lendon 2016〕。アメリカとの協力の下で行われているイージスミサイル防衛システムを備えたイージス艦の展開は、明らかに北朝鮮からのミサイルという脅威の高まりへの直接的な対応として行われている。最近行われたインタビューで、海上自衛隊の武居智久海上幕僚長は、より効果的な対応を行うため、日本政府が韓国政府との情報交換の強化を行う意向であると述べた〔Cavas 2016〕。北朝鮮は日韓両国を核兵器によって脅している。加えて、従来からの日本の安全保障の提供者であるアメリカは、北朝鮮の行動を抑止あるいは封じ込めるための努力をさほどできなかった。北朝鮮は国際社会で中国が一定の安全保障を提供してくれることを当てにしており、朝鮮半島の問題に中国が敏感であるために、北朝鮮のあからさまな無謀さを抑えることが難しくなっている。

4　中国とパキスタンの連合

インドが安全保障パートナーシップに対して従来よりも積極的になった理由の一つは、中国からの圧力だけでなく、中国とパキスタンの連合から受ける圧力に対抗することが容易でなくなったからである。中パ連合はアジアの地政学で中核的な役割を果たしはじめており、インドの安全保障の計算だけでなく、アジアの戦略構造や安全保障力学に至るまで、あらゆることに影響している。アンドリュー・スモールは著書『中パ枢軸』（*The China-Pakistan Axis*）で、中パ両国が「多くの正式な同盟関係よりも緊密になった」、「秘密の関係」を推し進めてきたと論じている〔Small 2015〕。両国は関係悪化のスパイラルに陥ってもおかしくないような困難を数々乗り越えてきており、そうした出来事のたびにむしろ関係を深めてきた。たとえば、新疆ウイグルのイスラーム過激派テロリズムはパキスタンに対する中国の怒りを招いてもおかしくなかったが、中国政府はむしろパキスタン指導部とさらに親密な関係を築くことを決めた〔Small 2015〕。この判断をもたらした主因は、中パ両国が対インドという戦略的目的を視野に入れていることであった。一九七〇年代から八〇年代に行われた核の移転から今日の中パ経済回廊に至るまで、中パ関係はインドにとって深刻な戦略的帰結を意味しており、南アジアの戦略的秩序を変容させるだけでなく、インドの領土的一体性を脅かしている。

中国が自国の安全保障構想において公にインドを名指ししたことはないが、少なくとも中国政府は南アジア政策の一要素としてインドをとらえてきた。それゆえに、中国は南アジア諸国の反インド感情を利用して、各国との関係、とくにパキスタンとの関係を構築してきた。対インドの観点で最も利害が一致しているのは中国とパキスタンであり、両国はバランスを取るべき脅威としてインドを見なしている。インドがいずれはパキスタンを併合して大インドを打ち立てるつもりであるとパキスタンは信じており、中国はチベット問題を懸念し、インドが中国政府によからぬ影響を及ぼす秘密の作戦を企んでいると考えている。こうした思い込みのため、中国とパキスタンはインドに対してバランスを保ち、インドの不安をかき立てる戦略を遂行してきた。日本が中パ連合から直接的な影響を受けることはほとんどないが（中国＝パキスタン＝北朝鮮の核関係といった一部の関連する問題を除けば）、中パ連合にともなう不安のためにインドが日本とのパートナーシップを前向きに検討しているという側面もある。

5　経済・投資関係

安全保障関係ほどではないとしても、日印関係の推進要因として経済・投資関係も重要である。インドと日本は、経済発展の段階が異なるため、異なる経済問題に直面しているが、そのことが結果的に協力を後押ししている。日本は中国への投資で問題に直面しており、インドが中国に代わる魅力的な投資先候補となっている。インドはとくにインフラとハイテクの分野で外国からの投資を求めており、明らかにインドとしても日本が非常に有力な選択肢となっている。こうした相互補完性に加えて、戦略的ニーズは経済関係を円滑にする可能性がきわめて高い。

6　海洋安全保障

インド政府と日本政府は、海洋安全保障について深刻な懸念を有している。膨大なエネルギー資源需要の高まりと、安全な輸送へのリスクの高まりを考慮すると、両国の安全保障構想において海洋安全保障の重要性が格段に増している。日本は中東のエネルギー資源に依存しているため、アデン湾とマラッカ海峡が日本にとってとくに重要である。

東南アジアの海運ルートは、石油と天然ガスの輸送に用いられるだけでなく、重要な貿易回廊でもある。また、ヨーロッパや中東、アフリカとの物流だけでなく、ウランや石炭、穀類、鉄鉱石などの戦略的品目の輸入にも東南アジアの海運ルートを用いている〔Bradford 2005〕。海上自衛隊は、控えめな装備体制ではあるが、リスクの高まるアデン湾の海賊対策活動に従事している。

日本はとくに東アジアと中東を結ぶ主要水路であるマラッカ海峡に懸念を抱いている。日本の輸入する石油の約八〇％はマラッカ海峡を通過する。実際に、一九九九年に日本の船舶がインドネシアを出航した直後にハイジャックされた事件は、海洋安全保障に対する日本のアプローチに重大な影響を及ぼした。しかし海賊問題は、一時期非常に頻発したあと、最近一〇年間は沈静化している。それにもかかわらず海賊問題への日本の取り組みは、制度的問題〔自衛隊の軍種間で対立があり、海上自衛隊が防衛予算における割合を高めている〕や、中国の海洋進出などのさまざまな理由から継続している。海賊問題への懸念は本気であり、海上封鎖によって日本が機能停止しかねないことも懸念していた。実際に、いわゆる「樋口レポート」〔訳注…冷戦終結後の日本の防衛体制のあり方を検討した〕は「海上交通の安全を確保すること」に言及して、海上交通が途絶する可能性が日本にとって大きな脅威であると論じていた〔防衛問題懇談会一九九四〕。さらには、海に囲まれて「海外依存度がきわめて高い」国である「日本にとって、死活的な問題である」と指摘していた〔防衛問題懇談会一九九四〕。このように、とくに東南アジアへの海洋安全保障を重視する姿勢を継続してきたのである。

また、日本にとってだけでなく、地域の他国も共有する重要な懸念として、作為的な妨害の恐れも再び高まっている。海と空の航行の自由は、東南アジア海域を自国の主権が及ぶ範囲と見なす中国の進出拡大によって、脅威にさらされる恐れがある。中国が東シナ海で防空識別圏を一方的に設定したことは、新たにこの問題への関心を引き寄せる結果となった。中国によるアメリカや日本、インドの船舶への追尾行動の増加も、こうした脅威への関心を高めた。

海洋安全保障に対するインドの懸念は、おおむねインド洋海域に向けられている。インドの地理的位置を考慮すると、海上交通の途絶も懸念事項ではあるが、その懸念はごく小さい。より重要なことは、中国によるインド洋の「真珠の首飾り」をインドが依然として懸念していることである。この用語はあるアメリカ人が生みだしたものらしいが、現実に中国はインド洋諸国の一部に海軍のプレゼンスを構築してきた。すでに中国は、パキスタン、バングラデシュ、スリランカ、モルディヴ、ミャンマー、そして最近はセイシェルとジブチに拠点を設けた[3]。中国は、海上での事件の増加をふまえて、代替的な輸送ルートを確保するためにこれらの施設を開発したと主張している。しかし、もしその主張が事実であるとしても、インドと日本は中国の動向への懸念を共有しており、協力して解決策を見いださねばならない共通課題ととらえたはずである。

以前はアメリカに任せていた安全保障問題への取り組みを日本が強めている理由として、アメリカの相対的衰退も重要性を高めている。アメリカは航行の自由を訴え続けているものの、たとえばそうした訴えが南シナ海における中国の行動を制約するかどうかを観察して、日本は東シナ海の問題への教訓を注意深く学んでいる。したがって、日本とインドは他の近隣のアジア諸国とも協力して、海上安全保障分野で防衛態勢を強化する必要があるだろう。今後、航行の自由とシーレーンの保護への関心が高まる。日米印三カ国で行ったマラバール演習が好例である〔Rajagopalan and Mishra 2015〕。日米印の協力で実施した人道支援・災害救援（ＨＡＤＲ）の訓練も、アジアの戦略的観点で前向きな進展ととらえられる。

四　課題と制約

インド政府と日本政府はアジアで中国に対するバランスを維持する必要があるため、中国の存在が今後も日印関係の強化を促すことになる。また、中国の覇権の高まりを阻止することは日印両国にとって死活的な問題である。日印関係には経済やテクノロジーの問題などのほかの側面もあるが、中心課題となるのは対中バランスという政治的な必要性である。しかし、今後は難しい課題にも直面するだろう。

第一の重要課題は核問題である。日本は核問題に関して現実路線にシフトしているが、歴史的経緯のためにインドを核保有国と完全に認めるには至っていない。この問題では当面の間、困難が続くだろう。日本の反核兵器感情は、今後も日印関係がポテンシャルを全面的に実現するうえでの障害となろう。民生用原子力協定をめぐる協議が数年間も長引いた事実が、この問題の難しさを表している。核不拡散条約（ＮＰＴ）に加盟していない国との原子力協力を行うことに対する日本国内の反対世論も問題の一つである。福島原子力発電所事故の起きた日本では、原子力の利用拡大に反対する世論が強い。したがって、安倍首相率いる日本政府は明らかにインドと原子力協定を結ぶことの戦略的意義を重視していたのだが、インドとの原子力協力に反対する国内世論は今後も残るだろう。

第二に地理の問題がある。両国が地理的に遠く離れている事実により、戦時や危機発生時の協力が困難になっている。日本がインド洋に海軍のプレゼンスを常時維持することは不可能であり、インドが東シナ海に大規模な海軍力を維持することも不可能である。したがって、日印協力の主眼は、相手国の能力強化（capacity building）、それも主に平時の能力強化に置かざるをえない。

日印関係の当面の妨げとなりうる第三の要因は、国内の反対意見である。たとえば、インドと日本には異なる戦略文化があり、その違いが相手国への評価の方法と程度に影響するだろう。第二次世界大戦後の日本にとって、アメリカと日米同盟が何よりも重要であった。他方でインドは、日本のアプローチとは対照的に、戦略的自律性を最優先してきた。過去数十年間、インドと日本は歴史の異なる側にいたのである。つまり、日本はアメリカと共にあり、インドは非同盟陣営にいてソ連への特別な共感を覚えていた。このように、戦略文化だけでなく、協力の習性がインドと日本ではまったく異なるのである。

日本はアメリカが一〇年前と同じような影響力を行使できないことを認識しているものの、安全保障構想においてアメリカの同盟システムを過剰なまでに重視している。しかしこれも次第に変わりつつあり、日本の外交安全保障政策はアメリカへの依存を継続しつつも、同時にアジアのパートナー諸国との戦略的パートナーシップを強化する方針に傾いている。日本がインドやオーストラリアとの関係を強めていることがその証左である。

インド国内の反対意見も一つの制約である。インド国内には、インドがアメリカや日本など他国と手を結ぶべきでなく、反中連合を形成すべきでないと信じる人々のグループが存在する。このグループは政治的な影響力を常にもっているわけではないかもしれないが、将来的にはそうした政治勢力が政権に就いたり、あるいは連立政権で要求を突きつけたりするかもしれない。このグループは、インドが中国へのカウンター・バランスとして役割を果たすという、アメリカやアメリカの同盟国の多くが期待する考えに対して、強い疑念を抱いている。たとえば、インドの海軍力が中国海軍へのカウンター・バランスとなると見る向きも日本にはあるが、さまざまな面から懐疑的な見方もされている〔Sato 2013〕。インドがカウンター・バランスとしての役割を果たす意思があるかどうかにも関わることであるが、より重要な問題は、そもそもインドがそのような役割を果たしうる手段をもっているかどうかである。

国内の文脈での別の課題は、中国要因を抜きにしたときに、インドと日本が戦略的利害を一致させられるか否かである。インドで一般的に好まれる対外政策は、多極的な地域秩序や世界秩序を構築することである。インドが極の一つでなければ多極世界はインドの国益にはならないと考えられているが、一般の多極志向は政治エリートとも一致している。他方で、中国を一方の極とする二極世界もインドの国益とはならない。したがって、アメリカやその同盟国との選択的な関与にとどめておくことが、インドにとっては好都合である。しかし、こうした状況が変わりつつある。インドはアメリカや同盟国との関係に、過去のどの時代よりも明確かつ意欲的に取り組むようになっている。とはいえ、そうした戦略的接近の大部分は中国要因によるものであることにも留意しなければならない。したがって、もし中国が将来、協調的なアプローチを採用して穏健な対応を行う道を選択すれば、インドが（アメリカや日本との）新しい戦略的パートナーシップを取りやめる可能性も残されている。

これらの課題をふまえると、両国は相手国の能力強化、とくに平時の能力強化に協力する方法を見いだす必要があるだろう。このことについて次の節で論じる。

五　今後の重要分野

過去一〇年間にわたって、インドと日本はそれぞれの対外政策において、日印関係を重要な構成要素に変えてきた。二国間協力は深さと広さともに強化され、以前は貿易や経済に限られていた関心を、デリー・メトロのような大規模インフラ整備事業などのさまざまな分野に拡げてきた。これらの分野も重要でありつづけるとしても、日印関係を今後ますます強固なものとするのは、やはり戦略的次元である。インドでは、明らかに経済分野に属する決定ですら、戦略的要因に影響される。日本の新幹線を選んだインド政府の決定がまさにその例である。インドの考慮においては中国も十分に競争力のある立場にあったことに留意しなければならない。日本はより優れた技術力を有しているので、協力の機会は非常に大きい。両国はすでに鉄道設備の更新に合意しており、日本企業に機会を開くことが決まった鉄道セクターの全面的な近代化は巨大な事業である。

1　アジアの戦略的連合への注力

中国の台頭への対処や、包括的なアジア戦略枠組みの構築、シーレーンと海洋安全保障の保護、そして両国の利害の一致を強化・拡大させることによって、パートナーシップはさらに強固なものとなるだろう。現実主義的な戦略的計算を行うことと、民主主義や人権の推進といった共通の価値の促進を図ることが、両国にとって重要である。日本がグローバルな問題やアジアの問題で従来以上の役割を引き受け、インドが大国化を志向することにより、日本政府とインド政府は共通の道を見いだす可能性が高い。中国の排他的方針とは異なり、両国がアジアの戦略的枠組みに関して包括的なアプローチを採用している事実からもわかるように、この先数十年間にインドと日本が連携することは必然である。

日米印のような正式の三カ国枠組みは、反中グループを意味するものでないとしても、近年攻撃的になっている中国の行動を修正することを意図したものである。軍事同盟までは発展しないはずだが、取り組むべき課題は中国への対処である。地域平和を実現するには、中国と、北朝鮮のような中国のクライアント国家（従属国）の行動を変える必要があり、その責任がますます強まっているのである。

2　防衛装備貿易と技術協力

インドと日本の戦略的利害は一致しているので、両国が防衛技術で協力する可能性も現実的にある。二〇一五年一二月に防衛装備品と技術の移転を促進する協定に合意したことは、その始まりにすぎない。これまで、この分野でインドは日本の重要なパートナーでなかったが、この分野は果てしないポテンシャルを秘めている。たとえば、日本は水陸両用飛行艇US‐2の輸出を提案している。技術交渉は泥沼化しているものの、US‐2の輸出が実現すれば、その影響はきわめて大きなものになる。航空産業分野も協力に向けて検討する価値がある。この分野で日本は先進技術を有しているが、インドではほとんど進歩していない。防衛電子機器でも協力の可能性がある。インドがアメリカから購入した防衛装備品の多くには日本の電子部品が使われているが、インド政府はまだこの分野での協力を日本政府に提案していない。可能性のある分野の最後は、潜水艦開発である。インド政府はこの分野でただちに協力を必要としている。インドの潜水艇は、補充するよりも早いペースで消耗するために数が減っており、対応策を講じなければ今後数年のうちにパキスタンと同じ規模にまで弱体化する。潜水艦の共同開発を行えば、インドの潜水艦の減少を食い止められるだけでなく、長期的には海軍・海洋協力の分野で共通の利益を守ることにも役立つ。能力強化の分野で協力を広げることによって、地理による限界をも克服しうるのである。

3　安全保障協力

日印の戦略的協力においてポテンシャルを秘めた分野として、共同軍事演習がある。日本は運用経験を欠くものの、先進的な軍事力を有している。両国が同様の脅威と課題に直面していることをふまえると、インドは理想的なパートナーであることがわかるだろう。地理的な限界もまた、日印両国の広範な戦略的目的に即して利用できる。たとえば、インド洋地域の死活的な戦略空間を同様の考えをもったパートナーと共有することについて、インドが前向きな考えをもつようになってきたため、インドが国際海運の中心地に位置することは日本にとってプラスである。またインドと日本は、海洋大国として、海洋安全保障の分野でグローバルな規範を実現するため、さらなる主導的役割を果たす必要がある。たとえば、両国は海賊や海上テロを取り締まる新たな規範を制度化するため、新たな多国間の取り組みを模索すべきである。

アメリカの核の傘とアメリカによる安全の提供が日本の安全保障の要石であることは変わらないとしても、日本は戦略的な独立性を高め、自前での安全保障を強化する必要があるため、今後はインドとの緊密化を進める要請が高まるだろう。この要請は、アメリカが中国や北朝鮮と軍縮協定を結ぶ可能性があることへの懸念によるものでもあり、もしそうなれば日本とインドには戦略的損失となり、深刻な危険に直面することになる。

インドと日本は確固たる宇宙大国であるため、この分野でも協力の余地がある。両国は主に民生用宇宙計画を行ってきたが、アジアにおける宇宙での軍事活動の高まりをふまえると、両国は純然たる民生用だけにとどまらない宇宙計画を進めなければならない。

地理のように異なる現実を示唆する実際的な差異もあるが、現実的に考えても、価値観から考えても、インドと日本は同じ道へと導かれる。たしかに地理的に近接していないため、実際に協力の可能性は制約されうる。しかしインドと日本は、そうした近接要因がなくても、覇権的なアジア秩序の構築をもくろむ攻撃的な中国に直面するなかで、アジア全体の戦略枠組みに着目することを通じて二国間関係を活発化できるはずである。

(1) 四カ国共同演習が廃止された理由には、自国への敵対的な連合であるとの中国による批判など、多くの理由があった。オーストラリアと日本での政権交代も理由の一部であった。
(2) 二〇一五年六月に筆者がロシア人研究者から行った意見聴取に基づく。
(3) 中国が外洋海軍の能力をもたないことは事実であるとしても、台頭する大国である中国は近いうちに外洋海軍能力を増強すると予測される。

第13章　権力移行期の世界と日印関係の創造的可能性

竹中千春

一　日印関係を包摂する国際政治

戦後の日印関係史の多角的かつ実証的な分析をふまえて、この章では日本とインドの協力には今後どのような可能性があり、選択肢がありえるのかについて考察を行いたい。とはいえ、変化の激しい世界情勢のなかでは一寸先の予測もむずかしい。そこで、アジア太平洋地域が経験した最近の三つの歴史的な転換を確認して、議論を始めたい。

歴史的な転換の第一に挙げられるのは、やはり冷戦構造の解体と変化である。一九九一年八月ソ連社会主義連邦共和国が崩壊し、米ソ超大国を頂点とした二つの軍事ブロックの対立という、第二次世界大戦後の国際政治を規定していた根本的な条件が消失した。そのあおりを受けたインドにおいても、一九九一年一二月、深刻な経済危機を前にした国民会議派のナラシンハ・ラーオ政権のマンモーハン・シン蔵相は独立以来のインド型社会主義の看板を下ろし、市場経済に転換することを発表した。その結果、インドは社会主義国家を脱し、ポスト社会主義国家としての道を歩むことになった。

このように変化したインドと、それに対する日本の一九九〇年代の関係性を、本書の序論では「模索期」と表現している。この時期の日本とインドの間には、冷戦時代を引き継いだ距離が横たわっていただけでなく、冷戦後の変化も非対称的なものだった。要するに、冷戦後、社会主義陣営の側は急速な変化を迫られたが、西側陣営の側は急激な変革を必ずしも必要としなかった。とはいえ、市場経済への舵を切ってもインドがどのような展開を示すかはなかなか明確にはならず、日本もバブル崩壊後の「失われた一〇年」を抜け出せなかった。つまり、両国とも模索の渦中にあったのが、一九九〇年代である。

歴史的転換として第二に挙げられるのは、新しい安全保障上の課題が浮上したことであり、具体的には核拡散と「新しい戦争（a new war）」と呼ばれるような武力紛争の登場である。

まず、アジアでの核拡散が現実化した。南アジアで隣り合って領土紛争を抱える二国、すなわちインドとパキスタンが一九九八年五月、立て続けに核実験を行い、核保有を断行した。一瞬のうちに核保有国が二つも増えたことになる。一九九〇年代半ばアメリカのクリントン大統領は核不拡散体制を構築しようと企て、包括的核実験禁止条約（ＣＴＢＴ）を強化し、湾岸戦争後のイラクだけでなく、北朝鮮やイランへの干渉を強めた。核不拡散条約（ＮＰＴ）に署名を拒んできたインドにもＣＴＢＴへの署名を迫った。インドでは国民会議派や共産党を含め主要な諸政党はすべてアメリカの圧力に強く反発していたが、なかでも「偉大なヒンドゥー国家の再興」を謳うインド人民党が一九九八年三月には連合政権樹立に成功し、結党以来の方針である核保有を実現したのである。インドに対する防衛力として中国や北朝鮮の支援を得て核開発を進めてきたパキスタンも、ただちに反応した。アメリカは両国に制裁を科し、「唯一の被爆国」として核軍縮を掲げてきた日本も加わり、政府開発援助の新規供与を停止した〔Bidwai and Vanaik 2000〕。

もう一つは「新しい戦争」である。国際政治学者のメアリー・カルドーは一九九〇年代前半に勃発したボスニアやルワンダの紛争を「新しい戦争」と呼び、国家間の戦争という古い形の紛争ではなく、武装勢力が非国家主体として国家の正規軍や他の武装勢力と衝突するような紛争が顕著になってきたことを、冷戦後の国際政治の構造的な変化として指摘した〔Kaldor 1999〕。そのような観点から見ると、七〇年代半ばから内戦や超大国の介入が続いていたアフガニスタンは、「新しい戦争」の先駆けであったともいえる。とくに、一九八八年よりソ連軍の撤退が始まり、アメリカがパキスタンを通じた反共イスラーム勢力の支援を停止すると、荒廃した戦場はさまざまなイスラーム武装勢力の牙城と化した。二〇〇一年九月のアメリカ同時多発テロ事件後、ジョージ・W・ブッシュ大統領はテロとの戦いを宣言し、国際テロ組織アルカイダを迎え入れているとしてアフガニスタンのターリバーン政権に宣戦布告して、世界的な対テロ戦争を開始した。そして、この戦争を機に、インドは明確にアメリカの「敵」からアメリカの「友」に変更されることになった。ターリバーンを支援してきた「テロ支援国家」と疑われるパキスタンよりも、はるかに信頼できる地域大国に格上げされたのである〔竹中 二〇〇九〕。

第三の歴史的変化は、経済成長を遂げる新興大国の登場である。二〇〇一年一一月ゴールドマン・サックス社はいわゆる『ブリックス報告書』を発表し、ブラジル、ロシア、インド、中国が二一世紀の世界経済を牽引すると主張した。四カ国のアルファベットの頭文字をとったＢＲＩＣｓという言葉は株式市場を飛び交い、インド株が投資家の注目を浴びた。ロシア、インド、中国は、いずれも社会主義経済から市場経済に転換したユーラシアのポスト社会主義の国である。こうして新興大国が登場すれば、アメリカ、ヨーロッパ、日本といった既存の大国の力に陰りが目立つようになる。しかも新興大国の台頭が、経済的なものにとどまらない恐れもある。実際、二〇〇〇年代後半には順調に高度成長を続ける「中国の平和的台頭」が議論されたが、二〇一〇年代に入るとその軍事的な台頭が懸念されるようになった。また、ウクライナとシリアの紛争を機に、欧米と対立する形でロシアは積極的な軍事行動を続け、経済的な停滞も辞さない構えである。そうしたなかで、ロシアや中国とも友好関係を維持しつつ、アメリカや日本との協力を拡大しているインドには、安全保障の観点からも経済成長の観点からも世界の注目が集まっている〔Meredith

2008]。

さて、こうした国際情勢の変動のなかで日印関係も変遷してきた。一九九〇年代の「模索期」から、一九九八年に最悪の冷たい関係となり、「転換の二〇〇〇年代」を迎え、「飛躍の二〇一〇年代」に至ったという道筋が、本書では詳細に描き出されてきた。しかも、二〇一二年に成立した自民党の安倍晋三政権と二〇一四年に成立したインド人民党のナレンドラ・モディ政権は、安定した内政上の基盤に立って、蜜月関係ともいわれるほどの親密な関係を築いている。今後も順調な日印関係が発展していくのだろうか。そして、政府のみならず企業や市民社会のレベルで協力の絆を太くしていくことが可能だろうか。さらに、動揺する世界のなかで、互いに信頼できるパートナーとして活動することで、二国間の協力を超えた国際的な貢献をすることができるだろうか。

この章の後半でこれらの問いへの答えを試みるために、まず新しい地域概念を提起してみたい。一つは、「インド太平洋（Indo-Pacific）」という「海の国際政治」であり、もう一つは、ユーラシアという「陸の国際政治」である。日本とインドを大きな地図の上に置いてみるとき、それぞれの国はどのような条件を共有し、どのような条件で相違しているように見えるだろうか。地図を見ると、両国間のどのような協力が可能であり、どのようなものはむずかしいかが見て取れるのではないか。日本とインドを空間的に位置づけながら、広域的な国際環境のなかでの二国関係のダイナミクスとその方向性を考察してみたい。

二　インド太平洋――「海の国際政治」と日印関係

最近、インド洋への関心が高まっている。ロバート・D・カプランは、次のように論じている。

インド洋は、地理的に刺激的な存在であるばかりか、それ以上のものになっている。インド洋とは、すでに一個の理念である。……イスラームを中心に置き、それをグローバルなエネルギーをめぐる政治や世界各国の海軍の重要性と関連づけながら、イラクやアフガニスタンというキャッチワードを超えた多層的かつ多極的な世界を展望させるものなのである〔Kaplan 2011: 2〕。

さらに、「インド洋の地図は、二一世紀の国際政治の展開する舞台である。しかしここでもなお、アメリカ合衆国は平和を維持し、グローバル・コモンズを守らなければならない。すなわち、テロリスト、海賊、密輸船を取り締まり、人道支援を提供し、インドと中国の競争を管理しなければならない」、とも説明している〔Kaplan 2011: 18〕。

今やインド洋には接していないアメリカでさえ、この海域についての国益と戦略を真剣に考察すべきだといわれる時代を迎えている。エネルギーを輸入に頼る日本は、一九七三年の石油危機以後、中東・北アフリカの産油国と日本を結ぶ海上ルート、いわゆるシーレーンの安全を確保し、産油国との友好関係を保つことを最重要の課題としてきた。このように、太平洋諸国である日米が、太平洋からインド洋につながる海域を重視するようになってきている。そうした関心を表現したのが、「インド太平洋」という概念だとされる。いうまでもなく、米軍がアフガニスタンとイラクにおける戦争を遂行するうえでは、インド洋と太平洋の軍事的な連携は必須だった。新たにインド洋と太平洋にともに臨むオーストラリアの利益も着目されてきている〔Brewster 2012〕。そして、現在、「インド太平洋」地域で注目されているのが、中国のプレゼンスの拡大である。東シナ海や南シナ海における中国の行動は、近隣諸国の警戒感を煽ってきたが、中国の領土が接していないインド洋においても、類似した現象が観察されるようになっている〔高原二〇一二〕。

中国の海洋進出にはいくつかの特徴がある。その一つめは、インド洋地域の国々に中国が巨額のインフラ投資を行い、中国の拠点を増やしているという現象である。スリランカ、モルディヴ、セイシェル、モーリシャスといった海洋に浮かぶ島国、あるいはアラビア海やベンガル湾に臨むパキスタン、バングラデシュ、ミャンマーといった国々に対して、中国がプラント輸出を行い、大規模なインフラの建設を計画し、実施している。その方式には共通性があり、中国政府が現地政府に巨額の借款を約束し、中国の国営企業が港、空港、道路、通信設備、発電所などを計画し建設する。中国側は資金や計画だけでなく、機械や資材、さらに技術者や労働者を数百人、数千人単位で送り込み、迅速に建設する。逆にいえば、建設現場は中国企業の管轄区のような様相を呈し、孤立した中国人の村が建設され、現地政府の人も入りにくい状況となっている①。

二つめの特徴は、中国が建設したインド洋沿いの港から高速道路をつなぎ、各国の領土をまたいで中国の領土まで連結する、海陸の「シルクロード」が建設されているように見えることである。たとえば、ミャンマーのチャオピューという町の郊外の島に、中国が天然ガスのパイプラインを建設しているが、パイプライン自体は、ここからかつてのビルマ王国の都マンダレーを通って、中国の雲南省に連結する計画である。これによって、中東・アフリカからのエネルギー資源が、マラッカ海峡を通らずに中国内陸部へと輸送されることになる。また、ベンガル湾にはバングラデシュのチッタゴンやミャンマーのチャオピューで中国が港を建設しているが、さらに南のインド洋では、スリランカ南端のハンバントタに巨大な港を建設してきただけでなく、首都コロンボの新港建設にも乗り出している。パキスタンのグワーダル港の建設を手掛け、ここから高速道路で北上し、中国の領土へとつながるルートが計画されている〔Thant Myint-U 2011〕。これらのルートは、中国経済にとって有利なものとなるだけでなく、人民解放軍の自由な行き来も保証すると予想される②。

三つめの特徴は、中国海軍の動きである。マラッカ海峡、インド洋、ソマリア沖における海賊などの脅威に対する警戒活動には、中国も従来から国際的な協力を行ってきたが、そうした範囲をはるかに超える形でインド洋における中国海軍が増強されていると指摘される。たとえばスリランカでは、二〇一四年九月安倍首相が同国を訪問したその日に、中国の潜水艦がコロンボ港に到着して国民に衝撃を与えた。スリランカの独立後、外国の潜水艦が寄港したのは初めてであったという。当時のラジャパクシャ大統領は親中派として有名で、内戦末期には中国の軍事的支援を受け、それをテコにタミル武装勢力を掃討し、内戦終結後は中国の支援で経済的な復興を進めていた。前述のように、大統領の出身地でスリランカの島の南端にあるハンバントタには、中国からの借款によって国際的な港と空港が建設されてきた。両国間の取り決めでは貿易のための港とされていても、将来的に中国が軍事目的でも使用することはありえないことではないと懸念されていた[3]。

このような中国の進出に警戒を鳴らしたのが、「真珠の首飾り（the String of Pearls）」という議論であり、中国の進出した拠点をつなぐとインドの首を絞めるような形になり、インドが包囲されていることを示しているという〔堀本二〇一五b〕。もちろん現実の状況はもっと複雑なのだが、「一帯一路」をめざす「中国の夢」という構想は、中国が開発資金と開発の手段を提供するという意味で、インド洋の途上国には実利をもたらしつつも、逆にこの海域の安全や自由な航行に関心を抱くアメリカ、日本、オーストラリアにとっては、新しい問題となりえるのである。さらに、一九世紀からこの地域に拠点をもつイギリスやフランス、あるいは順調な成長を遂げるＡＳＥＡＮ（東南アジア諸国連合）諸国も、「海の国際政治」に参入し、事態の展開に関心を示している。

少し歴史を振り返ってみると、古《いにしえ》の時代からインド洋は東西を結ぶシルクロードの役割を果たしてきた。七世紀にアラビア半島でイスラームが勃興すると、イスラーム勢力もインド亜大陸南端、スリランカ、マラッカ海峡、インドネシアへと渡った。近代に入ると東方貿易をめざすヨーロッパ人が到来し、一五世紀の終わりにポルトガル国王に支援されたヴァスコ・ダ・ガマがアフリカ大陸の南端を回る旅に成功して、インド亜大陸西岸のカリカット（コジコーデ）に到達した。一六世紀になると経済発展を遂げたオランダが進出した。「国際法の父」と呼ばれたグロティウスは、一六〇九年に『自由海論、インド貿易に関してオランダに帰属する権利について』を著し、インド洋におけるオランダの自由な貿易を擁護した。

オランダにやや遅れたのがフランスとイギリスである。イギリスはオランダに東進を阻まれ、インド亜大陸でムガール帝国との交易をポルトガルから奪い取り、カルカッタ（コルカタ）、マドラス（チェナイ）、ボンベイ（ムンバイ）の港市を建設した。一八世紀半ばのプラッシーの戦いの後、ベンガル太守の管轄地域を譲り受けた後、イギリスは「陸の帝国」への道も歩むようになったが、それが可能となったのもイギリス海軍による海洋支配があったからである。産業革命後の一九世紀には自由主義を掲げた大英帝国が、「パックス・ブリタニカ」の時代を迎えた。このように、新しい世界帝国が登場するたびに海の覇権も交代する。二〇世紀には二度の大戦を経て大英帝国が衰退し、アメリカが海上覇権を握ることになった。アメリカは、海に面したアジアの国々と安全保障条約を結んで米軍の基地を置き、第七艦隊が太平洋からインド洋を管轄してきた〔Phillips and Sharman 2015〕。

したがって、冷戦時代までインド洋もまた「パックス・アメリカーナ」の下にあったが、新興大国としての中国やインドの登場によって、アジア太平洋地域での権力移行が論じられるようになっている。そうした不安定な状況を前に、二〇〇七年八月安倍首相はインドの国会で「二つの海の交わり（Confluence of the Two Seas）」と呼ばれる演説を行った。

私たちは今、歴史的、地理的に、どんな場所に立っているでしょうか。この問いに答えを与えるため、私は一六五五年、ムガールの王子ダーラー・シコーが著した書物の題名を借りてみたいと思います。すなわちそれは、「二つの海の交わり」が生まれつつある時と、ところにほかなりません。太平洋とインド洋は、今や自由の海、繁栄の海として、一つのダイナミックな結合をもたらしています。従来の地理的境界を突き破る「拡大アジア」が、明瞭な形を現しつつあります。これを広々と開き、どこまでも透明な海として豊かに育てていく力と、そして責任が、私たち両国にはあるのです〔外務省 二〇〇七〕。

こうして、「二つの海の交わり」としての「インド太平洋」という地域概念が政策的に浮上し、実際に日印間の戦略的グローバル・パートナーシップの焦点がここに置かれているといっても間違いではない。太平洋の島国としての日本がインド洋における安全保障を維持することに一役買い、アメリカとインドの海上共同訓練（マラバール演習）に日本の自衛隊が定期的に参加することを実現しているほか、日本が生産し自衛隊が用いている水上離発着可能な救難飛行艇（US-2）をインドに輸出するという案件が検討されてきた。そのような日印の協力を実現するために、武器輸出三原則が見直され、新しい安全保障上の法律が成立させられ、戦後日本の大きな体制が修正を被ってきたとさえ感じられるほどである。インド側の関係者は、当然のことながら、日本が保持してきたさまざまな政治的制約についての歯がゆい思いをしばしば言及している。まさに日印関係の柱が、海の安全保障なのである。

三　ユーラシア――「陸の国際政治」と日印関係

次に、ユーラシア大陸を舞台とする「陸の国際政治」に目を転じてみたい。歴史の浅い「海の国際政治」に比して、長い歴史的な背景がある。そこには欧米中心の国際政治、日米が織りなした太平洋の国際政治とは異なる独自の国際政治のダイナミクスが存在し、インドも確実にそのメンバーである。どのような国際政治なのか。日印関係にとってどのような意味があるのだろうか。

第一の特徴は、冷戦時代にはユーラシア地域はほぼ社会主義圏に等しかったという点である。第二次世界大戦後、ソ連、中国、インドともアメリカに対峙する立場をとった。アメリカの介入で内戦後の中国と台湾の分断が固定化し、朝鮮半島では南北分断と朝鮮戦争が起こり、インドシナ半島では南北ベトナムへの分断とベトナム戦争が展開した。イスラーム国家パキスタンと世俗主義的なインドの成立という理由で起こった印パ分離独立も、次第に冷戦構造に組み込まれていくことになった。アメリカがパキスタンと安全保障条約を結んで対ソ防衛網の前哨に配置し、社会主義国としてアメリカに警戒されたインドがソ連に接近していったからである。要するに、ユーラシア大陸の中心部がアメリカの冷戦政策によって封じ込められるべき対象となっていたのである。

第二に、ソ連、中国、インドの三国は三つ巴のパワーポリティクスを展開してきたという点である。いいかえれば、社会主義諸国は一枚岩ではなく、互いに緊張や対立をかかえ、同盟や戦争を経験した。たとえば、独立後の中国は社会主義の盟主のソ連を頼ったが、十分な支援が与えられず、一九六〇年代初めには領土紛争を経て中ソ対立が起こった。印中関係は、独立前の第二次世界大戦中から始まっていた。国民会議派は抗日戦線を戦う国民党を支援し、一九四九年に中華人民共和国が樹立されると早々に承認を与え、一九五四年ネルーと周恩来が平和五原則を結び、第三世界の連帯を呼びかけた。しかし、その後の両国関係は急速に暗転する。一九六二年印中国境紛争が勃発してインドが敗北し、一九六三年には中国が核実験を行い、核保有国となった。アメリカとともに中国を警戒するインドはソ連との結びつきを強め、対抗するパキスタンはアメリカに加え中国からも軍事的な支援を獲得することになった。

第三に、このユーラシアの国際政治が、冷戦の壁が壊れた後、新しい国々の登場も含めて、より複雑に流動化し、地域大国の権力競合の舞台となっている。一九世紀に大英帝国とロシア帝国が中央アジアで帝国主義的な進出を争ったとき、「グレート・ゲーム」という言葉が使われたが、今や新しい「グレート・ゲーム」が始まったと指摘されている。現在の権力競合の主体には、対テロ戦争のため大陸の外から来たアメリカやイギリスが参入しているが、基本的にはこの地域の大国であるロシア、中国、インドである〔Rubin and Rashid 2008〕。

注目すべきなのは、それぞれが一九世紀的な帝国の大きさをもった国民国家であり、国内に多くの民族的マイノリティを抱えているという点である。とくにイスラームの人々の分離主義や武装勢力の活動に目を光らせている点では共通の課題を背負っている。ロシア南部のチェチェンやアルゼバイジャン、バルカン半島のボスニア、さらにイラク・シリアやパレスティナ自治区を中心に中東・北アフリカのアラブ諸国、アフガニスタンやイラン、パキスタン・

インド・バングラデシュなどの南アジア、そして東南アジアのインドネシア、マレーシア、タイ南部、フィリピン、中央アジアのタジキスタン、ウズベキスタン、キルギス、カザフスタンや中国の新疆ウイグル自治区などが、イスラーム過激派のネットワークでつながれる時代となっている。したがって、対テロ戦略の国際的な連携は、この「グレート・ゲーム」の重要な課題である。

中国が一九九八年に上海協力機構（Shanghai Cooperation Organization, SCO）を提案し、これは中国、ロシア、中央アジアのカザフスタン、タジキスタン、ウズベキスタン、キルギスの参加をもって成立したが、二〇一五年にはオブザーバーだったインドとパキスタンが正式な加盟メンバーになることが決定し、アメリカによる制裁が解除されたイランも正式に加わることになった。最近、欧米日が加わらないユーラシアの地域的な機構としての可能性に注目が集まっており、当初の目的であった国境警備の相互協力を超えて、中国、ロシア、インドの間で共同軍事演習を行うほどの協力関係が展開している〔岩下 二〇一二、岩下編 二〇一三〕。

第四に、経済開発とエネルギー資源の問題がある。二〇一〇年代半ばの時点では、ウクライナ紛争で経済制裁を科されたロシア経済は低迷したままだが、中国は二〇一〇年日本を抜いて世界第二位の経済大国となり、なんとか高い成長率を保持しており、インドはリーマンショック後の低成長を脱して急速に成長軌道に乗っている。バイオエネルギー、シェールガスの登場、さらに中東・北アフリカ情勢の混乱によって関係諸国の産油調整ができず、石油・天然ガスの価格低下が激しく、ロシア経済は打撃を被っているが、長期的にはエネルギー資源の売り手のロシアは安定した買い手が欲しいし、消費国の中国は安定した供給ルートが欲しい。そうした利益の一致が、ユーラシア大陸を横断するパイプラインの建設と地域的な安全保障の協力を促しており、上海協力機構はその方面でも期待されている〔Cooley 2008〕。

さて、新しい「グレート・ゲーム」のなかで、インドはどのような行動を選択するだろうか。アメリカと北大西洋条約機構（ＮＡＴＯ）およびＥＵ諸国は、ウクライナ紛争とシリア内戦をめぐってロシアと厳しく対立してきたが、中国は独自の道を歩み、国境紛争についても合意して協力的な中ロ関係を築くに至っている。こうした情勢とともに、インドは欧米諸国と良好な関係を維持しながらも、歴史的に結びつきの強いロシアとの協力は重視し、新たに増強をめざす海軍の潜水艦をロシアから購入する計画である。中国に対しても、インドは友好的な経済関係の強化を求めている。つまり、この三国は、協力の度合いを強めているといえるだろう。

また、インドの視点からすれば、自国の存在が注目されにくい先進国首脳会議や国連の場よりも、上海協力機構、ＢＲＩＣＳ諸国による新開発銀行（New Development Bank BRICS）、アジアインフラ投資銀行（Asian Infrastructure Investment Bank, AIIB）といった、自国が主役として遇される外交の場に積極的な魅力を感じているように見える。そうした観点からすると、インドとしては、アメリカ、日本、ＡＳＥＡＮ諸国、オーストラリアと「インド太平洋」の領域で緊密な協力関係を築きつつも、ユーラシアの国際政治においては別の顔を向けて、地域大国間の合従連衡を展開していることがわかる。まさに、「海の国際政治」と「陸の国際政治」の交差するところで、インドは「全方位外交」と呼ばれるような対外政策を展開しているのである。だからこそ、日本は、こうした外交的多面性をもつインドとの協力にメリットを見いだしていかなければならないと言えるだろう。

四　日印関係のダイナミクス——促進要因と阻害要因

次に、日印関係を促進する要因、逆に阻害する要因を検討してみたい。日印関係が同床異夢とならないように、さらに双方の相違を生かして有意義な関係を構築するためには、冷静な利益のすり合わせが必要だからである。そうした観点から、ここ一六年の両国の歩みを改めて確認しておく。

先述のように、核実験後の制裁を解除すべく二〇〇〇年八月森喜朗首相が訪印し、ヴァジパイ首相とともに「二一世紀における日印グローバル・パートナーシップ」に合意し、これを契機に、日印関係が好転していくことになった。二〇〇五年四月には小泉純一郎首相がインドを訪問し、二〇〇四年に政権交代した国民会議派のマンモーハン・シン首相と会談して、「アジア新時代における日印パートナーシップ―日印グローバル・パートナーシップの戦略的方向性」に合意し、意欲的な協力計画を示した。経済協力としてデリーの地下鉄建設をはじめとするインフラ事業への出資、インド洋の安全保障協力、両国を結ぶ人材育成、とくに日本語教師五〇〇〇人計画が約束された。

二〇〇六年九月に首相に就任した安倍晋三も積極的にインドに働きかけ、同年一二月マンモーハン・シン首相の訪日時には両国の「戦略的グローバル・パートナーシップ」の構築が約束された。続いて二〇〇七年八月、安倍首相はインドを訪印し、日印関係の新しい時代を開くほどの成功を収めたが、帰国後まもなく健康を理由に首相を辞した。しかし、インドにとっては日本がアジアの先進大国として戦略的グローバル・パートナーシップの締結国となり、「首脳が毎年相互に国を訪問するとともに、国際会議の際には首脳会談を実施すること」が取り決められた意義は大きかった。ただ、その後の数年間は、自民党も、二〇〇九年に政権を取った民主党も、短命の内閣しか構成できず、対外的には安定した日本の政権が不在となった。また、インドでは二期目の国民会議派政権が経済成長の鈍化や腐敗問題などのため不人気となり、内政的な危機が恒常化していた。その結果、両国は首脳会談を続けたものの、画期的な外交上の展開をもたらすことはできなかった。

いいかえれば、この時期の日印関係を支えたのは省庁レベルでの協議である。経済連携協定（Economic Partnership Agreement, EPA）および包括的経済連携協定（Comprehensive Economic Partnership Agreement, CEPA）、「デリー・ムンバイ間産業大動脈構想（Delhi-Mumbai Industrial Corridor, DMIC）」、さらに日印の原子力協定についての交渉が開始された。インドは拡大するエネルギー需要に対応するため、原子力発電所の急速な増設を計画している。ロシア、フランス、アメリカなどが乗り出しているが、この分野での技術力の高い日本としては、是非ともインドからの受注を確保したい立場にある。そのためには、双方が国内法を整備して原子力協定を成立させる必要がある。実は、東日本大震災後の前から協議が行われていたが、福島第一原子力発電所の事故が起こり、日本で反原発運動が高まった深刻な時期にも、両国の政府が協議を継続していたことは特記しておきたい。こうして「唯一の被爆国」として核政策を展開してきた日本と、NPT未署名のまま実質的に核保有国の地位を手に入れた形のインドとの間での交渉が続けられた(4)。

さて、二〇一二年一二月の総選挙で自民党が大勝して第二次安倍内閣が成立すると、再び対インド政策が脚光を浴びた。翌年五月にはシン首相が首脳会談のために訪日し、同年一二月には天皇・皇后両陛下の五〇年ぶりの訪印が実現した。二〇一四年一月二六日インド共和国記念日には安倍首相が主賓として招かれ、シン首相との最後の首脳会談を行った。その後、インドの総選挙が行われ、五月下旬に勝利したインド人民党政権が成立し、親日派といわれるナレンドラ・モディが首相となった。モディ首相は期待にたがわず、南アジア域外では最初の訪問国として日本を選び、八月末に来日した。両首脳はインド伝来の古い文化を遺す京都で出会った後、九月一日には東京で「特別戦略的グローバル・パートナーシップのための東京宣言」を発表した。新たに「特別」という語が加えることで、さらなる協力の前進を示したといわれている。翌年一二月に安倍首相が首脳会談のために訪印した際、インドの閣議はムンバイ—アフマダーバード間の新幹線導入を決定して迎えた。インドネシア政府が新幹線導入を取りやめて中国の高速鉄道計画に乗り換えた直後だっただけに、日本側が深く感銘を受けた事件であった〔竹中 二〇一四、二〇一五〕。

その後も両国政府は緊密な交渉を続け、二〇一六年一一月の日印首脳会談では難題であった原子力協定が調印の運びとなり、両国の協力関係は一層強化された。以上の経過から読み取れるのは、一足飛びではないが、両国とも着実に接近を果たしてきたということである。しかも、双方とも歴史的な政権交代が起こった期間に、超党派で日印関係を推進してきた。これは、今後の日印関係を考えるうえでも重要な安定要因と考えることができるだろう。何よりも、両国関係にメリットを見いだす考え方が、両政府のトップリーダーや官僚、専門家、メディア関係者に共有されている点が重要である。しかも、両国間には過去の実績がほとんど存在しないから、主に将来性への投資である。以下では、戦略的パートナーシップ協定が掲げる三つの分野、すなわち経済、政治・安全保障、文化・教育、それぞれの領域について、促進要因と阻害要因を推し量ってみたい。

第一に、経済領域での相性のよさについては、多くの識者が一致して高く評価している。成長率の低い日本と、さらなる高度成長が見込まれるインド。高齢化し少子化する日本と、平均年齢が二六歳ともいわれる若い人口大国のインド。市場が収縮していく日本と、急速に拡大し世界第四位の市場規模をもつインド。資本と技術をもつ日本と、それらを輸入したいインド。あらゆる角度から、二つの経済は「相互補完性」を備えているように見える。アベノミクス構想を打ち上げた安倍政権は、日印の経済協力を重視して新規の投資を募り、モディ首相も来日時に「メイク・イン・インディア」と強く呼び掛けた。

この点では、最近のインドの二人の首相の功績が大きい。国民会議派のマンモーハン・シン首相は経済学博士で、世界銀行に勤務し、インドの開発計画委員会を主宰し、インド連邦準備銀行総裁も務めた超エリートである。他方、人民党のモディはヒンドゥー至上主義運動を足場に出世し、グジャラート州首相を一四年間務め、首相となった。かなり異なる二人だが、ともに日本の経済運営を尊敬し、日本に高い期待を抱いてきた点では一致している。グジャラート州首相時代のモディは、道路・港湾・空港・工業団地の大規模なインフラ整備を計画し、資本と企業を誘致して、一時は一〇％を超える成長を達成した。日本企業にアピールするため、州の日本語ウェブサイトを作った。二〇一四年の総選挙ではこうした開発志向の「グジャラート・モデル」が支持された。モディがもっとも尊敬するビジネスマンとして挙げるのが、スズキのCEOを務めた鈴木修である。社会主義時代のインドにスズキが進出し、インド資本と合弁でマルチ・スズキという自動車メーカーを立ち上げ、大成功を収めてきたからである。

とはいえ、経済分野での阻害要因も指摘される。外資にとってはインドの市場への参入はむずかしい。煩雑で多難なインドの許認可行政が、社会主義時代の負の遺産として未だに残り、非効率的な官僚組織や政治的腐敗などに直面することが避けられない。また、連邦制のインドでは、中央が約束しても州が動かないという事態はよく起こる。そのため、工場進出を決めたものの、道路・水道・電気・通信といったインフラ整備がなかなか進まないという、現場からの悲鳴はめずらしくない。最近サムソンがタミル・ナードゥ州の工場建設をあきらめて撤退したというニュースは有名である。けれども逆に、インド側からは、日本の企業は慎重すぎてリスクをとらず、あまりにも消極的だという批判が聞こえてくる。そうした行き違いを正すため、モディ首相は「ジャパン・デスク」を設置して、個々の問題を直ちに解決するとアピールし、実際に成果を挙げてきた⑤。

ただし、両国経済の間には甚だしいギャップがある。たとえば日本企業の提示価格は高く、いかに製品やサーヴィスの質が高くても、より安い価格を提示する他国の企業に負けてしまうといわれる。そのためＪＩＣＡ（国際協力機構）が好条件の借款をインド政府に提供しても、金額や条件が折り合わず、日本の企業は入札せず、他国の企業が受注するという状況が続いてきた。日本側はこうした事態を変えるために、新しい海外協力大綱に基づいて、先述の新幹線計画については主に日印の企業に建設を担当させるという約束を交わした。それでも、日本の企業からすれば、利益が見込めずリスクが高ければ進出したくないという本音があるようである。このような阻害要因があるにせよ、企業資産が短期的に三〇％、四〇％上昇する急成長の国は、低成長の続く日本企業にとってはきわめて魅力的である。実際、インドに進出する日本企業はここ数年飛躍的に増加しており、この趨勢は続いていくだろう。

次に、政治的にはどうだろうか。両国とも第二次世界大戦後、自由主義的な民主主義を維持してきた点で共通している。数十年間、日本は自民党、インドは国民会議派の一党優位体制を経験し、その後、多党化の方向を歩んできた。自民党が依然としてもっとも強い政党であるのに比して、インドでは政権交代がより頻繁に起こり、二一世紀には国民会議派と人民党の二大政党が諸政党との連合を組んで競合する時代を経験してきた。今後、インドのダイナミックな政治がどう展開するかは予断を許さないが、民主主義的な制度への国民の信頼は厚く、政治的な体制変動のリスクは低い国だといえる。同時に、戦後あるいは独立後の体制を強く批判する右翼的な動きが台頭した一九九〇年代を経て、多数派を基盤とするナショナリズムを背景に経済成長と国防の充実をめざす政権が成立しているという点では、日印に共通性がある。そうした意味で、両国の政治的な相性も良好だと評価できそうである〔竹中 二〇一四、二〇一五〕。

ここで、日印関係を論じるインドの専門家がよく口にする、「日本とインドの間には幸い歴史問題が存在しない」という指摘について説明しておきたい。「民主主義の平和」という仮説があるが、実は隣り合う民主主義国が良好な外交を展開できるとは限らない。むしろ、過去の戦争や領土をめぐって歴史的な問題が蒸し返され、両国のナショナリスティックな世論に外交が拘束されてしまうことはめずらしくない。日韓の関係の事例だけでなく、たとえばインドとパキスタンの間にも歴史問題が横たわっている。日印の歴史を振り返ると、第二次世界大戦中にインドの独立運動の指導者であったチャンドラ・ボースは日本軍との協力を画策し、日本軍が占領したアンダマン・ニコバル諸島で独立インドを宣言し、日本軍の捕虜となったインド兵によって編成したインド国民軍を指揮して、日印共同で英領インドに攻め込む作戦に着手した。この作戦は失敗に終わったが、それがある意味では現在では不幸中の幸いとなっている。

チャンドラ・ボースは今日でもインドで人気のある歴史的人物だが、中村屋のカレーを広めたビハーリ・ボースも立志伝的なベンガルのナショナリストとして知られている。また、戦後の東京裁判では、インドから派遣されたパル判事が伝統的な国際法の解釈に立って「勝者の裁き」を批判したという史実も、日本では好意的に受け止められてきた。このように、インドと日本の近現代は、アジアにおける帝国主義、世界戦争、植民地解放といった問題と絡み合って複雑に展開してきたが、両国の歴史的経験について過去の日本を正当化する方向でのみ都合よく解釈すると、足をすくわれるかもしれない。たとえば、タゴールやガンディーは日本に親近感ももちつつ、日本の軍国主義には厳しい批判的な見解を示していた。また、独立後のジャワーハルラール・ネルー首相は、反帝国主義を強く主張する一方で、平和主義的な非同盟外交を唱え、アジアの一国として復帰した平和国家の日本と早期の国交樹立を行い、岸伸介首相を自国に招き、返礼に訪日を実現した。日本の小学生からの手紙に応えて、戦争中に象が餓死した上野動物園に、娘と同じインディラという名前をつけた象を寄贈したのもネルーである。要するに、多様な意見が共存し競合するのがインドの民主主義である。加えて政権交代もダイナミックであり、けっして一方方向ではない。そうしたインドの多様さと複雑さを理解しながら、普遍的な広がりをもって柔軟に歴史を捉え、歴史を日印協力の資産としていくべきだろう〔セン 二〇〇八〕。

安全保障については、すでに見てきたように、両国の協力はさまざまな次元で行われてきている。そのうえで、インドと協力する側として注意しておくべきなのは、インドが政治的・軍事的に影響力を拡大していくとして、それがどのような速度・広がり・形状を取っていくかは今後の展開によるという点である。インドはすでに地域大国の立場を揺るぎないものとし、世界大国をめざす一歩を踏み出すことを明確にしているが、現時点においては軍事的に防衛すべき「インドの利益」が明らかに存在しているとはいえない地域、たとえばマラッカ海峡を越えて中国やアメリカが競合する東シナ海・南シナ海、そして太平洋にどのような政策を具体化していくかは、なおも未知数である。二〇一五年一一月にシンガポールで開催された東アジア首脳会議で、モディ首相が日本の安倍首相を支持し、南シナ海における中国の進出に懸念を表明したことは「インドの政策変更か」と報じられた。さらに、南シナ海の島々の領有権をめぐって中国とベトナムやフィリピンなど周辺国との緊張が続いてきたが、フィリピンの提訴に応えて二〇一六年六月にハーグの国際仲裁裁判所が中国の主張は国際海洋法条約に違反するという判決を下し、この問題に対するインドの対応が大きく注目された。インドにおいても自国の経済的な利益は太平洋方面まで広がっているという新たな認識が生じており、中国の台頭に警鐘を鳴らす声も増大している。ただし、南シナ海の領有権問題については国際社会の制度と規範に沿った海の安全確保が重要だという原則論を示しつつ、インドの海軍力の現状に照らして新しい海域への軍事的なコミットメントを行うことについては、多くの専門家が慎重論を崩していない。

翻って日本には、インドが日本により近い海域で安全保障上の協力を約束してほしいという期待がある。実際、両国の戦略的グローバル・パートナーシップを基盤に、日本は二〇一四年より米印共同の海上共同訓練「マラバール作戦」に参加しており、二〇一六年には正式なパートナーに格上げされた形で沖縄本島の東方沖で三国の演習を実施した。とはいえ、中国との共存や協力も重視するインドが、単純に日米寄りの立場を選択することはむずかしいと推察される。その意味で、日本・アメリカ・オーストラリア・ＡＳＥＡＮ諸国などが連携して中国に対峙するといった防衛構想に、今後のインドがどのように関わっていくかは予断を許さない。この点を含め、日印関係を促進していくためには、パワーポリティクスをめぐるインドのレトリックとともに、みごとなプラグマティズムをも常に考慮に入れておく必要がある。

最後に、文化・教育の領域について考えておきたい。お互いによく知り合い、さらに一緒に若者を育てようという課題だといってもよい。長期的な日印関係の発展を考えるうえでは、もっとも重要な分野である。

政府の間だけでなく、自治体や企業やＮＧＯなどを含めて、この一〇年の間にさまざまなプロジェクトが実施されてきた。ことに経済協力と連携する人材育成が急務とされ、工学、経営学、日本語教育、国際関係などの分野の留学生を増大させる努力がなされている。とくにインドのすでに二三カ所に設立されているインド工科大学（ＩＩＴ）の学生は、戦後の高度成長時代に日本の若者が「金の卵」と呼ばれたように、注目の的である。翻って日本からインドに留学する学生はまだまだ少ないが、就職活動に有利だという情報を得て、短期の旅行をする学生やＮＧＯや企業でインターンシップを経験する学生は確実に増えている。ＩＴ技術者など日本で働くインド系の労働者も増え、その家族とともに二万人を優に超える数になっているとされ、東京都江戸川区にはインド人学校が運営されている。

メディアの変化も著しい。日印関係についてのポジティヴな報道が飛躍的に伸びており、政財界のリーダーだけでなく、国民レベルで互いの国への関心が高まっている。二〇一三年に日本の外務省がインドで行った対日世論調査によれば、日本に肯定的なイメージをもつインド人は八〇％に上り、アメリカ、ロシアに次いで自国にとって重要な国であるという回答をしている。また内閣府が行っている外交に関する世論調査では、インドに対して親しみをもつ人々は未だに四〇％半ばから伸びないが、日印関係を「良好だと思う」とする人々は六一・五％となり、「今後の日本とインドとの関係の発展は、両国や、アジアおよび太平洋地域にとって重要だと思うか」という問いには「重要だと思う」とする人々が七二・四％に達している。同じ調査のなかでの中国、ロシア、韓国に対する数字とはかなり異なる結果となっている〔外務省 二〇一三ｃ、内閣府 二〇一六〕。単純な数字の比較には問題があるかもしれないが、こうした世論調査も日印関係に追い風が吹いていることを示しているといえるだろう。

五　日印関係はパワーポリティクスを超えるか

終わりに、日印の順調な関係が二国関係を超えて、国際社会に貢献するかという問題を考察して、この章を締めくくりたい。先述した世論調査でもそのような問いが発せられている点は興味深いが、いくつか具体的な事例を提起して、その可能性を考えてみたい。

日印関係を基軸に地域的な安全保障の秩序を形成できるか、あるいは両国がそうしたイニシアティブを発揮できるだろうか。まず、インド洋である。ここでは、紛争の予防と管理、平和構築と人道支援、テロリズム、海賊、違法取引、人身売買、難民、エネルギーの供給、海洋資源の開発、環境の保護、災害の予防と支援など、多角的に国際的な協力が求められている。日印両国はすでにこの地域で十分な経験と協力の体制を培い、アメリカやオーストラリアとの連携も行っている。しかも、ASEAN諸国との密接な連携や、イシューによっては中国との協力も実現している。一九九五年よりインド洋沿いの二一カ国が参加する環インド洋連合（Indian Ocean Rim Association, IORA）という国際組織が設立され、この地域の経済協力と持続可能な開発という課題を掲げてきたが、より実質的な活動と協力が求められているのが現状である。インド洋の新旧の安全保障や経済協力、さらに多様で具体的なイシューについて、包括的かつ広域的な枠組み作りとその実現を日本とインドが働きかけることには、大きな意義があるにちがいない。

もう一つ、東アジアにおける秩序形成と日印関係である。やや唐突に響くかもしれないが、インドに一役買ってもらうことで、東アジア情勢に新しい石を投じることができないだろうか。そした点を考えてみたい。

冷戦後、ヨーロッパではＮＡＴＯとＥＵが重要な役割を果たし、東南アジアではＡＳＥＡＮが経済協力だけでなく地域的な安定を図るための安全保障のフォーラムを提供してきている。インドが加盟する南アジア地域協力連合（South Asian Association for Regional Cooperation, SAARC）は、有名無実だと批判されてはいるが、軍事的な緊張をはらむ国々を包括しながら、フォーラムとしての機能を果たしているともいえる。こうした地域的なしくみは、第二次世界大戦後の分断、戦争、対立を政治的に乗り越える、未来志向の試みでもある。残念ながら、東アジアはその点で遅れを取っているだけでなく、むしろ最近は緊張が高まっている。アメリカのオバマ政権はアジア太平洋地域における「リバランス」を謳い、安全保障上のコミットメントを繰り返し約束してきたが、中国の影響力が高まり、米ロ関係が緊張し、北朝鮮が攻撃的な姿勢を崩さないなかで、日中韓の緊張も完全には解けていない。

深刻な問題が、北朝鮮による核実験とミサイル発射の問題であり、同国は潜水艦からの海上発射の核ミサイルの開発へと進みつつあるという。国際的な懸念の対象となっているが、国連の安全保障理事会の非難決議にもかかわらず、事態は好転していない。そこで北朝鮮との外交関係を動かし、地域の緊張を緩和し、核兵器の管理を実現する国際的な取り決めをどう実現するかが、グローバルな緊急課題である。最大の核保有国であるアメリカのオバマ大統領は「核なき世界」を訴え、未来の目標であるとしても核兵器の全廃をめざし、二〇一六年には被爆地の広島を訪れて、核の先行使用の禁止を提案した。しかし、この好機を生かす間もなく、オバマ大統領とは大きく異なる価値観に立つ政策を謳うドナルド・トランプが同年一一月の大統領選挙に勝利し、国際情勢の流動化は避けられないという見方が強まっている。しかし、だからこそ逆説的に、東アジアにおける核拡散を防ぎ、北朝鮮の攻撃的な姿勢を抑えるための国際協調を実現するために、日印関係がどのように役立つかを検討することも必要となってくるのではないだろうか。

すでに述べたように、インドは一九九八年にアメリカや中国に対抗して核保有を行った。核不拡散条約はもともとインドが発案したものだったが、大国だけが核を保有する「核のアパルトヘイト」を批判して、インドは一貫して署名を拒んできた。こうした経験を背景に、インドほど核兵器の国際的な管理やそのための条約に強い反発をもっている国はないということは常識になっている。その点で、「唯一の被爆国」という立場を主張し核軍縮を唱えてきた日本とは、大きな隔たりがある。けれども、アメリカや日本のみならず、国際原子力エネルギー機関（ＩＡＥＡ）を通じて核保有についての国際的な承認を得た形になったインドは、すでに責任のある六番目の核保有国として遇されており、非核保有国であったかつてのインドとは根本的に異なる立場となっている。しかも、インドの隣には自国より多数の核弾頭をもつ中国とその中国と協力するパキスタンが控え、イランもまた潜在的な核保有国となる力を疑われている。したがって、核保有国となったインドは核拡散を抑制し、核兵器の国際的な管理を実現することにより大きな利益をもつようになったと考えてもよいのではないか。この点をインド側に説得することが、日本の利益にもなると考えることは可能である。

実は、中国もインドも、「核の先行不使用（no first use of nuclear weapons）」を過去に宣言している。そこで、アメリカ、中国、インドが共同で核の先行不使用を確認し、そこにロシアや北朝鮮を巻き込んでいく交渉のプロセスを開始していくことは不可能とはいえない。非核保有国である日本がアメリカの政策にも影響を与え、インドの関与を引き出し、それをもって中国やロシアに働きかけ、さらに北朝鮮に圧力をかけるという構図である。そのために日韓の協力を図り、北朝鮮の核問題を契機にユーラシア大陸とアジア太平洋地域における核の先行不使用を約束する国際的な枠組みを構築できるのであれば、あるいは少なくともそうした交渉の場を提起していけるのであれば、二〇〇七年の六者協議後行き詰まっていた東アジアの状況も打開していくことができるかもしれない。その裏には、北朝鮮とも長い協力関係にあり、インドに対する核の先行使用が危惧されるパキスタンに、改めて国際社会が働きかけるという意味合いもある。以上、広島を拠点とした核問題についての共同プロジェクトからこうした議論を学んだが、日印両国が国際平和について重要な役割を発揮するならば、国連の安全保障理事会の組織改革と日印の常任理事国入りという、すでに頓挫したかに見える構想にも新しい力が与えられるのではないかと期待したいところである〔藤原 二〇一六〕。

最後に、グローバルな視点から国際支援が必要な領域あるいは地域について、日本とインドが積極的に協力するという案についても触れておこう。実はすでに、アフリカにおける貧困救済や経済開発について、両国は協力を進めつつあるという。従来の日本は、国際連合やその関係機関と協力しながら、そうした分野で大きな貢献を行ってきたことで知られているが、最近のインドは新興大国として新たにこうした役割を担おうと積極的に乗り出している。日本自身も戦後まもなく開始したアジア諸国への援助を皮切りに、経済成長とともに政府開発援助を拡大したが、八〇年代には受入国や国際社会からの批判を浴び、一九九三年には環境・人権・民主主義などに考慮したＯＤＡ大綱を約束し、ヨーロッパ諸国が中心となった経済協力開発機構（ＯＥＣＤ）の設定する基準に沿って援助を行ってきた歴史がある〔Jain and Mito 2016〕。

ロシア、中国、インドなどの新興大国はＯＥＣＤのなかに入っておらず、その意味で国際的な方式とは異なる形での借款や援助を拡大しつつある。すでに中国のインド洋諸国への進出で検討したように、そうした資金の移転にはメリットもあるが、問題も生じている。効率的で有効な支援をするだけでなく、これまでの海外援助の経験を活かし、適切な支援を行っていくためにも、既存の先進諸国やＯＥＣＤなどと新興大国の協調が、世界的な視点から望まれるものとなっている。日印両国が海外投資や援助についての緊密な協力を行い、それが先進大国と新興大国の協力という形でのブレークスルーになるとすれば、大変意義深いものがある。そうした観点から考慮したとき、両国の専門家が最近関心を寄せているベンガル湾の国際共同開発計画は、南アジアと東南アジアをつなぐ日印の共同事業として大きな一歩になると期待される〔Jain 2016; Chotani 2016〕。

以上、さまざまな角度から日印関係の過去・現在・未来を検討し、これからの可能性を展望してきたが、日本の私たちにとって重要なことは、インドは現在、世界でもっとも人気がある国だという点である。各国の首脳のインド詣でが続いている。ＢＲＩＣＳ諸国としての中国、ブラジル、ロシア、中国、インド、南アフリカとの首脳会議、日本、オーストラリア、アメリカ、中国などの首脳の相互訪問が続き、モディ首相は「近隣を第一に（Neighbors First）」「アクト・イースト」という政策を掲げて、南アジア、東南アジア、東アジアの国々との緊密な関係を構築しようとしてきている。インド自身にとってはカシュミールをめぐるパキスタンとの緊張の高まりが懸念されるものの、柔軟な「ウィン・ウィン関係」を謳うプラグマティックな外交によって、インドは多くの国々をつなぐハブに変わってきているようにも見える。そうしたインドと日本が結ぶことで、一時はアジアにおける孤立さえ指摘された日本の外交も活力を取り戻してきたかの感がある。この半世紀以上、アジアの先進大国としての役割を果たしてきた日本には、対外政策のリソースとなる情報や経験が豊かに蓄積されている。そして、新興大国として活動を拡大しようとしているインドと手を結ぶことで、対外政策における日本の能力が十分に発揮され、ともに広域アジアやグローバルな国際社会への貢献を果たせるのではないだろうか。

(1) 独立行政法人日本学術振興会科学研究費補助金・基盤研究(A)（一般）（二〇一四―一六年度）「中国・インド大国化とアジア――内政変動と外交変容の交錯」（研究代表者・竹中千春）および文部科学省私立大学戦略的研究基盤形成支援事業（二〇一三―一五年度）「二一世紀海域学の創成――「南洋」から南シナ海・インド洋・太平洋の現代的ビジョンへ」（研究代表者・上田信）（政治学チーム・インド洋ユニット）の共同研究として、二〇一四年三月スリランカとインド洋、二〇一五年三月ミャンマーとベンガル湾、二〇一六年三月南インドとベンガル湾・インド洋の調査を実施した。

(2) 中国の習近平が二〇一四年九月にインドを訪問した際には、インドが管轄するカシュミール地域に人民解放軍が侵入し、モディ首相が抗議の意を伝えるという事件が起こったが、インド側の関係筋から人民解放軍が国境を越えて侵入するという事態はめずらしくないという説明を受けた。中国のチベット自治区に隣接するネパールでも類似した状況についての説明を受けた。

(3) スリランカの National Peace Council を主宰する Jehan Perera とのインタビュー、二〇一六年二月九日（東京）。

(4) ただし、日本の政府開発援助を受けたベトナムの原子力発電所建設についても住民の反対運動が起こっていると伝えられるように、原発の輸出にはリスクもある。実際、インドのタミル・ナードゥ州クダンクラムでは、ロシアの協力による原発建設をめぐって強い反対運動が続けられてきた。このように、原発建設の課題は、日印両国の民主主義の試金石となる可能性もある。

(5) ＪＩＣＡインド事務所坂本威午所長へのインタビュー、二〇一五年六月二三日（東京）など、関係者とのインタビュー。

文献案内

溜　和敏
ニディ・プラサード

日印関係は近年急速に拡大・深化してきたにもかかわらず，現代の日印関係を扱う学術書は長らく刊行されてこなかった。現代日印関係の政治経済動向を包括的に叙述した書籍は，日本では『日本とインド　交流の歴史』〔山崎・高橋編 一九九三〕が直近のものである。インドでも，争点ごとの分析を束ねた論集は少なからず刊行されているが，本書のような現代日印関係の包括的整理は行われていない。序論にも記されているように，本書が一九九〇年代以降を分析の対象としていることの理由の一つは，『日本とインド　交流の歴史』以降の研究史上の空白を埋めることにあった。

そうした本書の企図を背景として，本稿では現代日印関係をめぐる研究動向の整理を行う。一九九〇年代以降の政治経済関係を扱う研究を中心に，前半では日本における研究動向を，後半ではインドにおける研究動向を概観する。

日本の研究動向

日印関係を同時代史のアプローチから解き明かそうと試みた先行研究のなかで，書籍として刊行されているものには，『日印関係小史』『日本とインド』〔大形編 一九六九，一九七八〕と前記の『日本とインド　交流の歴史』の計三点がある。『日本とインド　交流の歴史』は、古代から現代までの日印関係史を通覧する全七章によって構成され、第二次世界大戦以降の政治、経済、文化関係にそれぞれ一章を割いており、その記述の確かさもあって現代日印関係に関する最重要の先行研究と位置づけられてきた。

同時代史としての包括的な記述に限らなければ、日印関係に関する書籍として、インドの有識者に日印関係について尋ねた『二一世紀の日本とインド』〔近藤 二〇〇二〕や、インドで世界銀行の開発政策を指揮した森アサー茂子の自伝〔森 二〇一〇〕、中国を封じ込めるための戦略として日印連携を提唱する『日本とインド――いま結ばれる民主主義国家』〔櫻井編 二〇一二〕、同様の観点による『日本・インドの戦略包囲網で憤死する中国』〔ペマ・石 二〇一六〕などが刊行されている。近年はこうした日印関係やインドに関する書籍の刊行が増加している。

論文や章に目を向けると、現代日印関係を扱う業績は少なからず存在する。政治分野の近年の代表的な業績として、本書の編者である堀本武功は、インドの対外関係に関する単著二冊〔堀本 二〇〇七、二〇一五b〕のなかでそれぞれ一章を割いて日印関係を論じている。ほかには、日本の対印政策を論じた「日本のアジア太平洋政策とインドの戦略」〔ジェイン 二〇〇三〕や、海洋安全保障協力の展望を論じた「インド洋の海洋安全保障と日印協力の展開」〔秋山 二〇〇七〕、日本の東アジア政策をめぐる言説におけるインド認識を分析した「日本における「東アジア共同体」論とインド認識」〔佐藤宏 二〇一二〕、一九九〇年代以降の日印関係を手短に整理した「日印関係」〔溜 二〇一五a〕などがある。南アジアの安全保障情勢を論じた『南アジアの安全保障』〔日本国際問題研究所編 二〇〇五〕では、渡邊昭夫が日本の安全保障の観点から南アジアへの展望を論じていた。また、二〇一二年の日印国交樹立六〇周年を記念して、両国の元大使が回顧と展望を示している〔平林 二〇一二、Asrani 2012〕。

経済関係では、転換期にあった日印経済の展望を論じた「待たれる日印経済関係の飛躍」〔小島 二〇〇六〕や、その後の関係が拡大する状況を論じた「拡大する日印経済関係」〔近藤 二〇一〇〕、包括的経済連携協定を論じた「日印包括的経済連携協定」〔栗原 二〇一一〕と「日印EPA発効で重要性増す対印関係と日本の針路」〔小島 二〇一二〕、データに基づいて戦後の日印経済関係の長期的傾向を分析した「インドと日本」〔佐藤隆広 二〇一二〕などがある。

日印関係の同時代史研究においては、定期刊行物も重要な役割を果たしてきた。二〇〇八年まで刊行されていた『インド季報』〔当初は日印経済協力調査委員会日本委員会の発行する『インド経済季報』、一九八八年に『インド季報』と改題して日印調査委員会日本委員会による発行となり、二〇〇三年からは日印協会が発行〕では、第一線の研究者の手によってインドの政治経済動向がつぶさに記録されており、日印関係の動向を知るうえで有益な資料となっている。二〇〇九年から刊行されている季刊誌『現代インド・フォーラム』〔日印協会が発行〕では、研究者や実務家による多くの論文が日印関係を扱っている。

日印関係史の学術研究として、前段までに整理したような同時代の分析よりも活発に行われているのは、おもに大戦前後の問題をめぐる歴史学のアプローチからの研究である。たとえば、日本に移住したインド独立運動指導者のラシュ・ビハリ・ボースを紹介した『中村屋のボース』〔中島 二〇〇五〕は、専門家以外の読者にも広く読まれた。東京裁判の判事として日本でも知られるラダビノド・パルをめぐって、中島岳志がパルを「利用する右派論壇」を資料解釈に基づいて非難すると〔中島 二〇〇七〕、中里成章もパルをめぐるそうした「神話」に挑戦する立場ではあったが、パルをガンディー主義者とした中島〔二〇〇七〕の解釈を批判した〔中里 二〇一一〕。「日印戦後処理の一側面」〔佐藤宏 二〇一〇〕は、外務省の資料などを用いて、戦後の在印日本資産と在日インド資産の返還と補償の問題を分析している。『インド独立の志士「朝子」』〔笠井 二〇一六〕は、文献資料とインタビュー調査に基づいて、インド独立運動に身を投じた日本生まれのインド人女性の伝記を著した。

最後に、史資料や文献情報整備の動向に触れる。東京外国語大学大学院地域文化研究科の史資料ハブ地域文化研究拠点は、日印関係に限らないインド関連の史資料を収集しており、その成果として明治以降の日本のインド関連書誌

〔松本編 二〇〇六〕や、雑誌記事索引〔足立編 二〇〇六〕、日印協会の幹部によるオーラル・ヒストリー〔三角ほか 二〇〇八〕が刊行されている。その他には、大戦前後の日印関係史の研究動向に関連して、インド国民軍関係者の証言を集めた記録〔長崎他編 二〇〇八a、二〇〇八b〕が刊行されている。一九八〇年代までの日本（とくにアジア経済研究所）における南アジア研究の動向については、政治・社会分野〔佐藤宏編 一九九一b〕と経済分野〔佐藤宏編 一九九一a〕に分けてレビューが行われている。

インドの研究動向

インドにおける日印関係研究は、主として日本研究の分野で行われてきた。その先駆けとなったのは、インド国際学スクールで一九五九年に博士号を取得した経済学者P・A・ナラシンハ・ムールティーであった〔Narsimhan 2010: 187〕。ムールティーは、当初はインド唯一の日本研究者といいうる存在であり、長年にわたって日印関係研究の中心人物となった。インド国際学スクールは一九七〇年にジャワーハルラール・ネルー大学（JNU）の国際学研究科として再編され、その一部門として東アジア研究センターが設立された。ムールティーの指導を受けて、ともに日本研究を担ったのが、インド国際学スクールで博士号を取得したK・V・ケサヴァンと、JNUへの統合後に博士号を得たサヴィトリ・ヴィシュワナタンであった〔Narsimhan 2010: 187〕。ムールティーとケサヴァンはJNUで、ヴィシュワナタンはデリー大学で後進の指導に当たった。デリー大学では一九六九年に既存の中国研究センターに日本部門が加わって中国・日本研究学部として再編された。この両機関が以後のインドにおける日本研究の中核となった。JNUでムールティーらの指導を受けたラージャーラーム・パンダやラーリマー・ヴァルマーが後に続いた〔Narsimhan 2010: 188〕。こうした日本研究者たちによって、冷戦時代のインドにおける日印関係研究は担われた。

冷戦時代はその国際政治構造のため日印関係が希薄であったために、研究も活発ではなかった。代表的な研究の一端を紹介すると、ムールティーが編者となった *The Lotus and the Chrysanthemum* は、日本がアメリカによる沖縄占領を認めたことと、サンフランシスコ条約に調印したことについて、それらが日本の戦略的自律性に制約を課すという観点から、インドが反対していたことを明らかにした〔Murthy ed. 1977〕。こうしたインド政府の姿勢は、ネルーの演説集からも確認できる〔Nehru 1983〕。冷戦時代の日印関係が疎遠になった理由については、インドが非同盟、日本がアメリカとの同盟という対極的な方針であり、中国へのスタンスにおいても日印は異なり、要するに日印が「正反対の方向」を向いていたと論じられている〔Murthy 1986: 345〕。このように、当時の日印関係は冷戦という構造要因から理解されており、そうした理解は後の時代の研究でも踏襲されている〔Pant 2010〕。そもそも日本とインドが「国際政治の極を成す一国」でなかった理由については、「自力では国際政治の出来事をコントロールすることはおろか、影響を及ぼすに足りるだけの力をもっていなかったため」と分析されていた〔Murthy 1986: 391〕。

冷戦が終結してその構造から日印関係が解放されると、戦略分野から経済分野へと関心がシフトし〔Jain and Todhunter 1996〕、インドでは援助供与国としての日本の重要性が論じられた〔Kesavan and Varma eds. 2000; Reddy ed. 2012; Basu 2014; Mukhopadyay and Bhattacharyay 2015; Choudhury 2015〕。後に Choudhury ed.〔2014〕は、「ルック・イースト」する南アジアの国として自国を位置づけたインドが、日本からの経済的支援を求めて、日本と南アジアの関係強化を図ったと指摘している。

二〇〇〇年代に入り、日印関係が緊密化すると、研究も次第に活発になった。本書の執筆者でもある Ghosh〔2008〕は、日印パートナーシップが二〇〇六年に「戦略的」を冠したことに着目し、要因と課題を論じた。外交安全保障分野を中心に日印関係の多様な側面を扱う *Building a Global Partnership*〔Kesavan ed. 2002〕と *India-Japan Relations in Emerging Asia*〔Horimoto and Varma eds. 2013〕は、ムールティーによる一連の研究書〔Murthy ed. 1977; Murthy 1986; 1993〕につづく重要な先行研究として位置づけられる。*Poised for Partnership*〔Mukherjee and Yazaki eds. 2016〕では、日印の実務家や研究者が、経済・エネルギー・安全保障・グローバルガバナンスでの協力をめぐって両国の可能性を検討している。

インドがネルー的な非同盟を超えて、アメリカや中国、日本を含む諸大国との関係強化を目指す新たな対外戦略が展開しはじめたことにともない〔Chellaney〔2014〕は「教義的非同盟から地政学的現実主義」への転換と指摘している〕、日本研究者だけではなく、インドの対外関係や安全保障の研究者も日印関係に言及する機会が増えた〔Chellaney 2006; Raghavan 2008; Ayres and Mohan eds. 2009; Sinha and Mohta eds. 2007; Mathur 2012; Mohan 2015b〕。日印関係への期待を反映して、日本とインドが「アジアのG2」〔Mohan 2015a〕になるという議論や、「将来の経済・安全保障秩序における主要なステークホルダー」として「グローバルな問題や地域の問題の共同管理」〔Sisodia and Naidu eds. 2006: vi〕を促進することにより、「自然な同盟国」〔Yadav 2002; Borah 2011〕としてアジアのバランス・オブ・パワーに影響を及ぼすという議論も見られた。

安全保障分野での関係拡大にともない、核問題やテロリズム、海賊問題などの個別的イシューをめぐる研究も行われている。こうした分野については、主にインドの外交当局者や実務経験者が分析を行っている〔Jaishankar 2000; Nandakumar and Kumar 2007; Sibal 2014a; Ghose 2009; 2014; Dubey 2016〕。さらに近年の新たな動向は、インド太平洋という新たな戦略的地平から日印関係が描かれていることである。中国の台頭や海上交易の活発化を背景とした、インド洋と太平洋を結びつけるこの新たな戦略的概念に関して、日印両国の安全保障上の懸念や、海洋分野での協力による戦略的利益の相乗効果をめぐって活発な議論が展開されている〔Khurana 2007a; Mohan 2012; Pant and Joshi 2016; Prasad 2015; Mukherjee and Mohan eds. 2016; Chacko ed. 2016; Jain and Horimoto 2016〕。

参照文献

青木まき　二〇一六「『メコン・サブ地域』の出現──域内国の模索と域外大国の関与」大庭三枝編『東アジアのかたち──秩序形成と統合をめぐる日米中ASEANの交差』千倉書房。

秋山昌廣　二〇〇七「インド洋の海洋安全保障と日印協力の展開──我が国海洋戦略の欠如」『国際安全保障』第三五巻第二号。

秋山信将・菊地昌廣・浅田正彦・宮本直樹　二〇一二「核兵器の不拡散」黒澤満編『軍縮問題入門』〔第4版〕東信堂。

足立享祐編　二〇〇六『明治・大正・昭和期南アジア研究雑誌記事索引』東京外国語大学大学院地域文化研究科21世紀COE「史資料ハブ地域文化研究拠点」。

安倍晋三　二〇〇六『美しい国へ』文藝春秋。

石上悦朗　二〇一七「インドICTサービス産業の新展開──米国とインドの関係を中心に」（佐藤隆広編 二〇一七）。

石上悦朗・佐藤隆広編　二〇一一『現代インド・南アジア経済論』ミネルヴァ書房。

伊藤正二編　一九八八『インドの工業化──岐路に立つハイコスト経済』アジア経済研究所。

伊藤融　二〇〇八「インドの核政策の現状と展望──「核兵器国」容認の国際潮流形成過程」『国際問題』第五七〇号。

──　二〇一一「地域協力の鍵を握るインド──SAARC、環インド洋、BIMSTEC」山影進・広瀬崇子編『南部アジア』ミネルヴァ書房。

岩下明裕　二〇一二「グローバル・ユーラシア──新しい地政学の創造」塩川伸明・小松久男・沼野充義編『ユーラシア世界5　国家と国際関係』東京大学出版会。

──編　二〇一三『ユーラシア国際秩序の再編』〔シリーズ・ユーラシア地域大国論3〕ミネルヴァ書房。

絵所秀紀　一九八八「電子産業」（伊藤正二編 一九八八）。

──　一九九四「インド・モデルから韓国モデルへ開発戦略の転換」萩原宜之編『講座現代アジア3　民主化と経済発展』東京大学出版会。

NTTドコモ　二〇一六「インド Tata Teleservices Limited の株式に係る仲裁裁定について」六月二四日（https://www.nttdocomo.co.jp/info/news_release/2016/06/24_00.html）。

大形孝平編　一九六九『日印関係小史』アジア経済研究所。

──編　一九七八『日本とインド』三省堂。

岡田克也　二〇一四『外交をひらく──核軍縮・密約問題の現場で』岩波書店。

外務省　一九九二『政府開発援助大綱（旧ODA大綱）』六月三〇日（http://www.mofa.go.jp/mofaj/gaiko/oda/seisaku/taikou/sei_1_1.html）。

──　一九九三『外交青書 1992 ──転換期の世界と日本』外務省。

──　一九九四『外交青書 1993 ──より安全で人間的な世界を求めて』外務省。

──　一九九六『外交青書 1996 ──新たな国際秩序の萌芽と日本外交の進路』外務省。

──　一九九八 a「インドの核実験実施に対する我が国の措置について」五月一三日（http://www.mofa.go.jp/mofaj/press/danwa/10/dmu_0513.html）。

──　一九九八 b「インドによる第二回核実験実施を踏まえた我が国の措置について」五月一四日（http://www.mofa.go.jp/mofaj/press/danwa/10/dmu_0514.html）。

──　一九九九「国別援助実績一九九一年〜一九九八年の実績［1］イ

ンド」(http://www.mofa.go.jp/mofaj/gaiko/oda/shiryo/jisseki/kuni/j_99/g2-01.htm)。

——二〇〇〇a『外交青書2000——21世紀に向けて——より良き未来のための外交』外務省。

——二〇〇〇b「日印首脳会談（概要）」八月二三日（http://www.mofa.go.jp/mofaj/kaidan/kiroku/s_mori/arc_00/asia4_00/n_i.html）。

——二〇〇二「小泉総理大臣のＡＳＥＡＮ諸国訪問における政策演説『東アジアの中の日本とＡＳＥＡＮ——率直なパートナーシップを求めて』」一月一四日（http://www.mofa.go.jp/mofaj/press/enzetsu/14/ekoi_0114.html）。

——二〇〇五「アジア新時代における日印パートナーシップ——日印グローバル・パートナーシップの戦略的方向性（仮訳）」四月二九日（http://www.mofa.go.jp/mofaj/kaidan/s_koi/asia_europe_05/india_partner.html）。

——二〇〇六a「国別援助計画：インド」五月（http://www.mofa.go.jp/mofaj/gaiko/oda/seisaku/enjyo/india.html）。

——二〇〇六b「『日印戦略的グローバル・パートナーシップ』に向けた共同声明」http://www.mofa.go.jp/mofaj/area/india/visit/0612_gps_k.html
——二〇〇七「インド国会における安倍総理大臣演説『二つの海の交わり』」八月二二日（http://www.mofa.go.jp/mofaj/press/enzetsu/19/eabe_0822.html）。

——二〇〇八a「原子力供給国グループ（ＮＳＧ）第二回臨時総会（概要及び我が国の対応）」九月九日（http://www.mofa.go.jp/mofaj/gaiko/kaku/nsg/nsg_08rs_g.html）。

——二〇〇八b「外務大臣会見記録（平成二〇年九月）」九月一六日（http://www.mofa.go.jp/mofaj/press/kaiken/gaisho/g_0809.html）。

——二〇一〇a「日インド原子力協定締結交渉の開催」六月二五日（http://www.mofa.go.jp/mofaj/press/release/22/6/0625_02.html）。

——二〇一〇b「外務大臣会見記録（要旨）（平成二二年六月）」六月二五日（http://www.mofa.go.jp/mofaj/press/kaiken/gaisho/g_1006.html）。

——二〇一〇c「政府開発援助（ＯＤＡ）国別データブック 2010：インド」（http://www.mofa.go.jp/mofaj/gaiko/oda/shiryo/kuni/10_databook/pdfs/02-01.pdf）。

——二〇一一a「インド」（http://www.mofa.go.jp/mofaj/area/india/index.html）。

——二〇一一b「日本・インド包括的経済連携協定」九月九日（http://www.mofa.go. jp/mofaj/gaiko/fta/j_india/index.html）。

——二〇一三a「日本は戻ってきました」二月二二日（http://www.mofa.go.jp/mofaj/press/enzetsu/25/abe_us_0222.html）。

——二〇一三b「国交樹立60周年を超えた日インド戦略的グローバル・パートナーシップの強化」五月二九日（http://www.mofa.go.jp/mofaj/files/000005382.pdf）。

——二〇一三c「インドにおける対日世論調査」六月二〇日（http://www.mofa.go.jp/mofaj/press/release/press6_000345.html）。

——二〇一三d「第6回日インド原子力協定締結交渉の開催」一二月二〇日（http://www.mofa.go.jp/mofaj/press/release/press4_000466.html）。

——二〇一四「日・インド首脳会談（概要）」九月一日（http://www.mofa.go.jp/mofaj/s_sa/sw/in/page3_000896.html）。

——二〇一五a「『質の高いインフラパートナーシップ』の公表」五月二一日（http://www.mofa.go.jp/mofaj/gaiko/oda/about/doukou/page18_000075.html）。

——二〇一五b「日印ヴィジョン2025特別戦略的グローバル・パートナーシップ——インド太平洋地域と世界の平和と繁栄のための協働」一二月一二日（http://www.mofa.go.jp/mofaj/s_sa/sw/in/page3_001508.html）。

——二〇一六「日印首脳会談」一一月一一日（http://www.mofa.go.jp/mofaj/s_sa/sw/in/page3_001879.html）。

外務省高官　一九八四『世界週報』五月二二日。

外務省国際協力局　二〇一六『政府開発援助（ＯＤＡ）国別データブック　二〇一六』ディグ。

外務省国際経済協力局　二〇〇二『政府開発援助（ＯＤＡ）国別データ

ブック　二〇〇一』国際協力推進協会。
笠井亮平　二〇一六『インド独立の志士「朝子」』白水社。
金子勝・児玉龍彦　二〇一六『日本病——長期衰退のダイナミズム』岩波新書。
上池あつ子・佐藤隆広　二〇一四「後発医薬品で躍進する製薬産業——第一三共が見逃した品質管理の罠」『週刊エコノミスト』六月二四日特大号。
清田智子　二〇一六「モディ政権二年間の安全保障・国防政策」『現代インド・フォーラム』第八号。
栗原恵津子　二〇一一「日印包括的経済連携協定」『現代インド・フォーラム』第三〇号。
経済産業省　二〇一〇『通商白書２０１０』。
経済産業省アジア大洋州課　二〇一〇『デリー・ムンバイ間産業大動脈構想（Delhi-Mumbai Industrial Corridor: DMIC）』一一月（http://www.meti.go.jp/policy/trade_policy/asia/sw_asia/data/DMIC.pdf）。
コーエン、スティーヴン・フィリップ　二〇〇三『台頭する大国インド——アメリカはなぜインドに注目するのか』堀本武功訳、明石書店。
厚生労働省　二〇一六「日・インド社会保障協定の発効について」七月一〇日（http://www.mhlw.go.jp/stf/houdou/0000130396.html）。
国際協力銀行　二〇一五『わが国製造業企業の海外事業展開に関する調査報告——二〇一五年度海外直接投資アンケート結果（第二七回）』国際協力銀行。
小島眞　二〇〇四『インドのソフトウェア産業』東洋経済新報社。
——二〇〇六「待たれる日印経済関係の飛躍」『海外事情』第四八巻第一〇号。
——二〇〇七「東アジアに接近するインド経済」浦田秀次郎・深川由紀子編『東アジア共同体の構築２——経済共同体への展望』岩波書店。
——二〇一二「日印ＥＰＡ発効で重要性増す対印関係と日本の針路」『公明』七七号。
小林俊二　二〇一三「南アジアにおける冷戦構造の崩壊とパラダイムの激変」『現代インド・フォーラム』第一六号。
近藤正規　二〇〇一『二一世紀の日本とインド——インドの賢人50人にきく』三恵社。
——二〇一〇「拡大する日印経済関係」『現代インド・フォーラム』第五号。
在インド日本大使館・ジェトロ　二〇一六『インド進出日系企業リスト二〇一五』（http://www.in.emb-japan.go.jp/Japanese/2015j_co_list.pdf）。
櫻井よしこ編　二〇一二『日本とインド——いま結ばれる民主主義国家』文藝春秋。
佐藤考一　二〇一〇「中国と「辺疆」：海洋国境——南シナ海の地図上のU字線をめぐる問題」『境界研究』第一号。
佐藤隆広　二〇一二「インドと日本」西島章次・久保広正編『シリーズ・現代の世界経済9　現代の世界経済と日本』ミネルヴァ書房。
——二〇一六「インドにおける犯罪」『ＲＩＥＢニュースレター』第一六一号。
——編　二〇一七『インドの産業発展と日系企業』（叢書七七号）神戸大学経済経営研究所。
佐藤隆広・馬場敏幸・大墨陸　二〇一一「インド自動車産業の生産性分析」『現代インド研究』第一号。
佐藤宏編　一九九一a『地域研究シリーズ7　南アジア経済』アジア経済研究所。
——編　一九九一b『地域研究シリーズ8　南アジア政治・社会』アジア経済研究所。
——一九九三「戦後日本とインドの新しい関係」〔山崎・高橋編　一九九三〕。
——一九九七「インドと東南アジアの国際関係——一九八〇年代以降を中心に」近藤則夫編『現代南アジアの国際関係』アジア経済研究所。
——二〇一〇「日印戦後処理の一側面——在印日本資産と在日インド資産の返還交渉」近藤則夫編『現代インドの国際関係——メジャー・パワーへの模索』調査研究報告書、アジア経済研究所。
——二〇一二「日本における「東アジア共同体」論とインド認識」近藤則夫編『現代インドの国際関係——メジャー・パワーへの模索』ア

ジア経済研究所。

ジェイン、プルネンドラ　二〇〇三「日本のアジア太平洋政策とインドの戦略」猪口孝編『日本のアジア政策――アジアから見た不信と期待』NTT出版。

ジェトロ（日本貿易振興会）　一九八一『ジェトロ白書　投資編――世界と日本の海外直接投資　一九八一』日本貿易振興会。

――一九八二『ジェトロ白書　投資編――世界と日本の海外直接投資　一九八二』日本貿易振興会。

――一九八八『ジェトロ白書　投資編――世界と日本の海外直接投資　一九八八』日本貿易振興会。

――一九九八『ジェトロ白書　貿易編――世界と日本の貿易　一九九八』日本貿易振興会。

――一九九九『ジェトロ投資白書――世界と日本の海外直接投資　一九九九』日本貿易振興会。

――二〇〇一『ジェトロ投資白書――世界と日本の海外直接投資　二〇〇一』日本貿易振興会。

――二〇〇五『ジェトロ貿易投資白書　二〇〇五』ジェトロ。

――二〇〇八『インドオフショアリング――拡がる米国との協業』ジェトロ。

――二〇一四『インドにおけるR&Dの概況』ジェトロ・ニューデリー事務所知的財産権部。

信田智人　二〇〇六『冷戦後の日本外交』ミネルヴァ書房。

島田卓　二〇〇六『インドビジネス――脅威の潜在力』祥伝社。

首相官邸　二〇〇一「インド及びパキスタンの核実験に対する我が国の措置の停止に関する内閣官房長官の談話」一〇月二六日（http://www.kantei.go.jp/jp/tyokan/koizumi/2001/1026danwa.html）。

――二〇〇九「日印首脳会談共同記者会見」一二月二九日（http://www.kantei.go.jp/jp/hatoyama/statement/200912/29india_kaiken.html）。

――二〇〇一「日印共同宣言」一二月一〇日（http://www.kantei.go.jp/jp/koizumispeech/2001/1210india.html）。

白石昌也　二〇〇七「メコン・サブ地域の実験」山本武彦・天児慧編『東アジア共同体の構築1――新たな地域形成』岩波書店。

鈴木修　二〇〇八「もの造りを通じた日印交流」前田專學編『インドからの道　日本からの道――「日印交流年」連続講演録』出帆新社。

――二〇〇九『俺は、中小企業のおやじ』日本経済新聞出版社。

セン、アマルティア　二〇〇八『議論好きなインド人――対話と異端の歴史が紡ぐ多文化社会』佐藤宏訳、明石書店。

戦略国際問題研究所（CSIS）・インド工業連盟（CII）・日本国際問題研究所（JIIA）　二〇〇七『日米印報告書（訳文）――新たな三国間の協力に向けて』八月一七日（http://www2.jiia.or.jp/pdf/report/070817_us_j_ireport-j.pdf）。

戦略国際問題研究所（CSIS）・アスペン研究所（ASPEN）・日本国際問題研究所（JIIA）　二〇一〇「米日印戦略対話　二〇一〇年九月二二日―二四日、ワシントンDC」（http://www2.jiia.or.jp/pdf/report/101022j-US-J-I_Joint_Statement.pdf）。

双日株式会社　二〇一六「双日、デリー～ムンバイ間貨物専用鉄道の軌道敷設工事および電化工事を受注」二月二六日（https://www.sojitz.com/jp/news/2016/02/20160226.php）。

添谷芳秀　二〇〇五『日本の「ミドルパワー」外交――戦後日本の選択と構想』筑摩書房。

第一三共株式会社　二〇一六「ランバクシーの元株主との仲裁手続の結果について」五月六日（http://www.daiichisankyo.co.jp/news/detail/006437.html）。

高木誠一郎　二〇〇七「米国と中国の対外戦略における相手方の位置付け」高木誠一郎編『米中関係――冷戦後の構造と展開』国際問題研究所。

高原明生　二〇一二「中国の台頭とその近隣外交――日本外交への示唆」RIETI Discussion Paper Series 09-J-12、独立行政法人経済産業研究所（http://www.rieti.go.jp/jp/publications/dp/09j012.pdf）。

竹中千春　二〇〇九「多国間主義とインド外交――核保有と経済成長」大矢根聡編『東アジアの国際関係――多国間主義の地平』有信堂高文社。

――二〇一四「モディ新政権と世界――日印関係のゆくえ」『現代イ

ンド・フォーラム』第二三号。

――二〇一五「蜜月更に深まる日印の連携――交流拡大に必須の相互理解」『e-World』第二四号。

竹村健一・榊原英介　二〇〇五『インドを知らんで明日の日本を語ったらあかんよ』PHP研究所。

田中明彦　二〇〇七『アジアのなかの日本』NTT出版。

溜和敏　二〇〇七a「現代アメリカ外交とエンゲージメント政策――一九九〇年代アメリカのアジア政策を事例に」『中央大学政策文化総合研究所年報』第一一号。

――二〇〇七b「第一〇五回米国連邦議会の対インド政策――核実験、経済制裁、骨抜きにされる核不拡散法制」『中央大学大学院研究年報法学研究科篇』第三七号。

――二〇一〇「核兵器保有をめぐる国内要因論の再検討――インドによる一九九八年の核実験を事例に」『国際安全保障』第三八巻第三号。

――二〇一三「原子力協力協定をめぐるインドとアメリカの二国間関係」博士学位論文、中央大学大学院法学研究科。

――二〇一五a「日印関係」（長崎・堀本・近藤編　二〇一五）。

――二〇一五b「「インド太平洋」概念の普及過程」『国際安全保障』第四三巻第一号。

――二〇一六「核不拡散レジームとインド――印米原子力協力のその後」西海真樹・都留康子編『変容する地球社会と平和への課題』中央大学出版部。

チャタージー、バスカー　一九九三『インドでの日本式経営――マルチとスズキの成功』野田英二郎訳、サイマル出版会。

通商産業省　一九五八『通商白書　一九五八年版　各論』通商産業調査会。

――一九六六『経済協力の現状と問題点　一九六六年版』通商産業調査会。

――一九七五『通商白書　一九七五年版　総論』通商産業調査会。

――一九七九『通商白書　一九七九年版　総論』通商産業調査会。

――一九八九『通商白書　一九八九年版　各論』通商産業調査会。

――一九九八『通商白書　一九九八年版　各論』通商産業調査会。

東洋経済新報社　一九九〇『海外進出企業総覧　一九九〇』。

堤英隆　二〇〇五「潮流ルック・ウエスト」『金融市場』第一六巻第一〇号。

内閣府　二〇一六「外交に関する世論調査（平成二八年一月）」三月一四日（http://survey.gov-online.go.jp/h27/h27-gaiko/2-1.html）。

内藤雅雄・中村平治編　二〇〇六『南アジアの歴史――複合的社会の歴史と文化』有斐閣。

長尾賢　二〇一五a『検証　インドの軍事戦略――緊張する周辺国とのパワーバランス』ミネルヴァ書房。

――二〇一五b「なぜ日印安保協力に注目するのか」東京財団（http://www.tkfd.or.jp/research/japan-india/a00853）。

長尾雄一郎　二〇〇三「我が国の安全保障上の国益」防衛省防衛研究所『ブリーフィング・メモ』（http://www.nids.mod.go.jp/publication/briefing/pdf/2003/200309.pdf）。

長崎暢子・田中敏雄・中村尚司・石坂晋哉編　二〇〇八a『資料集インド国民軍関係者聞き書き』研文出版。

長崎暢子・田中敏雄・中村尚司・石坂晋哉編　二〇〇八b『資料集インド国民軍関係者証言』研文出版。

長崎暢子・堀本武功・近藤則夫編　二〇一五『現代インド3　深化するデモクラシー』東京大学出版会。

中里成章　二〇一一『パル判事――インド・ナショナリズムと東京裁判』岩波新書。

中島岳志　二〇〇五『中村屋のボース――インド独立運動と近代日本のアジア主義』白水社。

――二〇〇七『パール判事――東京裁判批判と絶対平和主義』白水社。

中島久雄・岩垂好彦編　二〇一二『転換期を迎えるインド』東洋経済新報社。

永松恵一　一九九二「民間レベルの協力」柳原透編『アジア太平洋の経済発展と地域協力』アジア経済研究所。

西村吉雄　二〇一四『電子立国は、なぜ凋落したか』日経BP社。

日米安全保障協議委員会　二〇〇七「同盟の変革――日米の安全保障及び防衛協力の進展」五月一日（http://www.mofa.go.jp/mofaj/area/

usa/hosho/2plus2_07_kh.html)。
日本学生支援機構　二〇一六『平成二七年度外国人留学生在籍状況調査結果』日本学生支援機構。
日本国際フォーラム　二〇〇七『第29政策提言　インドの躍進と日本の対応』日本国際フォーラム政策委員会。
日本国際問題研究所編　二〇〇五『南アジアの安全保障』日本評論社。
羽田正　二〇〇七『興亡の世界史15――東インド会社とアジアの海』講談社。
馬場敏幸　二〇一一「自動車産業とサポーティング産業」（石上・佐藤編　二〇一一）。
林薫　一九九七「求められる持続性ある経済協力」『週刊東洋経済　臨時増刊　インド特集』第五三九九号。
バルガバ、R・C　二〇〇六『スズキのインド戦略――「日本式経営」でトップに立った奇跡のビジネス戦略』島田卓監訳、中経出版。
東アジア共同体評議会　二〇〇五『「ASEAN+3サミット」「東アジア・サミット」を総括する――政策本会議第一一回会合』一二月二一日（http://www.ceac.jp/j/pdf/study1/11.pdf）。
平林博　二〇一二「国交六〇周年――日印関係を回顧し展望する」『現代インド・フォーラム』第一二号。
広瀬崇子　二〇〇七「出遅れた日本――日印関係の展望」広瀬崇子・近藤正規・井上恭子・南埜猛編『現代インドを知るための60章』明石書店。
広瀬訓　二〇一二「核実験の禁止」黒澤満編『軍縮問題入門』（第4版）東信堂。
福永正明　二〇一六「日印原子力協力協定、ついに調印へ」『世界』第八七七号。
藤原帰一　二〇一六「時事小言　現代の国際関係　抑止戦略の限界に直面」『朝日新聞』四月二〇日夕刊。
ペマ・ギャルポ、石平　二〇一六『日本・インドの戦略包囲網で憤死する中国』徳間書店。
防衛省　二〇一六『平成二八年版日本の防衛――防衛白書』防衛省。
防衛省防衛研究所　二〇一五『東アジア戦略概観2015』防衛省防衛研究所。
防衛庁　一九九八『日本の防衛』防衛庁。
――　二〇〇六『平成一八年版日本の防衛――防衛白書』防衛庁。
防衛問題懇談会　一九九四「日本の安全保障と防衛力のあり方――21世紀へ向けての展望」データベース『世界と日本』（日本政治・国際関係データベース、東京大学東洋文化研究所田中明彦研究室）、(http://www.ioc.u-tokyo.ac.jp/~worldjpn/documents/texts/JPSC/19940812.O1J.html)。
法務省　二〇一六「在留外国人統計二〇一五年十二月末」(http://www.e-stat.go.jp/SG1/estat/List.do?lid=000001150236)。
堀本武功　一九九七『インド現代政治史――独立後半世紀の展望』刀水書房。
――　二〇〇六「国際政治における南アジア――インド外交と印米関係」『アジア研究』第五二巻第二号。
――　二〇〇七『インド　グローバル化する巨象』岩波書店。
――　二〇一〇「南アジアの大国インドと日本」西原正・堀本武功編『軍事大国化するインド』亜紀書房。
――　二〇一二「現代インド外交路線の検討」近藤則夫編『現代インドの国際関係――メジャー・パワーへの模索』アジア経済研究所。
――　二〇一三a「豪州の新アジア外交――インド・ASEAN」政策提言研究、アジア経済研究所（http://www.ide.go.jp/Japanese/Publish/Download/Seisaku/1303_horimoto.html）。
――　二〇一三b「日本の南アジア外交――緊密化する対印関係と今後の課題」国分良成編『日本の外交4　対外政策　地域編』岩波書店。
――　二〇一四「冷戦後のインド外交――「第2非同盟」と対米・対中政策」『国際問題』第六二八号。
――　二〇一五a「現代インド外交は何を目指すのか」（長崎・堀本・近藤編　二〇一五）。
――　二〇一五b『インド　第三の大国へ――〈戦略的自律〉外交の追求』岩波書店。
――　二〇一六「政権3年目に入るモディ外交――大国化を実現できるのか」『現代インド・フォーラム』第三〇号。

松久保肇　二〇一五「日印原子力協力協定の締結による世界の核拡散への影響」特定非営利活動法人原子力資料情報室（http://www.cnic.jp/wp/wp-content/uploads/2015/11/201511_CNIC_Japan_India_nuclear_agreement.pdf）。
松本脩作編　二〇〇六『インド書誌――明治初期～二〇〇〇年刊行邦文単行書』東京外国語大学大学院地域文化研究科21世紀ＣＯＥ「史資料ハブ地域文化研究拠点」。
南埜猛　二〇一三「世界の中のインド」友澤和夫編『世界地誌シリーズ5　インド』朝倉書店。
三角佐一郎・松本脩作・内藤雅雄・佐藤宏・藤井毅　二〇〇八『回想の日印関係　三角佐一郎談話録』東京外国語大学地球社会先端教育研究センター「史資料ハブ地域文化研究拠点」。
三船恵美　二〇〇九「小泉政権以降における日中関係の視座――「富強大国化する中国」と日本」『中国研究月報』第六三巻第一一号。
――二〇一一「中国の周辺外交と対インド関係」趙宏偉・青山瑠妙・益尾知佐子・三船恵美編『中国外交の世界戦略』明石書店。
――二〇一六『中国外交戦略――その根底にあるもの』講談社。
森茂子　二〇一〇『アサー家と激動のインド近現代史』彩流社。
森喜朗・平林博　二〇〇七「対談　インドを大切に思う、その理由は」『月刊自由民主』第六五七号。
山崎幸治　一九八八「自動車産業」（伊藤正二編　一九八八）。
山崎利男・高橋満編　一九九三『日本とインド　交流の歴史』三省堂。
山本武彦　二〇〇七「日本の「東アジア共同体外交」と共同体構想――二国間主義と多国間主義の間」山本武彦・天児慧編『東アジア共同体の構築1――新たな地域形成』岩波書店。
山本吉宣　二〇一一「アジア太平洋の安全保障アーキテクチャー――二〇三〇年へのシナリオ」外務省国際問題調査研究提言事業報告書『アジア太平洋における各種統合の長期的な展望と日本の外交』日本国際問題研究所。
読売新聞　二〇一六「日印首脳一一月会談、原子力協定署名へ詰め」『読売新聞』八月一四日。
Abe, Shinzo. 2012. "Asia's Democratic Security Diamond," Project Syndicate（https://www.project-syndicate. org/commentary/a-strategic-alliance-for-japan-and-india-by-shinzo-abe）.
Aghion, Philippe, Burgess Robin, Redding Stephen and Zilibotti Fabrizio. 2008. "The Unequal Effects of Liberalisation: Evidence from Dismantling the License Raj," *American Economic Review*, 98-4.
Andersen, Walter. 2001. "Recent Trends in Indian Foreign Policy," *Asian Survey*, 41-5.
Arase, David. 1994. "Public-Private Sector Interest Coordination in Japan's ODA," *Pacific Affairs*, 67-2.
Armitage, Richard, and Joseph S. Nye. 2007. *The U. S.-Japan Alliance: Getting Asia Right through 2020*, Washington, D. C.: Center for Strategic and International Studies.
Aspin, Les. 1993. *Report of the Bottom-up Review*, Washington, D. C.: U. S. Department of Defense.
Asrani, Arjun. 2012. "India-Japan Relations: Looking Back, Looking Ahead," *Contemporary India Forum*, 12.
Auslin, Michael. 2010. "Security in the Indo-Pacific Commons: Toward a Regional Strategy," American Enterprise Institute, December.
Ayres, Alyssa, and C. Raja Mohan, eds. 2009. *Power Realignments in Asia: China, India and United States*, New Delhi: Sage.
Baral, J. K., and J. N. Mahanty. 1992. "India and the Gulf Crisis: The Response of a Minority Government," *Pacific Affairs*, 65-3.
Baru, Sanjaya. 2014. *The Accidental Prime Minister: The Making and Unmaking of Manmohan Singh*, Gurgaon: Viking.
―― 2016. "Two Years of the Narendra Modi Government in India: A View from India Perspective," *Contemporary India Forum*, 30.
Basu, Titli. 2014. "India-Japan Relations: An Enduring Partnership," *Indian Foreign Affairs Journal*, 9-3.
Bedi, Rahul. 1998. "Pakistani Missile-test Success Sparks Sharp Reaction un Delhi," *Daily Telegraph*, April 8.
Bhatia, Rajiv. 2016. *India-Myanmar Relations: Changing Contours*, New Delhi: Routledge.

Bhatia, Rajiv, and Vijay Sakhuja, eds. 2014. *Indo-Pacific: Political and Strategic Prospects,* New Delhi: Vij Books.

Bidwai, Praful, and Achin Vanaik. 2000. *New Nukes: India, Pakistan and Global Nuclear Disarmament,* New York: Olive Branch Press.

Bisley, Nick. 2012. "The Indo-Pacific: What does it Actually Mean?" East Asia Forum (http://www.eastasiaforum.org/2012/10/06/the-indo-pacific-what-does-it-actually-mean/).

BJP (Bharatiya Janata Party). 1998. *Election Manifesto 1998* (http://www.bjp.org/en/documents/manifesto/national-democratic-alliance-manifesto-1999).

Borah, Rupakjyoti. 2011. "Japan and India: Natural but Wary Allies," *New Zealand International Review,* 36-4.

Bradford, John F. 2005. "Maritime Security Cooperation in Southeast Asia," *Naval War College Review,* 58-3.

Brewster, David. 2010. "The India-Japan Security Relationship: An Enduring Security Partnership?" *Asian Security,* 6-2.

——— 2012. *India as an Asia Pacific Power,* London: Routledge.

Brewster, David, You Ji, Zhu Li, Pramit Pal Chaudhuri, Abhijit Singh, Raja Menon, Darshana M. Baruah, John W. Garver and Rory Medcalf. 2016. "India and China at Sea: A Contest of Status and Legitimacy in the Indian Ocean," *Asia Policy,* 22.

Business Standard. 1997. "India Urges Saarc to Get Down To Business," *Business Standard,* May 13.

Cavas, Christopher P. 2016. "Interview: Adm. Tomohisa Takei, Chief of Staff, Japanese Maritime Self-Defense Force," Defense News, March 30 (http://www.defensenews.com/story/defense/show-daily/singapore-air-show/2016/03/30/admiral-tomohisa-takei-japanese-maritime-self-defense-force-jmsdf/81858684/).

Chacko, Priya. 2012. *Indian Foreign Policy: The Politics of Postcolonial Identity from 1947 to 2004,* London: Routledge.

———ed. 2016. *New Regional Geopolitics in the Indo-Pacific: Drivers Dynamics and Consequences,* New York and London: Routledge.

Chaudhuri, Rudra. 2014a. "Aberrant Conversationalists: India and the United States since 1947," in Kanti Bajpai, Saira Basit and V. Krishnappa, eds., *India's Grand Strategy: History, Theory, Cases,* London & New Delhi: Routledge.

——— 2014b. *Forged in Crisis: India and the United States Since 1947,* New Delhi: Oxford University Press.

Chaudhury, Dipanjan Roy. 2014. "India, Japan Sign Key Agreements: To Share'Special Strategic Global Partnership,'" *The Economic Times,* September 2.

Chellaney, Brahma. 2006. *Asian Juggernaut: The Rise of China, India and Japan,* New Delhi: HarperCollins.

——— 2014. "Why Modi's Japan Visit was a Watershed," *Rediff,* September 3.

——— 2015. "Why Japan Should Rearm," Project Syndicate (https://www.project-syndicate.org/commentary/japan-security-reform-by-brahma-chellaney-2015-10#L6DlswXLSA9K2QGR.99).

——— 2016. "Japan and India Key to Confronting China's Ambitions," *The Australian,* January 26.

Chotani, Vindu Mai. 2016. *India and Japan: Reconnecting in the Bay of Bengal,* ORF Occasional Paper, 83.

Choudhury, Srabani Roy. ed. 2014. *Japan-SAARC Partnership: A Way Ahead,* New Delhi: Pentagon Press.

——— 2015. "India-Japan Relations: The Economic Advantage," *Indian Foreign Affairs Journal,* 10-3.

Clinton, Hillary. 2011. "America's Pacific Century," *Foreign Policy* (http://foreignpolicy.com/2011/10/11/americas-pacific-century/).

Cooley, Alexander. 2008. "Principles in the Pipeline: Managing Trans-atlantic Values and Interests in Central Asia," *International Affairs,* 84-6.

Council on Foreign Relations Task Force (chaired by Charles R. Kaye and Joseph S. Nye Jr.). 2015. *Working with a Rising India: A Joint Venture for the New Century,* Council on Foreign Relations Task Force

Report, 73.

CSIS, CII and JIIA (Center for Strategic and International Studies, Confederation of Indian Industry and Japan Institute of International Affairs). 2008. "US-Japan-India Strategic Dialogue, October 17–19 in Delhi, India: Key Recommendations" (https://csis-prod.s3.amazonaws.com/s3fs-public/legacy_files/files/media/csis/pubs/081105_india-japan-us_trilateral_delhi_statement.pdf).

D'Costa, Anthony P. 2016. *International Mobility, Global Capitalism, and Changing Structure of Accumulation: Transforming the Japan-India IT relationship,* Routledge London.

Department of Defense (United States of America). 2001. *Quadrennial Defense Review Report,* Washington, D. C.: Department of Defense.

——— 2006. *Quadrennial Defense Review Report,* Washington, D. C.: Department of Defense.

——— 2012. *Sustaining U. S. Global Leadership: Priorities for 21st Century Defense* (http://archive.defense.gov/news/Defense_Strategic_Guidance.pdf).

——— 2016. "Remarks on "Asia-Pacific's Principled Security Network" at 2016 IISS Shangri-La Dialogue," June 4 (http://www.defense.gov/News/Speeches/Speech-View/Article/791213/remarks-on-asia-pacifics-principled-security-network-at-2016-iiss-shangri-la-di).

Department of Industrial Policy & Promotion (India). various years. *Fact Sheet on Direct Investment,* New Delhi: Ministry of Commerce and Industry.

Department of State (United States of America). 2010. "America's Engagement in the Asia Pacific: Remarks by Hillary Rodham Clinton, Secretary of State, Kahara Hotel, Honolulu," October 28 (https://m.state.gov/md150141.htm).

——— 2011. "U. S.-Japan-India Trilateral," December 19 (http://www.state.gov/r/pa/prs/ps/2011/12/179172.htm).

——— 2014. "U. S.-India Strategic Consultations," September 30 (http://www.state.gov/r/pa/prs/ps/2014/09/232338.htm).

——— 2015a. "Joint Statement of the U. S.-Japan-India Trilateral Dialogue," June 24 (http://www.state.gov/r/pa/prs/ps/2015/06/244441.htm).

——— 2015b. "Remarks with Indian External Affairs Minister Sushma Swaraj and Japanese Foreign Minister Fumio Kishida," September 29 (http://www.state.gov/secretary/remarks/2015/09/247485.htm).

Dixit, J. N. 1998. *Across Borders: Fifty Years of India's Foreign Policy,* New Delhi: Picus.

Dombrowski, Peter, and Andrew C. Winner, eds. 2014. *The India Ocean and US Grand Strategy: Ensuring Access and Promoting Security,* Washington, D. C.: Georgetown University Press.

Doyle, Randall. 2014. *The Geopolitical Power Shift in the Indo Pacific Region: America, Australia, China and Triangular Diplomacy in the Twenty-first Century,* Lanham: Lexington Books.

Dubey, Mukuchand. 2016. *India's Foreign Policy: Coping with the Changing World,* New Delhi: Oriental BlackSwan.

Envall, H. D. P. 2014. "Japan's India Engagement: From Different Worlds to Strategic Partners," in Ian Hall, ed., *The Engagement of India: Strategies and Responses,* Washington, D. C.: Georgetown University Press.

Feith, David. 2015. "The U. S.-India Strategic Test," *Wall Street Journal,* December 3.

Fontaine, Richard. 2015. "Where is America in Japan and India's Plans for Asia," *The National Interest,* December 28.

Garver, John W., and Fei-Ling Wang. 2010. "China's Anti-encirclement Struggle," *Asian Security,* 6–3.

Gaur, Mahendra. 2005. *Foreign Policy Annual, 2004, Part1: Event,* New Delhi: Kalpaz.

Ghose, Arundhati. 2009. "Nuclear Weapons, Non-Proliferation and Nuclear Disarmament: Evolving Policy Challenges," *India Quarterly,* 65–4.

——— 2014. "The Road to Nuclear Zero: Rhetoric or Reality?," *CLAWS*

Journal, Summer.

Ghosh, Madhuchanda. 2008. "India and Japan's Growing Synergy: From a Political to a Strategic Focus," *Asian Survey,* 48-2.

Gordon, Sandy. 2012. "India's Rise as an Asia-Pacific Power," *Strategic Insights,* 58.

——— 2014. "Will China 'wedge' India and the US?" South Asia Masala, June 5 (http://asiapacific.anu.edu.au/blogs/southasiamasala/2014/06/05/will-china-wedge-india-and-the-us/).

Green, Michael J. and Katsuhisa Furukawa. 2008. "Japan: New Nuclear Realism," in Muthiah Alagappa, ed., *The Long Shadow: Nuclear Weapons and Security in 21st Century Asia,* California: Stanford University Press.

Griffiths, James, and K. J. Kwon. 2016. "North Korea Fires 3 Ballistic Missiles; Japan Calls it 'Serious Threat,'" CNN, September 5 (http://edition.cnn.com/2016/09/05/asia/north-korea-ballistic-missiles/).

Group of Ministers (India). 2001. *Report of the Group of Ministers on Reforming the National Security System,* February.

Guha, Ramchandra. 2007. *India after Gandhi: The History of the World's Largest Democracy,* New York: HarperCollins.（邦訳：佐藤宏訳『インド現代史——１９４７－２００７』上下巻，明石書店，二〇一二）

Gujral, I. K. 1996. "Foreign Policy Objectives of India's United Front Government," Speech at Royal Institute of International Affairs, Chatham House, London.

Haidar, Salman. 2012. "Look East," in Amar Nath Ram, ed., *Two Decades of India's Look East Policy,* New Delhi: Manohar.

Hamanaka, Shintaro. 2010. *Asian Regionalism and Japan: The Politics of Membership in Regional Diplomatic, Financial and Trade Groups,* Abingdon: Routledge.

Hemmings, John. 2015. "Don't Constrain an Expansionist China Alone. Try Trilaterals," *The National Interest,* December 2.

Hirabayashi, Hiroshi. 1998. "Japan does not Recognise India, Pak as N-weapon States," Rediff (http://www.rediff.com/news/1998/jul/03bomb.htm).

Hiranandani, G. M. 2009. *Transition to Guardianship: the Indian Navy 1991-2000,* New Delhi: Lancer.

Horimoto, Takenori. 2016a. "Japan-India Rapprochement and Its Future Issues," Japan Digital Library of Japan Institute of International Affairs (http://www2.jiia.or.jp/en/pdf/digital_library/japan_s_diplomacy/160411_Takenori_Horimoto.pdf).

——— 2016b. "India's Wars: The Indo-Pakistan Wars and the India-China Border Conflict," NIDS International Forum on History: Proceedings, March.

——— 2016c. "Review: Beyond Complementarity and Cooperation in India-Japan Relations," *The Wire,* July 5.

——— 2016d. "India-Japan Relations on a New High," in Anirban Ganguly, Vijay Chauthaiwale, Uttam Kumar Sinha, eds., *The Modi's Doctrine: New Paradigms in India's Foreign Policy,* New Delhi: Wisdom Tree.

Horimoto, Takenori, and Lalima Varma, eds., 2013. *India-Japan Relations in Emerging Asia,* New Delhi: Manohar.

IEA (International Energy Agency). 2015. *World Energy Outlook 2015,* Paris: International Energy Agency.

IMF (International Monetary Fund). 2016. *World Economic Outlook Database* (http://www.imf.org/external/pubs/ft/weo/2016/02/weodata/index.aspx).

Indian National Congress. 2014. *Your Voice Our Pledge, Lok Sabha Elections 2014, Manifesto,* New Delhi: Indian National Congress.

India Today. 1990. *India Today,* June 15.

Issacs, Harold. 1958. *Scratches on Our Minds: American Images of China and India,* New York: John Day.

Ito, Go. 2015. "Japanese Perspectives on the Rise of India and China and their Impact on East Asia," in G. V. C. Naidu, Mumin Chen and Raviprasad Narayanan, eds., *India and China in the Emerging Dynamics of East Asia,* New Delhi: Springer.

Ito, Toru. 2013. "'China Threat' Theory in Indo-Japan Relations," in Horimoto and Varma, eds.

Jain, Purnendra. 1997. "Japan's Relations with South Asia," *Asian Survey*, 37-4.

——— 2003. "Japan's Interest in the Indian Ocean," *Journal of Indian Ocean Studies*, 11-1.

——— 2007. *The China Factor in Japan's Rising Interest in India*, East Asian Institute, National University of Singapore.

——— 2008. *From Condemnation to Strategic Partnership: Japan's Changing View of India: 1998-2007*, Singapore: Institute of South Asian Studies, National University of Singapore.

——— 2009. "Japan's Expanding Security Networks: Australia and India," *Indian Journal of Asian Affairs*, 22-(1-2).

——— 2010. "Japan-India Relations: Peaks and Troughs," *The Round Table*, 99-409.

——— 2016. "Japan's Foreign Aid: Institutional Change and Shifting Policy Directions," in Hiroshi Kato, John Page, and Yasutami Shimomura eds., Japan's Development Assistance: Foreign Aid and the Post-2015 Development Agenda. Basingstoke: Palgrave Macmillan.

Jain, Purnendra, and Takenori Horimoto. 2016. "Japan and the Indo-Pacific," in Priya Chacko, ed., *The New Regional Geopolitics in the Indo-Pacific: Drivers, Dynamics and Consequences*, New York and London: Routledge.

Jain, Purnendra, and Takamichi Tam Mito. 2016. "The Institutionalisation of Energy Cooperation in Asia," in Saadia M. Pekkanen, ed., *Asian Designs: Governance in the Contemporary World Order*, Ithaca and London: Cornell University Press.

Jain, Purnendra, and Maureen Todhunter. 1996. "India and Japan: Newly Tempering Relations," in Purnendra Jain, ed., *Distant Asian Neighbours: Japan and South Asia*, New Delhi: Sterling.

Jaishankar, S. 2000. "India-Japan Relations after Pokhran II," *Seminar*, 487.

Jaishankar, Dhruva. 2014. "A Fine Balance: India, Japan and the United States," *The National Interest*, January 24.

——— 2016. "India and Japan: Emerging Indo-Pacific Partnership," S. Rajaratnam School of International Studies, Nanyang Technological University (https://www.rsis.edu.sg/rsis-publication/rsis/co16130-india-and-japan-emerging-indo-pacific-security-partnership/#.V_sD43oybCk).

Japan Institute of International Affairs. 2016. "Japanese Diplomacy in the Indo-Pacific Age: Toward a Collaborative Relationship with Emerging Powers" (https://www2.jiia.or.jp/en/pdf/study_groups/2013-Project_Overview_Japanese_Diplomacy_in_the_Indo-Pacific_Age-1.pdf).

Joshi, Yogesh, and Harsh V. Pant. 2015. "Indo-Japanese Strategic Partnership and Power Transition in Asia," *India Review*, 14-3.

Kaldor, Mary. 1999. *New and Old Wars: Organized Violence in a Global Era*, Cambridge: Polity.

——— 2009. "Center Stage for the Twenty-first Century: Power Plays in the Indian Ocean," *Foreign Affairs*, 88-2.

Kaplan, Robert D. 2011. *Monsoon: The Indian Ocean and the Future of American Power*, New York: Random House.（邦訳：ロバート・D・カプラン　二〇一二『インド洋圏が，世界を動かす――モンスーンが結ぶ躍進国家群はどこへ向かうのか』奥山直司・関根光宏訳，インターシフト）

Kapur, Harish. 2009. *Foreign Policies of India's Prime Ministers*, New Delhi: Lancer.

Karniol, Robert. 1992. "New Base is Boost to Naval Power," *Jane's Defence Weekly*, September 12.

Kawai, Masahiro, and Takagi Shinji. 2001. "Japan's Official Development Assistance: Recent Issues and Future Directions," *Asia Program Working Paper*, 97.

Kerr, Paul K. 2008. *U. S. Nuclear Cooperation with India: Issues for Congress*, CRS Report for Congress, Washington, D. C.: Congressional

Research Service.

Kesavan, K. V. 2000. "Japan's Nuclear Policy and South Asia," in Kesavan and Varma, eds.

———ed. 2002. *Building A Global Partnership: Fifty Years of Indo-Japanese Relations,* New Delhi: Lancers Books.

——— 2010. "India and Japan: Changing Dimensions of Partnership in the post-Cold War Period," *ORF Occasional Paper,* 14.

Kesavan, K. V., and Lalima Varma. eds., 2000. *Japan-South Asia: Security and Economic Perspectives,* New Delhi: Lancer Books.

Khadria, Binod. 1999. *The Migration of Knowledge Workers: Second-Generation of India's Brain Drain,* New Delhi: Sage.

Khilnani, Sunil, Rajiv Kumar, Pratap Bhanu Mehta, Prakash Menon, Nandan Nilekani, Srinath Raghavan, Shyam Saran and Siddharth Varadarajan. 2012. *NONALIGNMENT 2. 0: A Foreign and Strategic Policy for India in the Twenty First Century* (http://www.cprindia.org/sites/default/files/working_papers/NonAlignment% 202.0_1.pdf).

Khurana, Gurpreet S. 2007a. "Security of Sea Line: Prospect for India-Japan Cooperation," *Strategic Analysis,* 31-1.

——— 2007b. "Joint Naval Exercises: A Post-Malabar-2007 Appraisal for India," *IPCS Issue Brief,* 52.

Kojima, Makoto. 2013. "Prospects and Challenges for Expanding Japan-India Economic Relations," in Horimoto and Varma, eds.

Lendon, Brad. 2016. "Will North Korea's Next Missile Test Have a Nuclear Warhead?" CNN, September 9 (http://edition.cnn.com/2016/09/09/asia/north-korea-next-missile-test-fears/).

Lewis, Jeffrey. 2016. "New DPRK ICBM Engine," Arms Control Wonk (http://www.armscontrolwonk.com/archive/1201278/north-korea-tests-a-fancy-new-rocket-engine/).

Limaye, Satu. 1995. "Sushi and Samosas: Indo-Japanese Relations after the Cold War," in Sandy Gordon and Stephen Henningham, eds., *India Looks East: An Emerging Power and Its Asia-Pacific Neighbours,* Canberra: Australian National University.

——— 2000. "Tokyo's Dynamic Diplomacy," *Contemporary Southeast Asia,* 22-2.

——— 2006. "Japan and India after the Cold War," in Yoichiro Sato and Satu Limaye, ed., *Japan in a Dynamic Asia: Coping with the New Security Challenge,* Oxford: Lexington Books.

Lohman, Walter. 2015. "Responding to China's Rise: Could a 'Quad' Approach Help?" *The National Interest,* June 25.

Lohman, Walter, Ravi K. Sawhney, Andrew Davies and Ippeita Nishida, eds. 2015. *The Quad Plus: Towards a shared strategic vision for the Indo-Pacific,* New Delhi: Wisdom Tree.

Malik, Mohan. 2011. *China and India: Great Power Rivals,* London: Firstforum Press.

———ed. 2014. *Maritime Security in the Indo-Pacific: Perspectives from China, India and the United States,* Lanham: Rowman & Littlefield.

Manning, Robert. 2015. "Abe's India Visit Highlights Asia's Security Ties," *Nikkei Asian Review,* December 12.

Mathur, Arpita. 2012. "India and Japan: Sharing Strategic Interests?" in Purnendra Jain and Peng Er. Lam, eds., *Japan's Strategic Challenges in a Changing Regional Environment,* Singapore: World Scientific Publishing.

——— 2013. *India-Japan Relations: Drivers, Trends and Prospects,* monograph no 23, S. Rajaratnam School of International Studies, Nanyang Technological University.

Medcalf, Rory. 2016. "Australia's New Strategic Geography," in Priya Chacko, ed., *New Regional Geopolitics in the Indo-Pacific: Drivers, Dynamics and Consequences,* London and New York: Routledge.

Mendl, Wolf. 1995. *Japan's Asia Policy: Regional Security and Global Interests,* London and New York: Routledge.

Meredith, Robyn. 2008. *The Elephant and the Dragon: The Rise of India and China and What It Means for All of Us,* New York: W. W. Norton & Company.

Mifune, Emi. 2013a. "Japan-India-US Relations and Rising China," in

Horimoto and Varma, eds.
——— 2013b. "Japan Policy toward China," in Takashi Inoguchi and G. John Ikenberry, eds., *The Troubled Triangle: Economic and Security Concerns for The United States, Japan, and China,* New York: Palgrave Macmillan.
Ministry of Commerce and Industry (India). 2014. *FDI Synopsis on Country Japan* (as on 31. 12. 2014).
Ministry of Defence (India). 2003. *Annual Report, 2002–03,* New Delhi: Ministry of Defence.
——— 2004. *Annual Report, 2003–04,* New Delhi: Ministry of Defence.
——— 2006. *Annual Report Year 2005–2006,* New Delhi: Ministry of Defence.
——— 2007. *Sainik samachar,* September 15 (http://sainiksamachar.nic.in/englisharchives/2007/sep15-07/h1.htm).
——— 2008. *Annual Report, 2007–08,* New Delhi: Ministry of Defence.
Ministry of Defence, Integrated Headquarters (Navy). 2004. *Indian Maritime Doctrine,* April 25.
——— 2007. *Freedom to Use the Seas: India's Maritime Military Strategy,* May 28.
Ministry of External Affairs (India). 2001. *Annual Report 2000–01,* New Delhi: Ministry of External Affairs.
——— 2003a. "Statement on the Current Situation Related to Iraq," March 18 (http://www.mea.gov.in/press-releases.htm?dtl/9209/Statement+on+the+current+situation+related+to+Iraq).
——— 2003b. "Statement by Official Spokesperson on the Commencement of Military Action in Iraq," March 20 (http://www.mea.gov.in/press-releases.htm? dtl/9125/Statement+by+Official+Spokesperson+on+the+commencement+of+military+action+in+Iraq).
——— 2003c. "Statement on the Question of Sending Indian Troops to Iraq," July 14 (http://www.mea.gov.in/press-releases.htm? dtl/7892/Statement+on+the+question+of+sending+Indian+troops+to+Iraq).
——— 2003d. "Speech by External Affairs Minister Shri Yashwant Sinha at Harvard University," Sep. 29 (http://mea.gov.in/Speeches-Statements.htm?dtl/4744/Speech+by+External+Affairs+Minister+Shri+Yashwant+Sinha+at+Harvard+University).
——— 2003e. "Unstarred Question No. 284: Joint Strategy of India, China and Russia for Restoration of Sovereignty of Iraq," December 4.
——— 2006. "Joint Statement Towards Japan-India Strategic and Global Partnership," December 15 (http://web.iitd.ac.in/ ~sundar/dailab/PDFs/History-2006. pdf).
——— 2007. "Joint Communiqué of the Meeting of the Foreign Ministers of the People's Republic of China, the Republic of India and the Russian Federation," October 24 (http://www.mea.gov.in/bilateral-documents.htm?dtl/26628/Joint+Communiqu+of+the+14th+Meeting+of+the+Foreign+Ministers+of+the+Russian+Federation+the+Republic+of+India+and+the+Peoples+Republic+of+China).
——— 2011. "India-Japan Relations," November 14 (http://www.mea.gov.in/mystart.php?id=50044483,linkrot).
——— 2012. *Annual Report 2011–2012,* New Delhi: Ministry of External Affairs.
——— 2014. "Tokyo Declaration for India-Japan Special Strategic and Global Partnership," September 1 (http://www.mea.gov.inbilateral-documents.htm?dtl/23965/Tokyo+Declaration+for+India++Japan+Special+Strategic+and+Global+Partnership).
——— 2015a. "Joint Statement on India and Japan Vision 2025: Special Strategic and Global Partnership Working Together for Peace and Prosperity of the Indo-Pacific Region and the World," December 12 (http://www.mea.gov.in/bilateral-documents.htm? dtl/26176/Joint_Statement_on_India_and_Japan_Vision_2025_Special_Strategic_and_Global_Partnership_Working_Together_for_Peace_and_Prosperity_of_the_IndoPacific_R).
——— 2015b. "Transcript of Media Briefing by Foreign Secretary on Japanese Prime Minister's visit to India (December 12, 2015)" December 14 (http://www.mea.gov.in/media-briefings.htm?dtl/26182/

Transcript_of_Media_Briefing_by_Foreign_Secretary_on_Japanese_Prime_Ministers_visit_to_India_December_12_2015).

Ministry of Finance (India). 1996. *Economic Survey 1995-96*, New Delhi: Ministry of Finance.

——— 2015. *Mid-Year Economic Analysis 2015-2016*, New Delhi: Ministry of Finance.

Mistry, Dinshaw. 2014. *The US-India Nuclear Agreement: Diplomacy and Domestic Politics*, New Delhi: Cambridge University Press.

Mizokami, Kyle. 2014. "The Five Most Powerful Navies on the Planet," The National Interest (http://nationalinterest.org/feature/the-five-most-powerful-navies-the-planet-10610?page=3).

Mohan, C. Raja. 2006a. *Impossible Allies: Nuclear India, United States and the Global Order*, New Delhi: India Research Press.

——— 2006b. "India and the Balance of Power," *Foreign Affairs*, 85-4.

——— 2012. *Samudra Manthan: Sino-Indian Rivalry in the Indo-Pacific*, Washington D. C: Carnegie Endowment for International Peace.

——— 2015a. "Asian G-2: Modi and Abe are Drawn Together," *Indian Express*, December 11.

——— 2015b. *Modi's World: Expanding India's Sphere of Influence*, Noida: HarperCollins.

Morrow, Daniel and Michael Carriere. 1999. "The Economic Impacts of the 1998 Sanctions on India and Pakistan," The Nonproliferation Review (https://www.nonproliferation.org/wp-content/uploads/npr/morrow64.pdf).

Mukherjee, Anit, and C. Raja Mohan, eds., 2016. *India's Naval Strategy and Asian Security*, London and New York: Routledge.

Mukherjee, Rohan, and Anthony Yazaki, eds. 2016. *Poised for Partnership: Deepening India-Japan Relations in the Asian Century*, New Delhi: Oxford University Press.

Mukhopadhyay, K., and B. N. Bhattacharyay. 2015. "A Comprehensive Economic Partnership Between India and Japan: Impact, Prospects and Challenges," *Journal of Asian Economics*, 39.

Murthy, Narasimha P. A. 1968. "India and Japan," in J. D. B. Miller, eds., *India, Japan, Australia: Partners in Asia?* Canberra: Australian National University Press.

———ed. 1977. *The Lotus and the Chrysanthemum: India and Japan*, New Delhi: The Embassy of Japan.

——— 1986. *India and Japan, Dimensions of their Relations: Historical and Political*, New Delhi: ABC Publishing House.

——— 1993. *India and Japan: Dimensions of their Relations: Economic and Cultural*, New Delhi: Lancers Books.

Murthy, Padmaja. 1999. "The Gujral Doctrine and Beyond," *Strategic Analysis*, 23-4.

Nagao, Satoru. 2015. "Maritime Security and Multilateral Cooperation: a Japanese Perspective," *Maritime Affairs*, 11-2.

Naidu, G. V. C. 2011. *From 'Looking' to Engaging: India and East Asia*, Paris: Institut français des relations internationals.

Nambiar, Satish. 2003. "Why We should Say Yes," *Outlook*, September 7.

Nandakumar, J., and A. Vinod Kumar. 2007. "India-Japan Relations: Are There Prospects for Civil Nuclear Cooperation," *Strategic Analysis*, 31-6.

Narsimhan, Sushila. 2010. "Japanese Studies in India: Major Trends and Challenges," in P. A. George, ed., *Japanese Studies: Changing Global Profile*, New Delhi: Northern Book Centre.

NASSCOM (National Association of Software and Services Companies). 2015. *The IT-BPM Sector in India: Strategic Review 2015*, New Delhi: NASSCOM.

——— 2016. *The IT-BPM Sector in India: Strategic Review 2016*, New Delhi: NASSCOM.

NCAER (National Council for Applied Economic Research). 2009. *Moving to Growth and Services Tax in India: Impact on India's Growth and International Trade*, New Delhi: NCAER.

Nehru, Jawaharlal. 1983. *India's Foreign Policy: Selected Speeches: September 1946-April 1961*, New Delhi: The Publications Division,

Ministry of Information and Broadcasting, Government of India.

Nippon Keidanren. 2006. "Conclude an Economic Partnership Agreement between Japan and India at an Early Date," July 18 (http://www.keidanren.or.jp/english/policy/2006/053.html).

OECD (Organisation for Economic Co-operation and Development). 2012. *Looking to 2060: Long-term Global Growth Prospects,* Economic Policy Papers, No. 03, Paris: OECD.

Okita, Saburo. 1989. "Japan's Quiet Strength," *Foreign Policy,* 75.

Panda, Rajaram, and Yoo Fukuzawa, eds. 2004. *INDIA and JAPAN: Blossoming of a New Understanding,* New Delhi: The Japan Foundation New Delhi and Lancer's Books.

Pant, V. Harsh. 2009. "The Trials of a Rising Power," *live mint,* December 29.

——— 2010. "India-Japan Relations: A Slow, but Steady, Transformation," in Sumit Ganguly, ed., *India's Foreign Policy: Retrospect and Prospect,* New Delhi: Oxford University Press.

Pant, Harsh V., and Yogesh Joshi. 2016. "The Indo-Japanese Strategic Partnership and Power Transition in Asia," in Harsh V. Pant and Yogesh Joshi, eds., *The US Pivot and Indian Foreign Policy: Asia's Evolving Balance of Power,* Basingstoke: Palgrave Macmillan.

Parussini, Gabriele. 2016. "India, Japan Strengthen Ties with Industrial, Military Agreements," *The Wall Street Journal,* December 13.

Perkovich, George. 2000. *India's Nuclear Bomb: The Impact on Global Proliferation,* New Delhi: Oxford University Press.

Perlo-Freeman, Sam, Aude Fleurant, Pieter Wezeman and Siemon Wezeman. 2016. "Trends in World Military Expenditure, 2015," SIPRI Fact Sheet, April.

Pew Research Center. 2015. "Americans, Japanese: Mutual Respect 70 Years After the End of WWII: Neither Trusts China, Differ on Japan's Security Role in Asia," Pew Research Center (http://www.pewglobal.org/2015/04/07/americans-japanese-mutual-respect-70-years-after-the-end-of-wwii/).

Phillips, Andrew, and J. C. Sharman. 2015. *International Order in Diversity: War, Trade and Rule in the Indian Ocean,* Cambridge: Cambridge University Press.

Prasad, Nidhi. 2015. "From Balancing Power to Leading Power," *The Pioneer,* August 19.

Press Information Bureau (India). 1998. "National Agenda for Governance" (http://pib.nic.in/focus/fomore/nafgp3.html).

——— 2000. "President Clinton's Address to Indian Joint Session of Parliament," March 22 (http://pib.nic.in/archieve/indous/indouspr8.html).

——— 2016. "Speech of the Defence Minister Shri Manohar Parrikar at the Shangri-La Dialogue," June 4 (http://pib.nic.in/newsite/PrintRelease.aspx?relid=145975).

Prime Minister's Office (India). 2003. "Prime Minister's Opening Remarks at the All Party Meeting on Iraq," March 22 (http://archivepmo.nic.in/abv/content_print.php? nodeid=9209&nodetype=2).

Raghavan, V. R. 2003. "Military Perspectives on Iraq," *The Hindu,* July 10.

——— 2008. *Asian Security Dynamic: U. S., Japan and Rising Powers,* New Delhi: Promilla and Co.

Rajagopalan, Rajeswari Pillai, and Sylvia Mishra. 2015. "Exercise Malabar: A Concert of Democracies on the High Seas," *Hindustan Times,* October 20.

Rao, P. V. Narasimha. 1994. "Forging a New Relationship with the Asia-Pacific," Singapore Lecture.

——— 2005. "Sub-regional Strategies of Cooperation in ASEAN: The Indian Approach," in Raja Reddy, ed., *India and ASEAN: Foreign Policy Dimensions for the 21st Century,* New Delhi: New Century Publications.

Reddy, Yagama Y., ed. 2012. *India-Japan: Towards Harnessing Potentials of a Partnership,* New Delhi: Kaveri Books.

Rennack, Dianne E. 2001. *India and Pakistan: Current U. S. Economic Sanctions,* CRS Report for Congress, Washington, D. C.: Congressional Research Service.

Rogers, James. 2013. "European (British and French) Geo-strategy in the Indo-Pacific," *Journal of the Indian Ocean Region,* 9-1.

Rossow, Richard, Ito Toru, Srivastava Anupam and Glosserman Brad. 2015. "A Trilateral Whose Time Has Come: US-Japan-India Cooperation," The National Interest (http://nationalinterest.org/blog/the-buzz/trilateral-whose-time-has-come-us-japan-india-cooperation-11508).

Roy-Chaudhury, Rahul. 2000. *India's Maritime Security,* New Delhi: Knowledge World in association with Institute for Defence Studies and Analysis.

Rubin, Barnett R., and Ahmed Rashid. 2008. "From Great Game to Grand Bargain: Ending Chaos in Afghanistan and Pakistan," *Foreign Affairs,* 87-6.

Saint-Mézard, Isabelle. 2006. *Eastward Bound: India's New Positioning in Asia,* New Delhi: Manohar.

Sakhuja, Vijay. 2011. "India Japan Maritime Cooperation," Opinion, The Society for the Study of Peace and Conflict (http://www.sspconline.org/opinion/IndiaJapanMaritimeCooperation_22042011).

Sato, Hiroshi. 2005. "India Japan Peace Treaty in Japan's Post-War Asian Diplomacy," *Minamiajiakenkyu* (*Journal of Japanese Association for South Asian Studies*), 17.

Sato, Yoichiro. 2013. "Japan's Maritime Security Interests in The Indian Ocean Region and Prospects for India-Japan Cooperation," Indian Council for Research on International Economic Relations (http://www.icrier.org/pdf/satojapan.pdf).

Schoettli, Jivanta, ed. 2015. *Power, Politics and Maritime Governance in the Indian Ocean,* London and New York: Routledge.

Scott, David. 2012. "The "Indo-Pacific" : New Regional Formulations and New Maritime Frameworks for US-India Strategic Convergence," *Asia-Pacific Review,* 19-2.

Sen Gupta, Bhabani. 1997. "India in the Twenty-First Century," *International Affairs,* 73-2.

Shetty, Sundar A. 2001. *India's Textile and Apparel Industry: Growth Potential and Trade and Investment Opportunities,* Washington, D. C.: U. S. International Trade Commission.

Sibal, Kanwal. 2014a. "It is Cherry Blossom Time in India-Japan Relations," *Hindustan Times,* January 23.

——— 2014b. "The Iraq Crisis Puts India's 'Strategic Partnership' with America into Question," *Daily Mail,* July 8.

Sidhu, Waheguru Pal Singh, Pratap Bhanu Mehta and Bruce Jones. 2013. "A Hesitant Rule Shaper?" in Mehta Sidhu and Bruce Jones, eds., *Shaping the Emerging World: India and the Multilateral Order,* Washington, D. C.: Brookings Institution Press.

Singh, Hemant Krishan. 2014. "For India and Japan, both Symbolism and Substance," *The Business Standard,* February 25.

Singh, Jasjit. 1998. "Why Nuclear Weapons?" in Jasjit Singh ed. *Nuclear India,* New Delhi: Knowledge World.

——— 2000. "Security in Nuclearised Sothern Asia," in K. V. Kesavan and Lalima Varma eds. *Japan-South Asia: Security and Economic Perspectives,* New Delhi: Lancers Books.

Singh, Jaswant. 2007. *In Service of Emerging India,* Bloomington and Indianapolis: Indiana University Press.

Singh, Swaran. 2012. "Parsing the Comprehensive Test Ban Treaty: The View from India," in Lora Saalman, ed., *The India-China Nuclear Crossroads,* Washington DC: Carnegie Endowment for International Peace.

Sinha, Atish, and Madhup Mohta, eds. 2007. *Indian Foreign Policy: Challenges and Opportunities,* New Delhi: Academic Foundation.

Sisodia, N. S., and G. V. C. Naidu, eds. 2006. *India-Japan Relations: Partnership for Peace and Security in Asia,* New Delhi: Promilla and Co.

Small, Andrew. 2015. *The China-Pakistan Axis: Asia's New Geopolitics*, London: Hurst.

Smeltz, Dina, Ivo Daalder, Karl Friedhoff, and Craig Kafura. 2015. *America Divided: Political Partisanship and US Foreign Policy: Results of the 2015 Chicago Council Survey of American Public Opinion and US Foreign Policy*, Chicago: The Global Council of Global Affairs.

Srivas, Anuj. 2016. "The $1.3-Billion Defence Deal That India and Japan Don't Want to Admit is Struggling," *The Wire*, July 20.

Stokes, Bruce. 2015. "How Asia-Pacific Publics See Each Other and Their National Leaders," Pew Research Center (http://www.pewglobal.org/2015/09/02/how-asia-pacific-publics-see-each-other-and-their-national-leaders/).

Talbot, Strobe. 2004. *Engaging India: Diplomacy, Democracy, and the Bomb*, revised edition, Washington, D. C.: Brookings Institution Press.

Tamari, Kazutoshi. 2013. "Explaining the Similarity: Comparative Analysis of Japan and America's India Policy," in Horimoto and Varma eds.

Tammen, Ronald L., Jacek Kugler, Douglas Lemke, Allan C. Stam III, Mark Abdollahian, Carole Alsharabati, Brian Efird and A. F. K. Organski. 2000. *Power Transitions: Strategies for the 21st Century*, New York: Chatham House.

Taylor, Brendan. 2005. "Towards Hegemony?: Assessing China's Asian Ambitions," *Security Challenges*, 1-1.

Thant Myint-U. 2011. *Where China Meets India: Burma and the New Crossroads of Asia*, London: Faber and Faber.（邦訳：タン・ミン・ウー 二〇一三『ビルマ・ハイウェイ――中国とインドをつなぐ十字路』秋元由紀訳、白水社）

Times of India. 2014. "Japanese Prime Minister Shinzo Abe to be Republic Day Chief Guest," *Times of India*, January 6.

——— 2016. "Japan may Partner with India to Develop Iran's Chabahar Port," *Times of India*, May 15.

Toki, Masako. 2014. "Heavy Lifting ahead in the Japan-India Nuclear Deal," Bulletin of the Atomic Scientists (http://thebulletin.org/heavy-lifting-ahead-japan-india-nuclear-deal).

Twining, Daniel. 2015. "Abe, Modi Exercise Their Right to Help Shape Asia's Future," *Nikkei Asian Review*, December 10.

Ubaidulloev, Zubaidullo. 2011. "Jawaharlal Nehru's Asianism and Japan," 『国際日本研究』、三.

United Nations. 2015. *World Populations Prospects: The 2015 Revision*, New York: Department of Economic and Social Affairs, the United Nations.

U. S. House of Representatives. 2015. "Opening Statement of the Honorable Ed Royce (R-CA), Chairman House Foreign Affairs Committee Hearing: The Future of U. S.-Pakistan Relations December 16" (http://docs.house.gov/meetings/FA/FA00/20151216/104290/HHRG-114-FA00-20151216-SD002.pdf).

U. S. Navy. 2007. "Senior Leaders From Four Navies Meet Press Aboard Kitty Hawk," September 10 (http://www.navy.mil/submit/display.asp?story_id=31736).

U. S. Navy, 7th Fleet. 2007a. "Public Affairs," April 6 (www. 7nf. navy. mil/news/2007/april/10. htm).

——— 2007b. "Exercise Malabar 07-2 Kicks Off," September 7 (http://www.navy.mil/submit/display.asp?story_id=31691).

Varma, Lalima. 2009. "Japan's Official Development Assistance to India: A Critical Appraisal," *India Quarterly: A Journal of International Affairs*, 65-3.

Virmani, Arvind. 2002. "Towards a Competitive Economy: Vat and Customs Duty Reform," Planning Commission, Government of India (http://planningmission.nic.in/reports/wrkpapers/wp_vat.pdf).

Wall Street Journal. 2015. "Asia's Axis of Freedom," *The Wall Street Journal*, December 16.

Welfield, John. 1988. *An Empire in Eclipse: Japan in the Postwar American Alliance System: A Study in the Interaction of Domestic*

Politics and Foreign Policy, London: Athlone Press.

White, Hugh. 2012. *The China Choice,* Collingwood: Black Inc.

Wong, Ching Yu, and Adams Charles. 2002 "Trends in Global and Regional Foreign Direct Investment Flows," International Monetary Fund (http://www.imf.org/external/pubs/ft/seminar/2002/fdi/eng/pdf/wong.pdf).

World Bank. 2016a. *Global Economic Prospects, January 2016: Spillover Amid Weak Growth* Washington D. C.: World Bank.

——— 2016b. *Development Goals in an Era of Demographic Change,* Washington D. C.: World Bank.

Yadav, R. S. 2002. "Changing India-Japan Relations in the Post Cold War Era," *India Quarterly: A Journal of International Affairs,* 58-2.

Yamaguchi, Noboru, and Shuntaro Sano. 2016. "Japan-India Security Cooperation: In Pursuit of a Sound and Pragmatic Partnership," in Mukherjee and Yazaki, eds.

あとがき

本書には、『現代インド3　深化するデモクラシー』（長崎暢子・堀本武功・近藤則夫編、東京大学出版会、二〇一五年）の副産物という面がある。同書でも日印関係がカバーされているが、紙幅の関係で本編ではなく、補論に止まらざるをえなかった。現在の日本とインドの双方にとって両国関係が重要なテーマであるにもかかわらず、取り上げることができなかったのは本書編者にとっての心残りであったが、東京大学出版会からも次の機会に両国関係をテーマとした図書の刊行を考えてはどうかとのご提案をいただいた。それが出発点となって、本書の企画を進めることができた。この場をお借りして同会の山本徹氏に心から御礼申し上げたい。

日印関係については、日本人の視点からだけでは不十分のきらいがあり、国外ではどう見ているのかを知ることも必要である。そこで、インド・海外の研究者にも執筆を依頼した。インド在住のインド人三名に加え、インド系のアメリカ人とオーストラリア人の合計五名の方々からは、日本人には気付きにくい、興味深い視点や考え方が盛り込まれた論考をいただくことができた。日本とアジア諸国の現代二国間関係を論じた図書は多数出版されているが、相手国研究者の論考も含まれている日本語の研究書はこれまでに例がないのではあるまいか。

本書は日印関係史であるが、一九九〇年代以降の四半世紀という比較的短期間における政治と経済という重要な主要テーマを取り扱っている。その結果、各章では時代的な流れや経緯を述べる際、検討上の必要性からどうしても類似の出来事など（たとえば、二〇〇〇年八月の森首相訪印と訪印時に宣言された「日印グローバル・パートナーシップ」については、各所で言及されている）が重複して記述されることとなり、各章執筆者のとらえ方や認識の違いから、事象に関する記述にずれもあるが、いずれもどうかご海容いただきたい。

本書は多くの方々のご協力がなければ実現できなかった。特に、編纂にあたっては、山本さんにご尽力いただいた。溜和敏さん（高知県立大学）には本書の構想から刊行にいたるまで多大なご貢献をいただき、実質的な共編者といってよい。インド経済と日印経済関係を専攻される小島眞さん（拓殖大学）には本書の経済関係の章、政治関係の章ではTさんにそれぞれご高閲いただき貴重なご意見を賜ったことも申し添えたい。

なによりも、執筆者と翻訳者には積極的なご協力をいただいたことに心から感謝申し上げなければならない。いずれも日印関係をご専門とする方々であり、現代日印関係史に関する「高度な入門書」という編者の願望に沿っていただいたことにも心から御礼申し上げたい。

二一世紀の世界の動向を把握するために、現代日印関係を総合的に理解することはきわめて重要である。本書がその一助となれば、編者にとってこれに優る喜びはない。

二〇一七年一月

堀本武功

執筆者・訳者紹介

堀本武功（編者・第 1 章執筆）：国際政治学者．国立国会図書館調査局長，尚美学園大学教授，京都大学大学院特任教授などの後，岐阜女子大学客員教授，日印協会現代インド研究センター．編著に『インド　第三の大国へ』（岩波書店，2015），『現代インド 3　深化するデモクラシー』（東京大学出版会，2015），*India-Japan Relations in Emerging Asia*, 2013 など全 14 冊．博士（安全保障）．

石上悦朗（第 2 章執筆）：福岡大学商学部教授．専攻はインド経済・産業発展研究．共編著に『現代インド・南アジア経済論』，分担執筆に『激動のインド第 3 巻　経済成長のダイナミズム』『アジア ICT 企業の競争力』『アジア諸国の鉄鋼業』，*Industrial Clusters, Migrant Workers, and Labour Markets in India* など．

マドゥチャンダ・ゴーシュ Madhuchanda Ghosh（第 3 章執筆）：プレジデンシー大学（コルカタ）アシスタント・プロフェッサー．日印関係で博士号を取得．笹川平和財団博士課程フェローシップ，国際交流基金フェローシップ（二度）等で長期間滞日して調査研究を実施．編著に *US Policy Towards China, India and Japan: New Challenges and Prospects,* Atlantic Publishers. 2013 など 3 冊．

笠井亮平（第 3 章・第 11 章翻訳）：岐阜女子大学南アジア研究センター特別研究員．在中国，在インド，在パキスタンの日本大使館で専門調査員を歴任．専門は南アジアの国際関係，インド政治．著書に『インド独立の志士「朝子」』（白水社，2016），訳書に『ネオ・チャイナ』（白水社，2015），分担執筆に『軍事大国化するインド』（亜紀書房，2010），『台頭するインド・中国』（千倉書房，2015）など．

伊藤融（第 4 章執筆）：防衛大学校人文社会科学群国際関係学科准教授．専門分野はインドを中心とする南アジアの外交・安全保障．主要業績として，「インド外交のリアリズム」『国際政治』，「核保有の論理とその内外への影響：南アジア核時代の 10 年」『アジア研究』，「インドにおける政権交代と近隣政策の新展開」『国際安全保障』など．

サトゥ・リマイエ Satu Limaye（第 5 章執筆）：イースト・ウェスト・センターのワシントン DC 所長，および海軍分析センターのシニア・アドバイザーを務める（ただし本書での見解は個人の見解）．Asia Matters for America（www. AsiaMattersforAmerica.org）の代表として，アメリカとアジアの関係についての分析と発信も行う．ジョージタウン大学外交大学院卒業．オックスフォード大学でマーシャル奨学生として学び，博士号を取得．

三船恵美（第 6 章執筆）：駒澤大学法学部教授．専門は現代中国の外交・国際関係論．著書に『中国外交戦略：その根底にあるもの』（講談社選書メチエ，2016）．共編著に，『膨張する中国の対外関係』（勁草書房，2010）．共著に，*The Troubled Triangle: Economic and Security Concerns for United States, Japan and China*（Macmillan, 2013）など．

伊豆山真理（第 7 章執筆）：防衛研究所主任研究官．専門は国際関係論，インドの政治・外交・安全保障．主要業績に「インドの国連平和維持活動」（近藤則夫編『現代インドの国際関係』アジア経済研究所，2012 年），"India-Japan and Maritime Security Cooperation in the Asia-Pacific,"（T. Horimoto and L. Varma ed., *India-Japan Relations in Emerging Asia,* Manohar, 2013）など．

佐藤隆広（第 8 章執筆）：神戸大学経済経営研究所教授．専門は開発経済学と現代インド経済論．著書に，『経済開発論：インドの構造調整計画とグローバリゼーション』（世界思想社，2002）．編著に『インドの産業発展と日系企業』（神戸大学経済経営研究所，2017）．*Oxford Development Studies, Economic & Political Weekly, Economics of Governance, Journal of Policy Modeling* などの国際学術雑誌に論文多数．

小島眞（第 9 章執筆）：拓殖大学国際学部教授．慶應義塾大学経済学部卒業．博士（経済学）．千葉商科大学教授を経て，2000 年より現職．専攻は，インド経済論．著書に『現代インド経済分析：大国型工業発展の軌跡と課題』（勁草書房，1993），『インドのソフトウェア産業：高収益復活をもたらす戦略的 IT パートナー』（東洋経済新報社，2004），『タタ財閥：躍進インドを牽引する巨大企業グループ』（東洋経済新報社，2008）など．

溜和敏（第 10 章・文献案内執筆，第 5 章・第 12 章翻訳）：高知県立大学文化学部講師．2013 年中央大学大学院法学研究科博士後期課程修了．日本学術振興会特別研究員 PD を経て 2016 年 4 月より現職．論文に「『インド太平洋』概念の普及過程」『国際安全保障』第 43 巻第 1 号，「関心の非対称性によるパワーの相殺」『法学新報』第 123 巻第 7 号など．専攻は国際関係論．博士（政治学）．

プルネンドラ・ジェイン Purnendra Jain（第 11 章執筆）：豪州・アデレード大学教授．現代日本研究者（対外関係・内政・公共政策）．編著に *Japan's Strategic Challenges in a Changing Regional Environment*（World Scientific 2013）and a chapter in Saadia Pekkanen（ed）*Asian Designs: Governance in the Contemporary World Order*（Cornell University Press 2016）など．豪州日本研究学会元理事長．PhD.

ラジェスワリ・ピライ・ラジャゴパラン Rajeswari Pillai Rajagopalan（第 12 章執筆）：オブザーバー・リサーチ・ファンデーション（インド・ニューデリー）の上席研究員および核・宇宙政策部門長．2003-07 年に国家安全保障会議事務局職員．*Clashing Titans: Military Strategy and Insecurity Among Asian Great Powers*（2012）など 5 冊の著書・編著書を刊行．専門はインドの対外政策，安全保障政策，核・宇宙安全保障，アジアの戦略問題．PhD.

竹中千春（第 13 章執筆）：立教大学法学部教授．国際政治，南アジア政治，ジェンダー研究．東京大学法学部卒業，明治学院大学教授などを経て現職．『世界はなぜ仲良くできないの？　暴力の連鎖を解くために』（CCC メディアハウス，2004），『盗賊のインド史：帝国・国家・無法者』（有志舎，2010）など．

ニディ・プラサード Nidhi Prasad（文献案内執筆）：ジャワーハルラール・ネルー大学国際学研究科日本学専攻博士後期課程在籍．専門はインド太平洋地域における日本の対外政策．過去にはインド文化関係評議会（ICCR）から大来記念奨学金を受けていた．*National Interest, The Sunday Guardian, The Pioneer, Defence and Diplomacy* などの新聞・雑誌に寄稿．

Contents

Part V Prospect

索　引

さ　行

た　行

な　行

は　行

ま　行

ら行・わ行

アルファベット

現代日印関係入門

2017年2月23日　初　版

［検印廃止］

編　者　堀本武功《ほりもとたけのり》

発行所　一般財団法人　東京大学出版会

代表者　吉見俊哉

153-0041 東京都目黒区駒場4-5-29
http://www.utp.or.jp/
電話 03-6407-1069　Fax 03-6407-1991
振替 00160-6-59964

印刷所　株式会社三陽社
製本所　牧製本印刷株式会社

ISBN 978-4-13-033081-7　Printed in Japan